传承与融通

语文教材的文化功能研究

百遍，其义自见”，

厌百回读，熟读深思子自知”

教育部人文社会科学研究一般项目（09YJA880054）基金资助

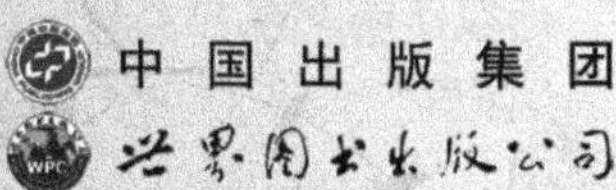

图书在版编目（CIP）数据

传承与融通：百年小学语文教材的文化功能研究/范远波著—广州：世界图书出版广东有限公司，2013.8
ISBN 978-7-5100-6749-5

Ⅰ.①传…　Ⅱ.①范…　Ⅲ.①小学-语文教材-研究　Ⅳ.①G623.202

中国版本图书馆 CIP 数据核字（2013）第 182612 号

传承与融通：百年小学语文教材的文化功能研究

策划编辑： 陈名港
责任编辑： 韩海霞
责任技编： 刘上锦
出版发行： 世界图书出版广东有限公司
（广州市新港西路大江冲 25 号　邮编：510300）
电　　话： 020-84451013　34201967
经　　销： 各地新华书店
印　　刷： 虎彩印艺股份有限公司
版　　次： 2013 年 8 月第 1 版
印　　次： 2013 年 8 月第 1 次印刷
开　　本： 787mm × 1092mm　1/16
字　　数： 380 千
印　　张： 22.5
ISBN 978-7-5100-6749-5/G.1420
定　　价： 68.00 元

目录 CONTENTS

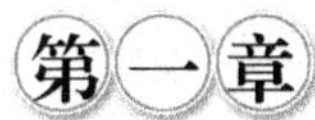

中国小学与小学课程设置

第一节 小学与小学教育

中国很早就有对儿童进行教育的专门场所。小学，最初是作为这种教育场所出现的。据《礼记·王制》记载："有虞氏养国老于上庠，养庶老于下庠。"《通典·礼十三》解释说："有虞氏大学为上庠，小学为下庠。"这种大学、小学的施教场所，延续至商代也一样存在。据《礼记·明堂位》记载："殷人设右学为大学，左学为小学，而作乐于瞽宗。"但是，在商代的甲骨文中却只有"大学"一词而无"小学"一词。至周代金文中才有关于"小学"的记载，《周礼》说国子"八岁入小学，十五入大学"。可见，"小学"作为对儿童进行专门教育的场所，至少在周代已经出现。

一、小学的含义

在周代，小学的入学对象和教育内容都有具体规定，《大戴礼记·保傅篇》云：

及太子少长知妃色，则入于小学，小者所学之宫也。……古者八岁而出就外舍，学小艺焉，履小节焉。

《春秋公羊传》注：

礼，诸侯之子八岁受之少傅，教之以小学，业小道焉，履小节焉。

《汉书·艺文志》载：

古者八岁入小学，故周官保氏掌养国子，教之六书，谓象形、象事、象声、转注、假借，造字之本也。汉兴，萧何草律，亦著其法，曰："太史试学童，能讽书九千字以上，乃得为史，又以六体试之，课最者以为尚书、御史、史书令史。吏民上书，字或不正，辄举劾。"

文字的认识包括字形、字音、字义三部分内容，由于小学先教授六书，因此有关文字字形、字音、字义的学问，后来也被称为"小学"。在汉代，这种分别不很明

显，宋代就已经相当清晰了。南宋晁公武在《郡斋读书志》卷四中写道：

文字之学凡有三：其一体制，谓点画有纵横曲直之殊；其二训诂，谓称谓有古今雅俗之异；其三音韵，谓呼吸有清浊高下之不同。论体制之书，《说文》之类是也；论训诂之书，《尔雅》《方言》之类是也；论音韵之书，沈约《四声谱》及西域反切之学是也。三者虽各名一家，其实皆小学之类。

王应麟《玉海》也把它分成三种：体制、训诂、音韵。清代的《四库全书》把小学书分为：训诂、字书、韵书三类。这时的"小学"主要指教育内容。晚清国学大师章太炎《国故论衡·小学概说》：

盖小学者，国故之本，王教之端，上以推校先典，下以宜民便俗，岂专引笔画篆、缴绕文字而已。苟失其原，巧伪斯甚。

用"小学"指称文字之学，包括音韵、文字、训诂的学问，实际上涵盖了我们现在小学识字教育中字音、字形、字义的内容。于是，小学就有了两方面含义：一是指研究文字、音韵、训诂的学问；二是指实施识字教育，为进一步学习奠定基础的教育机构。

二、作为教育机构的小学

教育活动与人类相伴随，但人类有意识地设置专门场所对儿童进行教育则要晚得多。小学，作为一种教育机构，是从这种专门场所衍化而来的，并不断发展成为一种对儿童实施识字和行为教育的制度化、规范化机构。

（一）中国古代小学的产生和发展

从文献资料来看，商代已经有比较明确的大学、小学之分，到西周，进一步形成了比较完备的官学教育体系。《礼记·王制》记载：

天子命之教，然后为学。小学在公宫南之左，大学在郊，天子曰辟雍，诸侯曰泮宫。

何休的《春秋公羊传解诂》说：

乡之秀者移于庠，庠之秀者移于国学，学于小学。诸侯岁贡小学之秀者于天子，学于大学。

这些表明，大学、小学分别属于不同阶段的教育机构。西周设置的小学教育机构，在铸造于周康王二十三年的《大盂鼎铭文》中提及：

女妹辰有大服，余唯即朕小学，女勿克余乃辟一人。

这段关于小学的文字，说的是康王之子昭王幼年入小学的事。到周宣王时《师嫠簋铭文》也有小学的名称：

在昔先王小学，女敏可事。

作为教育机构的小学，识字和写字是其主要内容。但是，自秦汉以后，实施识字教育的机构，并不都泛称为“小学”，而是出现不同叫法。汉代的中央官学分太学、鸿都门学、四姓小侯学和宫邸学。其中四姓小侯学和宫邸学可认为是汉代中央的小学。但汉代的地方官学，尚未正式形成制度，直到平帝元始三年，始确立地方学校制度。按规定，地方官学分为四级，郡国设学，县邑设校，乡设庠，聚设序。庠、序一级就是当时的小学教育机构。

西汉初年，私人讲学之风再度盛行，私人讲学承担着繁重的识字教育任务，除书馆乡塾外，其他私学也实施识字教育；如果把普遍存在的书馆作为初级小学教育机构，那么，乡塾就可以被看成是高级小学教育机构，它在识字教育之外，还要求对经书略通大义。魏晋南北朝时期的识字教育则多由家庭或家族完成，因此，当时的私学也比较发达。

隋唐是科举制创立时期，构建了以官学为主体、私学为辅助的封建教育体系，不过，隋唐实施识字教育的机构多建立在乡村，或称乡学、乡校，唐代的乡村小学较隋朝办得更为普遍，其实施识字教育的机构除乡学外，也有社学、义学、坊巷学等。宋朝官学有专为教育宗室子孙而设立的贵胄小学，如资善堂、宗学、诸王宫学和国子监小学。其中国子监小学是由中央设立并管辖的小学，这是第一所由朝廷下令兴办的小学。在国子监设立小学，可算是小学教育史上的一个创举。

宋朝的贵胄小学是封建教育等级性与宗法性相结合的产物。设立专门的宗学和国子监小学，实际是把小学教育纳入国家整体的教育部署当中，这种做法，对古代小学教育的发展有一定的推动作用。宋代地方行政分路、州、府、军、监及县，地方官学按行政区域设置，分州、府、县小学，实际上常设的只是州学、县学，并有相应的学规，如公元 1054 年颁布的《京兆府小学学规》就对课程设置、教学进程、考课等作出了规定。公元 1102 年，随着小学教育机构的增加，宋朝还颁布了全国统一的小学制度，对入学年龄、学生定额、课程考核、升级制度等作出规定，形成了与科举考试相配合的全国学校网络。不过，随着印刷术的发明推广，要求接受教育的人数远远超过官学所能容纳的规模。为此，宋代私学设置很普遍，其中小学教育主要借助蒙学、家塾进行，宋代的私学类型主要有：私塾、义学（义塾）、村塾、乡

学、冬学、私人讲学。宋代私学明显地走向基层社会，成为推动小学教育发展的一支生力军。虽然私学中的私人讲学侧重于高一级的专门教育，但仍交织着进行启蒙性的教育，它们广泛地存在于中国城乡社会，在普及教育、基础教育方面发挥着显著作用。

明朝小学教育属官学的有宗学、社学，宗学是为教育宗室子弟而专门设立的学校，社学是由地方建立的小学，可以说是府、州、县学的预备学校。社学大约每35家设置一所，入学年龄，一般在8—15岁之间。明代在民间的私学有义学和私塾。义学是小学教育的另一种类型，是指地方上出钱延聘塾师，在公众地方设塾以教一般农户子弟或贫寒子弟的，称义学或义塾。私塾是指明清时期私人经办的学校，大致有三类：一是塾师设馆招生，称门馆或家塾；二是宗族延师择址教授家族子弟，称乡塾、族塾；三是富裕人家独自聘师设馆于家中教子弟，称坐馆、教馆。

清朝的小学属官学的有宗学、觉罗学、八旗官学、社学；清代的私学主要有私塾、义学、家塾，其教师被统称为蒙师。特别值得一提的是义学、义塾，一般由地方集资或富裕人家出钱聘请教师在公众地方设塾教育贫寒子弟，带有公益性质。清末“我乞讨，我积钱，修个义学为贫寒”的武训所兴办的学校，就属于这种以普及贫民教育的蒙学教育类型。不过，这些具有小学教育功能的学校，也通常被统称为“私塾”或“学塾”。

（二）现代学校制度下的小学

小学是指人们接受最初阶段正规教育的机构，因此被泛称为初等教育机构。一般6—12岁为小学适龄儿童。现阶段小学阶段的教育年限是6年，是基础教育的重要组成部分。

从世界范围来看，初等教育机构最早产生于16世纪的德国，由城镇主办，教习实用知识和新教教义。17世纪初，这种学校逐渐增多，成为实施义务教育的机构。欧洲各国和日本在资产阶级革命以后，也相继设立这类机构。

中国在1840年鸦片战争之后，伴随西学的引进，开启了近代初等教育体系的形成。鸦片战争前后，传教士开办一些附设于教堂的洋学堂，规模较小，大都属于小学程度。传统的小学教育虽然受到挑战，但仍占优势。真正对中国近代小学教育发生深刻影响的是19世纪60年代兴起的洋务教育，它变革传统的私塾教育模式，催生了中国人自办的第一所新式小学——上海正蒙书院。甲午战争以后，随着维新教育思想的高涨，新式小学堂不断增加，开设新课程，采用新方法，改编新教材。

中国近代教育史上第一个法定的学校系统，始于1902年，即管学大臣张百熙所拟的《钦定学堂章程》，公布于光绪二十八年（壬寅年），所以称“壬寅学制”，它规定小学堂分为高等小学堂和寻常小学堂二级，修业年限各为三年，不过它正式颁布后未及施行。次年（癸卯年）又由张百熙、张之洞、荣庆重新拟订一个《奏定学堂章程》，称“癸卯学制”。这是第一个法定的并在全国实施的学制。癸卯学制将小学区分为初等小学堂和高等小学堂，并分官立、公立、私立三类设置，采用以学校管理学校的办法，即地方设官立小学作为“模范学校”来管理公立和私立小学，除官立小学外，公立和私立小学经费及教育管理人员均由地方或私人解决。新式学堂的建立以及近代教育制度的形成，实现了中国教育从传统走向近代的转型。

1912年，中华民国成立，学堂一律改称为学校，初等小学校由城镇乡设立，高等小学校由县行政长官规划，并得咨询县议事会的意见以定之。1915年，为推行义务教育，把初等小学校一律改称为国民学校，提出父母及其监护人有使学龄儿童就学国民学校的义务，国民学校施行国家根本教育，“以注意儿童身心之发育，施以适当之陶冶，并授以国民道德之基础及国民生活所必需之普通知识技能为本旨”。另设预备学校，“以注意儿童身心之发达，施以初等普通教育，预备升入中学为本旨”。预备学校分前后两期，前期为四年，与国民学校平行，后期为三年，同高等小学校平行，不过，培养目标不同。1922年，国民学校仍改为初等小学校，并取消预备学校。1940年，国民政府实行所谓“管、教、养、卫一体”，规定各乡设国民中心学校（相当于中心小学），由乡长兼任乡壮丁队长和校长，各保设国民学校（相当于村小），校长由保长兼任。

中华人民共和国成立之初，仍然沿用民国时期的初小和高小之分，后来还出现有耕读小学、部队小学、民办小学、全日制十年制学校小学、五年制小学、六年制小学、九年义务教育六年制小学等说法。

进入21世纪，中国实行的小学学制大部分为六年制。在乡镇（人民公社）一级设置一所中心小学，在各村（生产大队）设小学。随着中国近年来老龄化趋势加速，幼儿人口比重下降，小学生源减少，一些乡村小学也开始撤并，很多地方仅保留寄宿制中心小学，不但使路途遥远的学生上学极为不便，而且使乡村缺少了文化中心。20世纪初致力于乡村教育的陶行知先生就曾经提出：以乡村学校为改造乡村生活之中心，乡村教员为改造乡村生活之灵魂。小学教育机构实属乡村的文化中心。

（三）小学教育的地位和作用

小学教育，是整个学校教育的基础。小学阶段习得的经验，在一生中将留下深刻的痕迹。2009 年《瞭望》新闻周刊记者聂晓阳做了一次随机网上调查，发现大多数人记忆中最难忘的课文竟然是时隔最远的小学时代的课文，那些进入儿童幼小心灵的文字，无论多么浅显，都已经成为很多人成年后心中最值得珍藏的财富。

小学教育对儿童身心发展的方向和进程也有深刻的作用。小学生记忆力旺盛，好奇心强，凡事都要问个为什么，对于感兴趣的事物会像海绵吸水一样，吸收贮藏，终生难忘。他们善于模仿，习久成性。在小学阶段养成的好习惯，可以牢固地保持一辈子；相反，如果养成了不良习惯，等长大了，补救就非常困难。美国著名精神分析理论家爱里克森提出心理社会性发展理论，认为人的发展是一个经过一系列阶段的过程，各个阶段相互依存。每个阶段都有其独特的任务、冲突和发展危机，个体解决冲突和危机的方式对个体自我概念和社会观都有深远影响。某一阶段的冲突和危机未解决好，往往是其以后的学业颓废和不良习惯形成的重要原因。小学阶段的冲突主要是勤奋感对自卑感，应该让儿童在学校学习中体会到持之以恒的努力与成功之间的关系。成功的体验有助于建立勤奋的特质，表现为乐于工作和有较好的适应性。相反，过多的困难和挫折则导致自卑感。因此，教师对学生行为的评价，应重点关注能够给予儿童带来成功体验，在与小学生沟通交流时应多用肯定性或赏识性话语，以丰富学生完成任务和从事集体活动的成功经验，同时，鼓励儿童在各种活动中表现出勤奋的特质也是必要的。随着社交范围的扩大，当儿童面临来自家庭、学校以及同伴的各种要求和挑战时，他们会形成一种压力，引导学生形成用勤奋化解压力、保持平衡的习惯和意识，是小学阶段的重要教育任务。

小学阶段也是儿童个性发展、智力水平上升的最佳期。在儿童的心理发展过程中有一系列的发展“最佳期”，小学阶段既是丰富儿童语言词汇的最佳期，也是儿童个性发展、思想品德行为习惯养成和智力向纵深发展的最佳期。儿童的无意注意向有意注意的发展，机械识记向意义识记的发展，具体形象思维向抽象逻辑思维的过渡，儿童的兴趣由不稳定向稳定发展，由直接兴趣向间接兴趣发展，等等，都与这一阶段的教育密切相关。在小学阶段，如果教育得法，引导适当，还可以增强儿童的自我意识和集体荣誉感，逐步形成诚实、认真负责和助人为乐的性格。

可见，小学教育在整个学校教育体系和社会生活中，在个体发展过程中，都占有十分重要的地位。人的兴趣、习惯、志向、性格、情操及智力特点，很大程度上是在小学阶段初步形成的。爱迪生儿时经常摆弄电器，做些小实验，就为他长大后成为大发明家奠定了基础。

第二节　小学教育目标的演变

教育与一定社会的政治、经济密切相关。中国古代小学主要为社会教化服务。《孟子·滕文公上》："设庠序学校以教之；庠者养也，校者教也，序者射也；夏曰校，殷曰序，周曰庠，学则三代共之：皆所以明人伦也。人伦明于上，小民亲于下。"也就是说，为明人伦而创设学校，其实，作为统治阶级，创设学校还是维护和保证其统治地位的一种长远而有效的措施。

一、中国古代小学教育目标

夏朝奴隶主贵族为了巩固和扩大奴隶制统治，既要镇压本部族奴隶的反抗，又要不断征伐、掠夺其他部族。《文献通考·学校考》：

夏后氏以射造士。

把奴隶主贵族成员及其后代培养成为能射善战的武士，就成为夏朝的教育目的。商代统治者虽然以武力得天下，但有强烈的尊神意识，《礼记·表记》说：

殷人尊神，率民以事神，先鬼而后礼，先罚而后赏，尊而不亲。

凡大事必占卜，因此培养神职人员是商朝学校教育的一个重要目的。西周采用宗法世袭禄位制度，一方面强化奴隶主贵族的血缘宗族关系，另一方面又借以区分不同的亲疏等级。因此，宣扬宗法等级观念是西周重要的教育目的。《礼记·表记》：

周人尊礼尚施，事鬼神而远之，近人而忠焉，其赏罚用爵列，亲而不尊。

礼是关于人伦关系、处世规则以及政治法律制度的总称。习礼为教育的重要内容，所谓"教以人伦"：父子有亲，君臣有义，夫妇有别，长幼有序，朋友有信。"五伦"代表着五种最基本的人际关系，维护了上下尊卑的社会秩序。

春秋战国时期，社会经历了大变革。对社会本位教育目的，不同学派基本上围绕如何结束动荡、建设和谐社会而展开，但落实到个人本位教育目的，则有不同的认识和理解。儒家的教育目的是培养君子、大丈夫，墨家的教育目的是培养"兼士"或"贤士"。"君子"原是当时对上流社会人士的专称，孔子把它发展成指称道德高尚的人，并不断强调君子在修养上与小人的不同对照，其中最大的区别有两点：

一是"君子喻于义，小人喻于利"，君子总是追求道义，小人总是追求功利；

二是"君子求诸己，小人求诸人"，君子总是要求自己，而小人总是要求别人。

孟子要求培养"大丈夫"，也是以德为主、德才兼备，他有一句名言：

富贵不能淫，贫贱不能移，威武不能屈，此之谓大丈夫。

一个人格高尚的人，一定要经得起富贵、贫贱、暴力的考验，把道德意识转化为自己的坚定信念。孟子这种人格理想对后世的影响十分大。墨家提出"兼士"必须具备三个条件：

厚乎德行，辩乎言谈，博乎道术。

也把道德放在首位。在修养方法上，儒墨都强调严于律己，将道德标准置于首位。

自汉代至清代，学校教育以尊孔崇儒为主，小学教育目标主要灌输儒家思想。反映先秦儒家思想的《礼记》，有"学记"一文，就以"玉不琢，不成器；人不学，不知道"为喻，提出了"建国君民，教学为先"的认识；《学记》在学校管理方面，还提出一个完整的教学进程和考查标准：

比年入学，中年考校：一年视离经辨志，三年视敬业乐群，五年视博习亲师，七年视论学取友，谓之小成。九年知类通达，强立而不反，谓之大成。

学生到了规定年龄入大学，国家每隔一年考查他的学业及品行：第一年考查其明析经义的能力和学习的志趣；第三年考查其是否专心学习，对周围的人是否和睦相处；第五年考查其学识是否广博，同老师是否亲密无间；第七年考查其研究学业的本领和识别朋友的能力。达到这一标准就称为"小成"；到第九年，学生对于学业已经触类旁通，立场已经坚定，达到这一标准就称"大成"。这种对教学进程的设想，既明确了教育的总目标以及每个阶段的具体目标，也对每个阶段的思想品德和学业知识应达到的标准作出规定，体现了德智并重、循序渐进的学校教育整体思路。

二、清末小学教育目标

鸦片战争后的晚清时期，是中国由古代教育向近代教育的转型时期。清末小学阶段教育基本上不属于官学体系，因此被泛称为"私塾"或"学塾"，学生入塾的年龄没有严格限制，自五六岁至二十岁左右的都可入塾，主要以五六岁至十一二岁为多。每所学塾人数也没有统一，少的四五人，多的二十余人，学生的学习程度不一，教师的教学要根据不同对象，采用个别教授。教育目的是识字、为科举考试作准备。

新式小学堂出现，与传统私塾有很大区别，它以分科分年级为特征。新式学堂相对于中国的传统学塾而言，这种教育最早由教会学校开始，主要指传教士在中国创立的教会小学，其目的是传教以及选择与训练教会未来的领袖。为此，教会小学，除了进行宗教教义的灌输外，还必须给予读、写、算的知识教育，给予音乐、美术、游戏和儿童早期的社交活动等教育，同时开展职业陶冶与一般道德品质如爱国心和文明礼貌行为的培养。下面是《中国基督教事业》一书对教会学校提出的一些具体要求：

（甲）使学生得有健全与发育完善之身体，俾其身常健适，并有清洁、合理、活泼、敏慧，与端正之生活。概言之，即与学生以卫生正确之习惯，及游戏之学问是也。

（乙）注意养成儿童耶教美德之根本习惯及行动。

（丙）与学生以教育上三大要具，即读写算三者健全之训练，此三者乃学生入世后必须引用之学识。故当认为正当教育上中坚之部分。

（丁）发展学生已有之爱国心，使洞悉彼为中国社会一分子之根本义务与权利。

（戊）使学生洞悉其社团中人各种职业之大概，俾得扩充其爱感，提发其选择职业之兴味，并与以选择职业应有之若干训练。

（己）与学生以礼貌上及其他仪式之训练，因礼仪乃对于他人表示厚重之具。

（庚）教导学生使能深识书籍美术及音乐之趣味，参予各种游戏及社会交际，并使养成因研究职业问题而发生之嗜好，以利用其暇晷。①

从这些要求可以看出，这种教育比起只强调读书、背书和道德训练的中国传统学塾，在内容和形式上都要丰富得多。于是，中国人也开始效仿创办这种学堂。

教会学校开设西学课程，实行班级授课制度。中国官学系统最早采用班级授课制是在 1862 年创办的京师同文馆，建立了比较严格的教学秩序和管理制度，不过，它不是小学教育机构，小学教育机构全面铺开班级授课制是在癸卯学制颁布实施后的新式学堂。

最早创办的新式小学是 1878 年张焕纶在上海创办的正蒙书院；同时，许多维新人士或官员也纷纷撰文或上奏折建议发展这种新式学堂，这就进一步加快了中国传统学塾向西式小学堂的过渡。在“百日维新”期间，清帝曾下谕各省府厅州县把原有的大小书院一律改为兼习中学西学的学堂，省会的大书院改为高等学堂，郡城的书院改为中等学堂，州县的书院改为小学堂。随着中国人自办的新式学堂不断增多和扩大，清廷一方面需要加强引导，另一方面又需要统一思想和规范管理。因此，

① 转引自，何晓夏，史静寰：《教会学校与中国教育现代化》，广东教育出版社 1996 年版，第 107－108 页。

1904年初，张百熙、荣庆、张之洞重订学堂章程的奏折提出：

至于入学宗旨，勿论何等学堂，均以忠孝为本，以中国经史之学为基。俾学生心术壹归于纯正，而后以西学瀹其知识，练其艺能，务期他日成才，各适实用，以仰副国家造就通才、慎防流弊之意。①

这可以看作是中国最早针对新式学堂而提出的教育宗旨。由于这一表述略嫌冗长，1906年3月根据学部的建议，清帝下谕，确定"忠君，尊孔，尚公，尚武，尚实"为教育宗旨。宗旨的前两项强调维护君主专制制度和儒家礼教，体现封建教育的根本性质。后三项分别与德育、体育和智育对应，但出发点都是国家本位的。"尚公"强调国家利益和公民道德，"尚武"的目的是强兵，"尚实"的目的是使国家富强，根本就没有顾及到对个人品质健全发展及个人生活改善的需求。

具体到小学教育目标，《奏定初等小学堂章程》规定：

设初等小学堂，令凡国民七岁以上者入焉，以启其人生应有之知识，立其明伦理爱国家之根基，并调护儿童身体，令其发育为宗旨；以识字之民日多为成效。

《奏定高等小学堂章程》规定：

设高等小学堂，令凡已习初等小学毕业者入焉，以培养国民之善性，扩充国民之知识，强壮国民之气体为宗旨；以童年皆知作人之正理，皆有谋生之计虑为成效。②

这一教育宗旨以及小学教育目标体现出浓厚的封建主义色彩，施行至1911年辛亥革命止。其中部分合理因素被民国继承下来。

三、民国时期小学教育目标

1911年，辛亥革命胜利，以孙中山为首的中国资产阶级革命派满怀豪情，着手建设他们理想中的资产阶级共和国。共和政体的观念在各种媒体倡导下影响着国人，教育旨在养成共和国民的指导思想也成为当时的教育主旋律。

（一）民初教育宗旨的确立

中华民国建立，宣告了2000多年的中国封建专制制度的结束。在一片共和声中，

---

① 朱有瓛：《中国近代学制史料》第二辑上册，华东师大出版1987年版，第78页。

② 课程教材研究所：《20世纪中国中小学课程标准·教学大纲汇编：课程（教学）计划卷》，人民教育出版社1999年版，第20、31页。

蔡元培以教育总长的身份奏响了民国新教育的号角。他指出：

君主时代之教育方针不从受教育者本体上着想，用一个人主义或用一部分人主义，利用一种方法驱使受教育者迁就他之主义。民国教育方针应从受教育者本体上着想，有如何能力方能尽如何责任，受如何教育始能具如何能力。……君主时代之教育，不外利己主义，君主或少数人结合之政府，以其利己主义为目的物，乃揣摩国民之利己心，以一种方法投合之，引以迁就于君主政府之主义。如前清时代承科举余习，奖励出身，为驱诱学生之计，而其目的，在使受教育者皆富于服从心保守心，易受政府驾驭①。

蔡元培强调民国教育要围绕“国民”而设，国民对于国家、社会、世界、家庭有一定的责任、义务和权利，权利由义务生，人类所最需要的是能履行种种责任的能力，因此，他认为，“教育家之任务，即在为受教育者养成此种能力，使能尽完全责任”，为培养国民的这种能力，教育家应该做的不外乎五种主义，即军国民教育、实利主义、公民道德、世界观、美育，应该把这五种主义分配于各学科中，“国文国语之形式，其依准文法者属于实利，而依准美词者属于美感。其内容则军国民主义当占百分之十，实利主义当占四十，德育当占其二十，美育当占其二十五，而世界观则占其五”②。

蔡元培的这些思想大部分被吸收成为民初教育的指导思想。1912 年 9 月 2 日教育部公布教育宗旨：注重道德教育，以实利教育、军国民教育辅之，更以美感教育完成其道德。就是以蔡元培的五育思想为基础提出的。1912—1913 年间，民国政府还颁布了各种学校规章以及相关的补充和修改文件，形成一个完整的学校系统制度，即“壬子—癸丑学制”，规定：

小学教育，以留意儿童身心之发育，培养国民道德之基础，并授以生活必须之知识技能为宗旨。

但是，自 1913 年开始，袁世凯为复辟帝制，先后在各种法令中强调传统的封建伦理道德。这一年 10 月 14 日《天坛宪法草案》第 19 条规定“国民学校以孔子之道为修身大本”。1914 年，教育总长汤化龙为迎合袁世凯的心意，于 5 月呈递《上大总统言教育书》，提出以孔子之道“正人心而扶国本”。6 月教育部发出《饬京内外各学校中小学修身及国文教科书采取经训务以孔子之言为旨归文》，强调学校教科书应

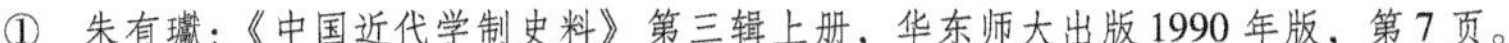

① 朱有瓛：《中国近代学制史料》第三辑上册，华东师大出版 1990 年版，第 7 页。

② 沈善洪：《蔡元培文选》，浙江教育出版社 1993 年版，第 395 页。

采取“其言行之切于日用者，发扬吾国民固有之秉彝而示以懿德”，“间有征引孔子言行之处并各依于生徒年龄程度循序演进，更端指导，务令浅深各有所得，信仰积于无形”。2月颁布的《教育部整理教育方案草案》，重申“中小学校修身及国文教科书内采取经训，务以孔子之言为旨归”，并要求教科书编纂纲要审查会应该提出和遵循修身重实践、国文重叙事文、教育重本国特殊国民性、乐歌重陶冶性情等编纂方针。以这些零敲碎打的法令为前奏，袁世凯政府于1915年初隆重推出复辟封建主义教育的政策纲领《颁定教育要旨》和《特定教育纲要》，颁定教育要旨为：

爱国、尚武、崇实、法孔孟、重自治、戒贪争、戒躁进。

围绕这一教育宗旨，《特定教育纲要》要求：

应就现在部设之编审处，按照学生迅速编辑中小学教科书。其教科书内容，务与国家教育宗旨相合。其参考各书，为学校所需而坊间所不备者，亦应一并编辑以为改良教育之准备①。

袁世凯对民初教育宗旨的修改，直接影响到小学教育目标，如1916年公布的《国民学校令施行细节》就提出：

修身要旨，在遵照教育纲要，涵养儿童之德性，导以实践。宜就孝悌、忠信、亲爱、仁勇、恭敬、勤俭、清洁诸德，择其切近易行者授之，渐及于对社会对国家之责任，以激发进取之志气，养成爱国爱群之精神。对于女生尤须注意于贞淑之德，并使知自立之道②。

（二）从教育宗旨到教育本义

第一次世界大战结束以后，由于国际上对和平的渴望日益强烈，国内对军阀混战的恐惧和不满情绪也广为弥漫。因此，社会各界人士形成了倡导和追求和平的共识。教育界也对以前过分强调国家立场的教育宗旨有所不满，出现了一股忌谈教育宗旨的风尚，认为宗旨关注的是“如何教人问题，非人应如何教”的问题。

特别是五四运动以后，民主自由思想深入民心，民初教育部推出的教育宗旨受到各方质疑和批评，而废除教育宗旨则被当作否定专制主义和军国主义教育的举措而大受推崇。当时一批从美国归来的留学生如胡适、陶行知等，在文化教育界极力宣扬杜威的教育思想，并促成了杜威来华讲学达两年多。杜威主张教育无目的论，

---

① 朱有瓛：《中国近代学制史料》第三辑上册，华东师大出版社1990年版，第44页。

② 课程教材研究所：《20世纪中国中小学课程标准·教学大纲汇编：课程（教学）计划卷》，人民教育出版社1999年版，第87页。

认为目的隐含在过程中，过程之外无目的，提出要在活动中发展学生个性和知能，养成协作的习惯。

最先提出教育本义来代替教育宗旨的是教育调查会。1919 年，北京教育调查会推出教育宗旨研究案，提出“养成健全人格发展共和精神为教育宗旨”。

所谓健全人格者当具下列条件：

一、私德为立身之本，公德为服务社会国家之本。

二、人生所必需之知识技能。

三、强健活泼之体格。

四、优美和乐之感情。

所谓共和精神者：一、发挥平民主义，俾人人知民治为立国根本。二、养成公民自治习惯，俾人人能负国家社会之责任。

这一结果经获得全国教育联合会通过，并呈请教育部，建议废止从前部令之教育宗旨，宣布以“养成健全人格发展共和精神”为教育本义。其理由是：

今后之教育，应觉悟人应如何教，所谓儿童本位教育是也。施教育者，不应特定一种宗旨或主义以束缚被教育者。盖无论如何宗旨，如何主义，终难免为教育之铸型，不得视为人应如何教之研究。故今后之教育，所谓宗旨，不必研究、修正或改革，应毅然废止①。

全国教育联合会的这一提案当时未被教育部采用。但作为一个有相当影响力的教育组织，这一提案的基本精神，还是在 1922 年 11 月北京政府大总统令公布的《学校系统改革案》，即通常所说的“新学制”中得到了体现，该改革案提出七项标准：一、适应社会进化之需要；二、发挥平民教育精神；三、谋个性之发展；四、注意国民经济力；五、注意生活教育；六、使教育易于普及；七、多留各地方伸缩余地。

遵照七项标准的教育改革，实际上间接废除了原来的教育宗旨。以教育标准代替教育宗旨成了新学制推行过程中的指导思想。教育宗旨作为外在于学生学习活动过程之外的标签，逐渐为教育界人士所鄙视和抛弃。基于这种种认识，课程设置和教材内容必须由教育者根据自己对教育对象的认识和理解去实施和选择，而不是拿一种统一的尺度去要求。

《学校系统改革案》还实施了六三三制，把原来小学七年缩短为六年，分初、高两级，前四年为初级，得单设之，后两年为高级，并取消“国民小学”、“高等小学”

① 朱有瓛：《中国近代学制史料》第三辑上册，华东师大出版 1990 年版，第 107 页。

名目，统称“高级小学”和“初级小学”。

这些改革和探索成果，很多被国民政府教育部吸收到1929年颁布的暂行课程标准中，七项标准最后也被国民党的三民主义教育宗旨所取代。

（三）三民主义教育目标

三民主义是孙中山提出来的。1923年（民国十二年），孙中山在共产国际和中国共产党人的帮助下，改组国民党，对三民主义进行了重新解释，提出民族独立、民权普遍、民生发展的主张。新三民主义顺理成章成了国民党的指导思想和原则。为宣扬和落实新三民主义，1926年8月，广东国民政府教育行政委员兼广东教育厅长许崇清拟订了《党化教育之方针、教育方针案》，第二年5月国民党省党部为贯彻党化教育，首先拟订并颁布了《党化教育大纲》，提出以国民党训练党员之法训练学生，让三民主义成为学生的人生观核心思想。6月，教育行政委员会委员韦悫起草了《国民政府教育方针草案》，对党化教育的内容作了具体规定，8月国民政府教育委员会推出《学校施行党化教育办法草案》，把党化教育推伸到各级各类学校，草案提出，“要把学校课程重新改组，使与党义不违背，应赶促审查和编著教科用图书，使与党义及教育宗旨适合”。此后又陆续公布了包括《教科图书审查条例》在内的各种落实党化教育的条例，并采取了各种措施来保证实施。

1928年后，一些人不满意党化教育口号的提法，认为太空泛，易产生认识分歧。这年5月，大学院在南京举行第一次全国教育会议，议决废止党化教育名称，改称三民主义。会议提出，“此后中华民国的教育宗旨，就是三民主义的教育”，“各级行政机关底设施，各种教育机关底设备，和各种教学科目，就是以实现三民主义为目的的教育。”次年3月，国民党第三次全国代表大会第十一次会议议决教育宗旨为：中华民国之教育根据三民主义以充实人民生活，扶植社会生存，发展国民生计，延续民族生命为目的，务期民族独立民权普遍民生发展，以促进世界大同。接下来4月国民政府公布教育宗旨时，附有该宗旨的实施方针八条，其中第二条要求：

普通教育须根据总理遗教以陶融儿童及青年“忠孝仁爱信义和平”之国民道德，并养成国民之生活技能，增进国民生产能力为主要目的。

1928年年2月，国民政府教育部颁布《小学暂行条例》，规定：

小学教育应根据三民主义，按照儿童身心发展的程序，培养国民之基本知识技能，以适应社会生活。

“三民主义”列入小学课程，这是三民主义渗入小学教育的开始。1931年9月，国民党第三届中央执行委员会第一五七常委会，通过了《三民主义教育实施原则》，其中关于初等教育目标，规定为：①使儿童整个的身心，融于三民主义教育中；②使儿童个性、群性，在三民主义教育指导下平均发展；③使儿童于三民主义教导下，具有适合于实际生活之初步知能。此后颁布的关于小学教育的法令和课程标准，都是根据这个原则制订的。1933 年 12 月国民政府公布《小学法》，第一条规定：小学应遵照中华民国教育方针及其实施方针，以发展儿童之身心，培养国民之道德基础，及生活所必需之基本知识技能。教育部依据《小学法》制订了《小学规程》，于 1933 年 3 月公布，1936 年 7 月修订后再一次公布，其中第二条强调："小学为实施国民义务教育的场所，其实施方针根据小学法第一条规定"。这几个法令牢固确立了三民主义教育宗旨在小学教育领域的地位。

根据三民主义教育宗旨，国民政府教育部于 1929 年 8 月编制公布了《小学课程暂行标准》。把三民主主义教育宗旨融进课程标准，这是对新学制时期无宗旨教育的一个终止信号。它简化各科课程，并将三民主义改称为"党义"，仍以讲授三民主义为主。

在 1929 年的暂行课程标准基础上，国民政府教育部先后修订颁行了四次《小学课程标准》，时间分别在 1932 年、1936 年、1942 年、1948 年。这四次课程标准的内容和形式大同小异。大同的是三民主主义的教育宗旨没有变，小异的是目标表述的修正。

1932 年《小学课程标准总纲》规定小学教育总目标：

小学应根据三民主义，遵照中华民国教育宗旨及其实施方针，发展儿童身心，培养国民道德基础及生活所必需的基本知识和技能，以养成知礼知义爱国爱群的国民。

1936 年，根据形势的变化，教育部重新颁布《小学课程标准总纲》，第一条规定小学教育总目标：

小学应遵照小学规程第二条之规定，以发展儿童身心，并培养儿童民族意识，国民道德基础及生活所必需的基本知识技能为主旨。具体如下：（1）培育健康的体格与健全的精神；（2）养成爱护国家复兴民族的意志与信念；（3）培养爱护人群利益大众的情绪；（4）培育公德及私德；（5）启应民权思想；（6）发展审美及善用休闲的兴趣和能力；（7）增进运用书数及科学的基本知能；（8）训练劳动生产及有关职业的基本知能。

这次课程标准提出了加强培养民族意识的要求。经五年多的试验，各方认为尚

多缺点。

因此，教育部于民国三十年（1941 年）四月间，召集小学教育专家，商讨修订小学课程标准办法，并分别派、聘部内外人员为修订小学课程标准委员会委员，负责起草各科修订草案。修订后的《小学课程标准》，规定小学教育总目标：

小学课程应遵照小学法第一条之规定，注重发展儿童身心，培养国民道德、民族意识及生活所必需之基本知识技能，以期养成修己、善群、爱国之公民为目的。兹分析列举如下：（一）关于发展儿童身心的：培育健康的体格；培育健全的精神。（二）关于培养国民道德的：养成公民良好习惯；培养我国固有道德。（三）关于培养民族意识的：培养服务社会爱护人群的情绪；养成爱护国家复兴民族的信念与意志。（四）关于培养生活所必需的基本知识技能的：增进运用书数及科学的基本知能；训练劳动生产及有关职业的基本知能。

民国三十四年（1945 年）八月，日本战败投降后，教育部为了适应胜利后的建设需要，于同年九月间，先后邀集重庆附近的专家把小学各科课程标准分别作初步的修订，并于民国三十七年（1948 年）把最后修订的《小学课程标准》正式公布。这次修订后，关于小学教育目标的叙述没有变化。

四、中华人民共和国小学教育目标

（一）建国初的小学教育目标

1949 年 10 月 1 日，中华人民共和国成立，伴随新政权诞生，文化教育也相应地发生改变。1949 年 10 月 13 日，中国少年儿童队成立，它是中国新民主主义青年团领导下的少年儿童组织，“这个组织是在学习和各种集体活动中，团结和教育少年儿童，培养他们成为爱祖国、爱人民、爱劳动、爱科学和爱护公共财物的新中国的优秀儿女。”[①] 这里的“五爱”实际就反映了小学教育目标。

1952 年 3 月 18 日，教育部颁发《小学暂行规程（草案）》，这是新中国成立后第一次颁发的全面规范小学课程的政府文件。总则提到：

小学教育的宗旨是：根据新民主主义的教育方针和理论与实际一致的教育方法，给儿童以全面的基础教育，使他们成为新民主主义社会热爱祖国和人民的、自觉的、

---

① 何东昌：《中华人民共和国重要教育文献（1949—1975）》，海南出版社 1998 年版，第 1 页。

> 积极的成员。①

其主要目标有：(1) 智育方面，使儿童具有读、写、算的基本能力和社会、自然的基本知识；(2) 德育方面，使儿童具有爱国思想、国民公德和诚实、勇敢、团结、互助、遵守纪律等优良品质；(3) 体育方面，使儿童具有强健的身体，活泼、愉快的心情以及卫生的基本知识和习惯；(4) 美育方面，使儿童具有爱美的观念和欣赏艺术的初步能力。

1955 年 9 月 2 日，教育部公布“小学教学计划”，其最新精神是开始实施基本生产技术教育（即综合技术教育）以及加强劳动教育和体育，以更完整地体现全面发展的教育方针。教育部还在关于执行“小学教学计划”的指示中特别强调：

> 小学中不但要进行智育、德育、体育、美育，同时还必须有步骤地实施基本生产技术教育。②

1963 年 3 月，教育部拟订了《全日制小学暂行工作条例（草案）》，条例根据 1957 年毛泽东同志提出的“我们的教育方针，应该使受教育者在德育、智育、体育几方面都得到发展，成为有社会主义觉悟的有文化的劳动者”，以及 1958 年中共中央规定的教育为无产阶级的政治服务、教育与生产劳动相结合的方针，提出小学教育的任务，是为社会主义建设事业培养劳动后备力量，为高一级学校培养合格的新生。全日制小学的培养目标：

> 使学生具有爱祖国、爱人民、爱劳动、爱科学、爱护公共财物等品德，拥护社会主义，拥护共产党；使学生具有初步的阅读、写作和计算的能力，具有初步的自然常识和社会常识，培养良好的学习习惯；使学生的身心得到正常的发展，具有健康的体质，培养良好的生活习惯和劳动习惯。

（二）改革开放后的小学教育目标

1978 年 9 月，经过拨乱反正，公布了《全日制小学暂行工作条例（试行草案）》，对 1963 年的条例有所修改。把小学教育“为社会主义建设事业培养劳动后备力量，和为高一级学校培养合格的新生”的任务，改成“为社会主义祖国培养新生一代，使他们接受中等教育有一个良好的基础。”培养目标也修改为：

> 要教育学生继承伟大领袖和导师毛主席的遗志，好好学习，天天向上，使学生

① 课程教材研究所：《20 世纪中国中小学课程标准·教学大纲汇编：课程（教学）计划卷》，人民教育出版社 1999 年版，第 200 页。

② 同上，第 233 页。

具有爱祖国、爱人民、爱劳动、爱科学、爱护公共财物等品德，拥护社会主义，拥护中国共产党；使学生具有初步的阅读、写作和计算的能力，具有初步的自然常识和社会常识，培养良好的学习习惯；使学生的身心得到正常的发展，具有健康的体质，培养良好的生活习惯和劳动习惯。①

1992年，国家教委颁布了《九年义务教育全日制小学、初级中学课程计划（试行）》，提出国家对小学和初中儿童、少年实施全面的基础教育，使他们在德、智、体诸方面生动活泼地主动地得到发展，为提高全民族素质，培养社会主义现代化建设的各级各类人才奠定基础。同时把小学阶段的目标确定为：

初步具有爱祖国、爱人民、爱劳动、爱科学、爱社会主义的思想感情，初步养成关心他人、关心集体、认真负责、诚实、勤俭、勇敢、正直、合群、活泼向上等良好品德和个性品质，养成讲文明、讲礼貌、守纪律的行为习惯，初步具有自我管理以及分辨是非的能力。具有阅读、书写、表达、计算的基本知识和基本技能，了解一些生活、自然和社会常识，初步具有基本的观察、思维、动手操作和自学的能力，养成良好的学习习惯。初步养成锻炼身体和讲究卫生的习惯，具有健康的身体。具有较广泛的兴趣和健康的爱美情趣。初步学会生活自理，会使用简单的劳动工具，养成爱劳动的习惯②。

（三）素质教育背景下的小学教育目标

1999年，《中共中央国务院关于深化教育改革，全面推进素质教育的决定》提出：

实施素质教育，就是全面贯彻党的教育方针，以提高国民素质为根本宗旨，以培养学生的创新精神和实践能力为重点，造就“有理想、有道德、有文化、有纪律”的德智体美等全面发展的社会主义事业建设者和接班人。

2001年，教育部颁布《基础教育课程改革纲要（试行）》，提出新课程的培养目标应体现时代要求：

要使学生具有爱国主义、集体主义精神，热爱社会主义，继承和发扬中华民族的优秀传统和革命传统；具有社会主义民主法制意识，遵守国家法律和社会公德；

---

① 课程教材研究所：《20世纪中国中小学课程标准·教学大纲汇编：课程（教学）计划卷》，人民教育出版社1999年版，第315页。

② 课程教材研究所：《20世纪中国中小学课程标准·教学大纲汇编：课程（教学）计划卷》，人民教育出版社1999年版，第372－373页。

逐步形成正确的世界观、人生观、价值观；具有社会责任感，努力为人民服务；具有初步的创新精神、实践能力、科学和人文素养以及环境意识；具有适应终身学习的基础知识、基本技能和方法；具有健壮的体魄和良好的心理素质，养成健康的审美情趣和生活方式，成为有理想、有道德、有文化、有纪律的一代新人。

第三节　小学的课程设置

课程是所有影响人成长和发展的教育资源的一部分。但它与生活中的一些影响，如类似“与君一席谈，胜读十年书”、“三人行必有我师”的影响因素不同，它是与有目的有计划的学校教育相伴随的。在中国汉语词汇里，“课程”一词始见于唐宋时期。孔颖达为《诗经》“奕奕寝庙，君子作之”句作疏：“维护课程，必君子监之，乃依法制。”宋·朱熹在《论学》中也多处使用“课程”概念，“宽着期限，紧着课程”“小立课程，大作工夫”等。这里的“课程”一词含有学习的内容范围和进程之意。在西方，英语世界词汇中，“课程”（course，curriculum）源于拉丁语“currere”，意为“跑道”（race - course）、“学习的进程”（course of study）。以 curriculum 来分析，cur 是流动的意思，Cule 有缩小的意思，um 表地点，表明课程有进程、选择、地点的含义。因此，课程可以理解为与学校教育相伴随的有选择、有组织的教育内容及其进程安排。近代新式学校兴起以来，课程有广义、狭义两种。广义的课程即指学生在校期间所学的内容总和及其进程安排，狭义的课程特指某门学科。

一、癸卯学制前的小学课程设置

中国古代的小学教育主要以识字和行为教育为主。两汉时期，统治者在建立官学体系的基础上，也鼓励民间设立私塾，私塾的基本教学内容就是识字、写字。为此出现了一些识字教材，如先秦的《史籀篇》，可惜只有存目。至于两汉时的识字教材，王国维认为：“汉时教初学之所，名曰书馆，其师名曰书师，其书用《仓颉》《凡将》《急就》《元尚》诸篇，其旨在使学童识字习字”。其中《急就篇》流传久远，到梁武帝时才为《千字文》所取代，到宋时与《百家姓》《三字经》并存，一直沿用到清末民初，它们把各种知识综合在一起，没有年级递进的程序。可见，私塾中并没有明确规定要学习什么课程，往往以教材代替课程，有什么教材就代表有什么课程。

清末，在现代学制未颁布以前，小学教育除了采用“三百千”[①] 为代表的蒙学教材以外，还采用了西方列强传教士编制的教科书，如《教会三字经》《耶稣事略五字经》《圣道问答》《新・旧约圣经》，这些教材都有明显的宗教色彩。一些有能力的学校则自编教科书，如 1897 年南洋公学自编的《蒙学课本》，1898 年俞复、吴稚晖等人在无锡开办三等公学堂也自编了《蒙学课本》。在这一时期，学校自编了什么教材，就意味着开设什么课程，政府对新式学堂还没有统一的课程设置规定。

二、癸卯学制的小学课程设置

癸卯学制的小学课程设置与壬寅学制的小学课程设置有密切关系，尽管后者没有实施，但它制订在先，在指导思想和课程思路上都影响着癸卯学制。

（一）壬寅学制的小学课程设置

1902 年，《钦定学堂章程》，即“壬寅学制”颁布，这是中国教育史上第一个系统完备的现代学制。但壬寅学制颁布后未实施。章程分《 京师大学堂章程》、《考选入学章程》、《高等学堂章程》、《中等学堂章程》、《小学堂章程》及《蒙养堂章程》。这个学制将教育分三个阶段：第一阶段为初等教育，第二阶段为中等教育，第三阶段为高等教育，全学程共二十年。与高等小学堂平行的有简易实业学堂；与中学堂平行的有中等实业学堂、师范学堂；与高等学堂平行的有仕学馆、高等实业学堂、师范馆。

这个学制的特点：第一，注重国民教育；第二，注重实业教育；第三，重男轻女的传统思想依旧存在；第四，保留着科举制度的痕迹，规定高等小学、中学、师范、高等学堂和大学堂毕业生，分别给以附生、贡生、举人、进士等称号，同时，对于科举出身的人，也可以分别送入高等小学、中学、高等学堂和仕学馆，名义上是沟通学校与科举，实则科举还影响着学校。这一点从课程设置上也可以看出，《钦定学堂章程》规定寻常小学堂课程有修身、读经、作文、习字、史学、舆地、算学、体操，高等小学堂设置修身、读经、读古文词、作文、习字、算学、本国史学、本国舆地、理科、图画、体操。

尽管由于壬寅学制的制订过于急促，以及本身存在若干不足和局限，使它未能

① 蒙学教材《三字经》《百家姓》《千字文》的缩写。

付诸实行。但是，而后颁布并得以实施的癸卯学制，就是在壬寅学制的基础上发展起来的。

（二）癸卯学制的小学课程设置

1904 年，由张百熙、张之洞、荣庆重新拟订一个《奏定学堂章程》，公布于光绪二十九年（癸卯年）十一月二十六日（1904 年 1 月 13 日），称“癸卯学制”，这是第一个法定的并在全国实施的学制，为中国现代学制之始。癸卯学制自 1904 年开始逐步实行，至 1911 年辛亥革命后废止。

该学制规定全部学校教育，包含从小学到大学的完整体系。从纵的方面看，整个学制分三段六级：第一阶段为初等教育，设初等小学堂 5 年，高等小学堂 4 年，另设蒙养院，不在正式学制之内；第二阶段为中等教育，设中学堂 5 年；第三阶段为高等教育，设高等学堂或大学预科 3 年，分科大学 3 年或 4 年，通儒院 5 年。按照这个学制的规定，儿童 7 岁入学到大学毕业要 20 或 21 年，到通儒院毕业要 24 年或 25 年，年龄要到 31 岁或 32 岁，是中国迄今最长的一个学制。

从横的方面看，与高等小学堂平行的，有实业普通补习学堂、初等农工商实业学堂、艺徒学堂等；与中等学堂平行的，有初级师范学堂、中等农工商实业学堂；与高等学堂平行的，有优级师范学堂、实业教员讲习所、高等农工商实业学堂等。

课程设置仍以读经讲经为重。各级学堂毕业生给予科举出身，如高等学堂毕业生给予举人出身，大学堂毕业生给予进士出身，并授予官职。另外，女子教育无地位，只可在家庭受教。

《奏定学堂章程》体现了“中学为体，西学为用”的思想，对以后学制的组织形式影响颇大。它规定初等小学堂的课程设置有：修身、读经讲经、中国文字、算术、历史、地理、格致、体操，高等小学堂设置修身、读经讲经、中国文学、算术、中国历史、地理、格致、图画、体操。教材则主要采用民间书坊编制出版的或学校自编的。传统蒙学教材“三百千”之类，没有被新式学堂所采用。

三、民国时期的小学课程设置

从 1912 年中华民国成立到 1949 年国民政府撤离到台湾，这段时间跨度有 37 年。在这 37 年间，政治上有袁世凯的复辟帝制、北洋军阀的轮流执政、国民党政府的成立和日本发动对华战争等重大事件；文化上有倡导白话文学、宣扬民主科学的新文化运动以及追求语言统一的国语运动。这些事件和运动在不同程度上影响着教育制度、教育宗旨以及小学教育的课程设置。

（一）民初的小学课程设置

1912 年 1 月，中华民国临时政府成立。1 月 19 日颁布了《普通教育暂行办法》和《普通教育暂行课程标准》，这是中国资产阶级首次以中央政府名义发布的教育文件。《普通教育暂行办法》规定：各级各类学堂，一律改称为学校，监督、堂长一律通称校长，小学读经科一律废止，同时废止奖励出身。《普通教育暂行课程标准》共 11 条，规定初等小学的课程为修身、国文、算术、游戏体操、图画、手工、裁缝、唱歌；高等小学课程为修身、国文、算术、中华历史地理、博物理化、图画、手工、体操（兼游戏）、裁缝（女子）、唱歌、外国语等。《普通教育暂行课程标准》反映了《暂行办法》的有关原则，成为以后《壬子癸丑学制》关于小学、中学、初级师范课程设置的蓝本。

1912 年 7 月经中华民国全国临时教育会议讨论通过，9 月初教育部正式公布了民国学制系统的结构框架《壬子癸丑学制》，又称 1912—1913 年学制。壬子癸丑学制主系列划分为三段四级。初等教育段分初等小学校和高等小学校两级共 7 年，不分设男校女校。其中初等小学校 4 年，为义务教育，法定入学年龄为 6 周岁；高等小学校 3 年。根据 1912 年 11 月颁布的《小学校教则及课程表》，初等小学校开设修身、国文、算术、手工、图画、唱歌、体操、缝纫共 8 门课程；高等小学校开设修身、国文、算术、本国历史、地理、理科、手工、图画、唱歌、体操、农业、缝纫、英语共 13 门课程。

（二）新学制的小学课程设置

1922 年 9 月，中华民国教育部在北京专门召开了学制会议，会议对全国教育会联合会所提出的学制系统改革案稍作修改，于同年 11 月 1 日以大总统令公布了《学校系统改革案》。这就是 1922 年的新学制，或称“壬戌学制”，由于采用的是美国式的六三三分段法，又称“六三三学制”。1923 年 6 月全国教育会联合会确定并刊布了《中小学课程标准纲要》。纲要规定：小学取消修身科，增加公民、卫生科，将手工改为工用艺术，图画改为形象艺术；又将初小的卫生、历史、公民、地理合为社会科；设自然园艺科；将国文改为国语（包括语言、读文、作文、写字），体操改为体育，唱歌改为音乐。

（三）小学课程暂行标准的课程设置

根据三民主义教育宗旨，国民政府教育部于1929年8月编制公布了《小学课程暂行标准》，把三民主主义教育宗旨融进课程标准，设置科目有党义、国语、社会、自然、算术、工作、美术、体育、音乐等9门。

暂行标准与以前全国教育联合会所订的小学新学制课程标准纲要有许多不同之点，形式上尽量合并科目，不易合并的，在草案中指示联络教学的方法，改“程序”为“各学年作业要项”，不搞逐年分开，只分初、中、高年级三段；内容上要求增加关于三民主义化的材料，且材料范围要富于弹性，以期通行于全国而不为地域所限。1929年中小学暂行课程标准是中国第一套以教育部名义颁行的、具有教育法规性质的课程标准。其中，语文科有小学国语、中学（初级、高级）国文“暂行标准”组成。

暂行标准规定每周教学总时间低、中、高三个阶段分别为1140、1320、1530分钟（注：以下所列时间均以分钟为单位）。该标准还分别对各科的目标、作业类别、各学年作业要项、教学方法要点等作了规定。

（四）四次小学课程标准的课程设置

国民政府在公布了《小学课程暂行标准》后，曾先后四次颁布小学课程标准，其中课程设置都不尽相同。

1. 1932年课程标准

民国二十一年（1932年）八月，教育部召开幼稚园中小学课程标准会议，十月教育部在暂行课程标准基础上修订颁行《小学课程标准》。小学课程标准总纲规定的课程有公民训练、卫生、体育、国语、社会、自然、算术、劳作、美术、音乐共十门。各科总时数一至四学年分别为1170、1260、1380、1440，高级小学二学年均为1560，国语科六年均为390分钟。除各科教学时间外，还提出了“其余各种集团活动每周时间分数表”，低、中、高每周活动时间分别为180、270、360分钟。这是本次课程标准的新颖之处。

总纲还对教材编写提出了一系列具体要求：文字的教材，应一律用语体文叙述，不得用文言文；教材的组织，应尽量使各科联络，成为一个大单元，以减少割裂、搀杂、重复等弊。同时还对教材“须令儿童反复练习的、须令儿童精密思考的、须令儿童欣赏的、须令儿童发表的”等五大部分提出了编写和教学要求。

2. 1936 年课程标准

由于日本入侵东三省，培养民族意识成为时代的要求，根据这一形势变化，教育部重新颁布了《小学课程标准》，课程设置上尽量合并科目，如社会、自然合为常识科，劳作美术合为工作科，体育音乐合为唱游科，加上公民训练、国语、算术，共设置科目六门，教学总时间一至六年级每周分别为：1020、1110、1230、1290、1380、1380。另有各集团活动时间低、中、高分别为 180、270、360。国语科每周教学时间六学年都为 420 分钟。这次修订课程标准的大原则是以合并为主，简化课程名称。对于教材编写的要求除保持原有以外，增加了教材选择的价值比较原则。

3. 1942 年课程标准

1936 年的课程标准颁布后一年，卢沟桥事变爆发，日本就此全面进攻中国。全国处于抗日战争中，教学正常秩序被打破。再加上 1936 年课程标准规定的课程分量本身比较重、要求比较高，表现为：（1）理想太高，非一般小学能普遍实施，即优良小学亦未必能切实做到；（2）内容较深，非一般儿童所能完全领受；（3）分量太重，非在规定时间内所能教学完毕；（4）各科课程内容，间有重复之处，学习颇不经济；（5）标准中只规定作业要项，而无具体的教材要目，虽富有弹性，各地方可斟酌需要情形编选教材，但因伸缩性太大，教材往往陷于太艰深太繁琐之弊病。因此，1942 年修订的课程标准，在课程设置上把原来合并的科目又重新分解，同时把团体活动列为最重要的科目放在首位。低中年级设置团体训练、音乐、体育、国语、算术、常识、图画、劳作 8 科，高年级设置团体训练、音乐、体育、国语、算术、社会（包括公民、历史、地理）、自然、图画、劳作 9 科。教学总时间一至六年级每周分别为：1180、1170、1290、1350、1500、1500。低中年级增加 60 分钟，高年级增加 120 分钟。另有课外集团活动时间低、中、高年级仍保留为 180、270、360。如此，学生在校时间明显增加。相应地，国语科每周教学时间也增加了，除低年级保持每周 420 分钟不变外，中高年级都增加到 450 分钟。

4. 1948 年课程标准

这一次课程标准规定设置的课程有公民训练、音乐、体育、国语、算术、社会、自然、美术、劳作等 9 门，一至六年级每周教学总时间分别为 1050、1050、1290、1320、1470、1470，另有课外集团活动时间低、中、高阶段每学年分别为 120、180、180，合起来每学年的总时间分别为 1170、1170、1470、1500、1650、1650。这次修订后，学生的在校时间减少了，但国语科的教学时间仍然保持不变，体现了对国语科的重视。

四、新中国的小学课程设置

在中华人民共和国成立以来的60多年里，中国基础教育课程经历了多次重大改革，历次改革之间有密切的历史联系，全面考察这些课程改革，对当前和今后的课程建设有所助益。

（一）1949—1952年：改革旧学制的课程设置

新中国成立后，收回了教育主权，对旧中国遗留下来的各类教育问题进行了彻底的改造。1949年12月教育部召开第一次全国教育工作会议，教育部副部长钱俊瑞在总结会议报告要点中，提出了“以老解放区新教育经验为基础，吸收旧教育有用经验，借助前苏联经验，建设新民主主义教育”的改革方向和步骤，对这一时期的课程改革起到了直接指导作用，从此开始了新中国第一次课程改革。1951年8月，政务院颁发了《关于改革学制的决定》，认为原有学制有许多缺点，其中之一是“初等学校修业六年并分为初高两级的办法，使广大的劳动人民子女难以受到完全的初等教育”①。为此，规定小学实行五年一贯制，取消初高两级分段制。根据改革学制的要求，1952年3月教育部颁发《小学暂行规程（草案）》，规定小学设置语文、算术、自然、历史、地理、体育、图画、音乐等8门课程，以每节课45分钟计，小学一到五年级每周教学的总时间为：1080、1125、1170、1260、1260，其中语文占了630、630、630、450、450，算术占了225、270、315、315、315。另外，劳作另定时间教学，或在各科教学的实验、实习中进行。这次改革是教育部门自上而下进行的，实行对旧课程的改造，初步确立了新中国中小学课程体系，形成了全国统一教学计划、统一教学大纲与统一教科书的“大一统”课程模式。

（二）1953—1957年：加强基础知识教学的课程设置

随着国民经济的恢复，1953年中国开始执行第一个五年计划，教育势必紧跟经济发展做出相应的变动。1953年1月召开的大区文教委员会主任会议和6月召开的第二次全国教育会议吹响了新一轮改革的号角。两次会议确立了今后教育工作的重点是整顿、巩固和发展中小学。1953年11月，政务院颁布《关于整顿和改进小学教

① 何东昌：《中华人民共和国重要教育文献（1949—1975）》，海南出版社1998年版，第105页。

育的指示》，提出今后几年内小学教育应在整顿巩固的基础上，有计划有重点地发展，并明确提出：

关于小学五年一贯制，从执行情况看来，由于师资教材等条件准备不足，不宜继续推行。因此已从本学年起，一律暂行停止推行。小学学制仍沿用四二制，分初高两级。初级修业期限四年，高级修业期限二年①。

1954 年 2 月，教育部颁发了《小学“四二”制教学计划（修订草案）》，规定设置的课程仍然是语文、算术、自然、历史、地理、体育、图画、音乐等 8 门，但六年语文的总课时增加了 532 节，算术 304 节，体育 76 节，音乐 76 节，图画 38 节，历史和地理没有变化，自然减少了 76 节。可见这次改革主要是加强了基础课程的教学。

不过，到 1955 年，出于劳动造就新人的教育认识，这种状况受到了冲击。1955 年 5 月的全国文化教育工作会议提出：

在普通教育方面，提高中、小学教育的质量必须贯彻全面发展的方针，注意学生的智育、德育、体育、美育，同时有步骤地实施基本的生产技术教育（高小、初小应进行工农业生产常识的教学）②。

同年 9 月，教育部颁发“小学教学计划”，在原有的 8 门课程基础上增加了“手工劳动课”，同时增加了自然课时 18 节，体育课时 28 节，而语文总课时则减少了 644 节、算术减少了 296 节、历史减少了 92 节、地理减少了 16 节、图画减少了 24 节、最为突出的是把课程名称“音乐”改成了能体现外在行为的“唱歌”，并且减少了 74 节课时。规定“唱歌”的主要任务，“在培养学生爱好唱歌、欣赏音乐的兴趣和能力，发展学生的音乐听觉和韵律情感。”③ 直到 1963 年颁布《全日制小学暂行工作条例（草案）》时才改为音乐。这次的教学计划充分地注意到了实施生产技术教育和加强劳动教育及体育。

为了实施基本的生产技术教育，除了“生产劳动”仍在“关于课外活动的规定”中另行明确规定以外，这个教学计划还增加了第六学年的自然科上课时间每周一节，特别增设了从第一学年到第六学年的“手工劳动”科，以便联系自然、地理、语文、算术等各科进行教学，制作教具、玩具，并可作植物栽培、动物饲养等活动，使学

---

① 何东昌：《中华人民共和国重要教育文献（1949—1975）》，海南出版社 1998 年版，第 264 页。

② 何东昌：《中华人民共和国重要教育文献（1949—1975）》，海南出版社 1998 年版，第 514 页。

③ 课程教材研究所：《20 世纪中国中小学课程标准·教学大纲汇编：课程（教学）计划卷》，人民教育出版社 1999 年版，第 232 页。

生获得一些基本的生产知识，学会使用一些简单的生产工具，同时具有共产主义的劳动态度。教学计划对手工科是这样规定：

手工劳动　它是实施基本生产技术教育的主要学科之一。它的教学，应当和有关学科的教学密切联系起来，而不是孤立地教学一些工艺和农艺的技术，语文、自然等各科教学所需要的简单教具，体育游戏教学所需要的游戏体育用具和玩具，自然教学所应有的实验、实习……都可在手工劳动教学中选用各种容易加工的材料，像纸、厚纸、布、黏土、木料、软铁片、铁丝等予以制作；并可利用学校园地、盆、台，开展花木、作物的栽培活动。教学时应该因地制宜，充分结合当地生产的实际，并争取当地著名技术家的协助，尽量培养学生的创造才能。

1956 年 7 月，教育部还专门下发了《关于 1956—1957 学年度中、小学实施基本生产技术教育的通知》。在体育方面，除了增加课时之外，还在“关于课外活动的规定”中另行明确规定了“体育锻炼”的任务。所以采取这样的措施，就是要保证全面发展的教育得到正确的贯彻；纠正过去忽视基本生产技术教育、劳动教育和体育的片面性倾向。

这一轮课程改革于 1957 年初结束。这一时期的课改，初步形成了比较全面的中小学课程体系，但模仿前苏联的痕迹仍很深；课程变动过于频繁，教材又跟不上需要，致使教学工作不能完全按照教学计划执行；部分学科间的相互联系和配合不够紧密，课程设置不尽合理。

（三）1958—1960 年：突出社会主义觉悟和生产劳动的课程设置

1957 年 2 月，毛泽东作了《关于正确处理人民内部矛盾的问题》的报告，提出：“我们的教育方针，应该使受教育者在德育、智育、体育几方面都得到发展，成为有社会主义觉悟的有文化的劳动者。”为了更好地贯彻这一教育方针，在教育部的部署下，开始了一轮以加强社会主义教育和生产劳动教育为核心的课程改革。

第一，增加周会课。1957 年 7 月，教育部制定颁发了“1957—1958 学年度小学教学计划”，在保持 1955 年的九门课程基础上，每周增加了一节周会课。农村小学（包括大、中城市的郊区和小城市的小学）第五、六学年增添农业常识，每周各一节，相应地减少了自然和唱歌的课时。各年级每周新设的一节“周会”，是用来对学生进行思想品德教育和作时事报告等。

第二，增加劳动时间。1958 年 2 月，薄一波在“关于 1958 年度国民经济计划草案的报告”中提出，“有步骤地实行半工半读的教育制度”，“广泛地举办业余学校，

进行初小程度到高中程度的文化教育”。教育部副部长董纯才也在第一届全国人民代表大会第五次会议上作了“加强思想教育、劳动教育，提倡群众办学、勤俭办学”的发言。到1958年6月，陆定一在全国教育工作会议上的讲话中提出“教育必须同政治结合，教育必须同劳动结合。”不久，他又在《红旗》杂志上发表“教育必须与生产劳动相结合”的文章，提出：

我们主张全面发展的教育方针，我们认为培养全面发展的人类的唯一方法，是教育为无产阶级的政治服务，教育与生产劳动相结合。我们说“唯一方法”，就是说除此以外再没有别的方法。资产阶级的教育学者不然，他们认为，要培养出他们的所谓“全面发展”的人，唯一方法是读书，是死记书本，他们千方百计反对学生学政治，尤其反对学生成为劳动者。依照我们的全面发展的教育方针，就可以而且应该依靠群众来办学。依照资产阶级的所谓“全面发展”的教育方针，就只能依靠专家办学，不能依靠人民群众办学。依照我们的全面发展的教育方针，教育应该受党的领导。依照资产阶级的所谓“全面发展”的方针，教育只能由专家领导，用不着党的领导，因为党是“外行”。由此可见，对于全面发展的不同理解，就得出一系列的不同的以至相反的论点。所以我们说，几年来教育工作中的争论，归根结底，集中地表现在“什么是全面发展”这个问题上面。这个斗争的性质，是无产阶级和资产阶级两种教育思想之间的斗争。①

1958年9月，《中共中央、国务院关于教育工作的指示》指出，政治战线和经济战线的社会主义革命已经取得了决定性胜利，随着工农业生产的大跃进，文化革命也已经开始进入高潮，同时要求“在一切学校中，必须把生产劳动列为正式课程。每个学生必须按照规定参加一定时间的劳动”，“教授课程必须贯彻执行理论与实际联系的原则，应当在党委领导之下，尽可能采取聘请有实际经验的人（干部、模范工作者、劳动英雄、‘土专家’）同专业教师共同授课的方法。”1960年6月1日，全国人大常委会副委员长、国务院业余教育委员会主任林枫在全国教育和文化、卫生、体育、新闻方面社会主义建设先进单位和先进工作者代表大会上，作了“大搞文化革命，实现工农群众知识化，知识分子劳动化”的报告。在这种形势下，突出劳动的教育革命轰轰烈烈，高潮迭起。

第三，合并课程。从1958年到1960年，各地根据中央关于教育工作的指示精神，进行了许多教学改革的试验和讨论，一致的看法是中小学年限应该缩短，有的

① 何东昌：《中华人民共和国重要教育文献（1949—1975）》，海南出版社1998年版，第855页。

试验小学五年一贯制，有的试验中小学十年一贯制，有的试验中小学九年一贯制，有的试验中学五年一贯制，相应地课程内容必须精简，课程必须合并，比如把小学的历史、地理、自然合并为常识课。同时，实行勤工俭学，劳动时间大量增加。1959 年 3 月，国务院颁布了关于全日制学校的教学、劳动和生活安排的规定，要求“小学生从 9 岁起，一般每周的劳动时间规定为 4 小时，最多不超过 6 小时”，组织他们参加校内外的工农业生产，目的是使他们养成劳动的习惯和能够学到一些基本的生产知识和技能。为充分调动人民群众的办学积极性，教育管理权限下放，各地开始自编教材，中小学校兴起课程和教学改革的群众运动，课程改革大跃进。在这种大跃进持续了两年的 1960 年 4 月，陆定一在一次全国人民代表大会的会议上发表了《教学必须改革》的讲话，认为：

在教学问题上也是两种主张，我们主张教学要尽可能地多快好省，资产阶级的教育学者却满足于少差慢费。把中小学的年限拖得越长，程度降得很低，这是有利于资产阶级，而不利于工人阶级的。①

（四）1961—1963 年：反思教育大跃进的课程设置

文化教育的大跃进主要表现为强调从生产劳动的实践中学习，强调勤工俭学。如此一来，学生在校学习的时间就相应减少，周恩来在 1959 年 5 月视察天津大学时就表达了这种担忧，他说：“教育与生产劳动相结合，教育是主导方面，因为学生来学校就是为了学习。我们一定要认清主导方面，认不清主导就没有方向，认不清主导就没有重点。”② 这实际上是对过于强调生产劳动而冲击了正常学习的忧虑。反思 1958 年以来的“大跃进”给各行各业的冲击，中央从 1961 年开始，制定了对国民经济进行“调整、巩固、充实、提高”的指导方针。在这一方针指导下，文教工作提出条件较好的学校可以试验中小学十年制，凡没有试行这一学制的学校一律采用中小学十二年制。1963 年 3 月，中央还责成教育部拟订了《全日制小学暂行工作条例（草案）》，并要求各级教育行政部门对所属全日制小学的全体教职员宣读这一条例。条例规定，全日制小学必须贯彻以教学为主的原则，保证全年有九个半月的教学时间，不得任意停课，如果遇到特殊情况必须停课，要经县（市属区）教育行政部门报请上一级教育行政部门批准，全日制小学设置语文、算术、自然、历史、地理、

① 何东昌：《中华人民共和国重要教育文献（1949—1975）》，海南出版社 1998 年版，第 971 页。
② 何东昌：《中华人民共和国重要教育文献（1949—1975）》，海南出版社 1998 年版，第 907 页。

生产常识、体育、音乐、图画、手工、劳动等课程。这些规定对有些学校任意停课让学生参加生产劳动起到了遏制的作用。根据条例，教育部重新拟订了全日制中小学教学计划，对文化课、政治课和生产知识课作了必要的安排，计划保持了小学的修业年限为6年，同时提出了对1—3年级不安排劳动课，而对4—6年级才安排劳动半个月的要求，并减少了手工课。1961—1963年的反思和调整基本上扭转了学制试验和课程实施的混乱局面。

（五）1964—1976年：学制要缩短的课程设置

关于学制要缩短的建议，是毛泽东出于行动主义学习观的具体建议。1964年2月13日，毛泽东在人民大会堂召开的教育工作座谈会上发表了一个重要讲话，当时在座的有刘少奇、邓小平、彭真、陆定一、康生、林枫、章士钊、陈叔通、郭沫若、许德珩、黄炎培、朱穆之、张劲夫、杨秀峰、蒋南翔、陆平等人。毛泽东在这个讲话中批评了当时教育的存在问题，引起国内教育界极大反响。

毛泽东在讲话中认为，“学制可以缩短。……现在课程多，害死人，使中小学生、大学生天天处于紧张状态。”并列举了好些没有接受过正规学校教育但取得了重大成就的人物例子，比如，孔夫子没有上过什么中学、大学，开始的职业是替人办丧事做吹鼓手，明朝李时珍长期自己上山采药才写了《本草纲目》，有所发明的祖冲之也没有上过什么中学、大学，蒸汽机的大发明家瓦特也是工人。根据这个讲话精神，教育部开始着手落实。一是向中央、国务院提交了《关于克服中小学学生负担过重现象和提高教学质量的报告》，报告提出，“许多学校都加强了以阶级教育为中心的思想教育，各地都涌现出一批思想政治工作好、教学工作好、生产劳动教育好、体育文娱和生活管理好、领导作风和学校校风好的学校，都有一些既能提高教学质量，又善于减轻学生负担的教师。”① 二是扩大了五年一贯制的小学试验面，要求除在大中城市的一些中等条件的全日制学校中适当增加试验班级外，还要在大中城市选择一、两所二部制学校，同时在县镇完全小学校中选择几所学校进行五年制试验。三是调整和精简了中小学课程。1964年教育部发出了调整和精简中小学课程的通知，对1963年拟订的《全日制中小学教学计划（草案）》中的课程设置进行了调整。高小历史、地理、自然、生产常识4门课程调整为按照一年学完来安排，即五年级设自然每周3课时，地理每周2课时；六年级设历史每周3课时，生产常识每周2课

---

① 何东昌：《中华人民共和国重要教育文献（1949—1975）》，海南出版社1998年版，第1279页。

时。这样，高小的课程就由原来的9门减为8门。同时三至六年级算术的每周上课时数各减少1课时，每周上课总时数，三、四年级由30节减为29节，五、六年级由32节减为30节。四是大力推行半农半读、半工半读教育。教育部在1965年先后召开农村半农半读教育会议和全国城市半工半读教育会议，两次会议都认为，半农半读、半工半读教育制度，可以更好地贯彻执行教育为无产阶级政治服务、教育与生产劳动相结合的方针，可以缩小体力劳动和脑力劳动之间的差别，是巩固无产阶级专政，防止资本主义复辟的根本措施。

1965年12月21日，毛泽东在杭州会议上的讲话又提到学校学习的不足，他说：

现在这种教育制度，我很怀疑。从小学到大学，一共十六七年，二十多年看不见稻、粱、菽、麦、黍、稷，看不见工人怎样做工，看不见农民怎样种田，看不见商品是怎样交换的，身体也搞坏了，真是害死人。①

1966年5月7日，毛泽东在给林彪的信中特别强调：

学制要缩短，教育要革命，资产阶级统治我们学校的现象，再也不能继续下去了。②

不久，中共中央通过了关于“无产阶级文化大革命的决定”，提出学制要缩短，课程要精简，教材要彻底改革、删繁就简，学生以学为主，兼学别样，不但要学文，也要学工、学农、学军，也要随时参加批判资产阶级的文化革命的斗争。

于是，许多学生走出课堂，学校停课，尽管中共中央多次要求外出串联的教师和学生返回本地，复课闹革命，但是，受革命激情支配的师生们已经很难静下心来在课堂上学习文化知识了。1967年，中共中央发出复课闹革命的通知。复课后的学校，在毛泽东关于“学校的一切工作都是为了转变学生的思想”的伟大教导下，让那些所谓最懂无产阶级教育的工农兵占领了教育阵地。1971年经中共中央批准的《全国教育工作会议纪要》还专门提出，工农兵教师是教师队伍的骨干力量，要广泛吸收工农兵参加教学活动。在文化课的教学改革中，没有文化同样能进行改革。下面是两个宣扬农民教学水平高的例子：

① 一次，一个青年教师，教学生认“惹”字时说：这个“惹”字，就是你惹他，他惹你的“惹”。贫下中农听到后，向这个教师指出：这样的教学没有突出无产阶级政治。这个教师在贫下中农帮助下，重新备课，第二次讲“惹”字时说：这是

---

① 何东昌：《中华人民共和国重要教育文献（1949—1975）》，海南出版社1998年版，第1383页。

② 同上，第1396页。

"若"、"心"上下结构。"若"，就是毛主席教导我们"人不犯我，我不犯人，人若犯我，我必犯人"的"若"字，在"若"字下面加上：毛主席是我们心中红太阳的"心"字，就念"惹"。"惹"，就是用毛泽东思想武装起来的七亿中国人民是不好"惹"的。如果美帝、苏修胆敢来侵犯，我们就叫它粉身碎骨，有来无回。通过这一事实，这个教师深有感受地说："贫下中农虽然不识字，但他们最听毛主席的话，政治觉悟最高，处处突出无产阶级政治，坚持用毛泽东思想统率教学。"

② 文化大革命以前，有一天，我给学生讲《狐狸和乌鸦》一课，正讲得来劲，学生也哈哈地乐，突然，老贫农魏永宣趴在窗台上生气地说："尽扯蛋，学这些玩艺，一点用也没有。"老贫农的话使我一怔：怎么说学这课语文没有一点用呢？下课后，我一边细看这篇课文，一边琢磨老贫农魏大爷的话，越琢磨越觉得这课语文真是一点没用，不但没用，还有毒呢！课文把乌鸦比作革命群众，喜欢听奉承话，连一点革命警惕性都没有。把狐狸比作阶级敌人，却写得十分机智。讲这样的课怎么能把学生培养成无产阶级革命事业的接班人呢？明明是毒汁，为什么我看不出，还当糖浆给学生灌？为什么老贫农一听就听出了问题？想来想去，我得出一个结论：主要是自己的阶级斗争觉悟没有贫下中农高。我和贫下中农的思想感情、立场观点，距离还大着呢，接受贫下中农的再教育，不是到头了，而是刚刚开始。

从此，我再也不给学生讲《小猫钓鱼》、《猴子捞月亮》那些课文了，还跟学生一起，遵照毛主席关于"有错误就得批判，有毒草就得进行斗争"的教导，批判了这些宣扬封、资、修思想的旧教材。①

可见，即使全国有统一的教学计划和教科书，广大工农兵教师也不会去执行的，有的只是各地自编的生活式教材。革命口号和毛主席语录、活学活用毛泽东思想的典型、反潮流的人物事迹等构成了全部的课程内容。认真教学文化知识被认为"智育第一"，严格要求学生被指责为"师道尊严"，好好学习被骂为"白专道路"。更何况1971年8月推出的全国教育工作会议纪要明确提出，中小学学制暂不统一规定，各地可以继续按当地情况进行试验。总之，在整个"文革"期间，教师和学生只有跟着政治形势闹一闹、哄一哄才是好的教育。

（六）1977—1984年：拨乱反正的课程设置

1976年粉碎四人帮，1977年5月，邓小平发表了"尊重知识，尊重人才"的谈

① 崔仁发：《永远做贫下中农的学生》，人民日报，1969年9月4日。

话，① 随后8月召开了科学和教育工作座谈会，对课程改革进行了充分的酝酿。1978年1月，教育颁发《全日制十年制中小学教学计划试行草案》，规定小学设置课程8门，即政治、语文、数学、外语、自然常识、体育、音乐、美术。这次课程设置有几个变化：一是不再出现生产常识、手工劳动的课程，二是取消了历史和地理，三是课程名称也出现变化，算术改为数学，自然改为自然常识，图画改为美术，这些变化体现了对不能外在表现为生产改造活动的基础知识的重视，开始了课程领域内的拨乱反正。

第一，《全日制十年制中小学教学计划试行草案》规定：中小学学制十年，小学五年，中学五年。1978年9月教育部颁发了新修订的《全日制小学暂行工作条例（试行草案）》，对课程设置进行了原则性说明。

第二，为配合教学计划草案，教育部颁布了全国统一的教学大纲。

第三，重建人教社，组织召开“中小学教材编写工作会议”，集中编写第五套全国通用的十年制中小学教材，于1978年秋开始在全国使用。新教材吸取了国际中小学课程改革的经验和教训，进行了教学内容的现代化改革，特别是清除了十年动乱时期出版的教材中的许多谬误内容，纠正了政治与业务、理论与实践等问题上的一些不适当的处理方法，注意到基础知识的选择、智力的启迪和能力的培养。

但是，进入20世纪80年代，由于国内国际形势发生了巨大变化，各国的竞争与国内的主要需求都集中在人才上，教育日益受到重视。同时，1978年颁布的教学计划在两年的具体实践中，课程设置等方面存在一些问题，跟不上新形势的要求。1981年教育部根据邓小平“要办重点小学、重点中学、重点大学”的指示精神，颁发了《全日制六年制重点中学教学计划（试行草案）》，并修订颁发了五年制小学教学计划。1984年教育部颁发了六年制城市小学和农村小学教学计划，对数学、外语、自然常识、劳动课程分别提出了不同的要求，同时对教学大纲也进行了重新修订，于1986年颁发了小学各科教学大纲。

（七）1985—2000年：实施义务教育的课程设置

经过多次课程改革，基础教育取得了显著成就，但在普及义务教育、教育体制僵化方面仍需进一步改革。1985年5月《中共中央关于教育体制改革的决定》和1986年4月全国人大通过的《中华人民共和国义务教育法》拉开了第七次课程改革

① 何东昌：《中华人民共和国重要教育文献（1949—1975）》，海南出版社1998年版，第1573页。

的序幕。义务教育法规定“国家实行九年制义务教育。为配合义务教育法的实施，1988年国家教委颁发了《义务教育全日制小学、初级中学试行教学计划》，之后进行了修改。

按照国家对义务教育的要求，小学和初中对儿童、少年实施全面的基础教育，使他们在德、智、体诸方面生动活泼地主动地得到发展，为提高全民族素质，培养社会主义现代化建设的各级各类人才奠定基础。1992年8月6日国家教委印发了关于《九年义务教育全日制小学、初级中学课程计划（试行）》和24个学科教学大纲（试用）的通知，规定小学阶段开设思想品德、语文、数学、社会、自然、体育、音乐、美术、劳动等9科，有条件的小学可增设外语。这是新中国首次将“教学计划”更名“课程计划”，这个课程计划将课程表分为“六三制”和“五四制”两种，在课程设置中将全部课程分为两大类：学科类和活动类。课程表中还留有空间让地方安排课程。与此同时，国家教委组织编订各学科教学大纲（初审稿），允许一些地区和单位按大纲初审稿编写教材，在教材试验的基础上，对大纲做修改，形成了24个学科义务教育教学大纲（试用）。

这一时期的课改最为突出的表现是：在课程行政管理体制上开始打破“集权制”的绝对支配地位，确立了“一纲多本”的课程改革方略；在课程目标、内容、组织、结构等方面大胆借鉴国际上的先进经验，敢于突破以往课程改革中的诸多禁区，如“个性发展”、“选修课程”、“活动课程”等内容在课程计划、课程标准中都有重要地位。

（八）2001年至今：新世纪课程改革的课程设置

20世纪90年代以来中国提出并开始实施素质教育，素质教育要求有别于应试教育。为了全面实施素质教育，更好地解决前七次课程改革遗留的问题，也为了顺应世界课改的潮流，中国政府又开始了一场广泛、全面、深入持久的课程系统改革。

2001年2月，国务院批准《基础教育课程改革纲要（试行）》，标志着中国基础教育课程改革全面启动。这次基础教育课程改革的具体目标主要是六个“改变”，即改变课程过于注重知识传授的倾向，改变课程结构过于强调学科本位、科目过多和缺乏整合的现状，改变课程内容“难、繁、偏、旧”和过于注重书本知识的现状，改变课程实施过于强调接受学习、死记硬背、机械训练的现状，改变课程评价过分强调甄别与选拔的功能，改变课程管理过于集中的状况。为此，整体设置九年一贯的义务教育课程。小学阶段以综合课程为主。小学低年级开设品德与生活、语文、数学、体育、艺术（或音乐、美术）等课程；小学中高年级开设品德与社会、语文、数学、科学、外语、综合实践活动、体育、艺术（或音乐、美术）等课程。其中设置综合实践活动作为小学至高中的必修课程，其内容包括：信息技术教育、研究性学习、社区服务与社会实践以及劳动与技术教育。

这次课程改革遵循“先实践、后推广”的原则，2001 年 9 月先在全国 38 个国家级实验区进行实验，2002 年秋季实验进一步扩大到 530 个市、县。2004 年秋季，在对实验区工作进行全面评估和广泛交流的基础上，课程改革进入全面推广阶段。到 2005 年，中小学阶段各起始年级原则上都将进入新课程。这次改革不是简单调整课程内容，不是新旧教材的替换，而是一次以课程为核心的波及整个教育领域乃至全社会的系统改革，是一场课程文化的革新，是教育观念与价值的转变，涉及课程理念、目标、方法、管理、评价等方面。这一时期的课改重视学科与育人的作用，首次提出设置选修课；实行了国定制与审定制相结合的教科书制度；重视地方教材、乡土教材的编写。

第二章 小学语文课程建设

中国古代语文教育，是一种集经学、史学、哲学、文学、语言学于一体的综合教育，甚至还融入了农业、手工业、自然科学等方面的知识。长期以来，这种教育与中国封建统治制度相契合，尤其与科举制度和八股取士方式相适应。正如舒新城在20世纪20年代评论清末以来教育改革时所说："倘若中国在八十年前没有一场鸦片战争，就是和外国人通商，我想最多也不过在国际上作些公平交易而已。中国的社会现象决不会像现在，更说不到新式教育；又假若中国在鸦片战争而后国势便振兴起来而列为世界强国之一，中日（甲午）之战不被日本打败，或义和团真能把'洋人'杀退，我想现在的中国教育制度一定还是遵行千余年流传下来的科举制和书院制，也许世界上的某国慕中国教育制度优良而毅然采用之。"① 然而，事实却是屡次的战败和屈辱促使朝野上下不能不思考国力衰弱的真正原因，一些有识之士甚至把矛头指向这种围绕经学而展开的教育制度以及由此导致的所学非所用、所用非所长的现象。新式学堂和语文独立设科就是在这一改革背景下出现的。

第一节 语文独立设科的背景与意义

清末，随着西学传入，语文教育已开始重视更新教学观念和教学方法。1850年，王筠撰《教童子法》，就对当时的语文教学提出了许多见解，他强调蒙养之时，应以识字为先，不必遽读书，识字则先取象形、指事之纯体字教之。读书讲解须入童子之耳，不可强迫儿童读书。到清王朝统治的最后10年，语文在新式学堂独立设科，实现了制度层面的改革，这一事实虽非社会政治的重大转折，但它对中国汉语文教育却具有划时代的意义，有人甚至把它看作是中国古代语文教育与现代语文教育的

---

① 舒新城：《近代中国教育思想史》，上海中华书局1929年版，第11－12页。

分界线①。

一、语文独立设科的背景

清末鸦片战争的失败，把中国引向了外部强敌环伺、内部国困民穷的社会危机之中，一些卓有远见的仁人志士认识到，要改变中国这种积贫积弱的状况，首要任务就是改变旧的教育制度，实行教育普及。康有为认为，“泰西之所以富强，不在炮械军兵，而在穷理劝学”②，梁启超在《沈氏音书序》中也提出，“国恶乎强，民智，斯国强矣。民恶乎智，尽天下人而读书、而识字，斯民智矣。”于是，倡导广开学校、普及教育，呼吁开民智、布新学成为维新人士的共同追求。同时，日本变法而强的事实也给中国提供了一个思考中国社会面临问题的新视度。把日本当作一个效仿对象，取法日本将政制加于改革，是摆在当时改革者面前的一个主要选择。因此，1901 年 9 月清政府在要求继续办好各类洋务学堂的同时，颁布了“兴学诏书”，指出“近日士子，或空疏无用，或浮薄不实，如欲革除此弊，自非敬教劝学，无由感发兴起。”对如何来敬教劝学，诏书规定：“除京师已设大学堂，应切实整顿外，着各省所有书院，于省城均改设大学堂，各府及直隶州均改设中学堂，各州县均改设小学堂，并多设蒙学堂。”③ 并命管学大臣张百熙拟订学制。

自 1902 至 1904 年之间，清政府先后推出壬寅学制和癸卯学制，壬寅学制没有实施。癸卯学制的颁布实施，标志着分科分年级的现代学校教育全面铺开，为中国现代学校制度的建立奠定了基础。它将“传道”工具——“文”从经学中抽取出来，设置中国文字、中国文学作为与读经、讲经并列的新式学堂课程，其目的是为了通过对“文”的单独训练来提升“学文”速度。马建忠当初撰写《马氏文通》，也是基于同样的愿望。在这种追求快速提高语文读写能力的愿望推动下，中国具有学科意义的语文教育开始确立，掀开了中国现代语文教育的扉页。但同时也暗示了两种趋势：

第一，“文”和“道”是可以适当分离的，提高语文读写能力可以单独训练“文”来实现。一方面，学校通过设置字课、习字、作文、读古文词等科目进行训

① 如顾黄初主编《中国现代语文教育百年事典》提到，“1904 年‘癸卯学制’颁行，语文在新式学堂中独立设科，中国现代语文教育由此发端”。

② 汤志均：《康有为政论集（上册）》，中华书局 1981 年版，第 130 页。

③ 朱有瓛：《中国近代学制史料》第一辑下册，华东师范大学出版社 1986 年版，第 454 页。

练，以提高语文读写能力；另一方面，把提高语文读写能力的途径寄托在理解和掌握有关语音、文字、词法、句法、章法等方面的知识和技能上。叶圣陶先生就认为：

五四以来国文科的教学，特别在中学里，专重精神或思想一面，忽略了技术的训练，使一般学生了解文字和运用文字的能力没有得到适量的发展，未免失去了平衡。而一般社会对青年学生要求的却正是这两种能力。[①]

为了让学生了解和运用文字的能力得到发展，必须重视技术，突出“文”的单独训练。20 世纪 60 年代语文教育界提出“字词句篇语修逻文”八个字来涵盖语文教育的“双基”，也反映了这种突出“文”的趋势。而“文”所承载的“道”、精神或思想方面的修养却在一定程度上受到冷落。

第二，“文”和“人”是可以适当分离的，提高语文读写能力可以直接从文本中学习写作技术。“文”是一种实用工具，不必拘泥于古代语文教育所倡导的“文如其人”，也不用整体考虑文章背后的作者、文章前面的读者、文章周围的世界。离开文章作者表达时的背景和意图，离开读者阅读时的经验和感受，把文章或词句孤立或局限在某一局部或静态层面，也同样可以认识“文”。就如同夏丏尊所说，学生心里的语词“空间”大概就是屋外仰视所及的地方，“力”只解作用手打人时的情形，“美”只解作某种女人面貌的状态，“家庭”只解作一屋里的一群人[②]。然而，事实却是每个读者对这些“文”的理解都与其经验能力和知识阅历密切相关，每个表达者运用“文”所寄寓的意蕴也与其经验能力和知识阅历密切相关。因此，“文”和“人”的分离必然导致学生对“文”的肤浅感受和使用。

二、语文独立设科的意义

20 世纪最初的 10 年，中国实现了由古代传统教育向近现代新教育的转型。许多成功的探索推动着中国教育现代化的进程。语文独立设科，是中国传统语文教育走向现代语文教育的重要一步，语文教育从此走上了独立化、学科化的道路，有了自己的学科宗旨和要求。

---

① 叶圣陶：《国文教学》序，出自《叶圣陶语文教育论集》，北京教育科学出版社 1980 年版，第 51 页。

② 夏丏尊：《我在国文科教授上最近的一信念——传染语感于学生》，出自《夏丏尊文集》，浙江文艺出版社 1983 年版，第 116 页。

（一）语文独立设科改变了传统语文教育的综合性

在清末新式学堂广泛设立之前，旧的私塾和书院采用“三百千”等童蒙读物以及儒家经典著作，主要目的是“学道明理”，书面文字的认识和运用只是“学道明理”或者说“传道”的附属品。《钦定学堂章程》把“传道”（读经科）与“习文”（字课、作文、词章等）并列为中小学堂的课程，打破了经学在传统学校教学内容中的单一垄断地位，使“习文”摆脱了附属地位。同时也分解了传统语文教育的综合性。

（二）语文独立设科促进了语文教育思想的更新

传统的封建教育以封建伦理道德为中心，其目的是培养维护封建统治的通才，为封建专制统治服务；语文独立设科后，语文教育虽然未能摆脱封建性的制约，但学科化使语文教育开始注重“实用”。这种注重“实用”的思想体现了语文教育正在走向语文本身，语文的工具性受到重视。《奏定学堂章程》规定初等小学堂所授科目“中国文字”科要“识日用常见之文字，解日用浅近之文理”，高等小学堂所授科目“中国文学”要“通四民常用之文理，解四民常用之词句”以及通文义、文理、作文等，明确了语文教学要向日用方面靠拢。

（三）语文独立设科促进了教学内容的变革和新型教科书的编写

传统语文教育主要是学习儒家经典，其教材主要是《四书》《五经》等儒家经籍以及一些古文选本，涵盖了自然知识、历史知识、生活常识和道德教训。语文独立设科后，语文教学内容有了一些变化，开始出现了一批官方和民间编写的新型语文教科书。这些教科书虽然由于历史原因还不够成熟，但也代表了语文教科书发展的方向。

（四）语文独立设科促进了语文教学过程的变革和优化

传统语文教育重视教师讲授和学生诵读，强调死记硬背；新式学堂采用分科分年级的教学，各科不但在时间上有了限制，而且必须在规定的时间内依据繁难程度体现循序渐进的提高过程。这一点恰恰是传统蒙学教材所难于做到的，因为它没有明显的时间上和程度上的差别，蒙学课本《三字经》《百家姓》《千字文》教三年、五年都没有关系，完全由教师把握。而分科分年级的教学，则要求教师依照教材的

内容和进程去进行教学，在时间上和程度上有一定的限制和要求，教师必须按照一定的学科知识逻辑顺序去完成教学任务。因此，语文教学过程需要教师在规定的时间内进行有效的指导和引导学生主动学习。

第二节　小学语文课程的沿革

课程是为了实现学校教育目标而规定、选择、整理的教育内容总和，与有目的有计划的学校教育相伴随。小学语文课程大致有三部分内容：一是课程标准要求的各项活动内容，如“识字与写字、阅读、写话与习作、口语交际、综合性学习”等；二是学校计划并实施的课外活动，如结合语文课的学习，可以组织参观访问、办报、演课本剧、开故事会等活动，还可以根据学生的兴趣爱好，组织朗读、书法等课外兴趣小组等；三是学校中的隐性课程，如优美的校园环境、良好的校规校风以及融洽的人际关系等对学生的影响。我们探讨小学语文课程沿革主要侧重第一部分内容。

一、小学语文课程名称的演变

语文课程与清末新式学堂分科分年级的课程设置相伴随，没有分科分年级的课程设置，就没有中国现代学校制度下的语文课程。从1904年语文独立设科到21世纪初的新课程改革，小学语文课程走过了一百多年的历程。它作为中国现代中小学校开设的一门主干课程，上起于《奏定学堂章程》的中小学校分科课程设置，下讫于中华人民共和国成立后“语文”课程名称的推出，其间课程名称和科目设置经历了多次变革。

（一）字课、作文和词章

中国古代虽然没有专门的语文课程，但早在两千多年前的先秦时期，就开始有分科课程“六艺”——礼、乐、射、御、书、数。其中“书”主要是识字、写字教育，大体相当于现代以提高语文读写水平为主要任务的语文课程。

鸦片战争以后，中国封建社会逐渐沦为半殖民地、半封建社会。当时的资产阶级改良派主张向西方学习，提出兴办新式学堂。清政府也于1901年明令各地兴办学堂，并随后制订颁布《钦定学堂章程》，规定：蒙学堂课程有字课、习字、读经，除此以外，初等小学堂增设有作文科，高等小学堂增设有古文词科，中学堂则设有词章科。字课有掌握实字、虚字、动字、静字以及积字联句之法等要求，作文有“教以口语四五句使连属之”的要求，词章科有作记事文、说理文以及奏章传记诸文体的要求。字课、作文和词章等科目设置，与读经科并列为新式学堂的重要课程，是传统蒙学向现代语文变革的开端，虽然这一次的课程设置没有正式实施，但它从一个侧面反映了当时人们对提高语言文字读写能力的关注和重视，标志着专门以此为任务的语文课程正式提出。可惜，这一次课程设置在重视对文字、作法、词章教学的同时，又分别把写字、作文、读文分列为不同的科目，三者未发生联系，不利于培养语言文字的综合实践能力。但它表明以分科形式存在的语文课程已初见端倪。

（二）中国文字和中国文学

1904 年，“癸卯学制”颁布并实施。它规定了初等小学堂所授科目有“中国文字”科，高等小学堂和中学堂所授科目有“中国文学”科，两者涵盖了字课、习字、古文词、词章等科的要求。“中国文字”科要求“识日用常见之文字，解日用浅近之文理”，“中国文学”科要求“通四民常用之文理，解四民常用之词句”等。当时虽然仍有读经讲经科，但它培养读文和作文等语言文字应用能力的任务已经转移到这两科身上。这两科的性质和任务与现在中小学的语文课程性质和任务相类似。因此，这两个课程名称被视为语文摆脱经学依附、课程个性得到觉醒的开始，标志着以培养语言文字综合运用能力的课程在中小学教育中取得了一定的位置，为以后语文课程的发展奠定了基础。

（三）国文与国语

1912 年，南京临时政府教育部制订并颁布《普通教育暂行课程标准》，认为读经与共和政体不合，提出废止读经，将清末以来的“中国文字”和“中国文学”统称为“国文”科。民初的教育是按照资产阶级的革命理想去设计实施的，尽管提出了要从受教育者本体着想，以培养共和国民，但仍不免带有一定的预设性，忽视学生的主体地位。后来，新文化运动提倡白话文与新文学，并倡导国语作为全国统一使用的共同语言。国语相对于国文来说，更接近儿童的口语实际，有利于发挥学生学习主体地位。为此，全国教育会联合会建议教育部于国民学校全用国语，于高等小学校则国语国文相参合教授。教育部采纳这一建议，于 1920 年通令国民学校改国文为国语。从此国文这一个名称，就逐渐退出中国小学课程领域，但中学仍称国文。不过，这次改革可追溯到 1916 年（民国五年）前后，当时南方各著名小学群起主张

以国语改国文，因为中国过去曾将普通话叫国语，加上1918年北洋军阀教育部公布注音字母作为当时汉字注音和学习国语的一套音标也用之于课本和教学，于是国语科名称也流行起来。

1922年11月，北京政府大总统令公布《学校系统改革案》，即“新学制”。随着新学制的试行，各种教育组织纷纷致力于起草课程标准，探索体现新学制精神的课程模式。1923年4月25日，全国教育会联合会组织的新学制课程标准起草委员会在上海召开第三次委员会，讨论小学及初中课程标准纲要。6月，委员会公布《新学制课程纲要总说明》，规定小学校课程为国语、算术、卫生等11科，并在《新学制小学国语科课程纲要》明确了国语的目的和内容，国语一科分出语言、读文、作文、写字四个小目，跟民国元年国文科的规定大同小异。只是由于民元所规定的“读法、作法、书法、语法”四个名称是从日文中翻译转抄过来的，似有失国体，故改称为“语言、读文、作文、写字”四个名称。中学则试行选科制，各校国文科所设的课程由学校决定，名称复杂繁多，据当时的语文教学法专家阮真的调查统计，当时国文科开设的课程有42种69项名目，如文字学、文学史、应用文……翻译学等，类似于现在的综合性大学中文系开设的课程。《新学制小学国语课程纲要》由吴研因起草，提出国语主旨在“在练习运用通常的语言文字；并涵养感情、德性；启发想象、思想；引起读书趣味；建立进修高深文字的良好基础；养成能达己意的发表能力。”新学制课程标准虽然不是以政府法令形式公布，不具备政策效力，但它出自民间教育组织，更多地反映了教育实践者的愿望和追求，因此在贯彻落实方面的阻力相对较小。

1929年（民国十八年）8月，国民政府教育部公布《小学课程暂行标准》，考虑到国语科的四个小目“语言、读文、作文、写字”文言气太重，与提倡白话文的时代精神不相吻合，于是改为采用白话的说法，称为“说话、读书、作文、写字”。这一改革体现了对语言文字实践应用尤其是口语应用的重视，较为彻底地实现了文言文核心向白话文核心的转向。这四个语文课程的项目分类名称也一直沿用到1949年。

从国文到国语以及国语课程科目设置的变革，体现了从关注语文课程本身向关注学生兴趣和需要的转型，体现了从力求反映语文课程特征向力求促进学生良好个性和健全人格形成的转型。但是，国语的目标和内容还是相当模糊。

（四）语文

民国时期，在小学语文称为国文科的时候，所编的读本都称为国文教科书，到民国九年（1920 年）教育部通令改国文为国语科时，各书局所编的读本，都称为国语教科书、国语读本或国语课本。当时的课程标准虽然明白地指出，国语一科包含说话、读书、作文、写字四个小目。但国语教科书并不对应这四个小目而编制，连国立编译馆编制的国语教科书标准本也只称“国语”而不分称说话、读书等。称国语书而不包含国语科的全部，只专指读书一目，这种做法被认为不太合适。为此，语文教育专家沈百英提出，比较妥善的办法是将国语的大目，改称“语文”，把读书一项，依课程内容的规定或称为国语，或用文学读本的名称，这样，语文就涵盖了“说话、读书、作文、写字”国语科四个项目。但这一建议并没有在民国时期得到落实，直到 1950 年 8 月《小学语文课程暂行标准（草案）》颁布，才在政策层面上正式以“语文”作为课程名称出现，把以前的国语、国文科统称为语文。“语文”这一课程名称自此命名并一直使用至今。叶圣陶还对这一课程名称的来历作出解释：

> “语文”一名，始用于 1949 年华北人民政府教科书编审委员会选用中小学课本之时。前此中学称“国文”，小学称“国语”，至是乃统而一之。彼时同人之意，以为口头为“语”，书面为“文”，文本于语，不可偏指，故合言之。①

尽管这一解释与沈百英的认识不同，但都希望用“语文”来统称语文不同项目的出发点却是一致的。这次改革统合了语文课程名称复杂分化的现象，同时也强化了语言文字的工具性特征和日用交际功能。

二、小学语文课程性质的认识

语文独立设科，课程性质相对于经学而言，应该从其培养语言文字应用能力的任务上去探讨和认识。不过，在现实生活中，语言文字应用能力往往只是手段和工具，通过它去实现各种目的。比如，清末，它是普及教育的手段和工具，中华人民共和国成立之初，它是民族、科学、大众的文化教育的手段和工具。因此，小学语文课程性质的认识是一个不断深化拓展的过程。语文课程名称的演变从字面上、形式上折射了语文课程性质的认识演变，实质上，语文课程外显的应用工具性特征也在这一演变过程中不断得到强化，而其内蕴的文化修养功能则在不同程度上受到消解。

（一）传道的工具

清末的中国文字和中国文学科，其主要任务除应世之需外，还必须保存国粹。

① 《叶圣陶教育文集（第 3 卷）》，人民教育出版社 1994 年版，第 506 页。

尤其是"中国文学"科，其内容并不纯属文学科的内容，也不同于后来的语文课的内容，其意图在于保存旧学，即所谓"中学"。《奏定学务纲要》规定："学堂不得废弃中国文辞，以便读古来经籍"，"中国各体文辞，各有所用。古文所以阐理纪事，述德达情，最为可贵。骈文则遇国家典礼制诰，需用之处甚多，亦不可废。古今体诗辞赋，所以涵养性情，发抒怀抱。……且必能为中国各体文辞，然后能通解经史古书，传述圣贤精理。文学既废，则经籍无人能读矣。外国学堂最重保存国粹，此即保存国粹之一大端"①。可见，清末的语文课程，虽然已经摆脱了对经学的附庸地位，但并未完全独立化。

（二）生活日用的工具

清末语文课程虽然突出了向生活日用靠拢，但重点在于向外围绕谋生、应世、达意之需而展开，民国时期则要求重点在于向内围绕启发智德、涵养性情而展开。民初提出，"国文要旨，在使儿童学习普通语言文字，养成发表思想的能力，兼以启发其智德"，偏重内容的陶冶。1923 年以后，国语课程确立，课程内容区分了听说、读书、作文、写字等四项作业要项；而且强调读书作业应注重欣赏、表演，取材以儿童文学为主，以引起读书趣味，改变了以往只注重枯燥乏味的诵读以及常识内容成人化的弊端。1932 年公布正式国语课程标准，后经三次修正，逐步明确了语文生活日用的听、说、读、写四种形式要求。

另外，20 世纪三四十年代，中国共产党领导的中央苏区、边区和解放区的国语课程，也紧密结合当时的国内战争与抗日战争的需要，将"政治""常识"与国语融合，体现了课程的综合性和生活日用性。

（三）发展思维的工具

20 世纪 50 年代初，受前苏联的影响，智育受到极大的重视，普遍认为语言和文学混在一起教，两败俱伤。1953 年 5 月，中共中央政治局会议的决议中提出成立语文和历史问题教学委员会，12 月中央语文教学问题委员会向中央提交了关于改进中小学语文教学的请示报告，提出语言和文学要进行分科教学，语言课在汉民族学校中拟定为"汉语课"，其教学目的是使学生掌握语言规律的基本知识，并学会正确运用这些知识来说话、写作、阅读和作进一步的研究；它的范围不限于语法，而包括

① 朱有瓛：《中国近代学制史料》第二辑上册，华东师范大学出版社 1987 年版，第 84 页。

整个语言领域，如文字、词汇、语义、语法、修辞和语言学的初步知识；它的教学计划，在小学阶段不独立设置科目，但要结合语文教材编写一定分量的练习课，有系统有计划地独立进行。中学则进行文学、汉语分科教学，并分别颁布了汉语教学大纲和文学教学大纲，还制定了《暂拟汉语教学语法系统》。1954 年《改进小学语文教学的初步意见》提出：

在教学中，要丰富儿童的词汇，要教给他们语法的基本规律，同时要发展他们的思维，要教给他们思维的初步方法。

1956 年《小学语文教学大纲（草案）》还强调：

语言是跟思维分不开的。发展儿童的语言也就是发展儿童的思维。

并专门列出了语音、词汇、语法、文字、标点符号等汉语教学项目的内容。小学虽然没有分编文学和汉语课本，但在语文课本中充实了语言知识的内容，编写了系统的、着重进行语言训练的语文练习，以发展思维。如 1956 年人民教育出版社出版的、由蒋仲仁主编的初级小学课本《语文》第三册，共设置了 12 个语言训练的练习，题型主要有：

1. 认下面的字，看它们的样子有什么不同：

厌（讨厌）、庆（庆祝）

2. 认下面的字，看它们是怎样合成的：

伴、孤、胆、饿、吓、瞪

3. 下面带黑点的字怎样读才对：

猫的胡子很长，幼虫长大了变成蛹；

4. 认下面的字，看它们的读音有什么不同：

瓜（黄瓜）、孤（孤零零）

5. 说完整的句子：

猫胡子……，耳朵……，眼睛……，爪子……

6. 读下面的句子，看看有什么不同：

咱们一块儿住。

咱们一块儿住，好不好？

7. 读下面的句子，加上句号或问号：

你喜欢牛吗

我喜欢牛

8. 看图说话

1957年，东北师范大学教育系王祝辰编著的《小学语文教学法研究》也重视汉语语言知识的教学，提出小学语文有六个构成部分：语音、文字、词汇、语法、标点符号、插图，并要求研究小学语文课本里的文章体裁[①]。这是建国后语文课程的第一次有计划有组织的大规模改革，但是，由于文学课本过于强调文学史系统，汉语课本过于繁琐，讲读脱节，汉语与文学各成系统，两者所构成的语文教学目的任务不明确，忽视了语言综合运用能力的培养和语言的综合性、人文性教育。于是，1958年3月，又把中学的文学、汉语合并为语文。1963年国家教育部颁发了《全日制小学语文教学大纲（草案）》，提出"语文是学好各门知识和从事各种工作的基本工具"，语文学得好，有助于学习其他各门学科知识。

（四）政治的工具

从1955年开始，小学语文科虽然被定位为"以社会主义教育儿童的强有力的工具"，但仍然重视发展儿童的语言和知识教育。到1963年，《全日制小学语文教学大纲（草案）》在选材标准中特别提到，"入选的文章要具有革命的思想内容，准确的科学知识"。可是发展到20世纪60年代中后期，革命的思想内容走向极端，准确的科学知识让位于阶级斗争，语文课程成了阶级斗争的工具。尤其在"文革"十年期间，语文课程培养语言文字应用能力的任务几乎被彻底否定，广大教育工作者不敢抓文化课教学，这期间如果说还有语文课的话，那就是毛泽东著作和语录课。到了后来，虽然有了一些识字教育和读写教育，但语文课完全被作为阶级斗争和政治运动的工具。有些地方干脆把语文课和政治课结合起来，叫"政文"课。在这样的语文课上，学生读的是配合"无产阶级文化大革命"的文章，写的是各种"大批判"作文。"读书背语录，作文呼口号"，"小报抄大报，大报抄'梁效'"[②]，是当时情况的真实写照。

（五）人类文化的组成部分

1978年，语文教育拨乱反正，提出语文这门学科的重要特点是思想教育和语文知识教学的辩证统一。改变了以前把语文基础知识教学和基本技能训练抛在一边的认识和做法。1986年，国家教委颁发《全日制小学语文教学大纲》，认为小学语文不

---

① 王祝辰：《小学语文教学法研究》，吉林人民出版社1957年版，第9－13页。

② 梁效：即所谓"清华北大两校大批判写作组"，是一个帮"四人帮"说话、发表言论、攻击对手的写作班子。

仅具有工具性，还有很强的思想性，对促进学生德智体美全面发展有重要意义。2000 年，《九年义务教育全日制小学语文教学大纲（试用修订版）》提出，“语文是最重要的交际工具，是人类文化的重要组成部分”。2011 年颁布的《义务教育语文课程标准》进一步阐述了语文课程性质：

语文课程是一门学习语言文字运用的综合性、实践性课程。义务教育阶段的语文课程，应使学生初步学会运用祖国语言文字进行交流沟通，吸收古今中外优秀文化，提高思想文化修养，促进自身精神成长。工具性与人文性的统一，是语文课程的基本特点。

三、小学语文能力目标的探索

现代语文教育沿着“文”和“道”分离以及“文”和“人”分离的趋势，分解了语文能力的综合性和整体性，并在此基础上逐渐探索和构建了以“话”为核心的语文听说读写能力目标，把语文课程内容引向了实用化、口语化。

（一）以“话”为核心的小学语文课程内容

语文独立设科，重视生活日用文字的教学。民国元年颁布的《小学校教则及课程表》，仍然明确提出：

初等小学首宜正其发音，使知简单文字之读法、写法、作法，渐授以日用文章，并使练习语言。高等小学，首宜依前项教授渐及普通文之读法、写法、作法，并使练习语言①。

“练习语言”隐含着听和说的能力要求，初步有了语文听说读写能力目标的影子。不过，由于民初的语文改革是把清末的中国文字、中国文学课程统称为国文，只在识字上加强了与生活日用的联系，而在文章上却仍然强调文言文的核心地位，语文听说读写能力也是针对文言文而言的。

语文课程对白话文听说读写能力的重视，得益于民国教育界对国语的呼唤。教育部 1920 年通令国民学校改国文为国语。1923 年，《新学制课程标准纲要》在国语一科中分出语言、读文、作文、写字四个小目，具备了语文听说读写能力目标的雏

① 课程教材研究所：《20 世纪中国中小学课程标准·教学大纲汇编（语文卷）》，人民教育出版社 2001 年版，第 11 页。

型。1929年，国民政府教育部公布《小学课程暂行标准》改为采用白话的说法，称为“说话、读书、作文、写字”，有意识地推动语文课程内容由文言文为主体向语体文为主体的转向。

语体文是指依托于百姓日常话语的语言表达。写文章应该尽量用老百姓的“话”。这一观念的源头可以追溯到黄遵宪的“我手写我口”，民国的新文化运动则推动了这一观念的传播。胡适主张“作文作诗，宜采用俗语俗字”。

1949年中华人民共和国成立以后，把以前的国语国文科统称为语文，并且将语文理解为以北京音系为标准的普通话和照普通话写出的语体文。张志公先生高度肯定了这种认识和理解，他说：

“语文”的“文”指什么，人们有不同的理解。但“语”是“语言”这一点，大家的理解是完全一致的，并且是没有人不赞成的。这就意味着，在全部普通教育阶段都应当进行语言教育，……在那么悠久的以文为主的传统语文教学之后，经历了几十年的激荡，终于建立起语言教育这个观念，这是十分值得重视的。尽管在作法上还有不少问题，单说建立起这个认识本身，已足可以认为是一件划时代意义的事情。①

显然，“语文”这一课程名称避免了过去“国语”只指口头语言，“国文”只指书面语言，甚至只指文言文的误解，体现出语文课程内容追求听说读写并重的认识。1950年6月，中央人民政府出版总署编审局在编辑全国通用语文教材时，又特别提出：

说出来的是语言，写出来的是文章，文章依据语言，“语”和“文”是分不开的。语文教学应该包括听话、说话、阅读、写作四项。这套课本不用“国文”或“国语”的旧名称，改称“语文课本”。②

可见，语文听说读写能力目标的探索和形成是语文课程内容追求的必然结果。

（二）以“话”为核心的小学语文听说读写能力目标

如果说清末黄遵宪提出“我手写我口”是中国文学发展进程中向日用口语的“话”靠拢的风向标，那么，叶圣陶“文本于语”的语文理解和解释则是确立以“话”为核心的语文听说读写能力目标的风向标。

---

① 张志公：《汉语文教学的过去、现在和未来》，出自《张志公自选集》，北京大学出版社1998年版，第158页。

② 顾黄初：《中国现代语文教育百年事典》，上海教育出版社2001年版，第313页。

既然语文课程内容主要围绕口头的“语”和书面的“文”而展开，那么，“语”的相关动作“听说”与“文”的相关动作“读写”，四者连接起来后，就形成了语文听说读写能力目标。由于“文本于语”，文围绕“语”形成，而“语”实际上就是清末以来语文与百姓生活日用紧密相连的基础上发展起来的“话”，因此，以“话”为核心构建起来的语文听说读写能力目标，自然必须反映和服务于作为日常主要交流工具的“话”。同时，围绕“话”而展开的语文课程也就顺理成章地成了日常交际的工具。建国初期颁布的语文课程标准，虽然没有明确提出语文“听说读写”的目标要求，但是在语文课本的编写指导思想中却已经出现，如1950年中央人民政府出版总署编审局组织编辑出版的初、高中《语文课本》，其编辑大意写道：“说出来是语言，写出来是文章，文章依据语言，‘语’和‘文’是分不开的。语文应该包括听话、说话、阅读、写作四项。”[①] 1950年，《小学语文课程暂行标准（草案）》还提出，“语文教学的基本原则，是使儿童学习语文工具，学会读、说、作、写”。

作为工具的语文学习，其着眼点是动作技能和技巧，而相对忽视了认知领域和情感态度方面的学习。沿着这种对语文学习的认识，1955年公布的《小学语文教学大纲草案（初稿）》就在语文工具性认识的前提下提出语文听说读写的技巧学习：

必须通过小学语文科的教学，提高儿童的语言能力，让他们掌握了正确的听、说、读、写的技巧，然后能够让他们去吸收知识，接受文化，促进他们的全面发展。

这是语文独立设科以来在课程标准或教学大纲中第一次明确提出了语文听说读写能力的目标要求，但比较笼统。1956年公布的《小学语文教学大纲（草案）》才对语文听说读写能力目标作了具体说明：

小学语文科的基本任务是发展儿童的语言——提高儿童理解语言的能力和运用语言的能力。分开来说：

（一）提高儿童听的能力。能够听懂普通话。听人说话，听人演讲、报告，都能够了解对方的意思，能够抓住要点，能够扼要转述。

（二）提高儿童说的能力。能够说普通话。对个人或公众能够说出自己的意见，口齿清楚，意思明确，有条理、不罗嗦，让人一听就懂。

（三）培养儿童读的能力。能够阅读程度适合的书籍、报刊和文件，了解读物的内容，领会读物的基本思想，并且能够用普通话朗读，能够扼要复述。

（四）培养儿童写的能力。能够写短篇的文章，能够写工作和生活需要用的文

---

① 顾黄初：《中国现代语文教育百年事典》，上海教育出版社2001年版，第313页。

件，都写得有内容，有条理。

此后，1986年颁布的《全日制小学语文教学大纲》删去了“听、说、读、写的技巧”提法，1988年《九年制义务教育全日制小学语文教学大纲（初审稿）》和1992年《九年制义务教育全日制小学语文教学大纲（试用）》对这一能力目标作了更为规范和清楚的表述。至此，语文听说读写能力目标就在以“话”为核心的语文课程内容中逐渐形成并不断走向完善。

第三节　小学语文课程标准的演变

课程标准是根据国家教育行政部门颁布的课程计划（也称教学计划）而制定的指导性文件。它体现了国家对学校课程的基本要求，也称为“教学大纲”、“课程纲要”。语文独立设科以来，语文课程标准内容和要求在不断发生变化。下面对不同时期的语文课程标准作一个简要介绍，为行文方便，不管其颁布时是以什么名称出现，都用“语文课程标准”来统称。

一、建国前小学语文课程标准及其目标

语文课程标准既是编写语文教材和展开语文教学的主要依据，也是检查和评估语文教学的重要标准。以中华人民共和国成立为分界线，建国前颁布的具有小学语文课程标准性质的文件主要有8个：1904年《奏定学堂章程》，1912年《小学校教则及课程表》，1923年小学《国语课程纲要》，1929年《小学课程暂行标准——小学国语》，以及在1929年小学课程暂行标准基础上修订、充实后颁布的四次小学国语课程标准（1932年、1936年、1942年、1948年），下面对它们逐一介绍。

（一）清末的语文课程标准

清末没有颁布独立的语文课程标准，对语文课程的设置及要求体现在学堂章程中。1904年颁布的《奏定学堂章程》有“奏定初等小学堂章程”、“奏定高等小学堂章程”、“奏定中学堂章程”，规定了各类学堂的课程设置及课程目标，当然也包括语文课程及其目标。

清末的学校课程设置主要是读经、讲经，课程目标以伦理道德教育为主，重视诗书教化，但出于对普及教育的追求，语文课程也特别强调服务“日用应世”的目

标。比如，《奏定学堂章程》规定“中国文字”科要义“在使识日用常见之文字，解日用常见之文理，以为听讲能领悟，读书能自解之助，并当使之以俗语叙事及日用简短书信，以开他日自己作文之先路，供谋生应世之需要”；“中国文学”科要义“在使通四民常用之文理，解四民常用之词句，以备应世达意之用”。

（二）民国的语文课程标准

民初的教育制度，在中央一级颁布的法令规制，一方面随着掌权者的变换而改变，影响制度延续性，另一方面对地方的约束力也不是很大，往往成了一纸空文。各地军阀对自己辖内的教育，各有各的一套指令和措施。因此，中华民国的建立，虽然实现了中央政制的变更，但对地方政权的触动很小，基本上维持原状。不过，伴随民主共和思想的传播，人们的观念以及社会文化教育变革还是在悄然发生变化。

1. 1912 年《小学校教则及课程表》

1911 年 10 月，辛亥革命推翻在中国延续了两千多年的封建统治。1912 年 1 月，中华民国正式成立，1 月 19 日，教育部公布由教育总长蔡元培主持制订的《普通教育暂行办法通令》，指出：

一、凡各种教科书，务合乎共和民国宗旨，清学部颁行之教科书，一律禁用。

二、凡民间通行之教科书，其中如有尊崇满清朝廷，及旧时官制、军制等课，并避讳抬头字样，应由各该书局自行修改，呈送样本于本部及本省民政司、教育总会存查。如学校教员遇有教科书中不合共和宗旨者，可随时删改，亦可指出呈请民政司或教育部通知该书局改正。

三、小学读经科一律废止。

这些规定具有反封建的资产阶级民主主义色彩。首先在课程上废止了读经、讲经科，其次在教材内容上提出要符合共和宗旨和宣扬平等思想。1912 年 8 月，教育部公布了《小学校令》，提出设“国文”一科。同年，公布《教育部订定小学校教则及课程表》，提出“国文要旨，在使儿童学习普通语言文字，养成发表思想之能力，兼以启发其智德”。将“智”提高到空前的高度，位居“德”之前。这是“壬寅—癸卯学制”没有的内容，是具有资产阶级性质的教育宗旨对小学语文课程提出的新要求。

2. 1923 年小学国语课程纲要

1920 年教育部通令国民学校改国文为国语，是仓促之举，只在名称上作了变更而已，至于对国语的目标和内容则相当模糊。随着新学制试行，课程标准制订也在

紧锣密鼓地开展。1923 年，新学制课程标准起草委员会颁布了《新学制小学国语科课程纲要》，国语教学目标和内容相对具体，它由目的、程序、方法、毕业最低限度的标准四部分内容构成，提出国语目的："练习运用通常的语言文字，引起读书趣味，养成发表能力，并涵养性情，启发想象力及思维力"。国语科内容包括语言、读文、作文、写字四项，强调培养阅读兴趣，改变了以往只注重枯燥乏味的诵读以及常识内容成人化的弊端。毕业最低限度的各项内容标准：

- 初级
  - 语言　能听国语的故事讲演；能用国语作简单的谈话。
  - 文字
    - 读文　识最通用的文字二千二百个左右；并能使用注音字母。读语体的儿童文学等书八册。（以每年二册计，每册平均四五千字）。能用字典看含生字百分之五的语体的儿童书报。试读，答问，准确数在百分之六十以上。
    - 作文　能作语体的简单记叙文、实用文，而令人了解大意。
    - 写字　能速写楷书和行楷，方三四分的，每小时约二百字，方寸许的，每小时约七十字。
- 高级
  - 语言　能听国语的通俗讲演；能用国语讲演。
  - 文字
    - 读文　识字累计至三千五百个左右。读儿童文学等书累计至十二册以上。能用字典看与《儿童世界》或《小朋友》程度相当生字不过百分之十的语体文，并日报地方新闻程度相当，生字不过百分之十的语体文，标点及答问大意准确数在百分之六十以上。
    - 作文　能作语体的实用文、说明文、议论文，而令人了解大意。
    - 写字　能写通行的行书字体。

在教学时间上，初小国语科语言、读文、作文、写字四项内容混合一起，共占总学时的 30%，高小四项内容分列：语言 6%，读文 12%，作文 8%，写字 4%。初等小学语文教学时间较从前有所减少，高等小学则变化不大。这一时期由于受忌谈教育宗旨、倡导教育本义的影响，在课程内容和要求上，都倾向于采用"课程标准"来统称，把以前的科目设置和科目时间安排等内容都纳入"课程标准"的范围中。

3. 1929 年小学课程暂行标准小学国语

1929 年，《小学课程暂行标准小学国语》颁布，它由目标、作业类别、各学年作业要项、教学方法要点、最低限度五方面内容构成。其目标：一、练习运用本国的标准语，以为表情达意的工具，以期全国语言相通；二、学习平易的语体文，以增长经验，养成透彻迅速扼要等阅读儿童图书的能力；三、欣赏相当的儿童文学，以扩充想象，启发思想，涵养感情，并增长阅读儿童图书的兴趣；四、运用平易的口语和语体文，以传达思想，表现感情，而使别人了解；五、练习书写，以达于正确清楚匀称和迅速的程度。

这个标准有以下几个特点：

①首次明确提出小学国语的作业类别由说话、读书、作文、写字四项构成，每一项都给予教学方法的说明，并提出了各学年的具体内容；

②把语言和语言能力置于国语科的重要地位，将新学制课程标准的语言改为说话，读文改为读书，体现了白话说法的倾向；

③提升了口语的地位，首次把口语与语体文并列，同时特别强调说话项目要教学全国通行的标准语。

4. 四次小学国语课程标准的颁布

语文是小学教育的主要科目，在1929年暂行课程标准基础上，国民政府教育部先后修订颁行了四次小学国语课程标准，时间分别在1932年、1936年、1942年、1948年。这四次课程标准对国语科说话、读书、作文、写字四项内容的要求更加具体和完善。对国语目标的表述则略有差异。

（1）1932年正式课程标准规定之国语科目标：

①指导儿童练习运用国语，养成其正确的听力和发表力。

②指导儿童学习平易的语体文，并欣赏儿童文学，以培养其阅读的能力和兴趣。

③指导儿童练习作文，以养成其发表情意的能力。

④指导儿童练习写字，以养成其正确、敏捷的书写能力。

（2）1936年修正课程标准规定之国语科目标：

①指导儿童练习国语，熟谙国语的语气、语调和拟势作用，养成其正确的听力和发表力。

②指导儿童由环境事物和当前的活动，认识基本文字，获得自动读书的基本能力，进而欣赏儿童文学，以获得开拓其阅读的能力和兴趣。

③指导儿童从阅读有关国家民族等的文艺中，激发其救国求生存的意识和情绪。

④指导儿童体会字句的用法、篇章的结构、实用文的格式，习作普通文和实用文，养成其发表情意的能力。

⑤指导儿童习写范字和应用文字，养成其正确、敏捷的书写能力。

（3）1942年修订课程标准规定之国语科目标：

①教导儿童熟练国语，使其发言正确，说话流畅。

②教导儿童认识通常应用的文字，使能应用于日常生活，并养成其阅读的能力和兴趣。

③教导儿童运用文字，养成其理解的能力和发表情意的能力。

④教导儿童习写文字，养成其整齐、清洁、迅速、确实的习性和审美的观念。

⑤培养儿童修己善群，爱护国家民族的意识和情绪。

这次《小学国语科课程标准》的一个主要特点是教材纲要分别从教材形式和教材内容范围二方面作出规定，国语常识合编。附件中还列有“文法的组织”，第一次将文法内容列入“标准”。教材纲要依据说话、读书、作文、写字等四项编定。“说话”和“作文”保留了一以贯之的口语要求。这个标准虽未能在全国推行，但它不仅强调了口语及其教学的本体功能，而且有了对口语文化功用的关注，尤其是一系列颇具操作性的口语教学要求的提出，为今后的相关工作奠定了基础。

（4）1948 年修订课程标准规定之国语科目标：

①指导儿童熟练标准国语，使他们发音准确、语调和谐而且流利。

②指导儿童认识基本文字，欣赏儿童文学，培养他们阅读的态度、兴趣、习惯以及理解迅速的能力。

③指导儿童运用语言文字，培养他们发表情意的能力。

④指导儿童习写文字，养成他们书写正确、迅速、整洁的习惯。

这次颁布《国语课程标准》，大大简化了 1942 年课程标准的内容，只有“目标”“纲要”两项，重视口语和口语教学。但它未及施行。

二、建国后的小学语文课程标准及其目标

建国后的小学语文课程标准，经历了两个阶段，第一阶段从中华人民共和国成立到 20 世纪末的 50 年间，这一阶段课程主要受国家课程集权管理的影响较大，反映政治斗争或经济建设的内容较多，课程目标比较重视知识传授和技能训练；第二阶段从 21 世纪初颁布九年义务教育语文课程标准（实验稿）到 2011 年《义务教育语文课程标准》修订版的推出，语文课程对人的发展需要关注较多。语文课程目标根据知识和能力、过程和方法、情感态度和价值观三个维度设计，注重语文素养的整体提高，强调语文课程对于其他课程和学生发展的基础性作用。下面选取建国后不同时期的语文课程标准作一个简要介绍。

（一）20世纪的小学语文课程标准

1.1950年课程标准

1950年8月，教育部拟订了《小学语文课程暂行标准（草案）》，由目标、教材大纲、教学要点三部分组成。其中，课程目标提出：一，使儿童通过以儿童文学为主要形式的普通语体文的学习、理解，能独立地欣赏民族的大众的文学，阅读通俗的报纸、杂志和科学书籍；二，使儿童通过说话、写作的研究、练习，能正确地用普通话和语体文表达思想感情；三，使儿童通过写字的研究、练习，能正确、迅速地书写正书和常用的行书；四，使儿童通过普通话和语体文并联系各科的学习，能获得初步的自然史地常识，并具有爱国主义思想和国民公德。

这个标准有以下几个特点：

①它提出并初步界定了"语文"这一学科名称，认为"所谓语文，应是以北京音系为标准的普通话和照普通话写出来的语体文"；

②注重文体常识的教学，教材大纲专门区分了表达形式与内容实质，在表达形式中列出了诸如物话、童话、笑话、寓言、传说、传记、游记、儿歌、童谣、谜语、快板、秧歌、故事诗、鼓词、名家新诗、短剧、戏曲、小说、记叙文、说明文等近20种；

③重视思想教育，对课本内容的限制和预设过多，如提出语文课本要反映战斗儿童、战斗英雄、劳动儿童、劳动模范的内容，并认为诸如惋惜麦哲伦被杀以及把治水归功于大禹等，都是不正确的观点，说老鼠咬死猫虽然属于想象性材料，但不真实，这些都不宜选取；类似这些内容，在民国时期是作为适应儿童经验和刺激儿童兴趣的内容而受到重视的；

④强调教师的主导作用，认为强调小组学习会减弱教师的主导作用。

⑤突出语文的实践性，从阅读、写话、写字三个方面提出教学要求，认为不论读、说、作、写，都要从综合的实践中进行教学，使儿童手脑并用，具有从感性认识提高到理性认识的基本习惯，并能随时发现问题。

2.1956年课程标准

建国初期，在全国学习苏联的号召下，苏联采用"教学大纲"的说法来指称学科教学的指导性文件，于是，"课程标准"名称就被"教学大纲"所取代。1956年，教育部正式颁布了《小学语文教学大纲（草案）》，教学大纲分学年叙述，每个学年都包括阅读、汉语、作文、写字四大部分的教学方法和要求，第一学年还增加了准

备课部分。具体结构有：一、说明。相当于总纲，分别对准备课、识字教学、阅读教学、汉语教学、作文教学、写字教学的要求作了详细的说明。二、教学大纲。分学年就“阅读（含识字）”“汉语”“作文”“写字”等提出教学要求并规定学年授课时数。三、每周教学时数分配表。对不同学年每周的阅读、汉语、作文、写字等的授课时数进行分配。

这次正式颁布的教学大纲是在1955年的教学大纲草案初稿的基础上修订的，它有几个特点：

①明确提出了小学语文科的目的在以社会主义思想教育儿童，培养他们成为个性全面发展的社会主义社会的成员；

②明确了小学语文科的定位和任务，小学语文科是以社会主义思想教育儿童的强有力的工具，是各科教学的基础，其基本任务是发展儿童语言，提高儿童理解语言的能力和运用语言的能力；同时强调语言跟思维分不开，发展儿童的语言也就是发展儿童的思维；

③首次提出了语文科要教给儿童普通话，认为教给儿童的语言必须是规范化的汉民族的共同语言，这种语言就是以北京语音为标准音、以北方话为基础方言、以典范的现代白话文著作为语法规范的普通话；

④突出了阅读教学对爱憎感情的培养，认为“文学作品的感染力，就表现在儿童阅读之后有分明的爱憎”，“在阅读和分析的整个过程中，作品的基本思想就逐渐具体起来，明确起来。基本思想越具体，儿童的感受越深，爱憎越分明”①；

⑤首次提出了掌握三千至三千五百汉字的识字要求。

3. 1963年课程标准

1963年5月由教育部颁发《全日制小学语文教学大纲（草案）》，这部教学大纲分为五个部分：一、语文的重要性和语文教学的目的；二、教学要求；三、教学内容；四、选材标准；五、教学内容的安排；六、教学中应该注意的几点；七、各年级的教学要求和教学内容。

这部教学大纲的特点有：

①第一次明确提出了语文的工具性，语文是学好各门知识和从事各种工作的基本工具；从这种工具性认识出发，语文教学目的就是培养运用工具的能力，也就是

---

① 课程教材研究所：《20世纪中国中小学课程标准·教学大纲汇编：课程（教学）计划卷》，人民教育出版社1999年版，第122页。

教学生正确地理解和运用祖国语言文字，使他们具有初步的阅读能力和写作能力；

②强调了识字教育的基础地位，认为识字是阅读和写作的基础，小学语文教学的首要任务就是教学生打好这个基础，使学生认识三千五百个常用汉字；

③具体区分了小学语文教学内容，认为小学语文教学内容包括识字写字、课文、练习、作文四大块的内容；

④对教学要求和教学内容的规定相当具体，不但列出了每一年级的教学要求，还以说明加目录的形式把每一册的每篇课文标题以及练习都呈现出来；

⑤首次提出了加强基本训练，认为识字、写字、用词、造句、篇章结构等种种基本训练都要在多读多练的实践中反复进行，倡导多读多练的语文学习传统。

4. 1978 年课程标准

1978 年 2 月，教育部颁发了《全日制十年制学校小学语文教学大纲（试行草案）》。1978 年秋季开始供应与之配套的语文教材。至此，结束了 10 多年来语文教材、教学的混乱局面。这部教学大纲和与之配套的教材，对恢复正常教学秩序、提高语文教学质量起到了重要的作用。

这部教学大纲沿袭了 1963 年教学大纲的基本体系，除前言阐述了语文的重要性、学科特点、教材的思想内容等以外，还包括教学目的和要求，教材编排原则和方法，识字、写字教学，阅读教学，作文教学，基础训练，大力改进小学语文教学等七个部分内容，并且附上了五个年级的具体教学要求（因为当时中小学学制定为 10 年，故小学学制为 5 年）。同时，还要求学生“学会常用汉字 3000 个左右”。

这部教学大纲有如下特点：

①对小学语文教学目的叙述更加具体，提出小学语文教学目的是培养学生识字、看书、作文的能力，初步培养准确、鲜明、生动的文风；

②对识字教育提出了两种不同要求，认为小学前三年课文出现的生字，一部分要求掌握，另一部分不要求掌握，只要能借助汉语拼音读出字音，大体懂得在词句中的意思就可以；

③首次提出课文分三类，一是讲读课文，二是阅读课文，三是学生自学的独立阅读课文，要求在课本中标明；

④首次提出基础训练的要求，要求在二、三篇课文之后，安排进行读写综合练习的“基础训练”，提出小学阶段各年级的基础训练重点应该不同，一、二年级以巩固识字为重点，并进行词和句的训练，三年级以词和句的训练为重点，四年级以篇章结构为重点，五年级以篇章结构、练习写作为重点；

⑤要求每册课文最后都要附有生字表，表内列出各课要求掌握的生字，用汉语拼音注音；

⑥倡导启发式教学，提出废止注入式，采用启发式，发挥学生的主动精神。

5. 1986 年课程标准

1986 年国家教育委员会颁布了《全日制小学语文教学大纲》。它既是向实施义务教育过渡的教学大纲，又是建国以来第一部不附加“草案”“试行草案”等字样的正式教学大纲。其结构有所调整，把“教材编排原则和方法”调到后面，放在“努力改进小学语文教学”的建议部分前面。最后还列出了五年制和六年制小学各年级的具体教学要求。在实施过程中，它配合 1978 年和 1986 年大纲编写的五年制和六年制两套通用的语文教材，在全国使用十多年，起到了指导教学、推动教改的作用。

1986 年教学大纲是对 1978 年教学大纲的进一步完善，修订后的教学大纲更加符合小学语文教学实际。其特点有：

①在继续强调小学语文基础地位的同时，删去了 1980 年《全日制十年制学校小学语文教学大纲》提出的“小学语文教学必须重视从小培养学生的无产阶级世界观。这个指导思想，要体现在整个语文教学之中”的要求，首次明确提出：“小学语文是基础教育中的一门重要学科，不仅具有工具性，而且有很强的思想性，对于贯彻教育方针，促进学生德、智、体、美全面发展，适当加强劳动教育，培育有理想、有道德、有文化、有纪律的社会主义公民，提高全民族的思想道德和科学文化素质，建设社会主义物质文明和精神文明，有着重要意义”。

②修订小学语文教学目的，提出小学语文教学目的是：培养学生的识字、听话、说话、阅读、作文的能力和良好的学习习惯，并在语言文字训练过程中进行思想品德教育。

③适当降低难度，如将“学会常用汉字 3000 个左右”改为“认识常用汉字 3000 个左右，要求掌握 2500 个左右。”

④教学要求，特别是各年级的具体教学要求更加明确。根据五、六年制并存的实际，增编了六年制小学各年级的教学要求。

⑤在每组课文之后安排进行听说读写综合练习的“基础训练”之外，还增加了在每篇课文之后安排作业题的要求。

6. 1988 年课程标准

1988 年，《九年制义务教育全日制小学语文教学大纲（初审稿）》颁发，这部小学语文教学大纲前面第一次出现了“九年制义务教育”的字样。其基本结构是：一、前言；二、教学目的和教学要求；三、教学内容和教学提示；四、课外活动；五、教学中应该注意的几个主要问题；六、各年级的具体教学要求。

这部小学语文教学大纲的特点有：

①首次明确提出课外活动是语文教学的有机组成部分，认为它对加速提高听说读写能力，对增长知识、开拓视野、陶冶情操、发挥特长、促进个性发展都有重要作用；

②重视联系实际，激发学习兴趣；

③突出听话和说话训练，认为培养听说能力可以促进读写能力的提高和思维的发展；

④阅读教学重视指导学生联系上下文理解词语，理解它们在课文中的意思和对于表达思想感情的作用。

7. 1992 年课程标准

1992 年国家教委颁布了《九年义务教育全日制小学语文教学大纲（试用）》，决定从 1993 年秋季开始在全国实施。这部大纲的制订集中了学科专家、教材编写人员和语文教师的智慧，吸收了以往语文教学的成功经验。在“教学内容和教学提示”中，将“语言文字训练”和“思想教育”并列。基本结构：一、前言，着重讲小学语文的性质、任务和教学导思想。二、教学目的和教学要求，讲小学阶段语文教学的总目标和总的教学要求。三、教学内容和教学提示，分两大部分：第一部分讲语言文字训练方面（包括“汉语拼音”“识字、写字”“听话、说话”“阅读”“作文”）的教学内容和教学提示；第二部分讲思想教育方面的教学内容和教学提示，这部分是 1991 年底修改时增写的。四、课外活动，阐述了语文课外活动的作用、内容、形式等；五、教学中应该注意的几个主要问题，是在第三章具体进行教学提示的基础上，概括出几个对语文教学有较大影响的问题或方向性的问题加以强调，以便帮助教师进一步端正教学思想。六、各年级的具体教学要求，下设“五年制小学”和“六年制小学”，分年级列出，教学要求提得更加明确、具体，有利于使大纲真正起到教学依据和评估教学质量依据的作用。

这次课程标准的突出特点是强调了思想教育的重要性，把进行思想教育看成是语文教学的一项重要任务。思想教育的主要内容包括教育学生认识祖国山河壮丽、历史悠久、文化灿烂，了解革命领袖、共产党人、人民群众在革命和建设中作出的贡献，了解社会主义建设取得的辉煌成就，从而培养学生热爱中国共产党、热爱社会主义的感情。思想教育的主要方法是根据教材特点和学生的年龄特点，动之以情，

晓之以理。

总的来说，新中国的小学语文课程标准，在建国初对综合运用语言能力不很重视，过分强调汉语与文学的系统；在“文革”十年里语文基础知识教学和基本技能训练不很重视，过分强调思想政治教育，语文课完全被作为阶级斗争和政治运动的工具；改革开放后，语文课程标准强调“加强基础，培养能力，发展智力”，语文课程目标由只重工具性向工具性与人文性并重转变。

（二）21世纪初的小学语文课程标准

新世纪基础教育课程改革中的小学语文课程标准，是九年义务教育语文课程的重要组成部分，它基于人的全面发展和终身发展所需要具备的各种素养和能力而设计。2001年，教育部颁发了《全日制义务教育语文课程标准（实验稿）》；实验十年后进行修订，推出《义务教育语文课程标准（2011年版）》。两者的结构基本保持一致，都分为三个部分：前言、课程目标、实施建议。2011年版的第二部分修改为课程目标与内容。

1. 2001年课程标准的特点有：

①突出了语文的现实应用性，明确提出了建设与现代社会发展相适应的语文课程；

②首次提出语文素养的概念，把思想教育、语言积累、语感培养、思维发展以及各种适应实际需要的语言运用能力统称为语文素养；

③明确提出了语文是实践性很强的课程，应着重培养学生的语文实践能力，不宜刻意追求语文知识的系统和完整；

④倡导自主、合作、探究的学习方式；

⑤课程目标根据知识和能力、过程和方法、情感态度和价值观三个维度设计，同时从识字与写字、阅读、写作、口语交际、综合性学习等五个方面提出不同阶段目标；

⑥增加了课程资源开发与利用的建议，要求语文教师应高度重视课程资源的开发与利用；

⑦强调教材要有开放性和弹性，给地方、学校、教师和学生留有开发、选择和拓展的空间；

⑧突出教师用教材而非教教材的观念，认为教师应创造性地理解和使用教材，积极开发课程资源，引导学生在实践中学会学习；

⑨倡导在教学中努力体现语文的实践性和综合性。

2.《义务教育语文课程标准（2011 年版）》的特点有：

①更加突出了语言文字运用能力的基础地位，认为语言文字的运用，包括生活、工作和学习中的听说读写活动以及文学活动，存在于人类生活的各个领域，语文课程应致力于培养学生的语言文字运用能力，提升学生的综合素养，为学好其他课程打下基础，同时提出了必须面临对中华民族优秀传统文化的继承和对语言文字运用的规范所带来的挑战；

②把语文课程的性质概括为一门学习语言文字运用的综合性、实践性课程，把"实践性很强的课程"改为"实践性课程"，同时有意识地把"语文"和"语文课程"区分开来，比如在正确把握语文教育的理念中，就把"应该重视语文的熏陶感染作用,"改为"应该重视语文课程对学生思想情感所起的熏陶感染作用"；

③更加重视多读多写的训练，提出"应该让学生多读多写，日积月累，在大量的语文实践中体会、把握运用语文的规律"；

④把语文综合性学习阐述为三个领域的综合，即"注重听说读写的相互联系，注重语文与生活的结合，注重知识与能力、过程与方法、情感态度与价值观的整体发展"；此外还有与其他课程的综合；

⑤突出读书在语文课程中的基础地位，提出"语文课程的建设应继承中国语文教育的优良传统，注重读书、积累和感悟，注重整体把握和熏陶感染；同时应密切关注现代社会发展的需要"，提出养成读书看报的习惯、学写读书笔记、营造人人爱读书的良好氛围等要求，提倡少做题，多读书，好读书，读好书，读整本的书；

⑥增加了对教科书编制者意图的重视。把"阅读教学是学生、教师、文本之间对话的过程"改为"阅读教学是学生、教师、教科书编者、文本之间对话的过程"

⑦突出评价的诊断和发展功能，注重评价主体的多元与互动，突出语文课程评价的整体性和综合性。

第三章 小学语文教材发展（上）

教材既是学科知识和技能体系，又是课程的具体形式，体现了学科培养目标所要求的学习内容。在学校教育活动中，它不但是教师的主要依据和教学工具，同时也是学生所学知识的主要来源和学习指导。教材是一个不断发展的概念，从内容到形式，从结构到功能都在不断发展。广义教材是指根据一定目的和学生的程度编写并印刷成册的，专门供给学校师生实施教学用的书籍，是体现教学内容、实现教学目标的重要工具，它包括教科书、补充读物、参考书、教辅材料、自习书等；狭义教材指教科书，亦称课本、教本，通常按学年或学期分册，主要由课文、注释、插图、习题等构成。本文的研究对象主要是狭义教材。因此，为了行文方便，一般情况下对教科书和教材不作相应的区别，但在使用时也会有所侧重，当使用“教材”概念时，可以是一则教学材料、一篇课文或一册书、一套书，当使用“教科书”概念时则主要从整体着眼，指一册或一套书。

第一节　清末新式小学语文教科书

文字的出现是学校产生的一个重要前提。中国的学校教育场所最早脱胎于敬养长老的地方。《礼记·王制》：

有虞氏养国老于上庠，养庶老于下庠。

《礼记·明堂位》：

米廪，有虞氏之庠也。

孟轲说“庠者，养也。”把上了一定年纪的长老供养在一个场所，无论是提供丰富的肉食还是丰富的粮食，能够享用的惟一资格就是年龄。文字产生以后，在“庠”中接受供养的年龄资格被掌握文字的资格所取代。因此，奴隶主贵族子弟的培养就从识字开始，识字成了学校教育的基础，不管是统治者的意图，还是教育家的期望，很大程度上都寄寓在识字教材上。尽管清末新式小学语文教科书与传统蒙学教材有很大不同，但是，以识字教育为核心这一点是相通的。

一、传统蒙学教材

西周的识字教材有《史籀篇》，《汉书·艺文志》说：

《史籀篇》者，周时史官教学童书也。

但是，其原著如何，无从考证，只知道有这么一种教育小孩的书而已。秦时推行文字改革，李斯作《仓颉篇》、赵高作《爰历篇》、胡毋敬作《博学篇》，都选取了《史籀篇》的大篆加以省改为小篆。汉时，三者合成一篇，统称《仓颉篇》，共55章，每章60个字，并增加了一些语句，约有3300个字。汉代小学教育阶段的私学已经有了比较稳定的通用教材，教学内容和要求趋向统一。汉代书馆的识字教材还有司马相如的《凡将篇》，史游的《急就篇》，李长的《元尚篇》，扬雄的《训纂篇》，蔡邕的《劝学篇》等。不过到现在完整保存下来的只有《急就篇》，其他都只有存目或零散的介绍。《急就篇》34章2144字，整齐押韵，注重实用，如第一章：

急就奇觚与众异，罗列诸物名姓字。分别部居不杂厕，用日约少诚快意，勉力务之必有喜。

隋唐以后，南北朝时周兴嗣的《千字文》和宋朝出现的《百家姓》和《三字经》成了小学阶段的主要识字教材。隋唐私学为适应科举制，属于小学教育程度的学校教育内容门类繁多，除基本的识字教学、写字教学之外，还开展经学、文学的教学及训练。如唐代小学教育程度的教材《开蒙要训》是以教学识字和基本常识为目的，采用四言韵语；《太公家教》教导儿童进德修业，立身治家；《蒙求》以历史典故为内容，成文押韵，易于记诵；《兔园策》以“对偶骈体的文字，分门别类地叙述各种知识。后来的《幼学琼林》《龙文鞭影》都受其影响很大。

宋朝以后，《三字经》《百家姓》《千字文》成为小学基本的识字教材。此外，不同时期还根据当时的要求和社会需要，编选了一些小学教材和启蒙读物，如宋元时期有《千家诗》《神童诗》《名物蒙求》，明清时期有《龙文鞭影》《幼学琼林》等。这些教材，多用韵语，欲让儿童易于记诵。《千家诗》所选诗篇，也大都浅显易懂，朗朗上口，如王之涣《登鹳雀楼》：“白日依山尽，黄河入海流。欲穷千里目，更上一层楼。”孟浩然《春眠》：“春眠不觉晓，处处闻啼鸟。夜来风雨声，花落知多少。”杜牧《清明》：“清明时节雨纷纷，路上行人欲断魂。借问酒家何处有？牧童遥指杏花村。”程颐《春日偶成》：“云淡风清近午天，傍花随柳过前川，时人不识余心乐，将谓偷闲学少年。”这些都是当代语文教材常选的诗篇。又如清邹圣脉在明人程登吉《幼学须知》基础上增订的《幼学琼林》，更多是关于语言表达方面的知识教育：

韩信将兵，多多益善；毛遂讥众，碌碌无奇。

大将曰干城，武士曰武弁。

下杀上谓之弑，上伐下谓之征。交锋为对垒，求和曰求成。战胜而回，谓之凯旋。战败而走，谓之奔北。

为君泄恨，曰敌忾；为国救难，曰勤王。

传檄可定，极言敌之易破；迎刃而解，甚言事之易为。以铜为鉴，可整衣冠；以古为鉴，可知兴替。

可见，小学作为教育机构，最初只是着重于识字、写字教育，后来才发展成识字、写字教育与诗歌、历史知识、思想教育、行为教育的统一。

儒家明人伦的教育，自汉代独尊儒术后，基本上是与识字教育相伴随。朱熹编《小学》在道德教育方面最具代表性，它辑录了古圣先贤的教诲，组成内、外两篇，《内篇》包括“立教”、“明伦”、“敬身”、“稽古”四部分，《外篇》包括“嘉言”、“善行”两部分。朱熹有一种观点，认为小学阶段是教“事”，大学阶段是教“理”，他在其《大学章句集注》中说：

人生八岁，则自王公以下，至于庶人之子弟，皆入小学，而教之以洒扫、应对、进退之节，礼、乐、射、御、书、数之文；及其十有五年，则自天子之元子、众子，以至公、卿、大夫、元士之适子，与凡民之俊秀，皆入大学，而教之以穷理、正心、修己、治人之道。此又学校之教，大小之节，所以分也。

朱熹为了给儿童提供榜样作为效仿对象，《小学》提出了许多格言和故事，此外也有不少直接说教的话和诗歌，都没有离开明人伦、为学、修身、处事、接物之教。这种教材过分注重成人立场的道理和语言进行说教，忽视了儿童的识字心理，识字教育目标有所弱化。

与朱熹编撰《小学》意图相似的教材还有南宋吕本中《童蒙训》、真德秀《教子斋规》。所谓斋规，就是书斋读书的规矩，列了八项：学礼、学坐、学行、学立、学言、学揖、学诵、学书。此外，袁采《袁氏世范》、吕祖谦《少仪外传》、程端蒙《性理字训》、吕近溪《小儿语》、吕新吾《续小儿语》、洪应明《菜根谭》、夏广文注杨臣诤增订的《龙文鞭影》，以及流行于中唐和北宋初的《太公家教》等，这些教材的出现都贯穿了小学“教事”的认识，通过“教事”来养成社会所期望的良好行为习惯以及了解一些基本知识。如《太公家教》的行为教育：

他篱莫越，他事莫知，他贫莫笑，他病莫欺，他财莫取，他色莫侵，他强莫触，他弱莫欺，他弓莫挽，他马莫骑，弓折马死，偿他无疑。

财能害己，必须畏之；酒能败身，必须戒之；色能招害，必须远之；愤能积恶，必须忍之；心能造恶，必须净之；口能招祸，必须慎之。

男年长大，莫听好酒；女年长大，莫听游走。

女年长大，聘为人妇，不敬君家，不畏夫主，大人使命，说辛道苦；夫为一言，反应十句，损辱兄弟，连累父母，本不是人，状同猪狗。

少为人子，长为人父，出则敛容，动则庠序，敬慎口言，终身无苦。

含血损人，先恶其口。十言九中，不语者胜。

含血噀人，先污其口；十言九中，不语者胜。

欲知其君，使其所使，欲知其父，先视其子。

圣人避其酒客，君子恐其酒失。

勤是无价之宝，学是明月之珠。积财千万，不如明解一经；良田千顷，不如薄艺随躯。

可见，传统蒙学教材重视在识字中融入思想教育、道德教育和知识教育。

二、清末新式教科书的出现

在中国，教科书名称是近代才出现的。1877 年 5 月，在华基督教传教士第一次大会在上海召开，会上由狄考文、林乐知等人发起成立基督教学校教科书编纂委员会，负责筹备一套初等学校教科书，不仅提供给教会学校应用，还赠给教会学校以外的学校使用。教科书之名自此开始流行，并为新式学堂分科分年级教学所采用。民国时期人们习惯把教材、教科书二者等同使用。

传统语文教学重视量的积累。所谓“书读百遍，其义自见”即是一例。可是新式学堂设置的课程多，需要学习的内容丰富。正如蔡元培所说，“从前的人，除了国文，可算是没有别的功课。从 6 岁起到 20 岁，读的写的，都是古人的话，所以学得很象。现在应学的科学很多了，要不是把学国文的时间腾出来，怎么来得及呢？而且从前学国文的人是少数的，他的境遇，就多费一点时间，还不要紧。现在要全国的人都能读能写，那能叫人人都费那么多时间呢？”可见，新式学堂的国文学习要想通过量的积累来提高，在时间上已不允许，但普及教育追求“全国的人都能读能写”

的任务又不能放弃。惟有变革和优化教学过程，提高教学效率，才是出路。我们比较龙启瑞《家塾课程》日课表和梁启超设计的新式学堂日课表，大略可以看出教学过程变革的影子。

龙启瑞：

大约以看读写作四字为提纲；读熟书（经类及《文选》《古文词类纂》）以沃其义理之根，看生书（史类）以扩其通变之趣，写字以观其用心之静躁，作文以验其养气之浅深：四者具而学生之基业始立，劚慝志亦斟遁情矣（初上学者，先作读写两字功课为要）。

早起，少长以序，入塾拜先师神座，毕，谒拜师长，请安毕（应对进退礼节，以管子《弟子职》朱子《小学》为主），理昨日生书、带温书一卷，背。上生书，师长先依经讲解逐字实义，毕，再讲实字虚用、虚字实用、本义有引申、异义有通假之法（以《说文解字》、《尔雅》《广雅》《玉篇》《广韵》为主）。其每一字得声则有古音（古谓周秦先汉）、今韵（今谓魏晋以下）方言之互殊，双声迭均反切之相贯，然后析其章段，离其句读，条其意指。讲毕，命学生复述一遍（看其有见解否），乃就位念一百遍：初缓读，后稍急读，字句要有抑扬顿挫之节奏，四声要有高下低昂之准的（不熟再加一百遍）。

午饭讫，循阶走三百步，拉弓习礼射毕，写字一二张（以初唐人碑版为主，讲把笔、讲间架），温书一本，背（有误字尖出命改正）。仍读主书，将晚属对（自两字至五七字，以为作四六文张本）。灯下念唐贤五律诗（取与试贴相近），或《古诗源》；上生时，为之逐句讲解（有正对，有借对，或明使故事，或暗用故事）。①

梁启超：

（1）每日八下钟上学，师生合诵赞扬孔教歌一遍，然后肄业。

（2）八下钟授歌诀书，日尽一课，每课诵二十遍。

（3）九下钟授问答书，日尽一课，不必成诵。教师讲解。次日按教师所问令学生回答，答完才授课。

（4）十下钟，刚日（单日）受算学、柔日（双日）受图学。

（5）十一下钟，受文法。教师以俚语述意，学生以文言答之，每日五句，渐加至五十句。

（6）十二下钟散学。

---

① 舒新城：《中国近代教育史资料》上册，人民教育出版社 1961 年版，第 86 页。

(7) 一下钟复集，习体操，略依幼学操身之法，或一月或两月尽一课，由师指授。操毕，听其玩耍不禁。

(8) 二下钟，受西文，依西人教儿童之书，日尽一课。

(9) 三下钟，受书法。中文、西文各半下钟，每日各二十字，渐加至各百字。

(10) 四下钟，受说部书，师为解说，不限多少，其学童欲涉猎他种书者，亦听。

(11) 五下钟，散学，师徒合诵爱国歌一遍，然后各归。①

前者重视教师讲授和学生诵读的传统教学，后者重视教师有效指导和学生主动理解的新式教学。这两个教学过程的区别表现为：

第一，教师在讲解之外开始重视提问。前者要求学生“理昨日生书、带温书一卷，背”，后者开始重视“教师以俚语述意，学生以文言答之”的互动。

第二，重视学生兴趣和文法教授。传统教学重视量的积累，识字方面“上生书，师长先依经讲解逐字实义，毕，再讲实字虚用、虚字实用、本义有引申、异义有通假之法（以《说文解字》《尔雅》《广雅》《玉篇》《广韵》为主）。其每一字得声则有古音（古谓周秦先汉）、今韵（今谓魏晋以下）方言之互殊，双声迭均反切之相贯”；读书方面，“读熟书（经类及《文选》《古文词类纂》）以沃其义理之根，看生书（史类）以扩其通变之趣”；写作方面，“将晚属对，自两字至五七字，以为作四六文张本”。新式教学则比较重视从学生的角度看待教学过程，追求科学有效教学，如授歌诀、教文法等。

第三，重视学生的接受能力。传统教学，重视朗读和背诵，“讲毕，命学生复述一遍（看其有见解否），乃就位念一百遍：初缓读，后稍急读，字句要有抑扬顿挫之节奏，四声要有高下低昂之准的（不熟再加一百遍）”而新式教学则“日尽一课，不必成诵”，“次日按教师所问令学生回答，答完才授课”。

第四，尊重学生的学习主体地位和个性。传统教学强调封建伦理道德的灌输，“读熟书（经类及《文选》《古文辞类纂》）以沃其义理之根，看生书（史类）以扩其通变之趣，写字以观其用心之静躁，作文以验其养气之浅深：四者具而学生之基业始立，尠慝志亦尠遁情矣”。新式教学则较多从学生角度出发去张扬其个性，如“操毕，让儿童玩耍不加禁止”，“教说部书，教师讲解，多少不限”。

教学过程的变革需要与之相适应的符合学生理解力和生活经验的教材，需要

① 陈学恂：《中国近代教育文选》，人民教育出版社 1983 年版，第 150 页。

有循序渐进的切合学生认识发展的教材。传统蒙学教材没有明显的时间上和程度上的差别，三本蒙学课本三年教完也好，一年教完也好，甚至半年内全部教完，也没有人说不好，这全在教师的自我把握与掌控之中。而新式学堂采用分科分年级的教学，各科必须在规定的时间内依据繁难程度体现循序渐进的提高过程。不能任由教师自我发挥，必须依照教材内容和进程展开，在时间上和程度上有一定限制。因此，新式教材，亦称课本或教科书，就在适应这种新式学堂的教学需求下相继出现。

三、普及教育呼唤通俗教材

语文教育的重要任务之一是提高语言运用能力。语言可分为书面语和口头语。书面语能超越时空限制，传承文化。在封建社会，自给自足的自然经济占主要地位，村落与村落之间、村落与城镇之间的民众很少来往和进行信息交流，因此，普通百姓对书面语的需求不很迫切。书面语教育主要为满足富有子弟的科举需要，只是局限在少数人之间。鸦片战争以后，现代交通、通讯工具的使用，为人们进行跨地区交流提供了条件，书面语的掌握和训练就成了一项迫切任务。同时，西方列强势力不断向中国渗透，也让中国有识之士意识到，富国强兵不能再依靠少数精英人才，而应该通过普及教育去开启民智和唤醒民众。

于是，维新人士呼吁改革旧教育。戊戌变法虽然以失败告终，但其中一些教育思想和主张并没有被完全抛弃，而是被渴望“自救”的清政府吸收并体现在教育改革上。1901 年 9 月，清政府颁布了“兴学诏书”。在清政府的提倡、鼓励和社会各界的推动和落实下，全国各地涌现出大量的新式学堂，据统计，1907 年，全国各级各类学堂已有 37888 所，到 1909 年，增至 59180 所。这些新式学堂大力推动了教育普及。

普及教育仅有新式学堂是不够的，还必须首先解决文言文难读难懂问题。1898 年马建忠撰写《马氏文通》，正是有感于华文难学，导致国人“积四千余载之智慧才力，无不一一消磨于所以载道、所以明理之文”的状况，因此希望通过比拟揭示华文经籍隐寓的“规矩”来提高童蒙入塾后的学文速度[①]。同时，维新人士还身体力行撰写与民众口语较为接近的通俗诗文。积极推行和倡导“诗界革命”的黄遵宪和梁

---

① 马建忠：《马氏文通》，商务印书馆 1983 年版，第 3 页。

启超就是两个典型代表。黄遵宪早在1887年便提出了语言与文字合一的问题。他说："语言与文字离则通文者少。语言与文字合则通文者多。"他提出"我手写我口"的创作主张，提出用通俗语言入诗。他还联系日本如何解决民众识字问题，要求创造一种"明白晓畅，务期达意"、"适用于今，通行于俗"的新文体。这些对戊戌变法前后的文学改良运动影响很大。梁启超也是"诗界革命"的中坚人物，他是"我手写我口"的重要鼓吹者和实践者，倡导新小说，主张多用俗语。梁启超的大部分诗歌，都能毫无顾忌地冲破旧形式旧格调的束缚，语言通俗浅显，流畅自然，其散文吸收了一些接近口语的生动语言，"时杂以俚语韵语外国语法，纵笔所至不检束"。

维新人士制作文章时尽量采用俗语俗字入诗文的这一尝试也影响到学校教育。沈颐指出，"文章之学，求其应用，今之谈者，劝谓识字，果尽通其义，则识字既多，自能凑字而成文。此未达一间之说也。……小学生徒见闻既隘，智识无多，安足于与论议之株？授以布帛粟菽之文字，而不必语以清庙明堂，则真国民教育之旨也"①。与沈颐意见相似的庚冰则主张把书面语的学习与口头语统一起来，"教授文字莫不由语言入手，今之充教员者大抵以教授文字为职务，而于语言上应如何注意，如何应用，绝无经验，且不置研究。学生文字上进步的濡滞，实由于此，故教授文字当以教授语言为第一"②。维新人士制作通俗诗文，学校教育者则尽量结合儿童经验，利用口语的积极作用进行书面语教学，这两方面的相互作用为书面语普及走出了坚实的第一步。

但是，真正落到实处并且能产生深远影响的教育普及，还必须依靠小学语文教材，让更多的人凭借语文教材认识和运用文字。民国的小学语文教育专家俞子夷就清醒地意识到，"文字是一种公约的符号；著作人用这符号把他的经验标出，读书人看了这符号想象著作人的经验而欣赏之。所以不能支配文字的人，就不能读书。"③小学语文教材既是提高学生语言运用能力的重要载体，也是普及教育的重要手段。因此，在近代中国社会救亡图存运动的影响下，小学语文教科书逐渐朝通俗实用的方向改革。

① 沈颐：《论小学校之教授国文》，《教育杂志》，第1卷第1期。

② 庚冰：《言文教授论》，《教育杂志》，第4卷第3期。

③ 俞子夷：《小学校初年级读法教科书急应改革的问题》，《新教育》第4卷第3期。

四、癸卯学制下的实用教材

文字是学校肇兴的重要原因，也是个体进一步学习的基础。如果一个人不认识文字，没有接受过学校教育，那么，通常就会被称为文盲。认识了文字，获得了进一步学习的基础和条件，才有可能成为有知识有学问者。

小学语文教育以识字为主要任务。其实，儿童在未入学前就已经开始了口语学习，只是还没有跟文字符号相联系。进入学校，在老师有组织有计划的指导下，开始学习文字符号，才知道口头上说出的音、表述的意思，在字形上是怎样写出的。因此，识字教育不仅是传统蒙学，同时也是近代新式学堂的重要内容。张志公认为，从汉代史游《急就篇》下来，到了南北朝隋唐，识字教材分成两路，一路是《千字文》领头，后来加上《三字经》《百家姓》，基本上为官府所承认，为正统教材；一路则主要流行在民间，宋代以下统称“杂字”。这两路从编写形式上来说，都是采用整齐韵语和集中识字的方式，但较少考虑学生的兴趣和接受能力，比如“天地玄黄，宇宙洪荒”，儿童读来不免枯燥无味。从编写内容来说，“三百千”重义理说教，为进一步研读儒家经典打基础；杂字书重日常应用，为日后的写信记账服务，用意在“即物以辩其言，审音以知其字”，内容接近儿童的日常生活经验，如《群珠杂字·人事类》有：“梳头洗面，吃饭穿衣。备妆奁而嫁女，整肴馔以待宾。会亲眷，相女婿，通乡贯，结婚姻。分娩贺喜，下定娶亲”，记载的都是日常生活现象①。

近代中国教育的重要特征之一是学校教育内容和教育对象的扩大，教育从只注重圣贤经义到关注生活、工作所需要的各种知识技能，从只提供给少数贵族阶级或富有家庭子弟到大范围的普及民众教育。为适应这种变化，语文教材编写开始抛弃传统蒙学教材融识字教育与知识教育、思想教育于一体的编写方式，继承第二路教材的编写方式，重视浅易、通俗、实用的文字教育，强调学生的兴趣和接受能力。

尤其在1902年以后，受变法维新思想影响，清政府颁布了《钦定蒙学堂章程》和《奏定初等小学章程》。这两个章程无论在识字、读文方面，还是在写字、作文方面，都相当重视实用。

《钦定蒙学堂章程》规定字课：

实字，凡天地人物诸类实字，皆绘图加注指示之。

---

① 张志公：《张志公自选集》上册，北京大学出版社1998版，第34页。

《奏定初等小学章程规定》规定：

中国文字，其要义在使识日用常见之事，解日用浅近之文理，以为听讲能领悟读书能自解之助，并当使之以俗语叙事及日用简短书信，以开他日自己作文之先路，供谋生应世之需要。

中国文字，第一年讲动字、静字、虚字、实字之区别，兼授以虚字与实字的连缀之法，习字则以所授之字教以写法。第二、三、四年，讲识字成句之法，并随举寻常实事一件，令以俗字二、三句联贯一气，写于纸上；第五年教以俗话作日用书信。

《奏定高等小学堂章程》规定：

中国文学，其要义在通四民常用之文理，解四民常用之词句，以备应世达意之用……并使习通行之官话，期于全国语言统一，民志因以团结。

在此精神影响下，先后有许多重视实用的语文教材出现。如《文话便读》第一课：

鸟 狗 儿 飞 叫 追 逃 小

小鸟飞，小狗叫。小儿追。小狗逃。

1904 商务初等小学《最新国文教科书》第十四课：

青草 红花 池草青 山花红。

还有《识字贯通法》、《字课图说》等，这些教材所选的字词都是通俗的、儿童生活所必须的，编写方式也突出与儿童日常生活经验的联系。1906 年商务印书馆《最新国文教科书》以儿童生活为本位，把切近儿童生活的内容编在前面，离儿童生活远的编在后面，其第一、二课内容分别是天地日月、山水土木，用编者的话来说，“上指天，下指地，白天有日，晚上有月，都是儿童习见的东西；山水随处可见，土地木器，也是日常习见的东西”。教材追求通俗实用就是要把标示日常习见事物的文字教给学生，让学生利用这些文字来记录和传递思想和经验。

五、清末新式学堂语文教材

在清末新式学堂广泛设立之前，蒙学教材多采用“三百千”为代表的童蒙读物，主要为辅助识字和宣扬儒家思想。随着新式学堂的广泛开设，国人渐觉中国传统童蒙之书的不善，无法适应新形势的学习需要，于是在基督教教科书委员会编纂的教科书影响下，“公有机关及私人暨各学术团体、报社、书局等亦渐注意于教科书方面

之撰辑发行。”一批在各种教育价值取向下编制出来的新式教材相继出现①。

（一）《蒙学课本》

清末第一部国人自编的教科书是南洋公学的《蒙学课本》。据蒋维乔的介绍，认为中国最早的新式学堂语文教材开始于1897年南洋公学自编的《蒙学课本》。他回忆说，“民元前十五年丁酉（1897年），南洋公学外院成立，分国文、算学、舆地、史学、体育五科。由师范生陈懋治、杜嗣程、沈庆鸿等编纂蒙学课本，共三编，是为中国人自编教科书之始”。这套《蒙学课本》的体裁略仿外国课本，如第一编第一课：“燕、雀、鸡、鹅之属曰禽。牛、羊、犬、豕之属曰兽。禽善飞，兽善走。禽有两翼，故善飞。兽有四足，故善走”。印刷用铅字，也没有图画。② 其编辑大意提到：“物名实字三十课，物名但取通俗……便函十课，简短易学，无粉饰累赘之谈”。这套课本在1901年修订时，提出新的《编辑大意》：

陵节躐等，古有明戒。瓶瓮之不知而语以钟鼎；犬马之不识，而语以麟凤，非法也。是编专取习见习闻之事物，演以通俗文字，要使童子由已知达于未知而已。

旧法令学生苦认方块字，孤寂无情，断非善法，是编以两名相联，开卷由联字而缀句，而成文，七八岁童子稍有知识者，谅无不能贯串之理。较之蛮记《十三经》不二字者似稍有益。

我国文字语言离为二物，识字之所以难也。其文序与语次相歧者，童子尤难领悟；是编专取文语同次者。凡倒装句法及文中所有语中所无之字概不阑入。

引申假借字义滋繁，课本非字书之比。课中如遇一字数义者，但随正文解其本义，不必多引他义，转令迷闷难记。乃取易解之字，以类相从。先名字，次静字。名字先有形而后无形；静字先有象而后无象。其联字缀句之法，则先联并立之两名字，次联不并立之两名字。先两字，次三字、四字，则几乎成句矣。至九字十字则接句而成文矣。此上卷诠次先后之大略也。下卷复取上卷所未及之字类，与虽及而未尽先者，自始至终条分类别。由十数字至三四十字则皆成片段矣。此下卷诠次先后之大略也。③

由此可见，修订本不但重视教材中文字的大众化，以瓶瓮犬马之类的通俗常用

---

① 国民政府教育部：《第一次中国教育年鉴（戊篇）·教育杂录》，第115页。

② 蒋维乔：《编辑小学教科书之回忆》（1897—1905），张静庐编《中国近代出版史料补编》，中华书局1957年版，第138页。

③ 李杏保，顾黄初：《中国现代语文教育史》，四川教育出版社2000版，第31页。

文字代替钟鼎麟凤之类为研读经书打基础的文字，并且注意到了学法的有效性，首先是“专取文语同次者。凡倒装句法及文中所有语中所无之字概不阑人。”其次是“课中如遇一字数义者，但随正文解其本义，不必多引他义，转令迷闷难记。”

这与传统小学有很大区别，传统的文字学习很重视析字学习，力求弄清楚每个字的来龙去脉。比如，刘师培说：“编辑国文教科书，首明小学，以为析字之基。庶古代六书之教，普及于国民，此则区区保存国学之意也。”段玉裁则认为汉文字“有古形，有今形，有古音，有今音，有古义，有今义，六者互相求，举一可得其五。”这是对识字的高要求。但对于生活日用却关系不大，反而容易让初学者造成学习混乱。

作为正式出版的新式学堂语文教材，则是上海文明书局印刷发行的《蒙学课本》。1898 年，俞复、吴稚晖等人在无锡开办三等公学堂，自编了《蒙学课本》七册，后来俞复在上海创办文明书局，印制此书，并正式定名为“寻常小学堂读书科生徒用教科书”。这套教材采用由浅入深的原则编排，附有图画和“文法书”。前三册，以儿童游戏习惯之事作为题材，如击球、捕蝉、论钓鱼等，采用讲故事的形式来引起儿童的读书兴趣，着重日常所见的浅近事物；第一册后面附有“字类备温”，把全书四百余单字分为名字、代字、动字、静字、状字、介字和联字等七类，便于儿童复习课文；第二、三册每课后列有问题二三，则用以启发儿童思考。第四册是故事，着重寄寓道德教训的故事。第五册是专重启发儿童的智力，多采辑子部寓言。第六册是注重作文修辞，多选叙事文，如赤壁之战等。第七册重视儿童的语文综合运用能力，文章以诸子及唐宋名家论说为主。这套教材不但已初步具备了分科分年级循序渐进的语文教材编制雏形，而且孕育了以语文课文为核心并辅以其他教学材料的构想。此书附有图画，以楷书石印出版，曾在小学教育界盛行五六年之久，重印了十余版。

可见，中国近代分科分年级循序渐进的语文教科书是为适应新式学堂而产生的。癸卯学制颁布以后，尽管旧式私塾仍然存在，但新式学堂在全国范围内逐渐成为小学教育主要场所，因此，对这类教科书的需求也越来越大。

（二）《最新国文教科书》

清末影响最大的小学国文教科书要算商务印书馆《最新国文教科书》。商务印书馆 1897 年创立于上海。创立之初，主要翻译东西洋各国的科学书。不久，新教育发动，就开始重视学校教科书的编辑与出版工作。1904 年，该馆第一部初等小学用

《最新国文教科书》出版。当时出版教科书的也有好几家，但惟有《最新国文教科书》是依照学部所颁布的学堂章程编制的，所以能独步一时。其所选用的文章“完全创作，毫无成例”[①]，是由编辑者在领会、消化癸卯学制的精神下，制订出一定的原则来指导编辑的。据参与编写工作的蒋维乔回忆说：

当时之参加编辑者张元济、高凤谦、蒋维乔、庄俞等，略似圆桌会议，由任何人提出一原则，共认有讨论之价值者，彼此详悉讨论……。当时讨论决定之原则，有以下数点：

首先发明之原则，即为第一册教科书中，采用之字，限定笔画。吾人回想启蒙时读书，遇笔画较多之字，较难记忆，故西人英文读本，其第一册必取拼音最少之字。然我国文字，则无拼音，因考酌此意，第一册采用之字，笔画宜少，且规定五课以前，限定六画，十课以前，限定九画，以后渐加至十五画为止。

其次讨论之原则，即选定教科书采用之字，限于通常实用者，不取生僻字。又其次讨论之原则，第一册每课之生字，五课以前，每课不得超过十字，必于以后各课中，再见两次以上，俾使复习。又其次讨论之原则，为全书各册文字规定之字数，第一册每课从八字至四十字，第二册每课从四十字至六十字；三册以下，不为严格限制，听行文之便，若文长，则分二课。第一、二册，每句空格，每行必到底，适可断句，不将一句截成两段。[②]

这里的“三限”原则（限笔画、限实用、限生字量）使癸卯学制体现出来的教学内容大众化、实用化精神能够真正落实到具体的教材中，同时也使这套教材成了各书局编制教材时首选的模仿和参考对象。

（三）《初小国文教科书》

《蒙学课本》《最新国文教科书》都是民间自行编纂的。真正由政府组织力量编制出版的第一套国文教科书则是1907年学部图书局颁布发行的《初小国文教科书》。1906年清政府成立了学部，一方面对民间教科书进行审定出版，另一方面也开始筹办编纂教科书事宜。1907，《初小国文教科书》第一、二册颁布发行，这一发行让人们预感到政府将会垄断教科书市场，于是南方一些从事教科书编辑的人士，纷纷撰文批评这套教科书。黄守孚《教科书批评》中写道：

---

① 庄俞：《谈谈我馆编辑教科书的变迁》，《商务印书馆九十年》，商务印书馆1986版，第135页。

② 蒋维乔：《编辑小学教科书之回忆》（1897—1905），张静庐编《中国近代出版史料补编》，中华书局1957版，第141页。

学部此次所编，置之记肆中，已称佼佼。然其不满人意之处甚多，其尤者有八。

（一）教材多不合儿童心理

如五十三课“一唱忠君，再唱爱国”，六岁儿童其能解之而实践之乎？……第七十八课“江南可采莲，莲叶何田田”，此种文学虽老师宿儒亦不常用，何必以之课儿童也。

（二）词句多不合论理

五十五课“犬能逐兔，猫能捕鼠”。猫能捕鼠为其独擅之能力，且舍此而无用矣；犬之能力不在逐兔，其逐兔为偶然之事。今乃强引为对，则儿童必误认逐兔为犬之作用矣。五十六课“取水煎茶，取柴煮饭”？二语分之，儿童易解。若合在一处，则水为茶之原料，柴为饭之原料。……如改作“取水煎茶，取米煮饭”等语，则儿童易于明白而亦合于造句法矣。

（三）间有局于一隅之处不合普及之义

学部所编之书，既多全国之用，则不当有局于一隅之处以害普及。然原书有方言局于一隅者，有地名局于一隅者。……

（四）图画恶劣，图与文词间有不符之处

第二十三课“水井、火炉”。火炉即在井旁草地上，不知谁家火炉如此位置也；第六十课“牛羊下来”。图中一牧童骑牛吹笛，旁有之兽，似羊非羊，似驼非驼，不知其为何物也……

（五）数字与算术不相联络

学校课程各科同时并进，故必互相联络，然后可免困难；……第一星期至第三星期，算术仅至三，而国文教授之练习有手五指、足五趾……；第三星期算术已毕三数，则“一二三”三字，必于此时见之《国文》以谋联络，乃偏迟迟不用，至二十二课（六星期）方用“一二”二字，三十六课（九星期）方用“三”字；

（六）时令气节不相应

时令气节与教科书相应则观感深而实验易；本书例言固亦云“本册所说景物，皆按时序排列，以期收实地教育之效”，然第九课（第三星期约正月杪）已有“桃杏”，第十四课（第四星期约二月初十）已有“夏雨”，第三十六课（第九星期约三月二十日）已有“桃实”；我国非处热带未免过早矣。……

（七）抄袭近出各书有碍私家编著

夫民间有翻刻盗印之事例应惩罚，则试问学部将何以自处也。……类似文明书局初等小学读本者五见；类似文明书局初等蒙学读本者一见；类似商务书馆国文教

科书者五见；……若一一披阅而核校之，恐尚不止此也。①

（四）新式学堂语文教材的编制取向

从清末三套国文教科书的编制过程和社会反应看，教科书编辑已开始摆脱传统教材"三百千"的套路，呈现以下几种编制取向：

1. 教材文字追求通俗浅显，力求以日用文字来描述习见习闻之事物。蒋维乔在编最新初小国文的某一课时曾考虑用一"釜"字，而另一个编辑高梦旦却坚持要改为"鼎"字。前者认为"釜"字是日常所用之字，后者则认为"鼎"字是日常所用之字，两人争论起来，至于声色俱厉。这场争论反映出编辑们追求教材文字通俗浅显的良苦用心。此外，识字教材的编撰还结合时序变化和社会环境来进行，目的是让学生增加感性直观的认识。

2. 教材选用兼顾生活日用和儿童兴趣，从着重为攻读儒家经典打基础转向着重为满足儿童生活的现实需要而设置，力求把儿童眼力所及的实物和生活常识等编入教科书，同时以符合儿童兴趣的形式呈现，如附加图画，语句整齐押韵等。

3. 内容繁难深浅切合儿童心理认识水平。生字笔画数从少到多，循序渐进，课文多选取具体生活场景和简单的生活情节，很少抽象的议论说教和情节复杂的故事。

4. 教材编排组织考虑到教学需要。首先是国文各课之间的衔接，其次是国文与其他科目的联络，比如《最新国文教科书》的材料安排中，每册 60 课，大约理科和历史各占 15 课，地理九课，修身、实业各 7 课，家事、卫生、政治、杂事共 7 课。各种材料彼此交互错综，前后联络，便于教师教学和儿童记忆。最后，编制教授法以供教员学习使用。

第二节　民国时期小学语文教材

社会政治事件和文化运动在不同程度上影响着教育制度、教育宗旨、课程设置以及教材内容的变化。这种影响通过课程计划以及由此形成的教材编制认识或指导思想而落实在教材建设中。根据教材建设的政策变化和重要事件，我们把民国小学语文教材建设分为三个阶段：第一阶段是 1912—1921 年语文教材曲折发展的草创期，

① 黄守孚：《教科书批评》，引自李杏保，顾黄初《中国现代语文教育史》，四川教育出版社 2000 版，第 36 页。

期间小学废除读经，统称为国文，并具体规定了国文要旨和学年教学内容，后期国文改国语运动也最终得到了教育部通令落实，并规定到1922年废止旧时的小学文言教科书，小学全面改“国文”为“国语”科；第二阶段是1922—1928年语文教材多元化的探索期，期间学制改革案颁布，全国教育会联合会组织专家拟订了《新学制课程标准纲要》，各地在纲要指导下进行国语教育的探索；第三阶段是1929—1949年语文教材规范化的成熟期，这一时期制定暂行课程标准并颁布四次正式课程标准，对教材选编的诸多方面都有明确规定。

一、1912—1921年语文教材的草创期：曲折发展

民国初年，小学的课程设置经历了读经与否的反复，国文教材内容在忠君、尊孔与民主、共和之间抉择。尽管如此，共和政体的观念在各种媒体的倡导下还是深刻影响着民国的教育改革。

（一）民初教材的实用性和趣味性追求

清末新式学堂未兴办以前，儿童读物大约分两种：一种是启蒙的，例如三字经、百家姓、千字文、神童诗、千家诗、日用杂字、日记故事、幼学琼林等；一种是预备应科举考试的，例如四书、五经、史鉴、古文观止之类。读了前一种书，认识二千多个字，谓之“开蒙”。开蒙以后才开始读后一种书，从中积累一些句法、章法和修辞知识。因此前一种儿童读物的编写意图主要是供识字和进一步研读圣贤经义打基础，它利用韵语形式把文字集中组合起来，避免了字的重复。而对围绕一定主题形成连贯篇章的训练，比如积字成句、句与句之间连贯组合等，则不够重视，这些做法导致教材内容与民众生活经验和口语实际相脱离，不利于激发学习者的兴趣和实现教育普及。在维新思想影响下，晚清小学语文教材不同于传统蒙学教材，它重视“积字成句之法”，把识字教学与句篇教学融合在一起，在句篇中识字，出现了追求实用化、通俗化的主旋律。这种新式教科书以分散识字为主，文字多重复，重视与口语联络，追求日常口语文字化，突出简单的造句和篇章教学。尽管如此，儿童在学习时，阅读、理解、发表仍需翻译或教师讲解。当时流行的《最新国文教科书》在应用时就显得太艰深难懂。好在当时新式学堂的学生大半来自私塾，教师也多半读过古典经籍。后来，这套《最新国文教科书》被改良为《简明国文教科书》，除文字改为通俗浅显外，还考虑到儿童的心理和兴趣，多换韵文和应用文。这套书刚推

出不久，武昌起义爆发，清室让权，改组为共和政体。民国新教育就在一片共和声中拉开了序幕，它一开始特别强调儿童的主动性和自动学习，首任教育总长蔡元培就明确提出教育要“从受教育者本体上着想”。显然，需翻译的、难懂的教材是不符合这一要求的。

因此，民国初年公布《小学校教则及课程表》，对教材文章的规定除保持实用要求外，还特意增加了“富有趣味”的要求。1916 年公布《国民学校施行细则》规定：

读本文章宜取平易切用，可为模范者，其材料就各科内富有趣味及为生活所必须者用之。

在此精神影响下，许多教育界人士也纷纷作出响应，呼吁实用性和趣味性教材。1914 至 1915 年间，黄炎培《考察本国教育笔记》指出：

论及国文，有令余联想及之者，内地小学，往往修身国文类为一教员，算术体操类为一教员，而前一种教员，大都非从学校中来，虽优良者亦不少，而其次焉者，不惟教授法无可观，即其思想亦少嫌陈腐。譬如作文命题，往往是三代秦汉间史论，其所改笔，往往是短篇之东莱博议，而其评语，则习用于八股文者为多。夫小学注重实用，国文宜多为记述体，余所绝对主张，而所至不辞烦，辄为教育界同志言者，虽然此仅就形式论，若论思想，则今之小学教育，既欲养成适于今后五洲交通列强环峙之世界之国民，岂可仅仅令富有吾国二千年以前之思想而已足。

1917 年，贾丰臻在《今后小学教科之商榷》中也指出：

今之小学教员，辄以书店之国文教科书为教授资料，其对于程度较高者或另选古今韶文以渲染之，而一方面遽责儿童之作文不易改进，呜呼！使其作文果易改进，亦无当于职业，而况以若所为，求若所欲，犹缘木而求鱼乎。吾尝闻社会一般人之言曰，今学校学生，国文能作策论，能撰诗词，而独于家常信札便条，婚丧喜庆往来颂辞吊辞等，反未能措之裕如，此实吾人所大惑不解者也。信斯言也，则小学教员之对于国文教科，当知所以自处之道矣。国文分读法、作法、书法三项，读法除国文教科书外，宜多选读短篇之记事文，而论说词章不与焉，此外所当阅看者，如新闻、杂志、广告、发票、收据、契纸、借据、书信、邮片、公文、告示等，均当注意作法，亦宜多作短篇之记事文，而论说词章不与焉。此外所当作述者，亦如新闻、杂志、广告、发票、收据、契纸、借据、书信、邮片、公文、告示等，均等注意。书法于楷书宜多练习小楷，而于小楷以外尤宜多练习行书草书，以便速记之用，凡此皆国文科于职业教育最有关系者也。

从民初小学教材的选文来看，多与时代联系密切，如《国会》《宪法》《文天祥》《史可法》《鸦片战争》《中日之战》等记事文，都是反映政治理想或反映抵抗外族侵入、激发民族气节的内容。即使选取古代文言文，也突出趣味性，以记事性文学散文为主，如《史记》“渑池之会”，《汉书》“昆阳之战”，柳宗元之《黔之驴》、尤侗之《乞者说》、刘基之《卖柑者言》等，偶有说理的文章，也牵涉到计谋、策略类，如苏东坡之《留侯论》《贾谊论》等。

（二）适应自动主义的教材文章

前清的教学实际是教授、养护、训练三者并重，并把课堂上的一切现象都看作是教员一人言行的结果，教员习惯采用那种以五步教授法为主的注入式教学。

民国元年以后，一般教育界人士不满意这种儿童被动接受的注入式教学状态，认为它既不能适应培养新国民的需要，也不能顺应世界潮流，于是兴起了新教授方法的研究热潮，诸如勤劳主义、辅导主义、筋肉运动主义、循环发表主义等方法，一一皆由理论而进于实验，由实验而见诸成效。这些方法，简言之不外是教授时以儿童自己的活动为中心，教师立于旁观地位尽辅导之责而已。这些方法被统称为自动主义教育法，相对于从前重视知识授予、供给儿童明了观念的赫尔巴特之兴味主义，有很大区别。

自动主义教育法适应了民国教育，有利于养成共和国民，因而成了评价课堂教学优劣的一项重要指标。蒋维乔记长沙私立楚怡小学校，曾赞赏该校的国文教学：

作文、习字、图画、手工等教法，多注重自动与实用。初小一二年级作文，教师在黑板上画一实物，或竟以实物令直观，发问毕，即令记述之。四年级以上各生，则令每日自写日记，授写信则给以信纸信封，令实地练习，注重格式。

1915年顾树森在考察各地教授法时，也认为教授法存在的最大问题就是对学生自动方面的关注不够。他说：

此次参观各学校之教授，教授之能用启发式者甚多，然用讲解式注入者，亦复不少，于儿童自己活动方面，似少注意。即用启发式教授者，亦不过教师发问，儿童答之而已。至于学生能自己研究，有疑难而问者，未之见也。况问答之时，教师仅能及于优等生，而于劣等生往往不能顾及”。①

这些言论大体反映了民初以教师为中心向以学生为中心的转变。

① 朱有瓛：《中国近代学制史料》第三辑上册，华东师大出版1990年版，第273－274页。

1913—1914 年教育部视察各学区学务报告中，在小学国文教学方面也特别列有学生自动力的汇报项目，反映出民初对自动主义的推崇。现择取一二：

视察京师公立第八高等初等小学校：初等一年级国文一课，解字明了，并能参以问答；初等二年级国文一课，提示生字于黑版，俾各生轮认以引其注意，尚属得要，惟讲解时教法稍疏；初等二年级国文一课，讲解字句参以口语对证，教法尚是，还讲各生亦少错误。关于学生各事项，自动力方面，听讲尚知注意；各级间有问答，惟授者每择问天资较优之学生，而于低能儿未能顾及，是其所短；各级成绩尚有可观，如手工国文图画诸作，多见其自动之心思。

视察京师公立第一女子高初小学校：初等三年一学期班范教员授国文第二十一课，课题为《珊瑚图画》，讲解均尚合法。初等三年一学期班刘教员授国文第十九课，课题《种菊》，逐句讲解，大致尚是；初等四年一学期班汪代教员授国文第十八课，课题《克虏伯》，讲解清楚。关于学生各事项，自动力方面，学生听讲状态极为肃静，教员间有所问语，学生回讲多能明了。作文及习字成绩多斐然可观。

观察私立普励学校：自动力方面，学生听讲多知注意，少有问答，各项成绩多见其自动之心思。

为推广自动主义，教育部还专门编制了《优良小学事汇集》。事汇集关于浙江省立第十师范附属高等小学国民学校的记载有："除教科书（主要采用商务中华两书局出版者）外，国文还选授广告公函章程等。教授方法，向亦偏在注入式，嗣渐加革进，遂专取自学辅导主义。各科一以儿童自动为主，教师处于指导地位。其实施状况，教授前重预习，教授时重启发用问答式，教授后重整理"。[①]

"五四"以后，呼唤自由、张扬个性成为社会风气。自动主义教育被认为是新文化运动的"健将"。有人还专门论证了自动主义教育的文化基础：（1）文化的根柢在于自我，自动教育就是要开发自我的自觉；（2）文化是活动的、连续的、创造的，自动教育就是以养成创造能力为主。（3）文化的根本方向是在人格的自由，自动教育就是要发展自由个性[②]。有人则把自动教育与民国教育宗旨结合起来，认为自动教育在使儿童自己感兴味，自己研究，自己发展，自己完成其人格，其目的在造成顺应世界潮流之健全国民。而"欲造健全之国民，必自培养其独立研究独立活动之资格。故儿童教育，不在注入知识，而在养成其自求知识之能力，不在为儿童准备将

① 朱有瓛：《中国近代学制史料》第三辑上册，华东师大出版 1990 年版，第 287 页。

② 姜琦：《自动主义的根本思想》，《教育杂志》12 卷 1 号。

来活动之技能，而在养成其独立研究，自由活动之德性”①

学校教育为适应自动主义教育法，也强调围绕儿童的经验和兴趣来组织课程材料。国文教科书选材多为生活日用的实物、场景、良好生活习惯养成以及勤学做人的道理等，比如上海中华书局成立后出版的第一部国文教科书，其编辑大意提出“以独立自尊自由平等为经，以生活上必需的知识为纬”，“生字第一册每课自二字渐进至六字，后四册亦以十字为准，至多不过十五字”。材料切合儿童的生活实际，简单直观。再加上生字少，文字浅显通俗，图画生动形象，即使识字不多的儿童往往也能自己读懂其中的内容。这一时期的商务版教材也在介绍水果和家具时，上面或旁边呈现汉字，下面呈现实物图，类似现在的看图识字。如果同时要介绍一些生活常识，还会增加一些简短的文段，比如认识“荷”，就增加文段：“池中种荷，夏日开花，或红或白。荷梗直立，荷叶形圆，茎横泥中，其名曰藕。藕有节，中有孔，断之有丝。”

二、1922—1928 年语文教材的探索期：多元化

1922 年颁布新学制。在推行新学制过程中，全国各地及各种教育组织在七项标准指引下，纷纷致力于探索切合实际的语文教材内容。

（一）白话文运动与国语教材

普及教育的重要任务是普及书面语这一学习和交流的工具。汉语书面语有两种，一种是与百姓的口头语较为接近的白话文，一种是与百姓的口头语距离较远的文言文。传统的私塾、书院，研读的都是文言文，文言文的掌握需要长时间历练。长期从事语文教育的吴研因就曾经指出，儿童读文言读物，“一定要花上了七八年的工夫，读得烂熟了，再由老师开讲，然后才渐渐地明白一点字义跟章句，至于圣贤的大道理，往往读了一辈子读到老死，也读不出甚么来”，即使少数天才能把书读通了，到那时“天才也成为废才弃才了！这些废才弃才，有的迂腐昏庸不辨粟麦，有的狂妄放肆不近人情”②。可见，就那个时代而言，普及文言文，让学生从文言读物中接受本国文化熏陶，进而学习圣贤之道，是为教育工作者所排斥的，更何况它与

① 凌空：《自动教育之精髓》，《教育杂志》12 卷 6 号。
② 吴研因：《清末以来教科书概观》，《中华教育界》第 23 卷第 11 期。

鸦片战争以来倡导开启民智的救亡图存运动也不相适应。因此，要达到教育普及，惟有普及接近口语、浅显易懂的白话文。

普及白话文的倡导大致经历了两个阶段：第一阶段是维新人士的通俗文尝试，包括宣扬和创作通俗诗文、创办白话报纸等；第二阶段是新文学运动。把白话文当成宣扬民主科学的工具。第一阶段仍然重视传统经典著作，没有完全抛弃文言文，但为了让民众看得懂文言文，他们力求在措辞造句上变换得通俗，比如这一时期有教师在教授“群蜂往来枝间状甚忙”的句子时，就用稍微通俗的“花枝间群蜂往来甚忙”作解释，“归以酿蜜”，就解释为“归其巢以花心之甜汁酿蜜”①。第二阶段则把传统经典著作当作滋养封建专制思想的材料而予以排斥，把文言文看成是与现实社会联系不大的“死语”。

宣扬民主科学思想应该用“活的语言”——白话文来代替“死的语言”——文言文。新文学运动的健将胡适就认为，中国文学的革命运动，首先要取得“语言文字的解放”和“语言文体的解放”。文字的解放就是要用白话的，活的语言。他说，“文字没有古今，却有死活可道”，死的文字不能表现活的话语，要有意识地在写作中运用活字。文体的解放就是倡导自由文体，不受诗文格律和模式的限制。1917 年初，他在《新青年》发表《文学改良刍议》，提倡“八不”主义：（一）不做“言之无物”的文字；（二）不做“无病呻吟”的文字；（三）不用典；（四）不用套语烂调；（五）不重对偶——文须废骈，诗须废律；（六）不做不合文法的文字；（七）不摹仿古人；（八）不避俗话俗字。这“八不”主义实际上就是胡适倡导白话文学创作的理论主张。他还说，“白话”有三个意思：一是戏台上说白的“白”，就是说得出，听得懂的话；二是清白的“白”，就是不加粉饰的话；三是明白的“白”，就是明白晓畅的话。紧接着，陈独秀发表《文学革命论》，正式扯起文学革命的旗帜：

文学革命之气运，酝酿已非一日。其首举义旗之急先锋则为吾友胡适。余甘冒全国学究之敌，高张“文学革命军”之大旗，以为吾友之声援。旗上特书吾革命三大主义：推倒雕琢的、阿谀的贵族文学，建设平易的、抒情的国民文学；推倒陈腐的、铺张的古典文学，建设新鲜的、立诚的写实文学；推倒迂晦的，艰涩的山林文学，建设明了的、通俗的社会文学。

可见，民国初年的知识分子比清末维新人士更为激进，他们认为改革中国的政治和社会必先改革思想，改革思想又必先改革传达思想的工具——文字和语言。所

---

① 《教授案选登》，《教育杂志》第 1 卷第 9 号。

以，“五四”前夕的文学革命实际上就是以改革表达思想的文字为突破口。胡适《四十自述》中追述《文学改良刍议》成文经过时说：

我曾彻底想过：一部中国文学史只是一部文字形式（工具）新陈代谢的历史，只是‘活文学’随时起来替代‘死文学’的历史。文学的生命全靠能用一个时代的活的工具来表现一个时代的情感与思想。①

他为了抬高白话文学的地位，还特地写了白话文学史，来证明今天提倡白话文创作并非心血来潮之举，而是源远流长的白话文创作传统发展到今天的结果，强调“中国俗话文学（从宋儒的白话语录到元朝明朝的白话戏曲和白话小说）是中国的正统文学，是代表中国文学革命自然发展的趋势的。”② 这场文学运动改变了白话文一直受正统文人轻视的局面，将它推到了一个备受重视的地位。

在胡适眼里，白话文不但是新文学的重要工具，而且是民众交际的重要工具。早年他在思考文言文难学问题时曾表态说，“我是不反对字母拼音的中国文字的；但我的历史历练使我感觉字母的文字不是容易实行的，而我那时还没有想到白话可以完全替代文言，所以我那时想要改良文言的教授方法，使汉文容易教授。”并在日记上写道：“当此字母制未成之先，今之文言终不可废置，以其为仅有之各省交通之媒介也，以其为仅有之教育授受之具也。”③ 胡适这番话虽然是针对当时“废除汉字，取用字母”的主张而发的，但从中可看出他所倡导的白话文就是要达到拼音文字的效果，即取代文言并使之成为易于普及、易于掌握的交际工具。

白话文的倡导使书面语日益向口语拉近，在小学语文教材多元化探索期编制出版的小学语文教材，都以白话文为主流。比如商务印书馆出版的《新学制国语教科书》（小学高级用）第一册共有五十课，全是通俗的白话文。白话文教材相对浅显简单，学生容易学习掌握，因此在小学国语的课时不变情况下，白话文教材的篇幅和分量都会相对加大，以满足教学需要。

从维新人士倡导的通俗文到新文学运动的白话文，再到白之又白的大众语，语文教育改革不断向日用口语方向靠拢，推动了大量平白如话的语句进入语文教科书，如“老母鸡，喔喔喔，小小鸡，叽叽叽”，“老猪做好了饼，小猪哼哼哼”等一类的

① 胡适：《四十自述》，陈金淦《胡适研究资料文集》，北京十月文艺出版社1989年版，第66页。

② 胡适：《逼上梁山——文学革命的开始》，陈金淦《胡适研究资料文集》，北京十月文艺出版社1989年版，第134页。

③ 胡适：《逼上梁山——文学革命的开始》，陈金淦《胡适研究资料文集》，北京十月文艺出版社1989年版，第129页。

教材，甚至有些已为学术界认可的规范用词，也要考虑大众口语实际而进行改造，当时的教育家陶行知就明确提出要把教科书中的“草履虫”改为“草鞋虫”，以适应大众的口语实际①。他创作诗歌《老妈子先生》云：

文章好不好，要问老妈子。老妈高兴听，可以卖稿子。老妈听不懂，就算是废纸。废纸那个要？送给书呆子②

可见，好文章的标准就是采用了百姓日常口语形式的作品，尤其是采用了不识字或识字不多的老妈子都能听得懂的文词。

白话文教材的措辞和表达方式力求直白、精确，一般不婉曲、含蓄和模糊，因而相应缺少咀嚼、品尝的意境和韵味。为弥补这一不足，白话文教材主要以能激起学生兴趣的、接近儿童生活的诗歌、寓言、传记故事为主。即使有关古代人物的内容，像田兴打虎的义侠行为和淳于缇萦上书救父的勇敢行为描写等，都采用白话文而不是直接从文言文记载的原文中选用。偶尔出版文言文教材，也只是权宜之举，既为照顾一些地区没有条件改用语体文教学的情况而编，也为适应部分学校仍用文言教学的需要而编。

（二）国语运动与国语教材

语言是复杂的，就同一时代而言，从纵向看，有不同阶层的语言，即所谓文白问题；从横向看，有不同地区的方言，即所谓方言问题。

1. 文白问题与方言问题

文白问题，是要求知识分子努力写符合老百姓口味、让老百姓看得懂的文字。从清末通俗文运动到20世纪30年代的大众语运动，其实都牵涉到语言表达的文白问题。作家赵树理曾经举了一个例子说，如果老百姓听到《白毛女》中喜儿唱的不是“昨夜晚爹爹转回家，心中有事不说话”，而是听到古风体例“昨霄父归来，戚然无一语”，或洋腔：

“噢！昨晚，多么令人愉快的除夕，可是我那从来没有缘分，被苦难的命运拨弄得终年得不到慰藉的父亲，竟捱到人们快要起床的时候，才无精打采地拖着沉重的脚步踱回家来。从他那死一般的眼神里，可以看出他有像长江黄河那样多的心事想向人倾吐，可是他竟那样的沉默，以至于使人在几步之外，就能听到他那沉重的脉

① 华中师范学院教育科学研究所：《陶行知全集》，湖南教育出版社1983年版，第921页。

② 陶行知：《再谈怎样写大众文》出自《陶行知全集》第2卷，湖南教育出版社1983年版，第889页。

搏在急剧地跳动着。”①

那么，像这种用知识分子口味进行的语言表达，虽然为许多知识分子所喜欢和赏玩，却远离了老百姓的口语实际。这个例子其实就涉及到文白问题。“文”是指经过认真加工文饰的语言表达，“白”是指依托于百姓日常话语的语言表达。百姓的日常话语，通常指用的人多、用的范围广、用的频率高的口语。知识分子写文章应该尽量采用这种日常话语，比如，“众所周知”应改为“大家都知道”才好，“此时”“彼时”如果改为“这时”“那时”还不算真白话，应该改为“这个时候”“那个时候”才好②。因此，文言文和不常用的字词雅句，白话句中夹杂文言词语都不好，都不算老百姓的“话”。

方言问题，则要求语言的统一，让不同地区的人能互相交流。如果各人说各自的方言，不但不利于文字求近于口语，而且对教育普及也很不利。因此，清末维新人士在倡导通俗文的同时，也在悄悄开展解决方言问题的国语运动。中国方言众多，国语统一的内容和任务不外乎两方面，一是统一语音，二是言文一致。统一语音就是要制定统一的标准音，言文一致就是要制定便于口说又接近文言（或称笔头语、书面语）的标准语。最早一位提倡国语运动的卢戆章在其《切音新字序》中表达了他对国语统一问题的看法：

十九省之中，除广、福、台而外，其余十六省，大概属官话。而官话之最通行者，莫如南腔。若以南京话为通行之正字，为各省之正音，即十九省语言文字既从一律，文语皆扫通，中国虽大，犹如一家，非如向者之各守疆界，各操土音之对面而无言也。

陆费逵也对国语统一提出他的观点：

第一要定标准语，比方“什么”“甚么”这一句话，我晓得的就有一二十种（大半都写不出来），又比方“背心”这一句话，有“马甲”、“背搭”、“领衣”、“领褂”的不同。假定定“什么”、“背心”做标准语，写出来就全要写“什么”“背心”，不可再写别种了。“什么”“背心”定了怎么样念法，就要全照这个声音念，不可再念别种声音。这就是标准音。有了标准语同标准音，就要把它推广起来。③

白话文运动和国语运动都重视言文一致，前者针对文言，后者针对方言。打倒

① 赵树理：《赵树理全集》第四卷，北岳文艺出版社1990年版，第645－646页。

② 吉苍：《中国新文字的发展—记林汉达先生在中华书局编辑所同人学习会上的讲演》，《中华教育界复刊》第3卷第9期。

③ 陆费逵：《小学校国语教授问题》，《教育杂志》第8卷第1期。

文言与清除封建专制思想的努力是一致的，因此，在已经是共和时代的民国，响应比较热烈，但打倒方言，推广国语，却牵涉到不同方言地区的利益，因此阻力较大。

2. 国语运动对教材编制的影响

提倡国语的次序，一般是语音、语法、国语的文章。关于语音，早在1891年，宋恕就提出了汉语拼音的主张，认为中国实行普及教育，需要制造切音文字，以便幼童学习。戊戌变法的积极参加者王照致力于拼音文字工作，主张以北京话的标准来统一读音，他仿日本假名，取汉字偏旁与部分笔划，创造了“官音字母”60个。民国成立，这些晚清研究汉语拼音文字的人组织了“读音统一会”，力图统一国语。后又在北京组织“国语研究会”，作为促进国语运动的总机构。这些组织推动了国语运动的发展。民元“读音统一会”取得的成果有：①审定了六千五百多个汉字的标准国音，即一种通用的汉字读书音。②议定一套注音字母三十九个。不过，当时这些标准国音并没有得到推广，注音字母也没有正式公布。1917年，第三届全国教育会联合会议决了《推行国语以期言文一致案》，要求教育部速定国语标准。1918年教育部正式公布了注音字母[①]，这些字母由取自汉字的笔画构成。1919年，读音统一会审定的标准音才被编成一本《国音字典》印制发行。可见，标准音的推出阻力不小。至于标准语（包括语法和国语文）的推出，同样也遇到很大的阻力。

首先是标准语的建立和推广谁先谁后的问题。一种主张先建立标准语，然后再推广；另一种则认为无须先建立标准语，可以在实践推广中去形成标准语，胡适持此论，认为国语标准决不是教育部的公文定得出来的，建立国语的唯一方法是“把已很通行又已产生文学的普通话认为国语，推行出去，使他成为全国学校教科书的用语，使他成为全国报纸杂志的文字，使它成为现代和将来的文学用语”，他又说，“有了国语自然会有国语标准。若等到教育部定出了标准的时候，方才教说国语，方才教做国语文字，不要说十年二十年，只怕等到二三百年后还没有国语成立的希望哩！”正是基于这样的认识，当教育部颁布改国文为国语的通令时，胡适对这一举措大为赞赏，认为它“把中国教育的革新，至少提早了二十年”。

其次是选用哪一种方言土语作为标准语的问题。文字采用口语体，就不能继续采用文言标准，需要有一个标准语，问题是这标准语怎么来确定。当时的思路主要有两种，一种是确定现有的某一种方言为标准语，一种是不必用某一种活方言作标

① 注音字母也称注音符号，注音字母推出以后，有人认为“注音字母”名称不太合适，建议改为注音符号。国民政府于1930年4月通令改为注音符号，它与1928年大学院公布的国语罗马字注音方案，分别被称为注音符号第一式和第二式。民国教材采用的是第一式。

准，应该兼容并包的定出所谓的“国语”，也就是类似前人所称的“官话”来。官话，原义是做官的和他们的幕僚和随从说的话。这些人知识比较高，接触的人比较多，走的地方比较多，说的话里方言的成分比较少，语汇比较丰富，语式比较复杂，因此应用的范围比较宽。而做官的人的集中区是京城，过去几百年北平是京城，京话又是皇室说的话，所以是正宗的官话。此外也还有北方官话，长江流域官话，西南官话和杭州官话等，但都只算官话的别支。正宗的和别支的官话后来渐渐被称为普通话。学校教育推行以后，读书人加多，官话的需要也加大，他们大部分并不是官或官的附属人物，慢慢地就有了普通话这个名称。普通话写成文字，就是所谓的国语文。“五四”运动发展了国语文。国语文大体上走着北平话的道路，也走着别支官话的道路，既适合于口说，也适合于书面应用。因此，国语文在国语教学中显得尤其重要。尽管如此，拿它作为标准语，还是出现许多反对声音。蔡元培 1920 年 6 月在国语传习所的演讲中提到：

用哪一种语言作国语？有人主张北京话，但北京也有许多土语，不是大多数通行的。有主张用汉口语的（章太炎），有主张用河南话的，说洛阳是全国的中心点。有主张用南京话的，说是现在的普通话，就是南京话，俗语有“蓝青官话”的成语，蓝青就是南京。也有主张用广东话的，说是广东话声音比较的多。但我们现在还没有一张方言比较表，可以指出那一地方的话是确占大多数，就不能武断用那一地方的。且标准地方最易起争执，即如北京现为都城，以地方论，比较的可占势力，但首都的话，不能一定有国语的资格。德国的语言，是以汉堡一带为准。柏林话算是土话、北京话没有入声，是必受大多数反对的。①

一般而言，写成文字的材料大致可分为三种：一种是古语文，也就是文言文；一种是土语文，也就是方言文；还有一种就是国语文，以官话或普通话为基础产生的白话文作品。这三种之间，古语文不适宜小学教育，土语文的应用又不能及远，惟有国语文是最适合的一种。再加上新文学运动与国语运动的相继而起，与口语较为接近的白话文不断被选入小学教材。

国语大量进入学校是在 1920 年教育部通令之后。1919 年 3 月，在国语研究会的基础上成立了一个“国语统一筹备会”，作为教育部的一个附属机关。筹备会第一次大会提出了《国语统一进行方法》的议案，其中有改变小学课本的建议：“统一国语既然要从小学校入手，就应当把小学所用的各种课本看作传布国语的大本营；其中

① 引自李杏保，顾黄初：《中国现代语文教育史》，四川教育出版社 2000 版，第 69 页。

国文一项，尤为重要。如今打算把‘国文读本’改作‘国语读本’，国民学校全用国语，不杂文言；高等小学酌加文言，仍以国语为主体，‘国语’科以外，别种科目的课本，也该一致改用国语编辑。”此议案整理提交给教育部。教育部根据全国教育联合会和国语统一筹备会的两个议决案，认为提倡国语不能再延缓了，遂于1920年训令全国各国民学校先将一二年级国文改为语体文，改“国文”为“国语”科，并在修正之小学校令施行细节中规定：“首宜教授注音字母”。从此，小学开始了注音字母的教学。同年3月中华书局出版《新教材教科书国语读本》，率先对生字注国音。同年7月，商务印书馆出版了《新法国语教科书》，在第一册前另辑卷首来教授注音字母；8月，中华书局出版了易作霖编的《国音读本》，一些国语字典也用注音字母拼注读音。1921年，《国音字典》修订出版。教育部公布《国音常用字条》，指定北平的语音为国语拼音和声调的标准。至此，读音统一才真正进入小学语文教育领域。

（三）科学主义思潮与语文教材

科学主义思潮对语文教材的影响主要在探求文法规律和改革文字的层面上展开。传统学者们用归纳的法则及触类旁通的比较研究，曾对文字和文章作出许多正确的结论；但是，由于汉文没有文法学，所以传统学者们很少尝试用文法分析来做研究。最早尝试将西方的文法分析法应用于语文教学研究的要属马建忠，他希望通过研究来改变语文教学不可言传的现状，认为中国的语文教学存在“非循其当然而不求其所以之弊”，比如“逐字之部分类别，与夫字与字相配成句之义；且同一字也，有弁于句首者，有殿于句尾者，以及句读参差之所以然，塾师固昧然也。而一二经师自命与攻乎古文词者，语之及此，罔不曰此在神而明之耳，未可言传也。”他的工作就是要探索“自有文字以来，至今未宣之秘奥，启其缄縢，导后人以先路。”①

马建忠的研究材料是文言文，揭示的是文言文的文法，以后随着白话文的流行，黎锦熙总结研究白话文，撰写了《新著国语文法》，也希望能提供学习上的便利。

然而，语文教学的事实与马建忠的初衷并不一致，孙中山就曾经指出，《马氏文通》所揭示的文法，“虽足为通文者之参考印证，而不能为初学者之津梁也。”② 此后众多的文法研究成果，尽管对语文教材的编写产生了一定启发，有些被作为附录的形式编入小学高年级教材，但对语文学习效率的提高似乎没有带来多大的帮助。

---

① 马建忠：《马氏文通》序，商务印书馆1983年版，第11页。

② 孙中山：《孙中山选集》上卷，人民出版社1956年，第129页。

于是，一批留学生把矛头指向汉字，认为原因在于汉字难读难认，应该着手研究改革汉字。温和派倡导简字、注音字母、通俗字；激进派则主张废除汉字行用拼音文字。新文化运动前夕，吴稚晖曾发表《废除汉文论》，主张以万国新语（世界语）代替汉字，以达到世界大同。他说："如此，对于一种人，则为改良；对于世界，则为进化；对于文字，则为能够尽其用"。

庄泽宣《中国的言文问题》认为，中国汉字有三难：看难，作难，写难。

看难，表现在中国文字只有语根，没有语头和语尾的变化，比如动词的未来须加一个"将"字，过去须加一个"已"字，"空气"两个字，"空"有一义，"气"有一义，合起来又是一义；

作难，表现在文字之间相互组合的方法非常难讲，作文难求其通，通了难求其达，不通的人无论口语怎样说得好，总是不能拿文字去发表他的意见；

写难，表现在笔画多和笔画少的字都要写得一般大，而且不象西洋人只学二十几个字母，中国人须学写几千个汉字。

庄氏还进一步认为，即使花精力学会了中国汉字，也不能应用于科学，不便于索引和造打字机，因此他主张另造新文字，凡是小学生和中等职业的学生只须学新文字。傅斯年也在《新潮》发表《汉字改用拼音字初步谈》，拟定了制造拼音文字之条例，其中重要的有：一，字母选定的问题，主张采用罗马字母一系而就中国声韵情形稍加变通；二、关于字音选定问题，主张以所谓的"蓝青官话"为根据；三、关于文字结构问题，主张以词为单位，不以字为单位等等。至于如何来创制新文字，庄泽宣主张采用科学方法，让语音学、心理学的专家去弄，具体方法为："一、定标准语——采用一种方言为标准语，这种方言要最占优势，而且懂的人最多的。二，用科学方法去分析这标准语的音。三，用科学方法去定这标准文的字母的数目。四，用科学方法去定这字母的形，这形和数要最便于记忆，看，写，及印的。五，编印字典、文法等书籍。六，选讲这活方言受过教育的人，训练成为师范学校标准语文的教员。七，分布师范生到各处教成人及儿童，随时由上项教员校正。八，编印各种书报，一切布告及法律皆用标准文发表。"

类似这种另造新文字的主张和做法在清末和民国时期出现过多次，从 20 世纪初王照仿日本假名，取汉字偏旁与部分笔划创造的"官话字母"，到劳乃宣的"简字"，从钱玄同、黎锦熙、赵元任等的"国语罗马字"到瞿秋白、吴玉章等的"拉丁化新文字"，这股另造新文字的潮流几乎把社会上有一定影响的文化人都卷入了讨论。1908 年劳乃宣在《进呈简字谱录折》中甚至认为"今日欲救中国，非教育普及不

可。欲教育普及，非有易识之字不可。欲为易识之字，非用拼音之法不可。”① 但是，除了注音符号进入小学教科书以外，其他新文字都只是停留在商讨中，对教科书编写的影响不大。

（四）国语课程在小学的确立

中国小学语文课程，从民国九年教育部通令改国文科为国语科之后，名称的改动基本上得到了落实，但实质变化却经历了一个曲折反复的过程。

白话文取代文言文教材，较早出现在江苏省的一些小学和蔡元培在北京创办的“孔德学校”，这些学校的国文教师有感于小学生花在国文上的时间达五分之四，结果却跟所谓的国民教育相差太远，因此，在民国六年左右，就试用白话文自编国语读本或国语活页教材。有些新出版的《国文教科书》，也在新文学运动影响下，加进了白话课文，如中华书局的《新式国文教科书》、《中华小学国文教科书》都以“附课”的形式，编入用白话文写的课文。

继江苏一些小学和北京“孔德学校”之后，山西省国民教科书编审委员会还编制了《白话通俗国文教科书》，并经北京政府教育部同意在山西国民学校试用。这种教材试用不到半年，教育部就发出通令，要求全国各国民学校先将一、二年级国文改为语体文。紧接着又通令小学校到民十一年以后废止旧时的小学文言教科书。据统计，民国九年审定的国语教科书一百七十二册，民国十年有一百一十八册。以后的几年间，各书坊还竞相出版儿童读物，种类很多，但都不在教育部审定范围之内。

小学采用白话文，对提高小学学生的阅读能力确实有一定帮助。白话文与口语接近，读书时容易明了，不必讲解和翻译，作文也容易，想说什么就写什么，易于做到“我手写我口”和“言文一致”。低年级的小孩，可以自动地阅读各种补充读物，高年级毕业生，虽然没有读过文言文，但在白话文熏陶下也能粗略地阅读较浅显的文言文书报。这些优点与学校教学的自动主义一拍即合，因此不少学校倾向于采用白话文。

不过，在小学推行白话文，即使有教育部通令，各地军阀和某些地方教育局也会不买帐，不时出台推行文言、禁止白话的命令。再加上一些社会名流，如章士钊、林纾、黄侃等人都反对白话文。章士钊创办《甲寅》杂志，倡言“不收白话”，并撰

---

① 引自郑国民：《从文言文到白话文教学：我国近现代语文教育的变革历程》，北京师范大学出版社2000年版，第25页。

文反对白话文，说“白话文不美、不简、不能载道”。林纾还专门致信蔡元培，希望他能以北大校长身份来保“名教”存“国粹”，指出：

若尽废古书，行用土语为文字，则都下引车卖浆之徒，所操之语，按之皆有文法，不类闽广人为无文之啁啾。据此，则凡京津之稗贩，均可用为教授矣。若《水浒》、《红楼》，皆白话之圣，并足为教科之书，不知水浒中辞吻多采岳珂之金陀萃篇，《红楼》亦不止一人手笔，作者均博及群书之人。总之，非读破万卷，不能为古文，亦不能为白话。①

与反对白话文、倡导文言文相适应，社会上正规文告也大多使用文言文。龙冠海在民国二十年致信胡适时就曾经指出，“我觉得最为可笑的是去年我们的政府，一方面出布告令各机关通用白话文，而一方面我们的政府主席先生的通电以及其他的文章却是用文言文”②。在教育部通令之后很长一段时期，许多学校并没有改用白话文教学，致使文言文教材仍有很大市场。为满足这种需要，商务印书馆、中华书局等较有影响的书商基于自身经济利益考虑，还是陆续推出国文教材。如果白话教科书销路不好，还有半文半白和纯文言教科书可以弥补，反映了当时教科书出版商的矛盾心态。比如，商务印书馆，一面推出小学国文教材，美其名曰新撰国文教科书（包括高小用国文四册、初小用国文八册），为推销这套书，商务印书馆在《教育杂志》上连续刊登广告，甚至以“纯文言”相标榜，说它是最新的“小学纯文言教科书”；一面又出版文言、白话混合的《新法国语教科书》，以及纯白话的《新学制国语》。

尽管如此，国语倡导者和一些小学教员并不气馁，他们仍然在为国语完全进入小学教材作不懈努力。民国十四年二月，国语统一筹备会会长张一麟呈函教育部，称国民学校国文科改为国语科一事，颇有倒行逆施、复其故辙的现象，官厅方面更有公然明令禁止国语教育者。公函要求教育部“将民国九年国民学校改国文作国语的法令重行申明”，“使各方面都晓然于此令之不可动摇，才可以减少阻力，容易推行”。北京临时执政府教育部为此再次申令各省教育厅：凡初级小学应一律用国语教科书禁用国文教科书教授。国民政府定都南京后，仍然发布了多次推行白话文的命令，如民国十六年十一月，蒋梦麟函告浙江大学区各市市长、县长，规定：本省各小学，不论初级高级，一律不得再用文言文的教科书或教材。民国十九年一月，国

① 沈善洪：《蔡元培文选》，浙江教育出版社 1993 年版，第 191－193 页。

② 中国社会科学院近代史研究所中华民国史研究室：《胡适往来书信集》（中），中华书局 1979 年版，第 57－58 页。

民政府教育部又通令：禁止再采用文言教科书，各小学严厉推行部颁小学国语暂行标准，各师范学校、高中师范科厉行国语教育，养成师资。

在民间，江苏小学教育界为表明推行国语教育之决心，于民国十四年十二月在无锡举行了一场别开生面的焚毁初级小学文言文教科书仪式，并发表宣言，称他们对文言文深恶痛绝的理由有四：

（一）因为要便利幼年儿童的学习工具。人人知道缠脑筋、缠思想更惨的事，硬教儿童学文言文，实在和硬把幼年女孩缠足一样地不人道。

（二）因为要贯彻义务教育的宗旨。兴学以来，社会上都骂小学生文理不通，实在因为文言文太繁难，仅受四年义务教育，除了天才儿以外，是一定教不通的。

（三）因为要养成圆满生活的基础。儿童入学决不是仅仅为了读书识字，应该力求学习容易，省下功夫来，使他们另受些有益的教育，这样都有些基础，多方面地发达，以完成他们的人格。

（四）尊重教育法令。国家对小学校教学国语既十分提倡，我们尊重国家法令，小学校就不应当再教文言。①

这次焚毁行动是江苏、浙江、安徽三省师范附属小学联合会在无锡召开第三次年会期间举行的，事后也有媒体作了报道，对提倡小学不用文言而用白话产生了很大影响。此后上海各书商，都以发行白话文教科书为主，只在偏僻的小地方和一些农村出卖文言教科书。

文言文和白话文在学校教育的地位之争，既是各种势力之间行动较量的表现，也是文人之间笔墨争斗的话题。民国二十四年，曾掀起了一场中小学文言文运动的大辩论。当时陈果夫、陈立夫和戴季陶等主张初小读《三字经》，高小加读“四书”，并且主张至少高小教科书要改用文言。江苏省立苏州高级中学校长兼中央政治学校教授汪懋祖在《时代公论》上也撰文发表了类似观点：

学习文言与学习语体，孰难孰易，必经心理专家之长于文字者，作长期的测验研究，殊未可一语武断。大抵白话文长于描写物态，发抒柔情，文言文便于叙事、说理、议论、应用，而壮烈之节，激昂之气，尤有资于文言，若以白话表之，则易失之狂暴，无所裁节，故二者各有其用……白话文佳者要为文艺之一部，而教育目的，决非造就多数文艺作家与欣赏小说文艺者。……文艺首重结构技巧，不限思想，夫谈文艺则可，以之谈教学断乎不可，此其观念之必须纠正者一也。

---

① 吴研因：《旧小学语文的回顾与批判》，手稿复印件，现存吴研因纪念馆。

这些言论引起许多白话文爱好者的反击。反击最为激烈的是从事小学教材编写的吴研因。他接连写了两篇文章，指出普通人不必去钻故纸堆，有兴趣的自然会去学习古文，不必为他们担忧；况且从前青年作文言信必翻尺牍，现在要说什么便写什么，足见语体文易于文言文。针对汪文提到的外国人尊重中国古典文化一事，吴研因认为，外国人鼓励中国人读经尊孔是别有用心的，“在他们看来，保存中国的国粹正和保存中国的迷信、鸦片烟、小脚一样，我们实不可引以为荣。”参与论战和发表意见支持白话文的还有鲁迅、胡适、陈子展等，而柳诒徵、余景陶、许梦因等则撰文指斥白话文，倡导文言文。这场论战最终以白话文有更广的群众基础而取得胜利，小学采用白话教材的大势不可逆转，即使到民国二十七年陈立夫出任教育部长时，推出的国定教科书也主要采用白话文。可见，白话文的地位渐渐得到巩固，小学文言教科书渐渐被淘汰。

三、1929—1949 年语文教材的成熟期：规范化

民国十五年，国共合作下的国民革命军誓师北伐，十六年北伐战争取得决定性胜利，国民政府定都南京。国民党为推行政治上的一党专政，把教育领域视为重要阵地，积极推行与国民党政权息息相关的党化教育，也就是三民主义教育。

（一）教材选编范围逐渐明确

民初的国文教材范围比较宽泛，虽区分了读法、书法、作法三项内容，但没有分学年提出具体范围要求，只大略指出：

> 读本文章，宜取平易切用可为模范者，其材料就修身、历史、地理、理科及其他生活必需事项择其富有趣味者用之。女子所用读本宜加入家事要项。
>
> 国文作法宜就读本及他科目已授事项，或儿童日常闻见与处世所必需者，令记述之，其行文务求简易明了；书法所用字体，为楷书及行书。

民国九年，北京教育部下令改国文为国语，并注重儿童文学，从此，国语教学材料便从儿童生活上着想，根据儿童的生活需要编订，教材内容适合儿童经验，形式注重儿童化，这是小学语文教材的一大变化。

到了新学制和课程标准时期，教材的选择、编写和组织主要依据课程标准。民国十二年六月公布的新学制课程标准纲要规定，国语教学材料各学年的选材范围：

> 第一学年有演进语言练习、简单会话、童话讲演，记载要项和字句多反复的童

话故事并儿歌谜语等的颂习，重要文字的认识，简单语言的记录发表，写字的练习设计；

第二学年与第一学年基本相同；

第三学年有童话、笑话、史话、小说等的讲演，童话、笑话、传记、剧本、儿歌、谜语、故事诗、杂歌等的颂习，通讯、报告记录的设计和日用文、说明文的作法研究、练习；

第四学年增加了普通的演说，小说、新诗的颂习，以及指导查字典、指导阅读儿童书报和参考书的内容，其他与第三学年基本同；

第五、六学年则注重传记、小说的欣赏表演和日用文、说明文的作法研究、练习。

这个选材范围试行到国民政府在南京定都后推出暂行课程标准为止。

民国十六年五月，国民政府第一次全国教育会议由大学院召集，议决案有组织中小学课程标准起草委员会一项，计划以六个月制定课程标准草案，三个月征集意见，三个月整顿，一年内全部完成。专家提交的国语科课程标准草案有五份，经过整理、征求意见，于民十八年八月正式公布暂行课程标准。其中国语科教材范围不再分六学年作出规定，而是分低（第一、二学年）、中（第三、四学年）、高（第五、六学年）三个阶段作出规定，并区分了说话、写字、读文、作文四项作业类别的教材范围。按不同阶段对每一项目选材范围作出规定。

正式课程标准和以后两次修正的课程标准都沿袭暂行标准的模式分低中高三个阶段来作出规定，惟有最后一次修正的课程标准才改为分学年提出要求，规定虽然详细具体，但操作性不强，比如规定低年级的说话教材：（1）童话的看图听讲；（2）教室等处的日常用语的听讲和仿效；（3）各种有定式的简单语料的演习；（4）简易有趣味的日常会话；（5）童话笑话等的讲述练习。

从暂行标准以后，国语教材的选编范围，一直都分说话、写字、读文、作文四项作业类别来提出要求，但多数教材编写者并没有按照这四项编成四类教科书，而是形成了“以读带写，带听说”的编写指导思想。因为语文教学主要以一篇篇课文为媒介，读书材料是四项作业材料的核心，作文、听说、写字训练都围绕着课文展开。因此，教材编写者的精力主要倾注在文章编写上，课文选择，也就是读书方面的教材范围也就成了国语科四项作业类别的选材范围。

1932 年推出的正式课程标准，对读书教材的范围从内容和文体两个方面作出规定，以突出操作性和实用性。内容方面将三民主义教育贯彻到课文中，比如，要求积极选取关于孙中山和国民革命的诗歌、故事；文体方面，列出了各种文体的性质说明，以便教材编制者把握和选择；并对文体分配作了安排，整个小学阶段以记叙文和诗歌为主，中高年级兼及一些说明文、议论文和戏剧，实用文也主要集中在中高年级。

此后的几次课程标准都秉承了这一明确具体的优点，使教材选编范围的规定能够真正落实到教材编写中。

（二）教材选编标准逐渐具体

国语科教材的选择范围只是一个指示性范围，每项内容有许多可选择的材料，比如有很多传记，选择怎样的传记必须有个标准，又比如儿歌有很多，选择什么样的儿歌，也必须有一个要求。民国元年，南京临时政府教育部提出，“凡各种教科书、务合乎共和民国宗旨，清学部颁行之教科书，一律禁用”，后又公布教育宗旨，构成了诸如商务印书馆的共和国教科书，中华书局的新制教科书等的选材标准。袁世凯窃取大总统职位后，为推行帝制铺路，提出“中小学校修身及国文教科书内采取经训，务以孔子之言为旨归”，并颁行《特定教育纲要》。受此影响，上海商务印书馆 1915 年 12 月出版的《实用国文教科书》，就是遵照新颁《特定教育纲要》宗旨，以重实用作为选材编制标准。可见，民初对教材选择标准的规定比较粗略，往往以教育宗旨代替选材标准，或者仅在教则上略有提示。

民初这种粗略的教材选编标准后来逐渐发展成教材选编原则和价值比较原则。

新学制试行时期，无目的教育思想流行，教材编写者出于自己对教育如何满足儿童需要的认识和理解去选择教材，因此这一时期教材的共同特征呈现浅显、趣味、儿童化倾向，实际上这也算是当时不成文的国语选材标准。

民国十八年八月公布暂行课程标准总说明，提出教材的选择应“略有科学的依据，减少主观的流弊”，“力求减除不能普遍实行的部分”。民国二十一年课程标准总纲提出，“各科教材的选择，应根据各科目标，以适合社会——本地的现时的——需要及儿童经验为最重要的原则”。把教材的选择标准归结为适合社会需要和儿童经验两大方面。

民国二十五年公布的课程标准，在这两大方面基础上进一步提出价值比较原则。重要的价值比较标准有：（甲）与本科目关系更密切的，其价值当更大。（乙）凡在生活中应用次数愈多而愈常见的，其价值当更大。（丙）凡在紧要关头时所需用的，其价值当较大。（丁）凡社会所认为适当而优良的，其价值当较大。（戊）凡有永久

性的，其价值较仅有暂时性的为大。（己）凡学习起来比较困难，而不易由生活中无意地习知的，其价值当较大。（庚）凡适应本地社会的特殊需要的，其价值当较大。

民国三十一年为适应抗日建国要求而修正的课程标准，又在价值大小标准的基础上确立教材内容编选的五项原则：

（一）须适合儿童本位教育，适应儿童生活，而为一般儿童所能领受；（二）须有普遍性，而为城市乡镇一般小学所能实施；（三）须合时代性，而为现代国民所急切需要；（四）须有代表价值，而为最重要的部分，可以举一反三，触类旁通；（五）要具体，要经济，要各科内容避去重复，而取得自然的联络。

为贯彻落实这些原则，暂行标准把国语科教材分为精读和略读两类，精读教材由教员直接教导，以使儿童由兴感而欣赏，由理解而记忆，因此重在质的精审；略读教材利用补充读物参考书和其他儿童图书，令儿童按期概览，再由教员分别考查或组织讨论，故重在量的增加。但是，不管那一类教材，选择时都要符合如下要求：

（一）不背本党主义，或足于奋兴民族精神，启发民权思想，养成民生观念的；（二）积极前进，乐观解放，而非消极退缩，悲观束缚的；（三）提倡合作、互助、勇敢、劳动、规律，而非自私自利懒惰浪漫的；（四）是有曲折，有含蓄，而且含有优美、壮美、滑稽美的儿童文学，但不取可怕而无寓意的纯粹神话；（五）是流利的国语的语体文；（六）合于儿童学习心理，并便于教学的。

可见，从暂行标准开始，教材选编标准就开始逐渐走向具体。此后多次修正或修订的课程标准都对暂行标准的这六个要求作了具体化，其中 1942 年课程标准更是把它具体落实到各个学年中。

（三）教材用字走向科学合理

无论哪一国文字，其所有文字的数目，远比普通所常用的多。所以，无论什么人，都绝对不可能掌握且应用所有的文字或字词。

教材用字，就是尽可能把最为普通常用的字汇编入教材。它面临两个问题：一是教材究竟要采用哪些字汇，二是教材采用的字汇究竟哪些先出现哪些后出现。这些问题解决了，教材编辑才有根据。

当时，美国有许多教育研究者用统计方法去寻求儿童的常用字汇，比如琼斯博士 1914 年发表《英文材料具体研究》，提出儿童常用词汇 4532 个，桑代克在 1921 年收集四十多种材料，统计提出常用词汇一万个。而中国的教材用字，从清末到民初已经习惯了凭编写者的直觉或想当然，缺乏科学依据；新学制探索时期，中国学者受美国学者关于儿童识字实验研究的影响，也纷纷尝试实验统计的方法来解决儿童的识字问题。其中影响较大的主要有以下五家：

1. 陈鹤琴的研究，陈鹤琴作语体文应用字汇研究，从儿童用书、新闻纸、杂志、小学生课外作品、古今小说杂类等六类材料中统计得到554498字，分析之后求得4261字，第二次又收集了不少材料，得348180字，分析之后得到与第一次不同的单字458个，从这两次的统计摘出发现次数在一万次以上的字1166个，大家把它作为千字表。[《新教育》5卷5期]

2. 敖弘德的研究，敖弘德根据研究留声演讲片（孙中山）、《中国革命史略》（庄适）、《谚语选》（胡怀琛）、新生活及时报等材料，做过一次统计，得到46847字，更从这些字中求得780个通用的单字。[《中华教育界》18卷2期]

3. 王文新的研究，王文新根据广东、广西、江苏、浙江、河北等省小学生作文2678篇，统计得到222332字，又从新时代、新主义、新中华国语读本36册中统计得到303941字，从这两项统计材料中选出3364个单字作为小学生的识字量。[《教育研究》第17－20期]

4. 俞子夷的研究，俞子夷用民国十三年九月二十七日上海申报所登南洋烟草公司制造厂工友职工同志会会员5611人的启事，研究姓名的用字，得到15389字，其中不同的字有927个，平均每字重复十六次，满十次以上的有232字，占全部百分之二十五。[赵欲仁《小学国语科教学法》]

5. 潘仁的研究，潘仁因为要编辑江苏省适用的初级国语教科书，曾收集江苏十个县及上海、南京二市共37所学校二、三、四年级儿童作文日记521篇，统计得到97346字，其中发现次数在二十次以上者有367字，确定为初级儿童习用字。[赵欲仁《小学国语科教学法》]

以前，在这些研究成果未推出时，教材编写者由于没有完善的字汇，国语教科书的选字，便只能随编随用，至于所用的字是否适合儿童和社会的需要，无从稽核。现在，面对许多研究结果，又不知道依照哪一家为好，因为这些研究的取材各有侧重，其所推出的常用字汇也互有出入。

为此，在民间字汇研究的基础上，国民政府教育部也组织人员统计30年代初出版的教科书所用生字，取其出现总次数较多的字，并斟酌参考各种研究成果，于1935年推出《小学初级分级暂用字汇》，这是以政府名义颁布的唯一一种字汇采用标准。该字汇的使用说明规定：

1. 本字汇所收各字共计二七一一个，供小学初级（一、二、三、四年级）暂时

教学儿童之用。但遇必要时得酌量增减之，删减不得少于二千四百字，增加不得超过三千字。

2. 小学初级各科教科书所用生字应以本字汇各相当年级所编列之字为准。

3. 编辑小学一年级所用教科书，如不能将本字汇一年级所列之字完全采用，可将其余各字编入二年级教科书内，余依此类推。

4. 编辑小学二年级所用教科书，除采用本字汇二年级所有之字外，应将一年级所用之字尽量编入，俾易熟习，余依此类推。

5. 编辑小学初级各级教科书时，以不用本字汇较高年级之字为原则，但于必要时得酌量选用，至多以选用百分之十五为限。

6. 编辑小学初级教科书及各种补充教材，遇有人名、地名、物名及状声之字为本字汇所未收入者，得酌量采用之，但其总数不得超过本字汇总字数百分之十。

7. 凡教科书采用本字汇以外之字者，应将所采用之字在教科书编辑例言或附录等中特别注明，以便教育部审查时之参阅。

8. 小学初级作文写字等教学材料及各种测验材料所用之字，亦应根据本字汇。

9. 编辑小学初级各种补充读物时所用之字应参照本字汇，以便儿童自动学习。

10. 本字汇暂定试用期三年，在试用期内，希望教育界研究试验，随时将意见报告教育部，以便补充修正，其有根据实际结果，供给本字汇之意见都尤所欢迎。

它的颁布，一方面是对各种研究成果差异的统一，另一方面也给小学教科书采用字汇提供了一种权威依据，使小学的字汇采用更加规范化。

（四）儿童文学教材走向成熟

在清末新式学堂兴办之前，蒙学教材主要记载圣贤经传的古雅文言，宣扬经典古训，与儿童生活情形相离较远；兴办新式学堂之后，小学语文教材采用比较浅近的古语文或接近口语的通俗文去装载各种知识。这种改革比以前大有进步，但是一切科学知识还是用成人的眼光去编制，与儿童的现实生活境况不能融合；即使在小学国文科改为国语科之后，与日常口语接近的白话文已经大量进入小学教材了，但教材内容及其表现手法还是偏重于成人方面，没有很好地重视儿童兴趣，迎合儿童心理，达到与儿童生活的融合。

于是，自20世纪20年代开始，语文教材编写者掀起了一场儿童文学化国语教材运动，推动大量的儿童文学作品成为小学国语教材。

儿童文学大量进入国语教科书，与杜威的“儿童中心”教育观和儿童文学的倡导密切相关。民国八年五月杜威应邀来华讲学，发表“儿童本位”和“兴趣主义”理论。这些理论深刻影响着语文教材的编写，尤其当中国的语文教材编写者看到美国小学语文教材充满趣味时，认为很值得模仿。也就在这个时期，国内的文学革命也由对旧文学的破坏时期转入了对新文学的建设时期。民国七年四月间，胡适发表《建设的文学革命论》，认为：

我们所提倡的文学革命，只是要替中国创一种国语的文学。有了国语的文学，方才可以有文学的国语。有了文学的国语，我们的国语方才算得真正的国语。

不久，周作人又在北京孔德学校演讲，提倡“儿童文学”。他在《新青年》撰文指出，中国对于儿童，“不是将他当作缩小的成人，拿‘圣经贤传’尽量灌下去，便将他看作不完全的小人，说小孩懂什么，一笔抹杀，不去理他”。并呼吁应该把儿童的文学给予儿童，儿童一样爱好文学，需要文学①。自此以后，《儿童世界》、《小朋友》以及各种儿童文学丛书大量出现。教材编制者也纷纷选入或编写儿童文学作品。

此外，小学教员们对国语教科书充斥大量枯燥乏味的实用说明文也渐渐感到不满，认为小学运用这些教材，儿童兴趣索然，主张要给儿童多读些有趣的文字。当时还在小学任教的叶圣陶就深有感触地说，“先请求为父母的，儿童的一切本能都让他们自由发展。……我又请求为老师的，不要将学校成为枯庙，将课本像和尚念梵文那样给儿童死读。”② 国语科一方面要儿童获得认识和运用文字符号的能力，一方面又要儿童了解教材内容，获得各种知识。如果两者平均用力，难免两败俱伤，倒不如编些轻松的故事给儿童读，使儿童只觉故事有趣，不知不觉中把文字符号熟习了。

因为这些主张，中国的小学语文教材，逐渐从“成人本位”转变为“儿童本位”；教材从形式到内容的编制，都从儿童的兴趣出发，开始有了“儿童文学化”倾向。所谓儿童文学化，就是用科学的知识做材料，拿儿童的兴趣做编制标准，从实质方面看，是各科知识的读本，从形式方面看，却是文学。比如教学蜗牛的知识，假如对儿童讲“蜗牛有两个触角，背上驮了一个硬壳”。这样教儿童，儿童的兴趣提不起来，用“文学化”手法，就可写成猫和蜗牛会话：

猫问蜗牛：住在哪里？

蜗牛说：住在我自己的屋子里。

① 《新青年》第8卷4号（1920年12月）。

② 叶圣陶：《文艺谈》，引自刘增人《叶圣陶传》，江苏文艺出版社1995版，第45页。

猫问：你的屋在哪里？

蜗牛说：屋在我背上，我的屋子，不是用砖瓦木材做的，是我身上分泌一种液质，凝结成功的。我还有角在头上，这两个角可以看东西，也可以摸东西，在我觉得很便利的……

这样的叙述，很有趣味，这是教材“儿童文学化”的一个实例。为顺应儿童文学化的潮流，各书坊在新学制探索时期编印的小学国语教科书，都以儿童文学相标榜。儿童文学材料可分为五类：（1）诗歌，包括儿歌、童谣、新诗；（2）童话，包括神话、史话、物话；（3）传记，包括寓言、实话、游记；（4）小说，包括传记、笑话、演义；（5）剧本，包括话剧、戏曲等。商务印书馆的《新学制国语教科书》，中华书局的《新教育国语教科书》及世界书局的《新学制国语教科书》，都编入了许多童话、寓言、笑话、自然故事、生活故事、传说、历史故事、儿歌、民歌等。教材编写者利用这些形式，借助拟人或寓言的手法把枯燥的说明文内容生动表述出来，大部分课文采用物话形式来编写。诸如《煤炭谈话》、《水之自述》等课文，把煤和碳的成因功用、水的形态变化等用对话体或自述体做出来。

以商务印书馆发行的《新学制国语教科书》为例，初小用的几乎完全采用儿歌、童话、民谣、寓言之类作材料，教育部给审定了，并有嘉奖的批语。其第一册开篇的内容一改以前的“人手足尺”为“狗、大狗、小狗”，为此，有人称这是教材“从人到狗”的时期，也有人调侃为“猫狗教育”时期，因为大部分国语教材的主角都是猫狗牛羊之类的家禽或野兽，叙述方式又多为“猫说狗跳”类。

不可否认，这些“猫说狗跳”类教材注意到了趣味性、实用性和口语化。吴研因称这种采用了和儿童生活比较接近的故事诗歌的教科书好比是“有趣的画报、电影周刊”。

从推出暂行课程标准开始，民国时期的儿童文学教材探索就已经逐渐上升为课程标准的重要指导思想，“儿童文学”成了每次课程标准必不可少的概念。比如，小学国语暂行课程标准规定，读书教材应“是曲折而且含有优美壮美滑稽美等的儿童文学，但不取可怕而无寓意的纯粹神话”；1942年国语课程标准规定，读书教材“应编成记叙文或韵文等各种体裁的儿童文学”。可以说，民国自暂行课程标准到四次课程标准的推出，这段时期的国语教材几乎都是儿童文学作品或儿童文学化内容，这表明儿童文学教材已走向成熟。

第三节　建国前小学语文教材发展的经验与思考

教科书是体现国家教育宗旨和目标，实施课程的一个实际努力。国家规定之课程借教科书作为载体而后施行。因此，小学语文教材发展必须根据时代需要不断进行调整，以追求进步和完善。比如，清末的小学语文教科书，很注重修身、忠君、爱国等材料，民国初年就把这些忠君崇满的材料革去；民国十六年以后，国民革命气氛弥漫全国，小学语文教科书都充满国民革命和三民主义等思想；民国二十年以后，又出现许多体现民族精神和救国雪耻的教材，如《李牧却匈奴》《苏武牧羊》《班超定西域》《淝水之战》《岳飞拒金》《袁崇焕却满》《戚继光平寇》等课文也都列入。可见，教科书内容经过严格精选和审查，一般都力求体现不同时代的需求。

一、教科书发展的影响因素

清末以来，尤其是民国的教材发展不但与教育部相关部门和出版公司关系密切，而且与当时的教材政策和社会风气也有一定联系。综合起来，妨碍教科书进步的原因大致有五方面：

第一，教科书审查机关的敷衍。当时的教育部编审处收到送审的教科书，只要内容没有重大误谬，照例予以审定。一经审定，出版公司就煌煌将“教育部审定”字样印在封面上作为标榜，进行营业上的宣传和鼓吹，而对任何有价值的改善方法则漠不关心。为此，有人建议教育部宜严定审定标准，对有特出之优点者，方准审定；无特出优点者，只给予许可发行的执照，以示区别。

第二，书馆书坊的商业运作。书馆书坊为了追求利润最大化，节省稿费，聘请能力薄弱的著作者来担任编辑，或者把主要精力集中在打通审查关节和推销上，以高额回扣为诱饵进行教科书的推销。

第三，编辑者的敷衍塞责。编辑者以营利为目的，他们对教科书的编辑不感兴趣，总想早早把教科书编完，敷衍塞责得到一点稿费。即使知名学者担任编辑，往往也投入精力不多，或挂个名，或粗率对待。

第四，国家对于学术没有切实的奖励措施。编辑教科书不但需要对所编辑的科目有专门的研究，而且还要研究教学方法，明了教室教学的一般情形。而当时从事学术的不多，国内外大学毕业的学生用其博士、硕士及学士的头衔为手段，结攀要

人，莫不想做大官领厚俸，造成举国不学的风气，谁也不愿尽心去研习学术，而教科书编辑事业的发展依赖着学术事业的发展。

第五，社会和教育界缺乏批判氛围。如果社会及教育界对教科书有研究兴味，常常批评，使得好的教科书销行很广，使不良的教科书渐归淘汰，则优良教科书的出版一定愈多，书商竞争也更激烈，进步也愈快，而当时一般的社会及教育界都对教科书很少批评，或碍于面子只说好话，教科书的竞争主要从广告宣传做工夫。如中华书局在《中华教育界》为其《国语读本》做广告时写道："中华书局出版的教科书是进步的，不是守旧的，自从有了中华书局以来，教科书的进步革新和从前迥不相同"，"这部国语读本是照最进步的方法编的，……选适合儿童心理的教材，适合现在世界和中国大势的教材，活泼有趣的教材，切实有用的教材，总期儿童易于了解，四年毕业可以具完全做人做国民的知识"；最后还附上该书的编订人员——国语大家王朴先生，国语学大家黎锦熙先生，研究各省方言的陆费逵先生，研究语法的沈颐先生以及学识经验丰富的黎均荃陆衣言先生等。[①]

针对以上种种原因，当时的许多学者提出了谋求教科书改进的具体建议。韦息予认为，出版公司应该重视商业信誉，做到：

一、出版定期刊物，或在已有的教育刊物中设立讨论所出各种教科书的专栏，悬赏征求用书者的意见，解答用书者的问题。二、印行之前，先在实验学校或著名学校实地试验所出各种教科书，发现不适宜之处，立即改正。三、派赴教科书编纂者到各地考察教育状况，随地征询各地教育界对所出教科书的意见。他还建议编辑者最好由现任（或曾任但最好是现任）的学校教师担任编辑，因为他们明了教室教学的情形，且可一面编辑一面实验其编辑结果，不至于犯闭门造车的毛病。而大学教授或专家往往不明了教学方法和教科书编辑的原则，其学问虽然丰富而其编辑结果，却不合青年心理，不适合教室教学之用。[②]

在谋求教科书改进上，探讨最多的是教科书编制主体问题，也就是由谁来组织编制教科书。审定制采用的是书商组织人员编写。当时书商之间竞争激烈，纷纷以降低稿酬来降低教科书的成本，致使教科书的稿费低，廉价稿费使对于学术和教育真正有研究的人们不愿去编辑教科书，教科书质量下降，粗制滥造的多。1931 年国民党国民会议曾议决一个"速设编译馆"的议案，由编译馆负责中小学教科书的

---

① 《中华教育界》第 11 卷第 2 期的封底广告，商务印书馆、世界书局也一样有类似推销教科书的广告。

② 韦息予：《小学教科书的改善及其障碍》，《中华教育界》第 19 卷 4 期。

编写。

由国家组织编制的好处是，国家可以提供较优厚的稿酬，使编辑者精神上得到满足，生活上了无牵挂，从而认真负责去编写，但由此也会使坊间教科书处于不利的竞争地位。鉴于此，赵廷为认为应该采用国家编辑和国家审定并行的办法，并建议教室的教学应采用数种教科书而不应单用一种教科书，国家对于每一科目出一种教科书，书馆书坊仍须编辑教科书以使种数加多，每一学校的图书馆应对于每一科目置备十种以上的教科书，且每种教科书都要置备三十份以上，在教学时教师可随时将这些教科书借给儿童，使之作比较的研究①。

吴研因的态度与赵廷为不同，他对于教科书由国家或教育部组织编制深恶痛绝，指斥为“做笨事”。在他看来，组织教科书编辑的主体机关大致有四处：教育部、书坊、著名学校、各省各县所组织的教育团体，这四者中最不适切的是由教育部组织编辑，理由是：“一则在教育部行走的人员，往往是大面无当，没有初等教育学识和经验的人，他们编出来的东西，未必合适，清末学部编辑的教科书是一个证例；二则教育部总有些官气，人家已跑到二百码以外，进步得很远了，他往往还在那里摆姿势，说是持重进行，所以他们编不出好书来，人家也不容易信任他；三则偌大的中华民国，各地方的需要不同，由教育部一个机关垄断了，也很不合民国的精神”。②

对于由书坊来组织教科书编制，学者们的意见大致相似，都强调社会和教育界批评监督和真诚热心为编辑们提出改进意见。

二、值得借鉴的几条经验

尽管建国前的小学语文教材发展经历了曲折的历程，但透过教材建设的各种探索和实践，我们可以发现这些特色和成果背后的成功经验。

（一）积极开展教育调查和实验研究

清末以来，尤其在民国，教育研究相当活跃。民国初年的教育研究，主要以引进西方教育理论和实践经验为主要内容，如民国元年的《教育杂志》，在其“调查”栏目上的文章有《美国之好教育》《法国通俗教育之近况》《美国儿童之扫路驱蝇》

① 赵廷为：《我国教科书的现状及其今后的方针》，《中华教育界》第19卷4期。

② 吴研因：《新学制建设中小学儿童用书的编辑问题》，《新教育》第5卷第1期。

《英国图书馆与小学校的联络设施》等。后来逐渐意识到，中国的教育发展应该在自身实际上找出路，于是纷纷展开教育调查和实验研究，大致有三类：一类是关于学校教育的实验，诸如自学辅导法、分团教学法、设计教学法、道尔顿制等教学法方面的实验和教学体制、教学管理方面的调查和实验等；一类是陶行知、晏阳初、梁漱溟、黄炎培等的乡村区域教育调查和实验；还有一类，是针对某一教育问题进行专门调查和实验，比如小学字汇问题的研究、汉字字形难易的研究、注音符号的教授问题等。

这三类研究或多或少都对小学教材编写产生了积极影响。尤其是后一类，与小学语文教材编写关系密切，直接推动了教科书革新。查阅民国时期《教育杂志》《中华教育界》的教育调查和实验研究论文，关于识字以及直接指向教材编制问题的研究成果众多，其中《教育杂志》上有艾伟《汉字之心理研究》（20 卷 4 号）、《关于语体文言的几种比较实验》（24 卷 12 号）、俞子夷《语言文字的误用》、敖弘德《语体文应用字汇研究报告》（21 卷 2 号）等；《中华教育界》上有祁伯文《教授注音字母的研究》（10 卷 8 期）、秦凤翔《注音字母发音实际的研究》（11 卷 2 期）、杨树达《汉字之新系统序列》（11 卷 2 期）、李尚春《通俗字的研究》（11 卷 6 期）、周邦道《字体大小的测验》（11 卷 9 期）、袁漱瀛《小学儿童别字的研究及今后小学教材教法上应行注意之点》（17 卷 6 期）、赵欲仁《小学写字教材研究》（19 卷 6 期）、朱智贤《儿童字典的研究》（18 卷 4 期）、杜定友《汉字形位排检法大要》（18 卷 10 期）、徐则敏《汉字笔画统计报告》（18 卷 12 期）、高觉敷《儿童的字汇》（20 卷 8 期）、赵荣光《汉字笔顺的研究 》（22 卷 9 期）、章荣《简字的价值及应用之实验研究》（23 卷 1 期）、徐则敏《汉字字量问题》（24 卷 12 期）等。这些研究成果很多被运用到教材的编写工作中。比如，开明书局的小学语文教材，就吸取了字体研究的成果，先以手写大字体逐渐过渡到手写小字体，然后再过渡到印刷体。

（二）主动搭建教材批评平台

教材发展离不开批评和宣传，尤其是教材批评，对推动教材发展有着重要作用。教材出版发行是各大书局最为重要的利润来源，凡是教材发行量大或影响大的书局，几乎都创办或参与发行教育期刊来作为教材宣传推销的阵地，如商务印书馆有《教育杂志》，中华书局有《中华教育界》，世界书局有《世界杂志》，开明书局有《儿童教育》。这些书局，都非常重视在自己属下的教育期刊上开辟关于教材研究的栏目或专号，构建教材批评平台，既有利于改进教材编制质量，也传播了各种教育理论和教材建设经验，比如，《教育杂志》从16卷3期到23卷12期这七年多，一直开辟有小学教育论坛，发表了许多关于教材研究的文章。《中华教育界》则把第11卷6期设为儿童用书专号，19卷4期设为教科书专号，发表了诸如吕伯攸《小学教科书的封面和插图》、何日平《教学做合一下之教科书》、王克仁《儿童用书与设计教学》、俞子夷《儿童用书字形行间的研究》、潘之赓《书的印刷和卫生》、周邦道《编译儿童用书与儿童心理》等对教材编写有直接指导和借鉴意义的文章。《儿童教育》明确提出其办刊宗旨为“讨论切实方法，供给具体教材”，它还专门腾出一期为“鸟言兽语”的教材讨论提供平台，编发了大量讨论教材内容价值的文章。同时，这些书局还利用这种平台大做广告，在教育期刊的扉页上直截了当地说明各自教材的优势和特色。当然，批评和讨论某种教材本身也是一种很好的宣传方式。

（三）重视教材内容的情景化探索

儿童的生活经验不够丰富，思维活动以具体形象思维为主，针对这一特点，民国的教材编写者在知识内容呈现方式上作了许多有益的探索，诸如突出文学手段，突出动作词语的学习，减少抽象说教，等等。其中最值得我们学习的是将知识短文情景化，避免了干巴巴的概念、定义和写作方法的介绍，比如1937年出版的中华小学国语读本春季始业高级用第二册课文《起头难》：

老师说：“今天作文，不出题目，你们见到什么就写什么。”一个学生说：“我今天在路上看见狗打架。”老师说：“好，你就把狗打架的事情做一篇记叙文吧”学生写道：“狗看见肉，大家想吃，吃不成打起架来了；后来，胜的狗吃肉，败的狗没得吃。”老师说：“不错，第一段想吃肉，是原因；第二段打架，是事实的经过；第三段胜的吃肉是结果。这篇文章的格局已经成立，可是内容欠充实些，还得修改一下。第一段原因是全篇文章的根源所在，必须叙得明白，说得正确。我想‘狗看见肉’不如改为‘两只狗看见一块肉’，因为不说明是两条狗，那么也许是一条狗，‘大家’两个字便不正确了；不说明是一块肉，那么也许是无数块肉，大家尽有得吃，‘吃不成’三个字便不正确了。这样一来，那打架的原因，岂不是不成立了吗？还有一层，只说‘看见肉’也嫌笼统。狗所看见的肉，究在何处呢？我想应得加以说明，改为‘看见地上有一块肉’，不然，这肉也许在人手中拿着，也许在高处挂着，两只狗虽然大家想吃，那能成为大家的原因呢？”

学生说：“第一段的道理我明白了，请问第二段，第三段应该怎样？”

老师说：“第二段‘打起架来了’，第三段‘胜的狗吃肉，败的狗没得吃’，错

虽然不错，可是不得劲。要得劲，须得将两只狗分说，这还得在第一段中交代明白。因为第一段中只说是‘狗’，固然太笼统；只说是‘两只狗’也仍笼统，得先将两只狗定下名称，如果狗的颜色不同，应改为‘一只黄狗和一只黑狗’，如果狗的颜色相同，应改为‘甲乙两只黄狗’或‘甲乙两只黑狗’都可以。现在狗的名称假定为黄狗黑狗，那么可以写成‘黄狗如何扑过去，黑狗如何扑过来’；‘黄狗如何猛咬，黑狗如何还咬’，例如：‘黑狗的左耳被黄狗咬得皮破血流，黄狗的鼻子也被黑狗咬伤’；‘黄狗愈斗愈狠，黑狗渐渐抵御不住。’这些事实经过便一层一层写得详详细细了。”

“照这个例子，第三段可以写成‘黑狗咬不过黄狗，黄狗便战胜黑狗，黑狗只得舍去了地上的肉，垂着尾巴转身逃走，黄狗追上几步，狂吠几声回转来蹲下身子，将肉衔在嘴里洋洋得意地嚼着’连结果也写得详详细细了。”

“由此看来，第二段，第三段要写得起劲，总须将第一段的原因叙得明白，说得正确。可是，世界上的事总是起头最难；作文也是起头难呀！”

此课既让学生懂得了万事起头难的道理，同时又让学生在情景中感悟领会到了记叙文的作法以及用字造句的简明连贯。

（四）充分考虑不同地区儿童的生活经验和学习程度差异

中国地域宽广，不同区域之间的自然条件和生活习俗差别较大。因此，内容单一的教材难以满足不同地区儿童的需要。为适应这种状况，商务印书馆在民初出版的教材，每科用书必备多种，详略不同，深浅互见，以便用书者采择。同时，在适应教师教授方面，商务印书馆编制有教授书和参考书，专备教员之用，又有各种挂图，以便讲堂之具体讲授；在适应儿童方面，编有校外读本，以便学生自修。

民国的坊间大书局几乎都设在当时经济比较发达的城市，编辑也多生活在城市，而语文教材面向的广大学生却多数居住在农村，农村孩子的生活经验与城市孩子的生活经验不同，农村学校的条件相对落后，教师的能力也相对薄弱，许多身处城市而又缺乏实际教学经验和教材编写经验的编辑者就会纯粹出于理论的思考去编制教材，致使编制出来的教材，体系过于完整严谨，但缺乏实际应用价值，势必不利于广大农村地区的教育发展。中华书局的编辑朱文叔就曾明确提出，“小学国语读本的选材，要注意顾到乡村儿童的经验，与其偏于城市方面，毋宁偏于乡村方面。”①。商

① 朱文叔：《关于小学国语读本的几个重要问题》，《中华教育界》第19卷第4期。

务印书馆的教材，在新学制探索期就已经很注意多选农村题材，比如其新学制国语教科书第一册第四十课：

猫欢喜，一只老鼠到嘴里；狗欢喜，两根骨头丢下地；鸡欢喜，三个小虫一把米；羊欢喜，四面都是青草地；人欢喜，五个朋友在一起。

四种家畜都是农村常见的动物，它们追求到自己所喜欢的食物就高兴，但人却不一样，重视精神满足，五个朋友在一块就高兴。这篇课文，从小处说，体现了传统文化中“有朋自远方来不亦说乎”、“独乐乐不如与众乐”的乐群精神；从大处说，体现了汉满蒙回藏五族共和的追求。这种既照顾农村生活内容，又把知识教育和思想教育融合在一起的选材方式，是编写教材相当好的借鉴。

此外，在当时各种宣传媒体的推动下，城市里民主自由的口号叫喊得震天响地，城市学校也重视这些所谓新思想的教育，但在广大的农村却没有多少影响，农村家长送子女读书，只是希望子女能够多认识一些生活常用字以及懂得如何处理人际交往中的各种伦理关系，即明白为人处世的道理。一些农村乡绅和长老对新式学堂大量学习白话文和新思想大为不满，还特地另设学塾招纳学生，传授古代蒙学教材“三百千”等。教材编辑们为适应这种状况，也只好满足农村的这种需要，不理会教育部三令五申要推行白话文的背景，而赶制文言文教材，增加大量中国传统道德中有关孝亲、敬老、爱幼的内容。

（五）大力发动社会各界人士参与教材建设

从事民国小学语文教材编写和校订工作的人员，仅在教科书上署名出现的就有近百位，不乏在民国文化教育界颇负盛名的学者，也不乏在新闻界叱咤风云的人物，有的甚至还在娱乐界独树一帜，当然更多的是从事小学教育研究和实践的学者和教师。统计民国时期出版的小学语文教材，可以从两个维度上去考察其受欢迎的程度，一个是重版的时间跨度，一个是重版的次数。凡是时间跨度长、重版次数高的教材，往往都有一个共同特点，那就是吸收了名气比较大的学者参与其中的编制和修订工作。下面介绍几位民国时期曾经亲自参加过小学语文教材编订工作的学者，以使我们对民国小学语文教材的编制队伍有一个大致了解。

蔡元培（1868—1940），字鹤卿，浙江绍兴人，中国近代民主革命家、教育家。清光绪进士，翰林院编修。曾任中华民国第一任教育总长、北京大学校长、国民政府中央研究院院长等职。曾参与上海商务印书馆1927年至1929年之间出版的《新时代国语教科书》（1—8册）以及1931年5月初版的《基本教科书国语》（1—8册）

的校订工作。

黎锦熙（1890—1978）字劭西，湖南湘潭人。著名语言文字学家、词典编纂家、文字改革家、教育家。1949 年后曾任北京师范大学教授、校长，中国科学院哲学社会科学部学部委员。他在民国时积极倡导国语运动，曾著有《新著国语文法》《国语运动史纲》。他参与校阅了中华书局 1920 年至 1922 年月出版的《新教材教科书国语读本》（1—8 册）、1920 年出版的《新教育教科书国语读本》（1—8 册）及《新教材国语读本说明书》（1—8 册）、1936 年出版的《注音符号课本》，还有上海商务印书馆 1921 年出版的《新法会话读本》（1—4 册）、1923 年出版的《新法会话教科书》（1—4 册）。参与编制上海商务印书馆 1933 年出版的《复兴初小说话教本》（1—8 册），该教本是根据正式课程标准编制的，内容有会话、故事、演说。每课后有说明、教法，词句应用、修辞研究、释音及备注。

黎锦晖（1891—1967）字均荃，湖南湘潭人，黎锦熙的弟弟。音乐家，被誉为中国流行音乐之父，中国近现代儿童歌舞音乐的开创者。民国刚成立，黎锦晖就开始参与中华书局的教材编写，他先后参编了中华书局的《新小学国语读本》（1913 年）、《新教材教科书国语读本》（1920 年）、《新教材国语读本说明书》（1920）、《新教育教科书国音课本》（1921 年）、《新小学教科书国语读本》（1923）、《新小学教科书初级国音读本》（1926 年）、《新小学国语读本》（1930 年）等。其中《新教材教科书国语读本》是响应教育部通令国民学校废除文言教材后编的，字形由简单起，生字注音，虚字和熟语依次出现，采用了标点符号句号、冒号和引号与标意符号问号和引号。《新小学教科书国语读本》是配合学制改革而编的。教育史上这两次大变革后的教材编写，黎锦晖都参加了。

陈伯吹（1906—1997）上海宝山人，中国著名的儿童文学作家、出版家、教育家、翻译家，是现代儿童文学的先驱者和奠基人之一。早年在乡村小学教书多年，后从事出版事业。他参编的课文以儿童文学为主，有商务印书馆《复兴国语课本》（1934 年），上海儿童书局《国语新选》（1945 年）。

俞子夷（ 1885—1970）江苏吴县人，中国近现代教育家，毕生从事小学教育的实验和研究。主要著作有《一个乡村小学教员的日记》《一个小学十年努力记》《小学教材和教学法》《小学行政》等。他早年从事复式教学研究，所参与编写的教材也多为复式教材，有商务印书馆《复式学级国文教科书》（1919 年）。

沈百英（1897—1992），江苏吴县人。曾任小学教师、书馆编审员、大学讲师，新中国成立后曾任华东师范大学教授。由于较长时间在商务印书馆从事编审工作，所以他参编和校订的教材较多。商务版的有《基本教科书国语》（1931 年）、《复兴国语教科书》（1933 年）、《复兴国语教学法》（1933 年）、《复兴说话教学法》（1934 年），还有大东书局的《新生活教科书国语教学法》（1933 年）等。

（六）课程标准的相对稳定和具体明确

教材总是在一定的教育政策背景下产生的。教育政策的稳定性和连续性直接影响到教材的稳定性和连续性。倘若教材政策朝令夕改，编辑者疲于应付教材政策的变更，无暇顾及教材批评和改良，势必将影响到教材的编写质量，造成应时之作充斥，缺乏长久的教育价值。清末民初的教育政策由于受到政局变动的影响，变化较大。

与教材编写最为密切的教育政策是课程标准。课程标准是教材编写的核心指导思想。如果课程标准笼统模糊，那么，教材编辑者对课程标准精神实质的把握和理解就会产生较大偏差，所编制出来的教科书差异也比较大，这将削弱教材贯彻落实国家教育宗旨或目标的功用。

民国的课程标准经历了一个逐渐具体明确的过程。从民初统揽各科的《普通教育暂行办法》14 条和《普通教育暂行课程标准》11 条，发展到民国三十七年，既有课程标准总纲，又有具体各科的课程标准；既有课程总目标、学科设置和时间安排的大体要求，又有不同学年各学科内容的具体要求；既有课程开发方面的要求，也有教学实施方面的要求。总之，无论在课程设置、课程目标，还是在教材的选编范围、选编标准以及组织方式、教材用字上，都呈现出一个逐步具体明确的发展趋势。

以民国三十年公布的小学国语课程标准为例。其组织结构由目标、教材纲要、教学要点三部分构成，其中教材纲要最为详细具体。学年上，按初级和高级两个阶段来呈现；范围上，从形式和内容两个角度来呈现。比如初级各学年教材形式方面分说话、读书、作文、写字四个项目去提出要求，内容方面有关于个人生活的、关于学校生活的、关于家庭生活的、关于乡土生活的、关于民族国家的、关于世界人类的等六个取材范围。每个取材范围下又列举了各学年的具体内容，比如关于民族国家的取材要求，提出第一学年选取有关党旗、国旗的内容，第二学期选取有关民族英雄及爱国故事的内容，第三学年选取有关本国位置、气候、物产、历史人物及创造发明故事等，第四学年选取有关本国工商业、交通、城市以及国民政府宪法、国防等内容。

我们探讨、研究和总结这些成功经验，并不是为教材编制工作提供摹本和套路，

而是为教材编制者提供借鉴和启示。

三、有待反思的几个问题

教材编写涉及的一些基本问题，是不同时代教材建设者所不能回避的问题。建国前的小学语文教材编写者在认识和处理这些基本问题时，总是倾向于把教材改革与社会变革、政治问题等纠缠在一起，过于强调教育的时代性和政治性，忽视了教育发展及教材发展的相对独立性。他们积极反封建，同时又把中国长期积累起来的语文教材经验给反掉了；他们热切追求民主共和，同时又把西方的一切都当作先进经验引进过来。这种仰望西方而鄙视本国、喜言希腊而忌谈传统的风气，抑制了教材编制者关注和思考本国历史和现实国情的主动性和积极性，怂恿了教育界追新猎异的行为。

（一）过分强调儿童需要而忽视社会需要

民国教育受西方教育学说影响，在教育上有儿童本位和教材本位、个性本位和社会经验本位的不同观点冲突。各种教材，社会所需要的，或许不为儿童现在所需要；儿童所需要的，也许缺乏社会价值。社会经验本位者主张教材的社会价值，认为各种教材应该是人类经验的结晶，儿童是缺乏经验的未成熟者，教育者为使儿童将来能适应各种社会生活，必须拿这些教材来训练儿童，强迫儿童接受。儿童个性本位者则强调教材的儿童价值，认为儿童虽然是缺乏经验的未成熟者，但儿童时代本身自有其特殊的需要，各种教材不过是用来助长儿童的发达，其价值当以能否满足儿童现在的需要为标准，因此教材编辑者应当充分考虑儿童现在的兴味、现在的经验和现在的生活。这两派的主张都有理由，但都有不足。偏重社会经验，不顾儿童天性，结果是教材和儿童不生关系，教材所给予儿童的，只是些成人所能了解的抽象的东西；偏重儿童个性，单纯迎合儿童的心理需要，不顾社会需要，结果是儿童的发展停留在低层次水平。

不过，在整个民国时期，个体意识的觉醒、儿童个性的张扬还是主流。尤其是“五四”运动以后，个性解放、人格独立等字眼充斥各种媒体。为了与这种社会新文化运动相呼应，学校教育也突出儿童中心，追求教学内容和方法适应儿童生活，迎合儿童心理。激进者认为，应该取消学校班级授课制和分学年分学期的教科书，因为它们不可能对儿童的个性差别给予足够的关注；温和者则认为，应该改良班级授课制，采用诸如分团制、道尔顿制、文纳特卡制等能够充分发挥学生学习自主性的教学形式和方法。这一时期，杜威的儿童中心和兴趣主义思想也大为流行。在这种背景下，小学语文教材的发展及其趋向也朝着适应儿童个性心理的方向逐渐演进。从“天到人”的通俗化，再从“人到狗”的儿童化，以及突出儿童文学教材，都表明教材在提供儿童知识和刺激儿童反应这两者上，是在逐渐加强偏向刺激反应的努力和探索。

刺激儿童反应，首先必须满足儿童的各种兴趣。建国前的小学语文教材在满足儿童兴趣方面，大致经历了四个阶段：

第一阶段以清末商务版《最新国文教科书》及民初《共和国国文教科书》为代表，从常见单字开始，继以短句短文；文字由简入繁，语句由短到长；取材合于时令，关注立身居家处世的道德和事物浅近道理的介绍说明。这一阶段的教科书课文精练，便于背颂和抄写，但不符合儿童的学习心理，难于激发儿童的学习兴趣。

第二阶段以商务版《新学制国语教科书》为代表，不再从单字开始，直接从单句短语开始；文字不以笔画繁简而论，而以常用与否为准；取材力求符合儿童生活和兴趣；最突出的是课本分量比以前明显增加，生字重复次数加大，内容兼顾文学故事和语言修辞，比如我们熟悉的“大狗跳，小狗叫”课文就是这一阶段的产物，目的在激发儿童学习兴趣。

第三阶段以世界版《新学制国语教科书》为代表，遵照20世纪30年代初正式课程标准编制的，从短文入手，以儿童文学化课文为主。这一阶段教材趣味浓，反复故事多，便于自习，但由于课文普遍较长，背诵和抄写难。

第四阶段在保持第三阶段特色的基础上，突出以“做”的教材来激发学生兴趣。比如，中华书局在1937—1939年之间出版的《新编初小国语读本》，就是一部重视激发和引导儿童行为动作的“做”的教材。

总的来说，建国前的小学语文教材，从内容到形式都强调从儿童的兴趣出发。内容上从生活日用到突出“做”，形式上从单字到单句再到反复故事，目的都是为了刺激儿童反应，引起学习兴趣，以提高学习效率。用当时教材编写者赵欲仁的话说，就是教材要“艺术化”，让儿童“读了一段还要一段，读了一课还要一课”。① 因此，从某种意义上说，民国小学语文教材的发展也可看成是一个朝儿童兴趣方向发展的过程。问题是迎合了儿童的兴趣、刺激了儿童的反应之后，能给儿童带来什么样的

① 赵欲仁：《小学国语科教学的三种趋势》，《中华教育界》，第18卷第12期。

结果。一味强调满足儿童兴趣，削弱了语文教材的思想道德教育和知识教育作用，淡化了教材引导儿童发展和满足儿童未来价值的功能。比如前面列举的“老母鸡，咽咽咽，小小鸡，叽叽叽”的课文。还有世界书局20世纪30年代出版《初小国语读本》中的课文《母鸡是小鸭的干妈》和《老鼠搬鸡蛋》，也是这一类纯粹给儿童开开玩笑、刺激兴趣的教材，没有其他教育意义和未来价值。

《母鸡是小鸭的干妈》：母鸡听得小鸭哭，就走过来，对小鸭说，我是你的妈妈。我忙着游水，请母鸡孵你。小鸭说，哦！原来母鸡是我的干妈。

《老鼠搬鸡蛋》：小老鼠想把一个鸡蛋，搬到洞里。鸡蛋很重，小老鼠搬不动。大老鼠说，你抱着鸡蛋。我来拖你的尾巴。小老鼠说，好，好，大老鼠用力拖，就把鸡蛋拖到洞里了。

如何才能使教材既适应儿童的需要，满足儿童的兴趣，又能满足社会的需要，不失其未来教育价值，这是所有教材编制者必须思考的问题。

（二）过分强调外国教材经验而轻视本国传统

教材传统可以从两个层面来看，一是教材编写的经验层面，二是教材呈现的内容层面。

1. 经验层面

传统蒙学教材和清末为新式学堂编制的教材，都比较重视从汉语文的特点出发，采用整齐韵语，先集中认识足够的常用单字，然后再由单字到词到句逐步训练。民国以后，教育界为了适应民主共和的需要，大力提倡共和国民的养成，儿童个性、独立人格以及儿童学习的主体地位成了教材编写的立足点和出发点，选材考虑的首要因素不是其社会价值和学科价值，而是儿童的经验价值，即教材能否适应儿童的心理经验以及阅读兴趣、阅读能力。从自动主义教材的倡导到儿童文学教材的流行，从切合儿童生活经验的实用教材到突出刺激儿童反应的兴趣教材，从“人到狗”的编写取向到突出“做”的编写取向，这一切无不昭示着儿童是教材编写的中心。

适应儿童的生活经验、适应儿童的口语水平、适应儿童的心理特点，是民国教材编写的三大原则。以识字为例，为适应儿童的生活经验，教材必须选取标示生活环境和具体事物的字词，如房、桌、凳、猫、狗、猪等；为适应儿童的口语水平，教材必须多选取叠音词和拟声词，如小小鸡、白胖胖、吃果果、亮光光、咩咩咩、妙妙妙等；为适应儿童好动、注意力不易集中以及意志力不强的心理特点，教材必须重视内容滑稽、突出动作、语句简短、字词多重复的课文，比如新学制探索期小学语文教育专家俞子夷所推荐的课文：

《金发》：这是金发。这是树林。金发走到树林里，金发在林里采花。这树林里有一所房子。金发走进房子。这是大椅子，大熊坐的。这是中椅子，中熊坐的。这是小椅子，小熊坐的。大椅子太硬。中椅子太软。小椅子很适意。金发坐在小椅子上。小椅子坏了。这里有三碗粥。大碗里的粥是大熊的。中碗里的粥是中熊的。小碗里的粥是小熊的。他把小碗里的粥吃完了。这里有三只床。大床是大熊睡的。中床是中熊睡的。小床是小熊睡的。金发睡在小床上。三只熊回来了。大熊说：谁坐我的椅子？中熊说：谁坐我的椅子？小熊说：我的椅子坏了。大熊说：谁吃我的粥？中熊说：谁吃我的粥？小熊说：我的粥吃完了。三只熊走到楼上。大熊说：谁睡我的床？中熊说：谁睡我的床？小熊说：我的床上一个人。金发逃走了。

歌谣：（羊）咩咩咩，跳花墙，抓把草，喂他娘。（蟹）老张，老张，头顶破筐，剪子两把，筷子四双。（快活）我们身上清洁，我们心里快活。我们说话老实，我们更快活。我们早晨早起，我们心里快活。我们做事不错，我们更快活。真快活。（俞子夷《小学校初年级读法教科书急应改革的问题》，《新教育》第 4 期第 3 期。）

又比如 20 世纪 30 年代的世界教材《老鼠嫁女儿》：

老鼠嫁女儿，黑猫抬花轿。轿子抬到大门外，新娘吓得吱吱叫。吱吱叫，逃不掉，黑猫听见咪咪笑。咪咪笑，笑咪咪，新娘落在猫嘴里。

像这些教材，呈现出一味模仿西方尤其是美国语文教材的倾向。美国的语文教材重视其字词在不同句式和语境中多次出现的编写模式。殊不知，美国的语文是拼音文字，可以通过音的熟读和不同语境的出现来把握和理解，而汉语文是象形文字，可以脱离具体语境而专注于形的认知和意义理解。比如把上面课文里的“大、中、小、熊、床、椅、饭、碗、走、坐、睡、吃”抽出来认读、摹写一二遍，恐怕比让学生把课文读上几十遍的效果还要好。因为儿童在口语中早就熟悉并能够运用这些语言了，只是还没有与文字符号连接而已。

此外，教材应该提供典范语言来影响儿童，如果儿童对这种一词多重复的句子接触多了，以后就会不知不觉地受其影响，在表达思想时也会不自觉地以这种呆板重复、缺少变化的方式遣词造句，这对于提高儿童的书面表达能力是很不利的。

2. 内容层面

教材传统在内容层面主要指以儒家仁爱和孝道为核心的传统道德文化。虽然社会在发展，时代在变迁，但传统中一些经受过时间考验、得到多数人承认的内容，仍然可以给予我们启示并成为我们做人处世的行为准则。正如余景陶所言：

古之与今固有差异，而自古迄今，亦有不变者在。如水能溺人，火能焚人，此自然法则亘古如斯者也。如饮食男女，富贵利达，人性之基本欲望古今人如出一辙者。主属父子夫妇兄弟朋友；此人间的基本关系，古今人皆无以自外者，从而如何调适此等关系，而使其相安相得之原理原则，亦古人今人所无甚出入者也。是故谓今日有异于古代则可，谓今日绝异于古代则不可。人类的智慧，以历史的积累而增高。自谓予智，摒先民之经验心得而弗顾。亦非求进步之良法也。①

然而，这些调适人际关系的道德内容在民国被认为遏制和阻碍学生个性发展，属于应该被打倒和推翻之列。新文化运动的主将陈独秀在其《敬告青年》一文中就指责传统道德“无一不与社会现实生活背道而驰。倘不改弦而更张之，则国力莫由昭苏，社会永无宁日。”② 因此，新学制以后的小学语文教材，很少涉及传统道德文化，诸如亲情之爱、人伦关系的道理和为人处事的准则等。偶尔有一些宣扬这些内容的课文，也都当成滑稽故事来叙述，显得有点不伦不类。试比较民初商务教材与20世纪30年代世界教材关于兄弟（妹）友爱的课文：

放假回家，兄招妹，往庭中，同拍皮球——商务上册第44课

徐湛之出行，与弟同车，车轮忽折，路人来救，湛之令抱弟去，然后自下。——商务上册第60课

丁生有弟，甚爱之。一日，弟疾，卧床不能起。丁生暇时，辄坐床前。为弟讲故事、唱歌曲，以解其闷。及疾愈，始已。——商务上册第121课

以上为新学制以前的小学语文教材。以下为新学制以后的教材：

弟弟做老鼠，哥哥做小猫，哥哥叫，弟弟逃。——世界上册14课

白公鸡找到一摊米，黑公鸡走来抢，白公鸡不许他吃。大家竖起了尾巴，伸长了颈子，你啄我，我啄你，争斗了好久，还不肯停止。鸭子瞧见了，急忙走来劝他们说：“公鸡公鸡，你们是兄弟，大家要和好，不应该斗气。”——世界上册150课③

从对比中可以发现，新学制以后的教材不太重视从现实场景或历史材料中去选取典型、树立榜样来影响儿童。

小学是儿童行为习惯、责任心和和品德形成的重要阶段。班杜拉的社会学习理

---

① 余景陶：《小学读经与学习文言文》，《民国丛书》第一编52，上海书店影印本，第20页。

② 陈独秀：《敬告青年》，中国社会科学院近代史研究所编《五四运动文选》，生活·读书·新知三联书店1979版，第6页。

③ 商务上册指庄俞等编写《商务国语教科书》上册、世界上册指魏冰心等编《世界书局国语读本》上册，均由上海科学技术文献出版社2005年影印出版。

论认为，儿童的很多行为习惯是从模仿他人的行为模式中得来的。在小学阶段提供一些良好的行为模式和道德楷模，对儿童的成长是有利的。但是，民国小学语文教材，尤其是新学制以后的语文教材，却是一个榜样人物虚无的年代。其教材内容的一个显著特点是，事件和故事的主角都成了动物，比如世界教材上册77课：

母鸡跌在池塘里。小狗瞧见了，不去救他。白鹅瞧见了，也不去救他。小鸭说，我应该去救他。小鸭咬住母鸡的尾巴，游到岸边，把母鸡救了起来。

这里树立的榜样是小鸭，小朋友都要向小鸭学习，以小鸭做榜样。就持久的影响效果而言，人的行为，最好是以儿童熟悉的或者与儿童有着相类似的社会和文化背景的人的行为做榜样，才会有较深刻的印象。但是在漠视传统的风气中，传统社会中树立起来的道德典范，都被看成是为封建专制社会服务的，不适宜培养共和国民。于是语文教材中的道德典范人物大多改为动物或换成外国人，诸如华盛顿的诚实，外国小孩的机智勇敢等。这种置中国汉语教材优良传统于不顾而一味追新的心态，极大地影响了探索适合本国教育实际的语文教材。民国教育界人士渴望教育救国、教育强国的心情可以理解，但方式方法不当则可能导致相反的结果，正如柳诒徵在《小学国语教材之疑问》中所言：

教育二字，殊未易言，虽以薄物小篇，亦必具有开物成务之闳识，寓以牖民觉世之深心，而后可使全国儿童在幼稚时间，已确立任重致远为大国民之基础，……若徒剿袭他国课本，或小说家之寓言，参以吾国报纸老生常谈，加以市井无赖口吻，以致养成卑劣心习，举炎黄神圣之胄裔、悉葬瘗于重渊，其祸之烈，殆尤甚于敌国外患，此小学教科书之所当注意也。①

可惜，这样的呼声并没有引起足够的重视。

（三）过分强调生活日用而忽视人格修养

实用是清末教材发展延续下来的主旋律。清末《奏定学堂章程》多次提到实用、日用、常用的字眼，如“凡讲经者先明章旨，次释文义，务须平正明显切于实用”、“中国文字，其要义在使识日用常见之字，解日用浅近之文理”、“中国文学，其要义在使通四民常用之文理，解四民常用之词句”。民初继承了这一传统，也把实用放在首要地位来加以考虑，如民初公布的《小学校教则及课程表》提到，“初等小学首宜正其发音，使知简单文字之读法、书法、作法，渐授以日用文章”、“国文读法，宜

① 柳诒徵：《小学国语教材之疑问》，《民国丛书》第一编52，上海书店影印本，第36页。

就读本及他科目已授事项，或儿童日常闻见与处世所必需者，令记述之”。

在这种实用思想指导下，民国小学语文教材跳出了经学为中心的修身养性追求，把教材文字及其内容指向百姓日用的生活资料和环境。教材充满了世俗生活中猫狗猪猴、锅盆柴米等指代实物的字词，以及标示外在动作，诸如跳、立、玩、笑以及啼叫、狗汪汪、牛吃草一类的词句。下面试举世界教材上册第11课至第21课的课文：

《咪咪叫》：小猫小，小猫好，看见小宝宝，咪咪叫。

《小狗好》：小狗小，小狗好，看见小宝宝，尾巴摇几摇。

《一只黄狗》：一只黄狗，一只白猫。黄狗叫，白猫跳。

《弟弟做老鼠》：弟弟做老鼠，哥哥做小猫。哥哥叫，弟弟逃。

《手拉手》：好朋友，好朋友，手拉手，慢慢走。

《好朋友》：好朋友，好朋友，排排坐，吃果果。

《飞飞飞》：老鹰要捉小鸡，飞飞飞，小鸡快快逃，逃进窠里。

《咪咪叫》：小猫叫，要我抱。喔喔喔，公鸡啼，要吃米。

《猫小姐》：猫要捉鸟，鸟说，猫小姐，我不是老鼠，你不要捉我。

《白猫捉老鼠》：白猫捉老鼠，老鼠在前逃，白猫在后追。追追追，捉住了。

《天亮了》：公鸡叫，天亮了。宝宝快起来，起来上学校。

我们可以明显感觉到，这些课文所选内容几乎都是反映感官所及的经验，对于生活日用以及局限于现实环境的内容给予了过多关注，而对于启发学生联想、滋养学生心灵、培育学生美感、涵养学生德行等有关心性修养方面的内容却重视不足，这样不但对于儿童的人格完善不利，而且对于儿童的未来发展也不利。民国时期的学者余景陶就曾经指出：

若猫跑狗跳之类，虽为真理，而无大补于人生之受用者，应在摒弃之列，今日教育界为“教育即生活”之说所笼罩，而充分注意于儿童之心理。须知截取成人阶段而特别注意之，不复念及其儿童阶段，固属谬误。反之，截取儿童之现阶段，而特别注意之，以致忽视其未来，其为有背于教育真谛，亦复无二。①

汪懋祖也认为教科书编辑们一味追求教材与儿童的生活日用相吻合，无益于养成学生的高尚精神或健全心态。在他看来，语文教材要有利于心性修养的潜移默化，必须采用文言文教材，文言文之严整，有助于练心，有助于算学，并且须多加朗读，

---

① 余景陶：《小学读经与学习文言文》，《民国丛书》第一编52，上海书店影印本，第22页。

他说：

> 国文教学有三事焉，曰练习，曰思想，曰欣赏。而所以能发人情趣，鼓舞志气者，尤必资于诵读，吾幼读缠绵悱恻，或怨壮激楚之文，辄为泣下沾襟，何也，声与心通，有不期然而自然者。故佳文必须朗诵，诗必须朗吟。①

清末对文言文诵读还算比较重视，《奏定学堂章程》除了设置中国文字、中国文学课程外，还设有读经讲经和诵读古诗歌的课程。对《诗经》《书经》《易经》《仪礼》等提出每日读一百二十字的要求，古诗歌诵读则要求“择古歌谣及古人五言绝句之理正词婉能感发人者”、“择其词旨雅正而音节谐和者”，“遇闲暇放学时，即令其吟颂以养其性情，且舒其肺气”。而民国建立以后，尤其是国文改国语后，诵读古诗文被强调实用的会话讲演、默读欣赏、辩论表演所代替。民国教科书编辑者普遍认同的反复故事，即使让儿童去反复诵读，也只有强化识字的功用，根本不可能对儿童产生“泣下沾襟”的效果。

事实上，像上面那些浅白如话的教材语言，是不值得儿童去反复诵读和玩味的。教育不仅仅是为学生认识世界和从事职业生涯作准备，更重要的是培养儿童的语言文字运用能力和加强儿童的心性修养，引导他们过一种有尊严有意义的充实幸福人生，语文学科的这种作用是其他学科无法比拟的。

① 汪懋祖：《禁习文言与强令读经》，《民国丛书》第一编52，上海书店影印本，第5页。

第四章 小学语文教材发展（下）

1949 年，中华人民共和国成立，百废待兴，需要进行大规模的经济建设和文化建设。新政府施政方针《中国人民政治协商会议共同纲领》提到：

中华人民共和国的文化教育为新民主主义的，即民族的、科学的、大众的文化教育。人民政府的文化教育工作，应以提高人民文化水平、培养国家建设人才、肃清封建的、买办的、法西斯主义的思想、发展为人民服务的思想为主要任务。

肃清旧思想和发展新思想的任务落实到中小学教育领域，必须首先从教材编制入手。1949 年 10 月 19 日，中共中央宣传部长陆定一在全国新华书店出版工作会议闭幕式上提出："教科书由国家办，因为必须如此，教科书的内容才能符合国家政策"，"教科书对于国计民生，影响特别巨大，所以非国营不可"①。

关于教科书由国家经营的问题，民国时期就已经提出来了。鉴于当时教科书自由编制的种种弊端，诸如教科书审查机关敷衍了事，书馆书坊追求利润最大化的商业运作，编辑者敷衍塞责，社会和教育界缺乏对教材的批判氛围等等，1931 年国民党国民会议曾议决"速设编译馆"的议案，由编译馆负责中小学教科书的编写。但遭到了各大出版公司的抵制，因为这样会使坊间教科书处于不利的竞争地位。

新中国成立后，为推行民族、科学、大众的新民主主义教育，中央政府决定成立人民教育出版社（以下简称人教社），专门负责出版教科书及一般教育用书。1950 年 12 月，人教社成立，标志着民国时期众多出版社争相参与教材编制的状况将在新政权的领导下逐渐走向统一。由于建国后的小学语文教材发展，与人教社息息相关。下面就结合中国基础教育的课程教材政策和人教社的教材出版情况，对建国后小学语文教材的发展历程作一个梳理，它大致可分为两个阶段五个时期：第一阶段是义务教育前阶段，包括统一改编时期（1949—1956）、混合编制时期（1957—1965）、

① 中央教育科学研究所：《中华人民共和国教育大事记 1949—1982》，教育科学出版社 1983 年版，第 5 页。

地方自编时期（1966—1976）、拨乱反正时期（1977—1985）；第二阶段为义务教育阶段，包括教材多样化探索时期（1986—2000）和课程标准实验时期（2001 至现在）。

第一节 义务教育前小学语文教材

贯穿义务教育前小学语文教材编写的关键词是统一性。中华人民共和国成立后，从统一改编教材到全日制十年制学校小学语文课本的推出，期间虽然经历了充分发挥革命群众主观能动性的混合编制教材和地方自编教材时期，但地方编制出来的教材只是具体课文不尽相同，指导思想以及课本形式都大致相同。这一阶段小学语文教材的重点在于为无产阶级新文化建设服务，对外国语文教材以及建国前的语文教材、文化典籍等加以吸收、改编出来的课文比较少，尤其在“文革”期间，建国前的小学语文教材几乎都被贴上“封资修”的标签而不敢采用。

一、统一改编时期（1949—1956）

中小学教材的编制和出版是文化建设的重要组成部分。国家统一制定教学大纲，统一修订、编写教材，基本上都围绕着政治形势和政治任务而展开，比如“大跃进”时期，很多有时代特色的民歌和报道被选进均衡教科书，20 世纪 60 年代末 70 年代初的小学语文课本，扉页上都用显眼的字体写上毛主席语录，等等。

（一）修订旧教材

新中国成立，文化建设的一个重要事件就是成立人教社。毛泽东对它的成立非常重视，亲自为它书写了社名，并责成有关部门从全国调集专家学者和著名教师加强编辑力量。

《1951 年出版工作计划大纲》规定：人教社开始重编中小学课本，并于本年内建立全国中小学课本由国家统一供应的基础。人教社的诞生正是为了统一编制教材，但是，当时的人教社只有 30 多名编辑，时间紧迫，只能依据《共同纲领》和《小学各科课程暂行标准（草案）》对现有教材进行修订、改编。在语文教学目标上，人教社修订本改“国语”为“语文”，从听、说、读、写四个方面提出具体要求，以体现“听说读写宜并重”的语文教育思想，同时还将“获得初步的自然史地常识”和进行

"爱国主义思想和国民公德"教育作为语文学科的任务。在思想内容上，修订后的小学语文课本力求肃清封建的、买办的、法西斯的思想，发展为人民服务的思想，课文内容主要选取革命时代的领袖和英雄事迹、军民情谊，如《吃水不忘挖井人》《英勇不屈的赵一曼》《蔡小》《战斗英雄董存瑞》《一个战士的誓言》《活着的郑德胜》《空军英雄张积慧》《西瓜兄弟》《朱总司令的故事》《蜜蜂引路》等。或者介绍新社会的生活气象和先进人物，如《我们要做毛主席的好孩子》《可爱的祖国》《毛泽东的鹰》《给毛主席的信》《国营广北农场》《参观农业试验场》《到文化馆看收音机》《我们是幸福的》《渴求文化的人们》《农民代表看工业展览》《司机尹明义》《女拖拉机手梁军》《火车女司机田桂英》《开荒日记》《土地还家》等，这些课文节奏明快，充满革命乐观主义精神，比如"毛主席，像太阳，他比太阳更光亮，小兄弟，小姐妹，大家一起来歌唱：太阳太阳永远光亮，我们跟你永远向上"，给人们带来美好的憧憬。

（二）学习苏联教育经验

新中国成立后的第五天，刘少奇在中苏友好协会总会的成立大会上就指出：

我们中国人民的革命，在过去就是学习苏联，"以俄为师"，所以能够获得今天这样的胜利。在今后我们要建国，同样也必须"以俄为师"，学习苏联人民的建国经验。

当时各条战线学习苏联，教育战线也不例外。甚至认为凡是真正愿意为人民服务的人，真正愿意献身于建设伟大祖国的人，都必须诚心诚意地向苏联学习。1952年11月的《人民教育》发表《进一步学习苏联的先进教育经验》，指出："苏联的教材、教法以及教育理论、教育制度，不只在社会性方面和我们最接近，并且在科学性方面也是最进步的"，"苏联的今天就是我们的明天"①。教育领域也从教育体制、学制、课程设置、教学方法等各方面全面模仿、借鉴苏联教育经验。1953年2月14日《光明日报》社论《掀起学习苏联的高潮》指出：

我们正以苏联的先进教育经验为借鉴，来改革我们的学制、教学内容和教学方法。"课堂讨论"、"五步教学法"、"五级分制"、"教研室"等，正在中国教育机构中广泛推行。"小学五年一贯制"也开始在全国范围内逐步实行。②

---

① 引自李庆刚著：《"大跃进"时期"教育革命"研究》，中共中央党校出版社2006年版，第6－7页。

② 引自李庆刚著：《"大跃进"时期"教育革命"研究》，中共中央党校出版社2006年版，第10页。

时任苏联教育部部长凯洛夫主编的《教育学》被作为最先进的教育理论被引进来，“课堂五个环节”也很快被引入中小学课堂。凯洛夫《教育学》将智育放在首要地位，他说：“马克思认为，在全面发展的人教育中，智育，即教养，应占第一位。”受这一思想的影响，1952 年 3 月教育部颁发的《中小学暂行章程》提出实施“智育、德育、体育、美育”全面发展的教育，1955 年 1 月《人民教育》的社论也这样表述：

> 必须遵照全面发展的方针，贯彻智育、德育、综合技术教育、体育和美育，使学生获得全面发展。

受这种重视智育的影响，修订旧教材不可避免地出现了许多介绍新机器、介绍生活知识以及科学家故事的课文，如《坐火车》《电灯》《望远镜》《会喷火的怪物》《朋友和敌人》《磨豆腐》《食物里的养料》《漱口》《防腐》《食盐》《这是苍蝇》《为什么会生病》《怎么样预防病菌传染》《肺病》《请蜜蜂来辨别》《庄稼人的好朋友》《消灭蝗虫》《小水点讲的故事》《米丘林》①。这套修订、改编的小学语文课本是人教社编写的第一套小学语文课本，也是建国后第一套全国通用小学语文教材，分初、高两级，初级八册，高级四册。

此外，改革学制也是建国初学习苏联教育经验的另一个产物。1951 年 10 月，政务院颁布《关于改革学制的决定》，小学改“四・二”制为“五年一贯制”，规定“小学修业年限为五年，实行一贯制”。根据《关于改革学制的决定》和《小学语文课程暂行标准（草案）》，人教社开始编写适应学制改革的五年一贯制小学语文课本。课本的内容和形式均有所革新，从学校生活、家庭生活到认识自然和社会，系统地安排思想教育内容。低年级增加识字量，课文长，散文多，韵文少，尽管增加了不少插图，教学难度还是比较大。然而，“五年一贯制”从年初倡导逐步实行到年底就因为不符合中国实际而被否定了，被迫改为原来实行的“四・二”制。1953 年 11 月第二次全国教育工作会议提出，五年一贯制“从本学年起，一律暂时停止推行”。这次人教社编写的第二套小学语文课本，只出版了第一、二册就停编了。小学采用的仍然是区分初、高两级的各种修订、改编版教材。

除了人教社编写通用教材外，中央人民政府出版总署、部队、人教社及地方教育行政部门也都组织人力修订、改编了一些小学语文教材，但教材名称多数仍然采用“国语”，如中央人民政府人民革命军事委员会总政治部编著出版的《部队小学国语课本》、中央人民政府出版总署修订的《初级小学国语课本》、人教社修订的《初

---

① 参见《初级小学语文课本》第六册，人民教育出版社 1953 年 7 月版。

级小学国语课本（秋季始业用）》《高级小学国语课本（秋季始业用）》、山东省人民政府文教厅编审修订的《初级小学课本国语》等，都体现了思想教育和知识教育的主题，其编辑大意指出：

本书系依据中华人民共和国成立后新形势的需要，结合本省的具体情况，参照教育部所发“小学课程暂行标准初稿”编写而成；本书的思想内容，较着重于爱国主义、国际主义与科学思想，盼教师体会精神，适当贯彻。[①]

（三）重视发展儿童语言

如果说1953年以前的教材更多的是对旧教材修订改编，那么1953年以后则更注重有意识的自主、独立编制教材。这一年，是中国开始实行第一个五年计划，展开大规模的经济建设和文化建设。1954年10月，人教社拟定《改进小学语文教学的初步意见》，提出语文科包括识字、写字、汉语、阅读、叙述和作文五项教学内容。1956年10月颁发的《小学语文教学大纲（草案）》明确提出“小学语文科的基本任务是发展儿童语言”，并进一步说明，发展儿童语言的工作要从两方面进行，一是教儿童从语言的丰富的表现方面学习，一是教儿童从语言的规律方面学习[②]。大纲突出了汉语教学的要求，规定从小学三年级开始每周安排两节汉语课。

根据大纲精神，人教社组织编写了一套语文课本，初小八册、高小四册，共十二册，这是人教社编制的第三套小学语文教材。这套教材的主要特点有：

（1）编辑力量雄厚，分工明确。以初级小学课本《语文》第三册为例，其版权页上标明：“蒋仲仁主编，陈伯吹、陆静山、袁微子、文以战、钟华、刘永让编，叶圣陶、辛安亭、朱文叔校订，王叔晖、肖林、邵晶坤、郭振华、毓继明、李惠乔、蒋德舜、刘承汉、孙全洁、李铁树、夏静慧绘图，邓散木写字，王恤珠绘封面图”。叶圣陶、朱文叔、陈伯吹都是民国时期就一直从事中小学教材编制和研究工作的，经验丰富。

（2）重视识字教学。自第二册开始，每篇课文下面列出生字，并加了注音符号，全册课本后面，列出分课生字表，便以复习巩固。

（3）重视写字训练。中低年级课本内容的文字形式全部采用手写体，包括封面文字，只是封底版权页上才用印刷体。从手写体到印刷体过渡的探索民国时期就已

---

① 山东省人民政府文教厅编审：《初级小学课本国语》第七册，山东人民出版社1951年版。

② 课程教材研究所：《20世纪中国中小学课程标准·教学大纲汇编（语文卷）》，人民教育出版社2001年版，第118页。

经开始，叶圣陶编的《开明国语课本》就是其中之一。

（4）加强文学教学，编入较多的文艺性课文，最长的课文达5000多字。受《红领巾》观摩教学事件的影响，苏联“文学课”讲读模式也渗入到教材编制中。

（5）增加了“汉语”教学内容，主要以练习的形式让学生从语言实践中了解一些语言规律。1954年出台的《改进小学语文教学的初步意见》就提出，汉语教学要“教儿童初步掌握民族语言的语音、文字、词汇、语法的基本规律”。按汉语教学要求试编了教材和语文练习册。

（6）课本重视对学生进行社会主义思想教育、辩证唯物主义思想和社会道德教育，体现了语文学科的思想性。

这套课本既是新中国成立后第一套比较系统的小学语文教科书，也是推行小学语文汉语文学改革的教科书。由于这套教材分量较重，内容较深，使教与学均感到比较困难。教材使用不到三年，根据教育部指示进行精简，减到每册不足20课。①为满足教育事业发展的需要，人教社还编写出版了服务工农教育和扫盲工作的语文课本。

二、混合编制时期（1957—1965）

1957年3月7日，毛泽东在同一些省、市教育厅、局长的座谈中提到：

我们的教学计划、教科书都是全国一致的。这种做法是不是有问题？各省是不是可以增加一些教材？各省是不是感到受限制？②

毛泽东的意见虽然是以问题方式和商量口气提出来的，但至少传递了一个信息：地方可以独立自主地探索适合本地实际的教材改革。但是，由于教材种类繁多，地方人力不足，完全依靠自编教材也不太现实，为保证全国教材必要的同一性和应有水平，还是不能离开教育部组织编写的通用教材。在这种指导思想下，人教社修订出版的教材与各地自编教材并存，出现分工协作、混合编制现象。一方面教育部负责编写通用教材供各地采用，各地因地制宜加以变动，编写补充教材和乡土教材；另一方面，教育部和地方通力协作，教育部组织经验交流，推荐好教材，地方除积极自编教材外，还协助教育部编写通用教材。

---

① 崔峦：《回顾·总结·展望——人民教育出版社五十年小学语文教材编写历程》，《课程·教材·教法》2010年第1期。

② 《毛泽东选集》第7卷，人民出版社1999年版，第245页。

（一）小学语文教材混合编制的背景

混合编制时期的小学语文教材建设充分发挥了地方和广大人民群众参与到教材建设中，改变了依赖少数专家编制教材的模式。这种状况跟当时的政治形势密切相关。

1. 跟独立自主探索中国式社会主义教育道路有关

1956年，随着生产资料所有制的社会主义改造基本完成，新中国由新民主主义社会转变为社会主义社会，标志着新中国教育的性质，也应该实现向社会主义教育的转变。同时，自建国以来重视向苏联学习也出现了一些急躁生硬、机械照搬的缺点，毛泽东《论十大关系》提出，要以苏联的经验为鉴戒来探索适合社会主义建设道路的历史任务，他说：

一切真正好的东西都要学。但是，必须有分析地学，不能盲目地学，不能一切照抄，机械搬运。

最近苏联方面暴露了他们在建设社会主义过程中的一些缺陷和错误。他们走过的弯路，你还想走？过去我们就是鉴于他们的经验教训，少走了一些弯路，现在当然要引以为戒。

他还对盲目学习苏联的人提出尖刻批评：

有一些人，不管三七二十一，连苏联人放的屁都是香的，那也是主观主义。苏联人自己都说是臭的嘛！所以，要加以分析。①

由积极学习苏联到审慎学习苏联，从盲目照搬苏联经验到以苏为鉴，意味着中国要独立自主探索社会主义建设道路，其中包括教育发展之路。

2. 跟“整风反右”运动密切相关

1957年2月，毛泽东在《关于正确处理人民内部矛盾的问题》中提出：

我们的教育方针，应该使受教育者在德育、智育、体育几方面都得到发展，成为有社会主义觉悟的有文化的劳动者。②

这一教育方针提出后不久，中共中央就发出了《关于整风运动的指示》，随后，毛泽东在天安门城楼约集各民主党派负责人和无党派民主人士谈话，希望各民主党派帮助中国共产党开展这场整风运动。这种开门整风的做法，极大地激发了许多党

---

① 转引自李庆刚：《“大跃进”时期的“教育革命”研究》，中共中央党校出版社2006年版，第14页。

② 何东昌：《中华人民共和国重要教育文献（1949—1975）》，海南出版社1998年版，第725页。

外人士的积极参与，他们提出了大量的意见和建议，其中大部分是正确的。但是，也出现了一些攻击党的过激言论，诸如要共产党“下台”、学校“取消党委制”、“党不能领导教育”“党委限期滚出学校”等，党外人士的这些过激言论被认为是资产阶级右派对党的疯狂进攻。

1957年5月15日，毛泽东写了《事情正在起变化》，指出：

最近一个时期，在民主党派中和高等学校中，右派表现得最坚决最猖狂。

右派的企图，先争局部，后争全部，先争新闻界、教育界、文艺界、科技界的领导权。他们知道，共产党在这方面不如他们，情况也正是如此。①

6月8日，中共中央发出了组织力量反击“右派分子”的党内指示，于是一场由党内整风的运动演变为全国的“反右”运动。教育界“整风反右”运动的直接后果就是突出了培养无产阶级知识分子的重要性。

3. 跟“教育革命”有关

在1957年“整风反右”和1958年“大跃进”运动的政治背景下，教育领域也掀起了一场所谓的“教育革命”。1957年6月26日，周恩来在第一届全国人民代表大会第四次会议上的《政府工作报告》提出：

我们应该向所有的青年学生确切地讲明，我们的国家就是因为有劳动人民当家作主，才有着无限光明的前途。在我们的国家里，劳动是最光荣的事情，工人和农民是最有前途的人。……要继续批判一部分家长和干部轻视体力劳动，阻挠学生参加工农业生产劳动的错误思想和行动。教育部门应该根据上述教育方针，在过去几年教育改革的基础上，对现行的教育制度、教育内容和教学法，彻底地稳步地加以改进。②

1958年9月19日，中共中央、国务院《关于教育工作的指示》提出：

普及教育，培养出一支数以千万计的又红又专的工人阶级知识分子的队伍，是全党和全国人民的巨大的历史任务之一。

同时提出社会主义革命已经在经济战线、政治战线、思想战线取得了决定性的胜利，今后还要积极进行技术革命和文化革命，表现在教育领域，就是坚持“教育为无产阶级的政治服务”、“教育与生产劳动相结合”的工作方针。陆定一在这一年的《红旗》杂志上专门发表了《教育必须与生产劳动相结合》的文章，指出：

---

① 李庆刚：《大跃进时期的教育革命研究》，第62页。

② 何东昌：《中华人民共和国重要教育文献（1949—1975）》，海南出版社1998年版，第772页。

劳心与劳力分离，是一切剥削阶级所需要的，也是资产阶级所需要的，我们的教育是为无产阶级专政服务的，因而我们的教育，就必须一反以往几千年的旧传统，采取教育与生产劳动相结合的方针，来消灭脑力劳动和体力劳动的差别。①

毛泽东论及这一工作方针时，还特别提出“劳动人民要知识化，知识分子要劳动化”。

4. 跟反思教育革命有关

自1958年中共中央发出教育革命的指示以来，许多语文教师由于害怕走“白专道路”遭受迫害，教学紧跟形势，片面强调政治性、思想性和战斗性，导致语文教学质量严重下降。1959年中央教育工作会议为提高教学质量，决定以语文为重点学科，要求各级教育领导部门抓紧语文教学的改革。为此，上海《文汇报》开辟专栏，展开“关于语文教学目的任务的讨论”，这场讨论历时两年半，波及全国大多数省市。1961年1月，《文汇报》又开展了“怎样教好语文课”的讨论。12月3日，《文汇报》发表社论《试论语文教学的目的任务》，对这两场讨论作了总结。社论指出：

语文，归根结底是一种工具，是阶级斗争的工具，是生产斗争的工具，是交流思想情感的工具，是传播知识的工具。根据这种认识，提出“语文教学的目的任务应是：使学生正确、熟练地掌握与运用祖国的语言文字，培养与提高学生的阅读与表达能力，并通过教学内容的教育和感染，培养学生具有正确的观点，健康的思想和高尚的品德。”

至于教学过程如何实现这种目的任务，社论指出：

应当先从识字辩句到了解思想内容，再从思想内容进而研究用词造句、篇章结构等表现技巧，通过表现技巧的分析，必然加深对思想内容的理解。如此往复回旋，辩证地发展。

（二）小学语文教材的内容选取

1958年8月4日，中共中央、国务院颁布《关于教育事业管理权力下放问题的规定》，指出：

各地方根据因地制宜、因校制宜的原则，可以对教育部和中央主管部门颁发的各级各类学校指导性教学计划、教学大纲和通用的教材、教科书，领导学校进行修

① 何东昌：《中华人民共和国重要教育文献（1949—1975）》，海南出版社1998年版，第857页。

订补充，也可以自编教材和教科书。[①]

因此，这一时期的教材跟时代生活联系比较紧密，很多教材选文都是当时报刊杂志上报道新社会、新人、新事、新生活的文章，展示了学校教育对旧文化彻底革命的决心和风貌。

1. 增加了大量突出描写劳动阶级、劳动场面的课文

以1960年4月人教社编辑出版的高级小学课本语文第三册为例，全册共有20篇课文，其中直接描写劳动阶级、劳动场面或宣扬劳动主题的课文就有《暑假日记》《最重要的是工作》《民歌五首》《劳动的开端》《不平凡的星期天》《老孟泰的故事》《在三门峡工地上》等7篇，《民歌五首》选取了各地描写劳动豪情和劳动场面的民歌：

大红旗下逞英豪，端起巢湖当水瓢，不怕老天不下雨，哪方干旱哪方浇——安徽

汽灯当太阳，星星当月亮，塘底当战场，锄头当刀枪，积肥战线上，打个漂亮仗——浙江

冻地硬如铁，铁锹白如雪。一声夯歌起，铁板尽开裂。——安徽

对不符合劳动主题和劳动阶级价值观的课文也作出相应的修订、删改，如课文《幸福是什么》，出现在1956年人教社出版的高级小学语文课本第四册时有这么一句话：

“姑娘弯下身来就着井口，用她那白嫩的手捧了一捧，喝了三口。”

到1957年11月的版本中则修改为：

“姑娘弯下身来，就着井口，用手捧起一捧水，喝了三口。”

删去了原文中“她那白嫩的”的修饰语，因为“白嫩的手”显然不是劳动阶级的手，体现了小资产阶级情调，有资产阶级不劳动的嫌疑，而且还可能会引发劳动阶级想入非非，影响了革命斗志。劳动阶级的情调只能是围绕生产劳动而产生的，下面是符合这一要求的两篇课文。

《月夜》：一轮明月挂高空，姑娘月下忙春耕。平日姑娘歌不绝，今晚姑娘不出声。马儿忽然高了兴，放开喉咙大嘶鸣。姑娘一听着了慌，抓住笼头勒缰绳：“马儿马儿你别叫，支书打井在东村，你一叫唤他来到，偷加夜班受批评。”

《问织女》：月宫装上电话机，嫦娥悄声问织女：“听说人间大跃进，你可有心下

---

① 中央教育科学研究所：《中华人民共和国教育大事记1949—1982》，教育科学出版社1983年版，第228页。

凡去?”织女含笑把话提：“我和牛郎早商议，我进纱厂当女工，他去学开拖拉机。”①

2. 突出了教育为无产阶级政治服务的功能

毛泽东《新民主主义论》指出：“一定的文化（当作观念形态的文化）是一定社会的政治和经济的反映，又给予伟大影响和作用于一定社会的政治和经济”，“文化革命是在观念形态上反映政治革命和经济革命，并为它们服务的”。

小学语文教材就是在观念形态上培养、造就无产阶级知识分子的重要载体。尽管当时一再强调，语文课注意思想教育并不是把语文课当政治课来说教，而是要按照语文教学的规律来进行，但是在实际教学中，由于历史的原因，语文科思想教育任务还是被不断突出到不恰当的地步，以至于升级为政治课。尤其在1958年的“大跃进”以后，全国掀起了“教育大革命”，教育为无产阶级政治服务的功能得到强化，无论人教社的教材，还是地方编写的教材，宣扬政治生活的内容分量都比较大。

首先，剔除语文教材中的封建阶级和资产阶级思想。由于此前编写语文教材的专家几乎都是从旧社会过来的知识分子，毛泽东认为，从旧社会过来的知识分子还没有改造好，1957年3月，他曾经说过：“我们现在的大多数知识分子，是从旧社会过来的，是从非劳动人民家庭出身的。有些人即使是出身于工人农民的家庭，但是在解放以前受的是资产阶级教育，世界观基本上是资产阶级的，他们还是属于资产阶级的知识分子。”② 依靠这些旧知识分子编出的教材，无法保证为无产阶级的政治服务，比如，《廉颇与蔺相如》《西门豹》是美化封建统治阶级，王羲之苦练书法是为了成名成家③。这些课文却被许多旧知识分子选用。

其次，拔高革命领袖和塑造无产阶级群众形象。课文《列宁和卫兵》《列宁的大衣》《毛泽东在延安剧院里》《朱德的扁担》被认为是所谓的“小德”，不是“大德”，不足于表现领袖的“高大形象”，鲁迅《故乡》里的闰土是丑化贫下中农④。贫下中农的形象应该是受到毛主席接见的劳动模范和大跃进中出现的先进人物，如崔希彦、库尔班·吐鲁木等。课文《库尔班·吐鲁木见到了毛主席》描写了75岁的库尔班·吐鲁木受到毛主席接见后的心情：

老人见到毛主席后，心情一直平静不下来，一连四个晚上睡不着觉。毛主席接

---

① 高级小学课本语文第二册，1958年版，第29页。

② 李庆刚：《“大跃进”时期“教育革命”研究》，中共中央党校出版社2006年版，第67页。

③ 蒋仲仁：《思维·语言·语文教学》，人民教育出版社1988年版，第97－98页。

④ 同上。

见他们时的情景像电影一样，不断出现在他的眼前。他觉得自己更年轻了，力气更大了，回到家乡，要把这一切告诉每个乡亲，要鼓起更大的干劲来搞生产，要作更多的事来报答毛主席。①

一个75岁的老人，能够经受得住一连四个晚上睡不着觉的折腾，足见其异常激动的心情。至于领袖的形象，则主要表现其大恩情、大气魄，如课文《幸福生活来到了》：

“党中央，毛主席，大旗一指拿主意。这个主意无价宝，五亿农民都说好。无价宝，宝无价，名字就叫公社化。农业社，小并大，从今以后天不怕。不怕涝，不怕旱，玉皇龙皇随手转，五谷丰登吃不了，一亩小麦打十万。不怕穷，不怕白，两大革命一齐来，技术、文化闹革命，闹得地动天也动，农村干起大工厂，进村好像进了城。又是农，又是工，又做买卖又当兵，办了中学办大学。人人都是多面手，八臂哪吒难夸口。组织起来军事化，行动起来战斗化，过日子，集体化，三化好处非常大。……党中央，毛主席，大旗一指拿主意。这个主意无价宝，农民欢呼公社好，公社好，公社好，幸福生活来到了！”②

第三，高举“三面红旗”。总路线、大跃进、人民公社被概括为当时的“三面红旗”，代表时代的发展方向，社会主义建设的所有工作都必须围绕“三面红旗”展开。当时为了营造社会主义建设高潮到来的氛围，假大空和浮夸风在一定程度上存在是时代需要的，但由于结果失控，导致这样的内容过分、过量地泛滥。如课文《六、七、八》写三个分别为六、七、八岁的小娃娃，种水稻种得顶呱呱：

两分地产一千二百五十斤十二两，折合亩产量就是六千二百五十三斤多，这比全场平均亩产二千零八十七斤要多出两倍。岂不是奇迹！岂不是红旗！岂不是小人办大事！在全场庆祝丰收大会上，孩子们受到了奖励，每个人的奖品是：一套新衣裳。③

课文《卫星田》更是夸张：

你看，稻梗长得多密，稻穗铺得多厚哇！这沉甸甸的浅黄色的稻海，像一张有弹性的大沙发，别说鸡蛋坠不下去，就是风也透不过。你看，那几个健壮的小伙子在稻穗上站得多稳！他们好像站在厚厚的地毯上，跳着，咧开嘴笑着，惹得参观的人不断拍手欢呼。一只蹲在田坎边的癞蛤蟆被欢笑声惊动了，想躲进稻田里去。可

---

① 《高级小学课本语文第二册》，1958年版，第10－11页。

② 《高级小学课本语文第二册》，1958年版，第70－71页。

③ 《高级小学课本语文第二册》，1958年版，第78页。

怜的小东西，你找错门了。这密密的稻梗结成的墙，你能穿过去吗？果然，它蹦了好几次都被挡回来了，急得它满地乱爬。……稻子长得这么密，用手搂都搂不过来，收割起来多么费劲！昨天，他们一百多人整整割了一个下午，才把这一亩零一点点的庄稼割了一小半。今天天一亮，他们立刻又到田里来了。他们不停地挥着汗水。可贵的劳动的汗珠哇，是你灌溉培育出这样茂盛的庄稼！社员们曾经挥着汗水，把地锄了一遍又一遍；社员们曾经挥着汗水，在田里施了一次又一次肥。你可知道，在这密密的稻田里施肥是多么不容易呀！肥料根本撒不进去，他们不得不把肥料溶在水里，用喷雾器喷在稻子上，然后再用水冲到根部去。辛勤的劳动换来了丰收的硕果。①

类似这样的课文还很多，诸如《人有多大胆，地有多高产》《红领巾钢厂一片红》《红领巾小高炉》等都充斥着浮夸风和大话，一些内容空洞的诗歌也堂而皇之地选进课本②。甚至连人民教育出版社出版的教科书里面，也“说小麦亩产 8581 斤；说我国发明的活性炭已超过国际水平；说我们已能用放射性元素炼钢”，而事实都不是这样。③

3. 紧密结合社会政治形势

尤其是教材编制权下放以后，各地编写的小学语文教科书只有个别课文是从人教社历年出版的小学语文课本中选出，大部分都从当时的书报中选编，有些语文教材甚至成了报纸选录，体现了语文教材与社会政治形势的紧密结合。以 1959 年北京市初级小学试用课本语文第七册为例，全册包括 33 篇课文：

民歌两首

我爱我的红领巾

做一个爱劳动的人

补丁

我做了记工员

寓言两则

新来的同桌

大禹治水

愚公移山

---

① 《高级小学课本语文第二册》，1958 年版，第 33－34 页。

② 蒋仲仁：《思维·语言·语文教学》，人民教育出版社 1988 年版，第 97－98 页。

③ 何东昌：《中华人民共和国重要教育文献（1949—1975）》，海南出版社 1998 年版，第 1023 页。

首都国庆节之夜

通知、启事

刘胡兰

向秀丽

人桥

猩猩

为了千百个渔民的生命

义务园丁

蜜蜂引路

列宁同志和卫兵

白头翁

祖国，我回来了

藏族老妈妈盼来了解放军

冬老人、兔子和狼

毛主席在十三陵水库工地上

一段甜蜜的回忆

过新年

长江大桥游记

信箱管理员

课外阅读

鸵鸟比加

黄鼠狼给鸡拜年

在毛主席身边

白凤凰

三只骄傲的小猫

只有《鸵鸟比加》《人桥》《愚公移山》《刘胡兰》《蜜蜂引路》《列宁同志和卫兵》等几篇课文是从人教版前几年小学语文教材中选来的。多数从新闻报道中选取，如《毛主席在十三陵水库工地上》是根据1958年5月26日北京日报的一篇新闻通讯改写的；《向秀丽》是描写1958年12月13日，广州何济公制药厂的一间化工车间发生严重事故时向秀丽为保护国家财产和群众安全而光荣牺牲的事迹；《首都国庆节之夜》反映的是建国十周年即1958年10月1日的情况；《一段甜蜜的回忆》是根据陈

嗣涛发表在1958年8月4日人民日报的文章改编的，通过一个旧社会孤儿的回忆，反映了聂荣臻元帅对孩子们的关怀和热爱。这册小学语文课本，除课文以外，还有21个练习，每个练习都有6、7道题，内容分量比较大，大概是为了教育上的“大跃进”。

值得一提的是，1958年2月第一届人大第五次会议通过了《汉语拼音方案》，次月教育部发出通知，要求小学一年级从秋季开始教学汉语拼音字母，为此，1958年小学语文课本第一册编入了汉语拼音，成为小学语文课本的一项教学内容。

4. 与倡导学制缩短相配合

1958年教育事业管理权下放以后，各地就已经开始了缩短学制的试验。1960年4月9日，国务院副总理陆定一在二届人大二次会议上作《教学必须改革》的发言，提出要在全日制中小学教育中进行适当缩短年限、适当提高程度、适当控制学时、适当增加劳动的试验。因此，1960年下半年开始，人教社就根据缩短学制、提高程度的指示精神，着手编写10年制中小学通用教材。领导这次教材编写工作的中宣部副部长张磐若指出：“编写十年制教材，就是使原来十二年学完的东西，缩短二年，用十年的时间学完。把这套十年制教材的某些课程体系加以改变，程度加以提高，拉长时间，就是十二年制教材。”[①] 1961年初，中央文教小组在今后一个时期文化教育工作的安排中也要求教育部吸收各地教材的优点，编写出试行中小学十年制的教科书。人教社按照中小学适当缩短学制年限的要求，赶编了全国通用教材，把原来12年学完的内容压缩到10年完成，且以大体保持现在十二年制的程度为原则，从1961年起陆续出版发行，供试验十年制的学校使用。这是人教社第四套小学语文教材。

教材以培养小革命家为目标，重视培养学生的阶级观点、群众观点、劳动观点和辩证唯物主义观点，其特点：（1）选材面宽。除了体现思想性的课文外，知识性课文（历史、地理、自然常识）占有较大比重（约占30%）。（2）采用集中识字的办法编写识字教材。辽宁黑山北关实验学校创造了集中识字教学法，1960年教育部批准在十年制学校试行这一方法，这套教材把它吸收到教材编写中，全套课本安排识字3500个，一、二年级识2200个，体现低年级以识字为重点。（3）贯彻多读多写的原则。课文多，要求背诵的多（占60%以上），练习多，读、说、写的训练比较充

① 中央教育科学研究所：《中华人民共和国教育大事记1949—1982》，教育科学出版社1983年版，第284页。

分。这套教材要求用五年时间完成小学六年的教学任务。[①]

5. 与加强“双基”相适应

在贯彻教育与生产劳动相结合、教育为无产阶级政治服务精神的指导下，学制缩短和教材编制等相关工作的开展都难免染上浮夸风倾向，忽视培养语言运用能力这一基本任务。1961 年 1 月，中共中央八届九中全会制定对国民经济实行“调整、巩固、充实、提高”的方针。在贯彻落实这一方针中，教育部门准备首先选择条件好的学校试行中小学十年制，不再进行九年一贯制的试验。凡不试行十年制的学校，仍旧采用现行的中小学十二年制。无论是试行十年制，还是保持十二年制，都首先需要相应的好教材。尤其是十年制教材，年限虽然缩短了二年，程度又要保持不变，这就需要改革教材。加强学科的基础知识教学和基本技能训练（即“双基”）就是其中一条改革思路。对如何落实“双基”，语文教育界还探讨概括出语文基础知识和语文基本能力的内容为：字、词、句、篇、语（语法）、修（修辞）、逻（逻辑）、文（文学），被称为语文教学的“八字宪法”。

围绕落实“双基”，现有的十二年制教材也需要重新编写。1961 年，中央文教小组指示，要在总结过去编写教材经验的基础上重新编写一套全日制十二年制中小学教材。人教社在组织编写以前，研究了外国教材和中国自独立设科以来的语文教材，提出一些改进中小学语文教材编辑工作的具体意见，其中包括强调“注意基础知识的充实和基本技能的加强”。

1963 年 5 月《全日制小学语文教学大纲（草案）》颁布，提出“一定要加强语文基本训练”，并且第一次明确提出语文的工具性，“语文是学好各门知识和从事各种工作的基本工具”。由工具性所决定，大纲要求教材加强语文基础知识的教学和基本技能的训练，“教学内容的安排，以培养学生阅读能力和写作能力的顺序为主要线索，组成由浅入深、循序渐进的体系”。同年 7 月教育部又颁布《全日制中小学教学计划（草案）》，规定小学一至六年级语文周课时分别为 15 节、15 节、16 节、16 节、12 节、12 节。小学六年语文课时数为 3176 节，占小学总课时数的 48%。语文课包括讲读、作文、习字，课时所占比重如此之大，表明语文这种工具需要不断地训练，可见，这套十二年制学校小学语文教材是在加强“双基”和凸显语文工具训练的指导思想下制订和推出的，1963 年秋季起在十二年制学校小学一年级使用，这是人教

① 崔峦：《回顾·总结·展望——人民教育出版社五十年小学语文教材编写历程，《课程·教材·教法》2010 年第 1 期。.

社第五套小学语文教材。这套教材有以下特点：

（1）重视识字和写字训练，全套教材编排了3500个生字，是此前各套小学语文课本识字量最大的；教学计划规定，低中年级每周设三节写字课，高年级每周两节。据此，课本中循序渐进地编进铅笔字、钢笔字、毛笔字大量的练习。

（2）强调多读多练，全套课本课文总数460篇，其中要求背诵的大约240课，占课文总数的一半以上，每课之后有课后练习，每个单元之后有单元练习，练习内容包括字、词、句、篇、标点、阅读和作文，形式多样，还专门安排了近30种应用文的练习。

（3）这套课本加强了语文基础知识的教学和语文基本技能的训练，既继承了中国语文教学的优良传统，又注意吸收教学改革的新鲜经验①。

不过，由于教学大纲中规定的教学要求较高，致使这套教材仍然存在要求高、内容多、程度深的问题。1965年7月3日，毛泽东对“北京师范学院一个班学生生活过度紧张，健康状况下降”的材料批示陆定一：

学生负担太重，影响健康，学了也无用。建议从一切活动总量中，砍掉三分之一。请邀学校师生代表，讨论几次，决定执行。如何请酌。②

这一批示精神和当时对于半工半读学校的重视，都显示出教材内容和程度必须朝简易方向发展。1964年起，根据教育部指示对教材作了精简。可惜，1966年5月“文化大革命”爆发，这套教材没有延续出版和使用下去，总共只出版了6册。

三、地方自编时期（1966—1977）

自1958年中共中央、国务院提出教育事业权下放以后，为克服原有教材脱离生产、脱离实际的缺点，各地采用群众路线，纷纷结合当地具体情况，或对通用教材进行补充修订，或自编教材和教科书，教材五花八门。1963年3月，《全日制小学暂行工作条例（草案）》颁布，要求全日制小学必须贯彻以教学为主的原则，并提出“对教学计划、教学大纲和教科书，地方教育行政部门和学校不得任意修改；如果确

① 崔峦：《我国教科书的发展——半个世纪以来中小学语文教科书的编写》，《课程教材改革之路》，人民教育出版社2000年版，第237页。

② 顾黄初主编：《中国现代语文教育百年事典》，上海教育出版社2001年12月版，第447页。

有修改的必要，必须由省、市、自治区教育行政部门报教育部批准”①。这实际上等于对五花八门的教材编制现象进行了纠正。这种体现主知主义教育观的做法，虽然有利于保证学校的正常教学秩序，但同时也使学校用在教材教学的时间增多，导致学生之间学业竞争更加激烈，学生负担加重。这些现象与毛泽东历来所推崇的行动主义教育观不相适宜。为此，毛泽东发表了不少减轻学业负担的言论，再一次导致教育权的下放。这次下放尽管没有专门的文件规定，但作为一种最高指示，作为一种教育大革命的行为，比以前更加彻底，甚至把教育权下放到不识字的老农身上，老农成了最有话语权的教育专家。

（一）地方自编教材的背景

地方自编教材在沟通学校学习与生产实践和社会实践的联系方面更有优势，能够密切联系地方实际，推动学以致用。

1. 学制要缩短，教育要革命

1964 年 2 月 23 日，毛泽东在春节座谈会上说：

学制可以缩短。学制缩短以后，中学毕业生只有十五六岁，不够当兵年龄。也可以过军队生活。……现在课程多，害死人，使中小学生、大学生天天处于紧张状态。课程可以砍掉一半。学生成天看书，并不好，可以参加一些生产劳动和必要的社会活动。现在的考试，用对付敌人的办法，搞突然袭击，出一些怪题、偏题，整学生。这是一种考八股文的方法，我不赞成，要完全改变。我主张题目公开，由学生研究、看书去做。

……考试可以交头接耳，无非自己不懂，问了别人懂了。懂了就有收获，为什么要死记硬背呢？人家做了，我抄一遍也好。可以试试点。旧教学制度摧残人材，摧残青年，我很不赞成。

孔夫子出身没落奴隶主贵族，也没有上过什么中学、大学，开始的职业是替人办丧事，大约是个吹鼓手。人家死了人，他去吹吹打打。他会弹琴、射箭、驾车子，也了解一些群众情况。开头做过小官，管理粮草和管理牛羊畜牧。后来他在鲁国当了大官，群众的事就听不到了。他后来办私塾，反对学生从事劳动。明朝李时珍长期自己上山采药，才写了《本草纲目》。更早些的，有所发明的祖冲之，也没有上过

① 课程教材研究所：《20 世纪中国中小学课程标准·教学大纲汇编：课程（教学）计划卷》，人民教育出版社 1999 年版，第 275 页。

什么中学、大学。美国的富兰克林是印刷所学徒，也卖过报。他是电的大发明家。英国的瓦特是工人，是蒸汽机的大发明家。高尔基的学问完全是自学的，据说他只上过两年小学。现在一是课多，一是书多，压得太重。有些课程不一定要考。如中学学一点逻辑、语法，不要考，知道什么是语法，什么是逻辑就可以了，真正理解，要到工作中去慢慢体会。①

"到工作中去慢慢体会"，具体体现在毛泽东1966年5月7日给林彪的一封信上，这封信在"文化大革命"中被称为"五·七指示"，信中说：

军队应该是一个大学校，……这个大学校，学政治、学军事、学文化；又能从事农副业生产；又能办一些中小工厂，生产自己需要的若干产品和与国家等价交换的产品；又能从事群众工作，参加工厂农村的四清运动，四清完了，随时都有群众工作可做，使军民永远打成一片；又要随时参加批判资产阶级的文化革命斗争。这样，军学、军农、军工、军民这几项工作都可以兼起来。……学生也是这样，以学为主，兼学别样，即不但学文，也要学工、学农、学军，也要批判资产阶级。学制要缩短，教育要革命，资产阶级知识分子统治我们学校的现象，再也不能继续下去了。②

要求教师和学生不要老是呆在学校里看书学习，实际上是此前倡导半工半读教育制度的延伸和扩大。

半工半读教育制度在"大跃进"时期就提出来了，被认为是教育与生产劳动相结合的理想形式，是消灭体力劳动和脑力劳动差别的重要途径。各地为此兴办了许多这类学校，起初称为"简易小学"，1964年9月23日教育部发通知取消这一名称，改称这类学校为工读小学、耕读小学，以便使它们在名称上同全日制小学有所区别。1965年后，在各级政府的引导下，各地积极进行半工半读、半农半读教育制度的试点工作，老师们对这种非正规化的学校教育也比较认同，有老师这样写道：

今年六月间，生产大队办起了一所耕读小学，就在我们的隔壁，只隔一堵墙。教室是原来的机器房现腾出来的，桌凳是用木板和砖坯搭成的，只念语文和算术，孩子什么时候来，老师什么时候教，孩子因为劳动没来，老师就去补课。我们心想，这也算个学校？说也奇怪，群众却非常欢迎，特别是贫下中农，纷纷送子女来念书，而我们的全日制小学，却接二连三地有家长要求把学生转到耕读小学去，这是怎么

---

① 何东昌：《中华人民共和国重要教育文献（1949—1975）》，海南出版社1998年版，第1249页。

② 何东昌：《中华人民共和国重要教育文献（1949—1975）》，海南出版社1998年版，第1396页。

回事呢？

我们通过访问贫下中农，召开贫下中农学生家长座谈会，认真听取了他们的意见以后，给予我们很大的教育。他们对于子女学习文化可重视哩，他们认为学文化是关系到贫下中农彻底翻身和培养革命接班人的大事。他们对过去办学提了不少意见，还出了许多从未听到过的好主意。使我们认识到，过去全日制小学有很多脱离农村实际的地方，有不少框框，不利于贫下中农的子女入学。而最主要的问题，就是我们作教育工作的人为贫下中农服务的思想不够明确。

根据这些认识，往往倾向于认为“正规化”学校单纯追求分数，只强调学好功课，不考虑群众生产和生活实际。于是，许多地方从便利贫下中农子女的学习和劳动出发，延长了大秋假的时间，学校课程表改为上午都是主科，学生根据自愿可以只念半天。[①] 后来由半天不到学校发展到全天不到学校，甚至走出学校闹革命。这样一来，学制不是被缩短了，而是被废除了。

2. 课程要精简，教材要改革

“五·七指示”发出后不久，中央政治局扩大会议通过了《中国共产党中央委员会通知》，即“五·一六通知”，要求“高举无产阶级文化大革命的大旗，彻底揭露那些反党反社会主义的‘学术权威’的资产阶级反动立场，彻底批判学术界、教育界、新闻界、文化界、出版界的资产阶级反动思想，夺取在这些文化领域中的领导权。而要做到这一点，必须同时批判混进党里、政府里、军队里和文化领域的各界资产阶级代表人物，清洗这些人，有些则要调动他们的职务。尤其不能信用这些人去做领导文化革命的工作，而过去和现在确有很多人是在做这种工作，这是异常危险的”。[②] 1966 年 8 月 8 日，中国共产党八届十一中全会通过《关于文化大革命的决定》，将“五·七指示”和“五·一六通知”经过合法化程序推向全国。全文从 16 个方面论述了“文化大革命”的基本主张，其中在教学改革方面提到“学制要缩短。课程设置要精简。教材要彻底改革，有的首先删繁就简”。这些主张和当时日益高涨的革命热情推动了教师和学生走出学校闹革命。在 1966 年 8 月到 1968 年 7 月近两年间，全国大中小学基本上处于停课状态，即使读书，也只能读毛主席语录。

如此情形，已经印出的教材怎么办？1966 年 6 月 8 日教育部党组只好给中共中央、国务院提交了《关于 1966—1967 学年度中学政治、语文、历史教材处理意见的

① 崔瑞婷，李桂兰：《作贫农下中农子女的好教师》，载《人民日报》1964 年 12 月 24 日。
② 何东昌：《中华人民共和国重要教育文献（1949—1975）》，海南出版社 1998 年版，第 1398 页。

请示报告》:

近几年来，许多工农兵和学生、教师、学生家长，对现在使用的中学《政治》、《语文》和《历史》教材，提出过大量的批评。主要意见是:《政治》没有把毛主席著作放在首要地位，反映社会主义时期的阶级斗争不突出，没有举起反帝反修的旗帜，严重脱离三大革命和学生思想实际;《语文》中有许多课文美化封建统治阶级，宣扬封建道德，散布资产阶级的“人性论”，宣扬地主、资产阶级的世界观和生活情调;《历史》教材以所谓“历史主义”的反动观点为指导，歌颂帝王将相，贬低农民起义的作用，宣扬“让步政策”、“阶级调和论”、“清官论”等一整套的反动观点。社会主义文化大革命运动深入开展以来，广大师生对上述教材又提出更为尖锐的批评。最近我们向上海、湖北等九个省市了解，他们反映，对三科教材，教师教不下去，学生也不愿意学了。

我们认为，群众的上述批评是正确的。《历史》还是1958年以前的老教材。《语文》是1962年在中宣部张磐石同志直接主持下编写的，《政治》是1964年在中宣部许立群同志领导下编写的，并且多半是依靠资产阶级“专家”编审的。这些教材没有用毛泽东思想挂帅。

1964年初，主席“春节指示”下达以后，我们即指示人民教育出版社重新修改中小学教材。1965年初，除《政治》以外，初步修改完毕，我们即于1965年3月向陆定一同志请示，准备在1965年秋季起开始使用。陆未同意，要我们再进行修改。我们进一步修改后，又于今年春季多次向陆请示，要求在今年秋季起换用新教材。但是陆仍不同意，要我们重新大改，以致今年付印的秋季用书，仍旧是那些有严重错误的旧教材。这次我们重新考虑了广大群众和各地教育部门的意见，认为今秋已不能容许再使用上述三科教材，但新的大改教材尚未编出，现在重印新教材又为时已晚。因此，拟采取下列措施:

上述三科教材，未印的均停止印刷，已印的也停止发行。中学历史课均暂停开设。政治和语文合并，以毛主席著作为基本教材，高中和中等专业学校、师范学校主要采用《毛泽东著作选读甲种本》，初中主要采用《毛泽东著作选读乙种本》，并加入几篇毛主席关于军事和国际问题的著作;另外选读一些社会主义文化大革命中的好文章和革命作品，如《欧阳海之歌》、《雷锋日记》、《王杰日记》、《县委书记的榜样——焦裕禄》等。中学其他各科教材中的错误内容，可由各省、市、自治区教育厅、局提出审查意见，向各省、市、自治区党委请示决定后，删去不教或改教其他教材。在采用新的教材时，各级党委宣传部和教育行政部门应对教师、学生进行思想教育，认真学习毛主席著作和有关文章，以便进行教学。凡不能胜任的教师，应当坚决调换。同时在学习毛主席著作和社会主义文化大革命的文章时，对旧的政治、语文、历史等教材中的错误内容，应当发动师生进行揭发、批判，以消除毒素，提高师生的认识。

中共中央、国务院同意这份报告，并作出批示：

目前中学所用教材，没有以毛泽东思想挂帅，没有突出无产阶级政治，违背了毛主席关于阶级和阶级斗争的学说，违背了党的教育方针，不能再用。

教育部应该积极组织力量，根据党中央和毛主席有关教育工作的指示，重新编辑中学各科教材。在新教材未编出以前，望各地按此报告执行。

小学《语文》、《历史》教材，问题也很多。教育部也应组织力量着手重新审查和编写。目前可先采取过渡的办法，历史课暂停开设，《语文》教材应审查一次，将其中坏的内容删去后暂时采用。不论高小或初小都要学习毛主席著作，初小可以分别各年级的不同情况，学一些毛主席语录，高小可以学“老三篇”，以及其他适合高小学生思想政治水平和语文程度的一些文章。①

中央批示旧教材不能用，新教材只能由各地编制出版。1967 年 2 月 4 日，中共中央发出关于小学无产阶级文化大革命的通知，指出：

春节后各地小学一律开学。在外地串连的小学教师和学生，应当返回本地，积极参加本校的无产阶级文化大革命，进行斗批改，并组织学生学习。小学生可以组织红小兵。五、六年级和 1966 年毕业的学生，结合文化大革命，学习毛主席语录，学习老三篇和三大纪律八项注意，学习文化革命十六条，学唱革命歌曲。②

于是，各种新教材就在这种读毛主席语录唱革命歌曲的背景下和复课闹革命的形势下由各地组织力量编制出版。

（二）地方自编教材的特点

地方自编教材的本意是密切联系地方实际，服务地方。然而，在全国人民革命热情高涨的形势中，地方自编教材却走入了另一种脱离实际的误区，表现为紧紧围绕政治需要和政治运动来选取内容。

1. 几乎每篇课文都力争采用或融入毛泽东语录

① 何东昌：《中华人民共和国重要教育文献（1949—1975）》，海南出版社 1998 年版，第 1401 页。
② 何东昌：《中华人民共和国重要教育文献（1949—1975）》，海南出版社 1998 年版，第 1412 页。

有的教材先在课文前面标有最新指示或最高指示，然后是毛泽东语录；有的直接在课文前面列入相关的毛泽东语录，然后是课文标题和内容。如1969年2月上海市小学课本六年级第二学期课文《捍卫毛主席革命路线的优秀范例——赞革命油画＜毛主席去安源＞》，前面有毛主席语录：在现在的世界上，一切文化或文学艺术都属于一定的阶级，属于一定的政治路线的。接下去的课文内容有：

看！一轮红日从东方升起，金色的光辉照亮了大地。毛主席迎着时代的急风暴雨，向我们走来了，毛主席那刚毅的目光，炯视前方，高瞻远瞩看穿了旧世界的腐朽黑暗，洞察着风云变幻的世纪，展望着壮丽的共产主义。那微锁的眉头，使我们想到：毛主席分担着人民的疾苦，规划着改造世界的宏图。那紧抿的嘴角，使我们想到：毛主席对那些吃人的魔鬼充满了阶级的深仇大恨和战胜敌人必胜的信心。那开阔的前额，象征着毛主席伟大的天才，无穷的智慧，光辉的思想，丰富的革命经验。

有的则在课文情节的展开中融入毛泽东语录，如课文《无限忠于毛主席　全心全意为人民——记某部卫生科排除万难，切除九十斤重大肿瘤的先进事迹》：

在无产阶级文化大革命进入伟大的斗、批、改的高潮中，我们最敬爱的伟大领袖毛主席和他的亲密战友林副主席亲自批准，由中央军委发布命令，授予北京部队某部卫生科“全心全意为人民服务的先进卫生科”的光荣称号，为全国全军树立了一面无限忠于毛主席，全心全意为人民的鲜艳旗帜。

一九六八年三月，卫生科高举毛主席思想伟大红旗，在毛主席无产阶级革命路线指引下，从贫农女社员张秋菊腹中切除了一个九十斤重的大肿瘤，创造了世界医学史上罕见的奇迹。这是毛泽东思想的一个伟大胜利，是毛主席无产阶级卫生路线的一个伟大胜利！

一九六四年张秋菊发现长了瘤子以后，先后到几个大医院求医。但是，因为她是普通社员，资产阶级的医学“权威”根本不管她的死活，以“不治之症”为借口，冷酷地把张秋菊推出了医院大门。后来张秋菊的爱人又写信询问旧卫生部，得到的回答是：“中国没有办法，世界也没有办法”。结果，张秋菊的病情越来越重，致使当初碗大的肿瘤长到像大锅一样。她站不能站，坐不能坐，卧不能卧，只能日日夜夜地跪在炕上生活。

……

卫生科把张秋菊接来以后，遵照毛主席关于“在战略上我们要藐视一切敌人，在战术上我们要重视一切敌人”的教导，全面地反复地对她作了三十二项检查，作了认真的辩证的科学分析，终于得出了正确的结论：“肿瘤是良性的”，推翻了资产阶级“权威”所作的错误结论。决定给她动手术。

可是卫生科设备差，人员少，从来没有做过这样大的手术。怎么办？带着这个问题党支部组织大家学习了毛主席关于“群众是真正的英雄”，“我们历来主张革命要依靠人民群众，大家动手，反对只依靠少数人发号施令”等英明教导。全科人员立即组成了政治指挥、手术、麻醉等八个战斗组。办公室里、宿舍里、伙房里……同志们都在为攻克难题献计献策。经过二十多个日日夜夜的奋战，大家针对手术中可能出现的情况，提出了十个“怎么办?”拟定了一百二十条解决办法，制定了一个完整的手术方案。

张秋菊刚入院时，绝望的情绪很严重，卫生科的同志认为要搬掉她身体里的大瘤子，必须首先搬掉她精神上的“大瘤子”。他们用毛泽东思想武装张秋菊的头脑，使她树立了与疾病斗争的信心。

三月二十三日七点三十分，一场捍卫毛泽东革命路线、抢救阶级姐妹的决战开始了。党委负责同志进入手术室，用毛泽东思想指挥战争。张秋菊念着毛泽东语录的“下定决心，不怕牺牲，排除万难，去争取胜利。”安详地躺在手术床上。麻醉开始了，病人呼吸突然发生困难，心跳加快，血压下降。在这关键时刻，党委负责同志高声朗读最高指示：“我们需要的是热烈而镇定的情绪，紧张而有秩序的工作。”一个军医立刻果断地换上自制的麻醉罐，一切恢复了正常。可是，肚皮切开后，发现瘤子表面蒙着一层膜。在难以辨认是瘤子膜还是腹膜的复杂情况下，他们遵照毛主席“我们的责任，是向人民负责”的教导，排除万难，坚持在膜外进行手术，终于认清了这层膜是腹膜，保证了它的完整。

瘤子暴露出来了。它的表面布满了网状血管，四面与肾脏、血管、输尿管等粘连着，怎么把它取下来呢？政治指挥组送来了毛主席的指示：“先打分散和孤立之敌，后打集中和强大之敌，”“四面包围敌人，力求全歼”。

毛主席的话，象金色的阳光，照亮了每个人的心，指引着他们闯过道道险关。经过十二小时的激战，终于把罕见的大肿瘤从阶级姐妹的身上搬下来了。

夜十一点，张秋菊醒了过来。她一摸刚刚消缩下来的腹部，顿时热泪滚滚。她望着墙上的毛主席像，激动地喊着：“毛主席万岁！毛主席万万岁！”

成千上万的革命群众听到这个喜讯，纷纷抬着毛主席像，举着“拥军爱民”的

锦旗，高呼着"毛主席万岁!""毛主席革命路线胜利万岁!"的口号，远道赶来祝贺。①

张秋菊的事迹还被改编为课文《咱们的幸福线》出现在其他地方编制的小学语文教材中。

2. 几乎每篇课文都紧密联系政治形势

1966年6月，教育部关于教材处理意见的请示报告中提出，"政治和语文合并，以毛主席著作为基本教材"。各地在贯彻这一精神时，把语文纳入政治中，出现了《政治语文》课本或《政文》课本，河南省新华书店1970年1月出版发行的《政治语文》在说明中阐述了这种教材的宗旨：

本书原名《毛泽东思想课》，以毛主席著作、毛主席语录和毛主席的亲密战友林副主席的指示为基本内容。

旧的小学语文课，……贩卖封、资、修黑货，为复辟资本主义制造舆论。我省广大工农兵群众和革命师生，遵照毛主席"教材要彻底改革"的教导，开展了对小学旧的语文教材的革命大批判。同时，他们怀着对毛主席深厚的无产阶级感情，编选出了大量的新教材。这套课本就是在这样的基础上汇编而成的。

毛主席教导我们："政治教育是中心的一环"。小学教育，首先要对学生进行毛泽东思想的教育，把少年儿童用毛泽东思想武装起来。

政治语文，要培养学生从小就以林副主席为光辉榜样，树立对伟大领袖毛主席"三忠于"、"四无限"的深厚阶级感情。担任教学工作的同志和学生都要发扬革命的好学风，对毛泽东思想学了就要用，在"用"字上狠下功夫，促进思想革命化。

学习政治语文，必须与形势教育紧密结合，紧跟毛主席伟大战略部署，随时学习毛主席最新指示和以毛主席为首、林副主席为副的党中央的战斗号令。

遵照毛主席关于"教材要有地方性，应当增加一些地方乡土教材"的教导，各地在使用这套课本时，要适当增加一些乡土教材。并注意安排工农兵讲课，讲厂史、村史、家史、战斗故事，用活生生的阶级斗争事实充实教学内容。还要有计划地组织师生参加三大革命运动，举办活学活用毛泽东思想讲用会，以加深对毛主席教导和林副主席指示的理解。②

小学语文教材紧密联系政治形势还表现在对敌人的恨和对同志的爱这两个方面。

---

① 浙江省金华地区七年一贯制试用课本第十册，浙江人民出版社1969年3月版，第12－15页。

② 河南省小学课本政治语文四年级下册，河南省新华书店1970年1月出版发行。

中共中央关于无产阶级文化大革命的决定也提出，“谁是我们的敌人？谁是我们的朋友？这个问题是革命的首要问题，也是文化大革命的首要问题。”①

这个首要问题落实到现实行动中，就是一方面要提高认识水平，如课文《两张笑脸不一样》：

（红小兵）每天顶着火辣辣的太阳到田间割麦子，在集体生产劳动中，锤炼“一不怕苦，二不怕死”的红心。贫下中农笑着赞扬我们是“毛主席的红孩子，贫下中农的好后代”。可是，一个富农分子见我们在地里割麦，却假惺惺地笑着说：“小孩子不念书，为啥来熬这个毒日头。”说着顺手摘下自己的草帽要给我们戴。……是关心，还是毒害？贫下中农管理学校的代表和老师，组织我们认真学习了伟大领袖毛主席关于“我们看事情必须要看它的实质”的伟大教导，围绕这个问题，展开了讨论。通过阶级分析，大家认识到：两张笑脸不一样，贫下中农的笑是阶级亲，贴心爱；富农分子的笑是反对我们走“五·七”道路的奸笑，是阶级敌人向我们进攻的新手法。②

提高认识还要“不忘阶级苦，牢记血泪仇”，从牢记中激发、提升对旧社会的恨。如课文《爸爸的伤疤》：

我的好爸爸，天天种庄稼，双手粗又大，胸膛有块疤。爸爸告诉我：“这是仇恨疤！

在我小时候，干活地主家，地主心肠黑，把咱当牛马。三顿糠菜粥，哪能吃饱啊？

干活慢一点，就用皮鞭打。年底要工钱，地主把我骂，我听了很气愤，一拳打倒他！

地主嚎嚎叫，狗腿子把我抓。打伤我的身，留下这块疤！听了爸爸话，我恨得直咬牙，阶级仇和恨，牢牢记住它。跟着毛主席，永远干革命；跟着毛主席，红旗遍天下。③

另一方面要敢于和阶级敌人作斗争，甚至最后献出生命，如福建少年张高谦，四川少年刘文学等；对广大工农群众的爱则主要体现在抢救财产和生命上，如王杰、李文忠、刘英俊、蔡永祥等，同时还要有工农群众的阶级立场，敢于同过去几千年

---

① 何东昌：《中华人民共和国重要教育文献（1949—1975）》，海南出版社 1998 年版，第 1047 页。

② 山西省小学试用课本语文第五册，山西人民出版社 1970 年 12 月版，第 19－20 页。

③ 宁夏回族自治区小学教材编写组编：《小学试用课本语文（二年级）》，宁夏回族自治区人民出版社 1969 年 10 月版，第 24－25 页。

来一切剥削阶级遗留下来的旧思想、旧文化、旧风俗、旧习惯作斗争，敢于标新立异反潮流，如反对“师道尊严”的《黄帅日记》也被作为小学课文：

九月七日

今天，××没有遵守课堂纪律，做了些小动作，老师把他叫到前面，说：“我真想拿教鞭敲你的头。”这句话你说得不够确切吧，教鞭是让你来教学，而不是让你用来打同学脑袋的。我觉得你对同学严厉批评很多，耐心帮助较少，拍桌子，瞪眼睛，能解决思想问题吗？希望你对同学的错误耐心帮助，说话多注意些。

九月二十八日

今天，老师批评我不该给他提意见。对不起，以后我有意见，还是要提的。像今天老师骂我装病，这就是唯心主义。×××的椅子丢了，站着上课。算术老师把老师上课时坐的椅子借给×××坐，这种关心同学的精神值得我学习。第三堂课时，你不应该把椅子夺回来自己坐。①

小学生跟老师的一般矛盾被上升到阶级斗争和路线斗争的高度，并在课文提示中写入《人民日报》的按语：“黄帅敢于向修正主义教育路线的流毒开火，生动地反映出毛泽东思想哺育的新一代的革命精神面貌”。《北京日报》的按语：“这个十二岁的小学生以反潮流的革命精神，提出了教育革命中的一个大问题，就是在教育战线上，修正主义路线的流毒还远没有肃清，旧的传统观念还是很顽强的。”显然，这是在号召全国小学生要向修正主义教育路线开火，而小学生哪里知道什么是修正主义？这是上纲上线的时代赋予教育的政治功能。

3. 几乎每篇课文都在突出毛泽东思想的伟大力量

记录毛泽东思想的书是红宝书，拥有红宝书就代表拥有无穷的力量。毛泽东思想不但是指导中国人民生活、工作的行动指南，而且影响到世界其他国家的人民。课文《门合永远活在亿万人民的心里》中门合常说：

活学活用毛主席著作，是我生命的第一需要。毛主席著作要天天学，一天不学问题多，两天不学走下坡，三天不学没法活。

门合后来英勇献身，也是毛泽东思想哺育的结果：

英雄的门合啊！你的胸膛是黄继光为掩护部队胜利前进而堵枪眼的胸膛；你的手是董存瑞托炸药包的手；你的身躯是邱少云在烈火中永生的身躯。而这一切之中，最最主要的是你无限忠于人民、无限忠于党、无限忠于毛主席、无限忠于毛泽东思

---

① 河南省小学试用课本语文第七册，河南人民出版社1975年5月版，第36－37页。

想、无限忠于毛主席革命路线的一颗红心！昆仑山高入云端，黄河水奔流归海。我们心中的红太阳毛主席啊！是您的光辉思想，哺育了门合这样大公大勇的英雄。①

一串排比句增强了毛泽东思想的感染力。

课文《万岁，毛泽东》则描写众多外国人在毛泽东的影响下有了力量、有了幸福：

"万岁，毛泽东！"这是战斗的誓言。"漫龄（万岁），毛泽东！"守卫在富科特山前线的老挝人民战士喊着它，投入战斗。"奥耶（万岁），毛泽东！"刚果（布）的青年们喊着它，面对一尊毛主席塑像举手致敬，表示革命决心。"乌拉（万岁），毛泽东！"一位苏联妇女喊着它，用手指着自己的胸口，对中国同志坚定地说："他们（苏修）不让我们喊，我就是要喊！永远喊！""郎利夫（万岁），毛泽东！"美国的工人喊着它，同美国反动派展开斗争。

"万岁，毛泽东！"这是力量的源泉。保加利亚农村一位老人把一幅毛主席的织锦像，放在一个镶着金边的镜框里，挂在房间最显著的地方。他每天都要瞻仰毛主席像。他说："因为我一看到毛主席像就感到全身都是力量，感到什么困难都可以克服。"……在拉丁美洲一个丛山密林里，一位人民游击战士，屹立在晨雾缭绕的高山上，无限深情地凝视着东方，等待着太阳的升起。他一手紧握着在一次战斗中从敌人手里夺来的枪，一手挥动着一本红彤彤的宝书《毛主席语录》。他翻开了第一页的画面，"毛主席"他喊出了声，他昂起了头，东方的太阳升起来了，升起来了！

"万岁，毛泽东！"这是胜利的信念。……瑞士一位贫苦的老工人，见到一幅毛主席像便恭恭敬敬地行了一个鞠躬礼。"万岁，毛主席！"他情不自禁地高呼起来。他说："毛主席是真理的化身，工人的救命恩人。"他和他老伴天天收听北京电台的广播，有时一天听两三次，数年如一日。他说："每当在收音机里听到毛主席的名字时，我们全家都感到无限幸福。"

"万岁，毛泽东！"这是幸福的欢呼。……去年五月，"伏伦娜"号轮船由达累斯萨拉姆刚到青岛，一些外国海员们便朝着北京的方向，高举手臂，挥动着红彤彤的《毛主席语录》，高呼刚刚学会的中国话："毛主席万岁！"一位从海地来中国的黑人朋友，接到参加国庆观礼的喜讯后，高兴极了。

"万岁，毛泽东！"这是美好的赞词。马里的一位司机是个一字不识的文盲。但是他克服了极大的困难，在中国同志的帮助下，学会流利地写出五个漂亮的满含敬

① 浙江省金华地区七年一贯制试用课本语文第十册，浙江人民出版社1969年3月版，第8－11页。

意的汉字："毛主席万岁"。叙利亚一位盲人怀着无限敬仰的心情，请他的朋友把他带到一幅毛主席像前，给他描述毛主席的伟大形象。他边听，边欢呼："中国！毛泽东！万岁，毛泽东！"①

正因为毛泽东及毛泽东思想具有伟大力量，有些人就从政治与语文合并后成为"政文"科出发，认为语文学习就是学毛主席著作。如 1969 年 8 月，上海市中小学语文教材编写组草拟的《上海中小学语文教学大纲（供讨论用）》规定，语文学科的性质是："社会主义学校的学科，应该属于无产阶级的，为无产阶级政治服务的。它应该是学习、宣传，执行、捍卫毛泽东思想的工具，是阶级斗争、生产斗争和科学实验三大革命运动的工具。语文也是学习各门社会主义文化科学知识所必要的工具。"这份"大纲"提出小学语文教学要求：

活学活用毛主席著作，无限忠于毛主席，无限忠于毛泽东思想，无限忠于毛主席的革命路线。牢记毛主席"千万不要忘记阶级斗争"的教导，分清敌、我、友。从小懂得爱什么，恨什么；树立一不怕苦，二不怕死的革命精神。教育学生热爱工农兵，热爱劳动，树立全心全意为人民服务的思想，积极宣传毛泽东思想，不断批判资产阶级，为在地球上消灭人剥削人的制度而努力奋斗。②

在这些意见指导下编制出来的课文基本上都离不开毛泽东形象和毛主席语录。

总之，从 1966 年 5 月到 1976 年 10 月的"文化大革命"的十年间，建国十七年来编写的小学语文课本被诬蔑为封、资、修的大杂烩，十七年教育战线取得的成就被彻底否定。人教社也被诬蔑为中小学教材编写的黑据点。1966 年 6 月，人教社的编辑、出版工作被迫停止，后来全体人员下放，专业编写队伍流失。各地自编的教材，内容几乎是毛主席语录、文篇、诗词以及当时报刊文章的汇编。1972 年，在"加强基础理论"的呼声下，重建中的人教社部分编辑和北京、河北、辽宁、山西五省市选派的人员一起，在北京协作编写了一套小学语文课本，一定程度上体现了语文学科的特点。

4. 几乎每册课本的扉页都有毛主席语录

在小学语文课本的扉页中，最常见的毛主席语录是下面这三条：

我们的教育方针，应该使受教育者在德育、智育、体育几方面都得到发展，成为有社会主义觉悟的有文化的劳动者；

---

① 浙江省金华地区七年一贯制试用课本第十二册，浙江人民出版社 1969 年 3 月版，第 2－5 页。
② 顾黄初主编：《中国现代语文教育百年事典》，上海教育出版社 2001 年 12 月版，第 450 页。

学生也是这样，以学为主，兼学别样，即不但学文，也要学工、学农、学军，也要批判资产阶级。学制要缩短，教育要革命，资产阶级知识分子统治我们学校的现象，再也不能继续下去了；

实现无产阶级教育革命，必须有工人阶级领导，必须有工人群众参加，配合解放军战士，同学校的学生、教员、工人中决心把无产阶级教育革命进行到底的积极分子实行革命的三结合。工人宣传队要在学校中长期留下去，参加学校中全部斗、批、改任务，并且永远领导学校。在农村，则应由工人阶级的最可靠的同盟者——贫下中农管理学校。

毛主席的这些指示，在全国掀起了由广大工人、农民和革命师生参与的一场轰轰烈烈的教育革命，把学校中的斗、批、改推向一个新的高潮。

农村有贫下中农管理学校，农民办学的热情很高，大大加速了农村小学的普及教育。尤其在“学制要缩短，教育要革命，资产阶级知识分子统治我们学校的现象，再也不能继续下去”的指示下，对如何落实学校管理权和教学内容问题曾经展开了近8年的讨论。1968年11月14日，《人民日报》发表山东省嘉祥县马集公社侯振民、王庆余两位同志的来信建议，提出“所有公办小学下放到大队改为民办”，“国家不再发教师工资，改为大队记工分”，《人民日报》在编者按中说：

今天我们将侯振民、王庆余两位同志关于将公办小学下放到大队来办的建议，在报上发表，公开征求意见，展开讨论，请贫下中农、农村教师和全国广大革命群众都来发表意见。我们热烈欢迎革命的同志们对城、乡无产阶级教育革命和各条战线的斗、批、改继续提供典型经验和提出各种革命倡议，本报将择要予以发表。

这场讨论延续到1976年8月26日，同时引出了小学教材乡土化的问题。贫下中农说：“工人做工有机器，农民种田有锹锉锄，我们占领了讲台，也要有教材。要把三大革命斗争经验，把我们对毛主席深厚的阶级感情编写到书里去，让我们下一代读，使他们永不变质心更红，紧跟毛主席，一步不放松！”浙江温岭县革委会教育革命办公室钟鸿在《一点意见》中说：“编写乡土教材首先要有正确充实的政治内容，同时也应注意表现形式。乡土教材可以写成故事体裁的文章，也可以编成诗歌或顺口溜……这样灵活多样，丰富多彩，亲切动人，教学效果也会比较好。”①

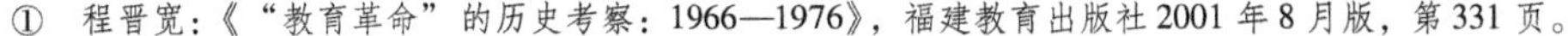

① 程晋宽：《“教育革命”的历史考察：1966—1976》，福建教育出版社2001年8月版，第331页。

四、拨乱反正时期（1977—1985）

1976年10月结束了十年动乱。百废待兴，社会主义现代化建设成了工作重点。1977年5月24日，邓小平在一次谈话中提出："我们要实现现代化，关键是科学技术要能上去。发展科学技术，不抓教育不行。靠空讲不能实现现代化，必须有知识，有人才。""抓科技必须同时抓教育。从小学抓起，一直到中学、大学"①。1977年9月19日，邓小平在谈到教育战线的拨乱反正问题时又强调"教材非从中小学抓起不可，教书非教最先进的内容不可，当然，也不能脱离我国的实际情况"。但是，"文革"刚结束时的中小学教材仍然由各地自编，新教材的编制出版还需要一定时间。因此，教育部一方面要求在教学一线的广大教育工作者肃清四人帮的流毒，一方面开始酝酿、组织编写全国中小学通用教材。

（一）正本清源，肃清流毒

粉碎"四人帮"后不久，1977年1月16日，《光明日报》发表了教育部大批判组的文章《一场围绕自然科学基础理论问题的政治斗争》，重新提出基础理论研究和教学问题，历数"四人帮"破坏基础科学研究的累累罪行以及借基础理论问题所做的种种反党表演，并且提出新形势下要在无产阶级政治统帅下抓好基础科学研究工作。这不但给"文革"中思想受到困扰的广大教育工作者指明了方向，而且对改进教学、提高质量起到了一定的推动作用。教育部在1977年9月7日也发出了关于坚决清除"四人帮"在中小学教材中的流毒和影响的通知，要求对中小学教材中"四人帮"的流毒和影响采取措施：

（一）"四人帮"及其余党的言论、文章和形象，坚决清除。（二）"四人帮"控制的写作班子，如署名池恒、程越、梁效、初澜、江天、齐永红、罗思鼎、秦怀文、翟青等写的宣扬修正主义观点、制造反革命舆论的文章，坚决清除。（三）"四人帮"对抗毛主席的指示，批林批孔，又批走后门，三箭齐发，在教材中有反映的，应按照毛主席关于批林批孔的指示修改。"批邓"、"反击右倾翻案风"的教材，应予删除。（四）"四人帮"吹捧、宣扬和插手的人和事，或与"四人帮"阴谋活动有关的

① 邓小平：《尊重知识，尊重人才》，引自何东昌《中华人民共和国重要教育文献（1976—1990）》，海南出版社1998年版，第1573页。

人和事，分别不同情况处理。凡中央文件、各地党委、报刊文章已予批判的，应予删除。有些人和事，目前情况尚不清楚的，可暂予回避。（五）“四人帮”的反动观点，坚决清除。影响或贯穿全书的，停止使用，重新编写。反映在部分章节的，删除或修改。①

（二）拨乱反正，重建秩序

十年动乱期间，中小学教育遭到严重破坏，中小学教材被全盘否定。粉碎“四人帮”以后，中小学亟待恢复正常的教学秩序，急需新教材。

1. 编写全国通用教材

1977 年 9 月，根据中共中央指示，教育部决定重新编写全国通用的全日制十年制学校教材。当时，人教社正在重建，教育部从 18 个省、市、自治区选调了 200 多人参加编写工作。同时，还聘请关肇直、吴文俊、江泽涵、苏步青、段学复、唐敖庆、贝时璋、童第周、周培源、王竹溪、褚圣麟、何祚庥、于光远、叶圣陶、吕叔湘、白寿彝、高士其、严文井、郭预衡等 45 位专家担任编写各科教材的顾问。遵照邓小平“编写教材要走群众路线，要征求教师意见”的指示，编写人员走访科研部门、生产部门、高等院校等单位，进行了大量的调查研究工作，拜访了许多名家，如钱学森、高士其、叶圣陶、冰心、贺敬之、柯岩、严文井、叶君健、戈宝权。钱学森关于“选材面要宽，上下五千年，纵横八万里，小学语文课本要反映天、地、生、数、理、化，应编成小百科全书”的谈话，叶圣陶提出“切实研究，得到训练学生读作能力之纲目和次第，据以编纂教材”的主张，都给编写人员很大启发，并融进了人教社教材的编制指导思想中。②

教育部还成立教材编审领导小组，领导制订各学科的教学大纲，研究确定教材的编辑方针。要求在教材中彻底清除“四人帮”的流毒和影响，编写工作做到：（1）正确体现政治与业务的关系，教材内容要体现无产阶级的政治方向，要有利于对学生进行思想政治教育，但思想政治教育是通过各科教材的具体内容进行的，而不是脱离各种教材的具体内容空发议论，牵强附会。（2）正确体现理论和实际的关系，注意通过对具体事例的阐述或观察、实验使学生理解和掌握理论，使学生知道理论

① 何东昌：《中华人民共和国重要教育文献（1976—1990）》，海南出版社 1998 年版，第 1576－1577 页。

② 崔峦：《回顾·总结·展望——人民教育出版社五十年小学语文教材编写历程》，载《课程·教材·教法》，2010 年第 1 期，第 52 页。

在实际中的应用，培养学生具有运用所学理论去解决一些实际问题的能力。（3）十分注意加强和精选基础知识，基础知识应当是学习现代科学技术和参加现代化生产必须具备的，精选传统内容，适当充实先进的科学知识。（4）必须重视基本技能的训练，通过基础知识的学习、基本技能的训练，启迪学生的智力，培养学生的能力。1977 年 10 月 5 日教育部发出了关于 1978 年秋季开始供应中小学教学用书的通知。1978 年秋季，共推出各科教学大纲 15 种 15 册，课本 32 种 106 册，教学参考书 27 种 90 册。①

2. 全日制十年制学校小学语文课本的特点

1978 年 2 月，教育部颁发了《全日制十年制中小学教学计划（试行草案）》。大纲进一步明确了语文学科"基础工具"的性质，指出其"重要特点是思想政治教育和语文知识教学的辩证统一"。社会上既重视知识又重视能力的知能平衡教学观得到普遍认同。在此背景下，人教社教材编写指导思想强调精选基础知识，加强"双基"，培养能力，发展智力，推出第六套小学语文教科书，对稳定教学秩序和提高教学质量起到很大作用，改变了 10 多年来各地使用自编教材、程度参差的局面。

这套全日制十年制学校小学语文教科书（试用本）注意处理好思想教育和语文教学、语文知识和语文能力、教与学这"三个关系"，其主要特点有：

（1）根据"培养学生无产阶级世界观"的精神以及课文应当"有助于向学生进行热爱领袖、热爱党、热爱社会主义祖国的教育"的要求，精选或保留了许多关于革命传统教育的课文，如《人桥》《难忘的泼水节》《送雨衣》《葡萄架下》《温暖》《列宁和卫兵》《王二小》《小八路》《田寡妇看瓜》《西瓜兄弟》《十六年前的回忆》等，还有英雄事迹如《我的战友邱少云》《董存瑞舍身炸碉堡》《黄继光》《罗盛教》《过桥》等，以及有关宣扬劳动观点的课文，如《幸福是什么》《劳动的开端》《杨家岭的早晨》等。

（2）突出了培养学生对科学的热爱。热爱科学，加强文化学习是文革结束后教育面对的一个重要任务。正如第二册第四课《学文化学科学》：

为了祖国美好的明天，我们要努力学文化，学科学②

就以这第二册为例，有《蔬菜》《庄稼的好朋友》《奇妙的"眼睛"》《上天入地下海》《一粒种子》《燕子飞回来了》《我是什么》《队里有了新机器》《小壁虎借尾

① 顾黄初主编：《中国现代语文教育百年事典》，上海教育出版社 2001 年 12 月版，第 467－468 页。
② 中小学通用教材小学语文编写组：《全日制十年制学校小学语文第二册（试用本）》第 4 课。

巴》《参观养鸡场》《大海大海你等着》《雷雨》《保护牙齿》《谜语》《要下雨了》等直接牵涉到科学知识、科学方法的课文近二十篇，差不多占全册课文的一半。

（3）宣扬做人的道理。如《天鹅、梭子鱼和虾》《将相和》宣扬了团结的主题，《我们的老师》《大仓老师》《苏老师》描写了融洽的师生关系，《蓝树叶》《好朋友》《我自己做》揭示了如何正确对待同学交往，《不要从这儿走》《颗粒归公》《小马过河》《骆驼和羊》《小虫和大船》等描写了如何认识和处理事物。

（4）突破了单纯的工农兵和革命领袖形象。诸如音乐家聂耳、科学家爱因斯坦，伽利略、童第周、詹天佑，发明家富尔顿、爱迪生等，以及古代或传说中的人物、西门豹、海力布、孔明、曹冲、鲁班、李时珍、马良等，成为课文中的榜样形象，供学生学习；还有一些普通百姓，如学英语的陶佳、小抄写员。

（5）有深刻教育意义的寓言故事重新被选进教材。像《骆驼和羊》《小猫钓鱼》《捞月亮》《寒号鸟》《刻舟求剑》《狐假虎威》《狐狸和乌鸦》等重新被选进教材，这些教材在文革中被认为是封、资、修教材，有毒素，如果谁没有看出来，说明在接受贫下中农再教育方面就算不及格。

（6）课文设置形式和训练设置多样化。编排了讲读课文、阅读课文和独立阅读课文等三类课文，有些课文配上插图，看图学文，体现了对培养独立阅读能力的重视。切实加强语文训练，除“课后练习”外，每个单元之后设“基础训练”，以加强字、词、句的训练和听说读写的综合训练。此外，还安排了两类生字，一类要求掌握，一类要求会读。看图学词学句，按照由浅到深的原则编排。

（7）重视读写能力训练，把小学生应当具有的读写能力分解为近 40 个读写训练项目，在低年级初步训练的基础上，从中年级到高年级，设置读写训练项目，以每个读写训练项目形成单元，每个单元后设“读写例话”，在作文指导时，编排同龄学生写的“习作例文”，充分发挥教材的导学、导练功能，有计划培养学生的读写能力。

总之，这套课本在总结建国以来小学语文教材编写正反两方面经验的基础上，正本清源，从内容到编排都有较大革新，其中“读写训练”项目的编入是小学语文教材由知识学习向能力训练转向的标志。

（三）培养能力，发展智力

“文革”结束之初，在全日制学校、半工半读学校和业余学校这三类学校中，全日制学校课程设置完备、担负提高教学水平的任务。1978 年 1 月，《全日制十年制中小学教学计划试行草案》提出，应当有计划地使一部分条件具备的学校逐步过渡为全日制十年制学校，一部分也可办成半工半读的五七学校和农业中学。试行草案的颁布以及十年制教材的出版，既推动了农村地区九年制中小学逐步过渡为十年制学校，也推动了全日制学校恢复正常教学秩序。语文教学重新回归本位以后，首先面临的是如何提升质量。1978 年 3 月 16 日，吕叔湘在《人民日报》上发表了“当前语文教学中两个迫切问题”的短论，指出：

中小学语文教学效果很差，中学毕业生语文水平低，大家都知道，但是对于少、慢、费、差的严重程度，恐怕还认识不足。……十年时间，二千七百多课时，用来学本国语文，却是大多数不过关，岂非咄咄怪事！语文是工具，语文水平低，影响别的学科的学习。

一时间，提高质量成了语文教学改革的核心议题。《全日制十年制学校小学语文教学大纲（试行草案）》提出，“教师要总结教学经验，认真研究教学方法，大力改进语文教学，不断提高教学质量”。

（1）充分总结教学经验，推出了全国有影响的语文教学成果。阅读教学方面，有江苏南通李吉林老师的情境教学；作文教学方面，有广东丁有宽的“读写结合五步系列训练”、上海师大吴立岗教授以素描教学为主要形式的作文训练序列、东北农垦总局常青的“写作基本训练分格教学”等；识字教学方面，有中国文字改革委员会和全国高等院校文字改革委员会支持下的黑龙江三所小学进行的“注音识字，提前读写”实验、江苏于永正老师主持的“言语交际表达训练”实验等。

（2）认真加强教学研究，推进了语文教育改革和实验。阅读教学方面，开展小学语文教学序列研究，京、津、沪、浙四省市小学语文教材编写组编制了“六年制小学语文教学要求和教学序列”，对小学各年级教材在“字词句篇、听说读写”方面的教学目标拟订出具体的年级要求。识字教学方面，构建起集中识字——大量阅读——分步习作”的教学体系，其特点被概括为：识字在先，集中归类；大量阅读，单元分组；分步有序，训练表达。

（3）大力改进教学方法，重视学法指导。学法指导是指教师在教学过程中通过最优途径，使学生掌握一定的学习方法，并获得具有选择和运用恰当学习方法进行有效学习的能力。这一时期广大小学语文教师和教研工作者从实践中总结出来的或通过科学分析归纳出来的语文学习方法虽然各有不同的分类方法，但几乎都包括两方面内容：一是在具体的学习情境中引导学生掌握具体的学习方法，如阅读、作文、查字典、解词等方法；二是引导学生获得各种学习方法的适用范围，使学生在特定的学习情境中，能够选择恰当的方法进行学习。

（四）编制适应不同学制的教材

当全日制学校的教育工作初步摆脱无计划、无要求、无制度的混乱状态之后，教育质量得到显著提升，接下来的任务是如何普及这类学校，实现大面积提升质量。1980 年 12 月 3 日，《中共中央、国务院关于普及小学教育若干问题的决定》认为，普及教育涉及到学制问题，中小学学制准备逐步改为十二年制，并提出今后一段时期小学学制可以五年制与六年制并存，城市可以先试行六年制小学，农村小学学制暂时不动。经济比较发达、教育基础较好的地区，应在 1985 年前普及小学教育，其他地区一般应在 1990 年前基本普及。至于极少数经济特别困难、山高林深、人口稀少的地区，普及期限还可延长一些。为此，教材建设也作出调整以适应不同学制。

1. 不同学制小学语文教材编制的背景

为贯彻落实普及小学教育的精神，1981 年 3 月教育部颁发《全日制五年制小学教学计划（修订草案）》，要求从 1981 年秋季开学到 1982 年秋季开学分步试行，基本教材于 1982 年秋季发行，1981 年先请各省、市、自治区自编临时讲授提纲或教材或仍用原试用教材。同时，教育部也提出关于城市试行六年制小学的意见，认为 1985 年前应集中力量搞好调整工作，打好基础，稳步提高，除北京、上海、天津可先行试点外，其他省、区的大城市是否试行，可根据上述精神慎重研究。北京、上海、天津试行六年制，也要在调整、整顿好现有五年制小学基础上，有计划有准备有步骤地先在城区试行。至于六年制小学的学习程度，意见认为现行全日制五年制小学各科教学大纲和教材的程度已经不低，相当一部分教师还不适应，因此，试行的全日制六年制小学的教学程度原则上和现行五年制小学一样，不再提高。试行的六年制小学的教学计划、教学大纲和教材，由有关市教育部门参照全日制五年制小学的教学计划、教学大纲和教材，自行拟定和编写。

于是，人教社在全日制十年制学校小学语文课本（以下简称十年制课本）基础上，改编和出版了五年制小学语文课本（以下简称五年制课本）；同时，为配合城市小学试行六年制，人教社又编写了六年制小学课本。由于五年制和六年制课本最终达到的程度要基本相当，因此，六年制小学语文课本的课文总数量多一些，但每册课本的课文数量则少一些，年级之间的内容衔接坡度缓一些，更加注重训练的连续性。这两套课本，是人教社编写的第七套小学语文教材，也是全国通用小学语文教材最后版本。

与十年制课本相比，人教社五年制小学和六年制小学这两套语文课本作了如下改进：第一，为了减轻学生过重课业负担，教学计划缩减了课时。因此，教材适当减量，练习删减了机械记忆、死记硬背的内容，更加注重培养自学能力。第二，低、中、高年级语文训练的阶段性更加明显，更加注重体现训练的连续性。低年级以识字为重点，同时进行词句训练、朗读和说话训练，打下语文学习基础。中年级加强段的训练，体现由词句训练向篇章训练的过渡。高年级以篇的读写为重点，设若干训练项目，扎扎实实进行以读写能力为重点的语文训练，全面达成小学阶段学习目标。第三，努力实现教材编写的精致化，从编选课文到编写识字教材，到编排三类课文，到设计课后练习和"基础训练"，力求做到更加合理、更加完善。①

此外，上海、浙江、北京、天津四省市小学语文教材联合编写组编制了试行六年制的小学语文教材（以下简称四省市课本）。

2. 人教社十年制课本与不同学制小学语文教材的比较

无论四省市的六年制小学语文课本，还是人教社的五年制小学语文课本、六年制小学语文课本，在编制思路上都受到全日制十年制学校小学语文课本的影响，比如，低年级以识字为重点，采用看图识字、比一比、认一认的活动进行归类识字或集中识字，每册书后面再附上生字表，扎实进行以读写能力为重点的语文训练，等等。

（1）人教社十年制课本与五年制课本的比较

以人教社十年制学校小学语文课本和五年制小学语文课本这两套教材的第四册为例，五年制课本基本上保留了原来的课文，只是减掉了十年制课本的 9 篇课文：《平平在家里》《一本心爱的字典》《八个铜钱》《海龟下蛋》《骆驼和羊》《草原之歌》《小白花》《苗山寨》《野兔》，同时增加了 3 篇课文：《蚕姑娘》《栽吧栽吧》《登鹳鹊楼》，总数上减掉了 6 篇课文；基础训练也由 12 个减为 10 个；课文组织方面仍然区分讲读课文、阅读课文和独立阅读课文，识字方面由原来的集中识字，改为归类识字，体现了对识字规律的探求。

①从减掉的课文来看，《一本心爱的字典》写九岁的毛岸英流落在上海街头是如何省钱买字典的故事，《八个铜钱》描写了周恩来小时侯如何省吃俭用，把省下的八个铜钱交给一个烧茶炉的老人治病的经过，《小白花》写一个小孩随爸爸妈妈到天安

---

① 崔峦：《回顾·总结·展望——人民教育出版社五十年小学语文教材编写历程》，《课程·教材·教法》，2010 年第 1 期，第 53 页。

门广场悼念周恩来的事件，这三个小孩形象都显得过于成熟，看不到小孩子天真活泼的一面，试看下面几个细节描写：

一连几天，岸青发现岸英不吃早饭，就问“哥哥，你为什么总不吃早饭？”岸英说：“弟弟，我不吃早饭，每天可以节省两个铜板。攒够了，去买一本字典，它是个不开口的老师。”岸青说：“哥哥，我也不吃早饭了，跟你一起攒钱。”兄弟俩好不容易攒够了钱，岸英高高兴兴地来到书店，对卖书的人说：“我有一百五十个铜板了，买一本学生字典。”那人摇摇头说：“不行啦！那是三个月前的价钱。字典早就涨价啦，还得添五十个铜板。”岸英呆呆地站了好一会儿，自言自语地说：“买本字典真难啊！”兄弟俩又忍饥挨饿，省下半个月的早饭钱，终于把字典买了回来。

——《一本心爱的字典》

有一天，周恩来在烤烧饼，老人发现他的烧饼里没夹菜，就关心地问：“怎么不夹菜了，没钱了吗？”周恩来说：“不是，省点钱好买书包。”老人感叹地说：“真是个好孩子！”

有一回，老人病了，没有来上班。同学们喝不上开水，周恩来就去茶炉房给大家烧。放学以后，他把自己省下来买报的八个铜钱送到老人家里，让老人买药治病。老人知道他省这几个钱不容易，说什么也不肯收。周恩来诚恳地说：“您把病治好了，这比什么都要紧啊！”老人接过八个铜钱，含着眼泪，把周恩来紧紧地搂到怀里。

——《八个铜钱》

我们走到纪念碑南边。爸爸低声告诉我，碑上面的金字是周恩来爷爷亲笔写的。爸爸脱下了帽子，妈妈摘下了头巾。他们低下头，向周爷爷默哀。我也低下头，轻轻地说：“敬爱的周爷爷，我们想念您，您永远活在我们心中。”说着，我忍不住哭了。妈妈拉着我的手，向纪念碑下边的松树林里走去。

——《小白花》①

描写这几个小孩的细节都有拔高之嫌，拔高必然会带来假、大、全的形象，不符合实事求是的认识态度。

课文《苗山寨》歌颂苗山社员的幸福生活：

金色的桂花迎风开，美丽的苗山放光彩，苗家的生活比蜜甜，幸福的歌儿唱起

① 选自中小学通用教材小学语文编写组编：《全日制十年制学校小学课本·语文第四册》（试用本），1979年6月出版。

来。喜看今日苗山寨，苍松翠竹把山盖，梯田层层接蓝天，果树行行云中栽。喜看今日苗山寨，机器隆隆震天外，金谷银棉堆成山，山间新房一排排。金色的桂花迎风开，美丽的苗山放光彩，社员巧手绘新图，苗家阔步向前迈。

整首诗歌的豪迈气概仿佛把人带进了“大跃进”时期斗天斗地的热情中，而1978年拨乱反正以来，社会需要的已不再是狂热的激情，而是冷静的思考，对中国社会发展路径的实事求是的理性思考。同时，1980年9月中共中央召开各省、市、自治区党委书记座谈会，讨论加强和完善农业生产责任制问题，会议最后形成了《关于进一步加强和完善农业生产责任制的几个问题》的座谈纪要，后以1980年第75号文件形式印发，要求各地结合当地具体情况贯彻执行。这个纪要承认一些农村地方出现的包产到户、包干到户的合法性，直接冲击了人民公社政社合一的体制，表明实行政社分离或者废除人民公社而重建基层组织已摆上了议事日程。此外，1980年11月，中共中央批转中共山西省委关于农业学大寨运动中经验教训的检查报告，终止了农业学大寨运动中许多“左”的做法。在这种背景下，如果再继续高歌“梯田层层接蓝天，果树行行云中栽”“社员巧手绘新图，苗家阔步向前迈”，显然已经不合时宜了。

课文《野兔》描写野兔用装死的计谋踢死了老鹰的经过，一方面肯定了野兔欺骗老鹰的斗争方式，一方面也贯穿着对敌斗争的哲学，这对于刚刚经受过“文革”种种斗争过来的人们，也是不希望出现的。《草原之歌》《海龟下蛋》或许是因为偏重地方经验，不能照顾到中国广大农村地区儿童的生活经验，因此，也未被采用。

②从增加的课文来看，《蚕姑娘》用文学化的手法生动地介绍了蚕如何变成蛾的经过，属于科学知识的学习，课文《栽吧栽吧》是一首自由体诗歌，宣扬了植树造林，“把树木栽遍荒地，栽满山冈。把荒山荒地变成美丽的农场。让森林消灭水旱灾害，让森林把风沙阻挡……把荒山变成美丽的花果山，把荒地变成美丽的果木园。让四季都有开不败的鲜花，让四季都有吃不完的水果，让祖国的花果一年多一年。”抒发了通过勤劳的双手去改造自然、改变环境的豪迈奔放的思想感情。这两篇课文都是人教社60年代初出版的语文课本第四册的课文。

还有两篇课文：《骆驼和羊》和《登鹳鹊楼》，属于保留课文，但是作了调整。《骆驼和羊》是一篇富有哲理的童话故事，它情节简单，因此被提前到第三册，这个故事在新中国成立前就已经出现在小学国语教材中，民国时曾一度以《骆驼和猪》为标题，关于这篇课文的发展将会在经典课文的演变中作详细分析。《登鹳鹊楼》文字简单，适宜更低年级学习，因此也被提前到第四册。

总的来说，有关宣扬科学知识和科学态度的课文逐渐多起来了。

（2）人教社十年制课本与四省市课本的比较

四省市课本在宣扬科学知识和体现科学态度方面更加突出。以这套教材的第四册为例，课文总数34篇，其中与十年制课本相同的课文大多与科学有关。比如《一粒种子》《小壁虎借尾巴》《小虾》《鱼和潜水艇》《蜜蜂》《保护牙齿》《小蝌蚪找妈妈》《我是什么》《蜘蛛》《雷雨》等课文，介绍了各种科学知识；《锯是怎样发明的》《数星星的孩子》《科学的大门》《蜜蜂引路》等课文，介绍了科学家或名人善于观察和思考的科学态度；还有像《骆驼和羊》《小马过河》等课文，突出了辨证看问题和思考问题的认识态度。尤其值得提出的是《弟弟问蓝天》和《种蓖麻》这两篇课文。

①《弟弟问蓝天》关注到问题意识和想象力的培养。十年制课本虽然也有类似重视培养想象力的课文，如《小小的船》："弯弯的月儿小小的船，小小的船两头尖。我坐在船上抬头看，只看见闪闪的星星蓝蓝的天。弯弯的月儿小小的船，小小的船两头尖。我坐在船上往下看，一处处大庆的油井大寨的田。"但最终还是回到现实中，《弟弟问蓝天》却隐含着丰富的想象力：

夜晚窗台前，
弟弟问蓝天：
广阔的天空，
到底有没有边？
漫长的岁月，
过去了多少日？
将来还有多少天？
月亮咪咪笑，
星星眨眨眼，
好像在回答：
答案藏在书里面。
夜晚窗台前，
弟弟问蓝天：
弯弯的月亮，
对人类能有多大贡献？
闪闪的星星，

上面有没有鲜花和白兔?

还有没有工厂和农田?

月亮咪咪笑,

星星眨眨眼,

好像在回答:

答案等你去发现。①

在“文革”时期，类似这些小孩子发问的课文基本上都关涉到长辈的苦难生活，根本不会触及上天入地下海等对茫茫未知世界探求和思索的内容，即使在 1956 年发出向科学技术进军号召和随后强调技术革命、文化革命的时期，也只是出现一些介绍科学知识和如何改造自然的课文，如课文《地平线》《什么是平面图》《军用地图》《马明怎样在树林里寻路》《指南针》《暴风雨之前》《海上的台风》《为什么要知道天气》《人和水的斗争》等。那时虽然也有激发好奇心和问题意识的课文，但是，无论如何绕来绕去总要回到对现实的歌颂之中，绝对不会提出“答案等你去发现”这种不告诉答案的探究性引导话语。如 1955 年人教社出版的高级小学语文课本第二册的课文《沙漠里的奇怪事情》:

小时候，我常听爷爷说:

“在沙漠里，会有高楼隐约地出现在前面。

可是你一跑过去,

那高楼就消失了,

消失得无影无踪。

沙漠仍旧是沙漠。

——这是多么奇怪的事情!”

爷爷拉着骆驼,

一年又一年，穿过沙漠。

去哈密，他亲眼看见过这样奇怪的事情。

今天，爷爷又从哈密回来,

他抚摸着我的头，又讲给我听沙漠里的奇怪事情。

“我拉着骆驼在沙漠里走。

① 上海、浙江、北京、天津四省市小学语文教材联合编写组编:《全日制六年制小学课本·语文(试用本)》，第 1 课，上海教育出版社 1984 年版。

哎呀，前面又出现了一座高楼。

我看得那样真切，

简直不信自己的眼睛。

我想，这一定又是幻影。

我一步一步走近它，

那高楼，不但不消失，

反而更加分明。

我一打听，呀，

原来是漂亮的宿舍，

里面住的

是采石油的工人。

工人留我在高楼里住了一宿，

他们欢迎我这远方的客人。”

爷爷说完了故事，

回过头去看看墙上的毛主席像。

“在沙漠里，我见过不少高楼，

我呀，总不相信会是真的，

现在我亲眼看到了，

那过去的幻影，

变成了真实的事情！”

这里的疑惑、好奇不是为了引导对沙漠的探索和研究，而是为了印证现实的伟大。

②《种蓖麻》是一篇介绍蓖麻生长过程和选种知识的课文，这篇课文在十年制课本中没有出现，但在一些地方自编的教材中出现，如 1977 年河南省小学试用课本语文第六册第七课就是《种蓖麻》，四省市课本第四册的课文《种蓖麻》与它的记叙经过相类似，但是，具体内容经过了删改，课文基调完全不同，前者是沉重的责任感，教导者是农民张大伯，后者是是活泼的探究活动，引导者是学校的老师。试比较两者的区别，下面是 1977 年河南省革命委员会教育局中小学教材编辑室编《河南省小学试用课本·语文》第六册课文《种蓖麻》：

春上开学不久，贫管会张大伯领着我们，把操场旁边的土埂、沟沿刨平，整理成许多块小园地，准备种蓖麻。

张大伯对我们说："蓖麻就是大麻子，它的用处可大了。蓖麻油是飞机、轮船、汽车和各种机器上不可缺少的润滑油。蓖麻饼是很好的肥料。蓖麻叶可以养蚕，秆可以造纸或当柴烧。种蓖麻能够支援社会主义建设．好处多着呢！"

我们听了很高兴，都说要多种蓖麻。

快到清明的时候，张大伯领着我们播种。他给我们做了个样子，我们很快就学会了。我们先在地里挖了几行小坑，每个坑相距二尺半左右，接着在每个坑里放两三颗蓖麻籽，再盖上一层细土，然后轻轻地在土面踩一踩。

种上以后，我们每天都去看看，一连几天还不见蓖麻长出来。为什么还不出芽呢？大家有点着急了。张大伯笑着说："还早哩，你们耐心等着，大约要半个月才能长出来。现在种子正在土里膨胀、发芽呢。"

一天早上，有个同学看见好多小芽钻出了地面，每一个小芽上都有一对嫩叶子。他高兴得喊起来："蓖麻长出来了！"我们一听，都跑过去看。

蓖麻幼苗，在松软的土壤里茁壮生长。一天，刚下过小雨，我们看到蓖麻长出两对小叶子。张大伯说，可以间苗了。我们小心地把弱苗拔去。间苗后，蓖麻长得更快了。不久，一片片叶子像张开的大手，还开出了一串串淡红色的小花。又过了些日子，蓖麻陆陆续续地结果了，一个果实里有三颗籽。

秋天到了，蓖麻成熟了。我们就随熟随收，做到颗粒不丢，收了许多蓖麻籽。大家挑选了一些粒儿大、光亮饱满的留作种子。其余的，我们装了满满两麻袋，送到生产队，和生产队里收的蓖麻籽一起缴给国家，支援社会主义建设。

四省市课本第四册课文《种蓖麻》删改了很多内容：

四月一日那天，我们在学校里做了一件有趣的事：种蓖麻。

在教室南边的空地上，我们先整理好一小块地，把蓖麻的种子埋进挖好的小坑里，再盖上一层细土。

第二天，我们一进学校，就跑去看蓖麻长出来了没有。可是跟昨天一样，地面上只有土，没有别的。一连几天，我们都去看，还是只看见土。有个同学说："蓖麻怎么还长不出来呢？"老师说："早着呢。你们耐心等着，大约要半个月才能长出来。现在，种子正在地里膨胀。"

一天早上，我看见地里钻出好些小芽，上面都有一对嫩叶子。我高兴地叫起来："蓖麻长出来了！"同学们都围上来看。

蓖麻一天天地长大，越长越高，长得比老师还高。还长着像手掌似的大叶子，开出一串串淡红色的小花。

蓖麻结果实了，就结在一串串小花的花轴上。一个果实里有三四颗蓖麻子。

到了秋天，我们收了许多蓖麻子。老师叫我们挑一些蓖麻子做种子，要挑粒儿大的，饱满的，光亮的。老师说："蓖麻的用处很多，我们明年还要种。"

（3）人教社六年制小学语文课本与人教社五年制小学语文课本的比较

除四省市推出六年制小学语文课本以外，人教社在其原有的五年制小学语文课本基础上，根据1984年颁布的《六年制小学教学计划草案》精神，也新编了一套六年制小学语文课本。它跟五年制小学语文课本相比，教学要求和编排体系基本相同，只是作为六年制小学语文的基本教材，每册的份量稍有减少，以便留出教学时间供各地讲授补充教材。人教社这套六年制小学语文教材，增加的课文主要突出与社会主义商品经济的适应，1984年《中共中央关于经济体制改革的决定》提出，"要在自愿互利的基础上广泛发展全民、集体、个体经济相互之间灵活多样的合作经营和经济联合"，比如增加的课文《年关》①：

"跳呀跳，笑呀笑，新年就来到；闺女要花，小子要炮，拍着手，笑着跳；砰叭放鞭炮，新年好热闹……"

从前，快过年的时候，孩子们就在街上唱这个歌谣。过新年对小孩子来说，是多么高兴的事呀！可是我小时候在家不敢唱，因为一进腊月，要债的人就上门了。"年关难过啊！"父亲常常这样叹息着说。

有时候，要债的人一坐就是几个钟头，赖着不走。母亲跟他们说："你看我们家连锅都揭不开了。"母亲没做饭，我们小孩子肚子里咕噜噜地直叫，只好忍着，也不敢嚷饿。

要账的人里，刘老头最可恨。他一来就坐在炕沿上，不紧不慢地喝水，抽旱烟，磕得炕沿下边一大堆烟灰。我还得在旁边递水伺候着。老实忠厚的父亲苦苦哀求："等两天吧，我是日挣日吃没有富余，等到过了年，把年货卖了……""年货"，父亲指的是糖葫芦。刘老头撅着两撇胡子："你们怎么说的？当初你们的死人出不了门哪！多亏我救了你们的急。你们不还钱，让我再把她从坟里扒出来吧！"可怜的父亲好话说尽也不行，只好把家里唯一值点钱的棉被交给刘老头抱走。十冬腊月，我们全家人冷得挤在一块儿，互相倚靠着，团在炕头睡觉。我们是怎么欠下刘老头这笔债的呢？听母亲说，祖母死后，没有钱买装裹，只好向刘老头借；穿上衣服了，又没有坟地埋葬，又以每年三十块钱的租金，租了刘老头的坟地。刘老头专门租坟地，

① 《六年制小学课本语文（试用本）》第7册第25课，人民教育出版社1984年10月第1版。

放印子钱，是吃死人饭的。他逼着活人为死人受罪。从祖母去世以后，他就年年来逼债。

吉山二叔的儿子小猴儿，是我的小伙伴，我们一道玩，也一道上台演小孩角色。他好打抱不平，也恨透了刘老头。

有一回，我们正在门口玩捉迷藏，刘老头要完账出来了。小猴儿把我们拾到的一个花炮赶快点着，扔到刘老头背后，“砰”地响了！虽然没有烧着袍子，可吓了刘老头一大跳，他骂着走了，我们笑弯了腰。

我得意地把这件事跟父亲说了，父亲反而大怒，训斥说：“欠债还钱，没钱央告；明人不做暗事，做暗事不是英雄。不许使坏！”

刘老头年年上门要债，我们家岁岁难过年关。等到我唱戏挣钱了，还要省吃俭用才能凑上给刘老头的坟地钱。直到一九四九年天津解放，我们全家才甩掉了这笔阎王债。

父亲这一番训斥的话，恰恰体现了市场经济社会的信用原则。这篇课文如果放在“文革”期间，绝对是忆苦思甜的好教材，其中父亲训斥我“不许使坏”那一段也肯定要删掉，因为任凭逼债，父亲却没有一点反抗的革命精神，甚至还不允许我们对“放印子钱”的刘老头实施“报仇”。

在这一时期，人教社为适应 1986 年新修订的教学大纲，还对六年制小学语文课本作了修订、改编，主要调整了识字量以及与涉及的生字有关的课后作业、基础训练等。这套修订的教材是义务教育前的最后一套教材。

第二节　义务教育小学语文教材

1986 年 4 月，《中华人民共和国义务教育法》颁布，国家教委开始组织力量编制义务教育各科教学大纲，并于同年 9 月成立全国中小学教材审定委员会，把竞争机制引入教材建设，从此结束了建国以来统编教材的历史。在普及九年义务教育的背景下，小学语文教材的多样化建设经历了多样化探索时期和语文课程标准实验时期。

一、教材多样化探索时期（1986—2000）

贯穿义务教育阶段小学语文教材编写的一个关键词是多样化。1985 年 1 月，教育部颁布《全国中小学教材审定委员会工作条例（试行）》，指出今后中小学教材的建设，把编写和审查分开，审定后的教材由教育部推荐，供各地选用。1988 年 9 月国家教委颁布《九年制义务教育全日制小学语文教学大纲（初审稿）》，提出“重视联系实际，激发学习兴趣”，要求语文教材多从儿童生活实际和经验中选材，减少从学科知识和训练本位出发的内容。与此同时，国家教委召开教材规划会议，讨论决定编写四种类型的义务教育教材：一是全国大多数地区的六三制教材，二是全国大多数地区的五四制教材，三是沿海发达地区的教材，四是不发达地区的教材。这意味着教材多样化建设的号角正式吹响，开启了“一纲多本”的时代。

（一）素质教育中的小学语文

自中国改革开放以来，小学语文教学改革不断深化，对语文能力训练的重视也开始走向关注语文素质的提升。1988 年，《九年制义务教育全日制小学语文教学大纲（初审稿）》首次提出课外活动是语文教学的有机组成部分。1992 年《九年义务教育全日制小学语文教学大纲（试用）》，提出端正教学思想，“正确处理语言文字训练和思想教育的关系，学习语文和认识事物的关系，传授知识和发展智力、培养能力的关系，教和学的关系，课内和课外的关系”。1993 年中共中央、国务院印发《中国教育改革和发展纲要》，指出“中小学要由‘应试教育’转向全面提高国民素质的轨道，面向全体学生，全面提高学生的思想道德、文化科学、劳动技能和身体心理素质”。

语文素质教育侧重于让语文听、说、读、写能力转化为学生的个体语文素质。这种转化过程不是语言文字游戏或简单的书面或口头问题解答，而是对学生语文学习品质的培养等多形式、多层次、多内容的综合训练，它既有语文听、说、读、写能力的培养，也有理解语言文字思想内涵的训练；既有智力因素方面的训练，也有非智力因素方面的训练。其综合表现就是培养语感。中小学生的语言功底、智力水平、思想品格、审美情趣、文学修养以及生活交际技能等诸因素等都能够通过语感能力表现出来。

为此，中小学进行语文素质教育必须抓住语感这个根本性环节，按照语感教学的特点编写语文教材，设计语文训练程序。

（二）小学语文教材的编制和出版概况

教材多样化可以有三个层面的认识：一是不同版本的小学语文教材从教材内容的多样化到教材组织形式的多样化；二是同一版本的教材在保证统一要求的前提下

加强教材的选择性和层次性，以适应不同学制、不同地区、不同学校的需求；三是同一版本的教材以不同的形式呈现，比如，人教版小学语文教材既有黑白版，又有彩色版，甚至有供一般学校采用的通用教材和供部分特色学校采用的实验教材。

自1992年起，全国中小学教材审定委员会遵循“中小学教材要在统一基本要求的前提下实行多样化”的指导方针，开始对九年义务教育小学语文教材进行审查。在1992年至1999年间，就有20多套小学语文教材提交审查。这些教材均依据《九年义务教育小学语文教学大纲（试用）》编写，审查通过后被列入国家教育行政部门编制下发的“教学用书目录”，供全国选用。这些教材大致有三类①：

一类是1988年国家教委在山东泰安召开的九年义务教育教材编写规划会议上规划编写的小学语文教材。包括：人教社编写出版的九年义务教育五年制小学语文课本和六年制小学语文课本；广东省教育厅、海南省教育厅、福建省教委、华南师范大学九年义务教育教材编委会编写，广东教育出版社出版的九年义务教育六年制小学语文课本；四川省教委、西南师范大学九年义务教育教材编委会编写，四川教育出版社出版的九年义务教育六年制小学语文课本（11、12册未送审）；北京师范大学“五·四”制教材编委会编写，北京师范大学出版社出版的九年义务教育五年制小学语文课本；河北省教委复式教材编委会编写，河北教育出版社出版的九年义务教育复式教学五年制小学语文课本和六年制小学语文课本；上海市课程教材改革委员会编写，上海教育出版社出版的小学语文（H版）和小学语文（S版）（两套均只送审了一年级），浙江省编写的教材未送国家审查。

一类是若干省、市整体规划、分科实施、逐步完成的教材。包括：北京市教委教研部编写，北京出版社出版的九年义务教育六年制小学语文课本；江苏省教委教研室编写，江苏教育出版社出版的九年义务教育五年制小学语文课本和六年制小学语文课本；河南省教委教研室编写，河南教育出版杜出版的九年义务教育五年制小学语文课本；山西省教委教科所编写，山西教育出版杜出版的九年义务教育复式教学五年制小学语文课本。

还有一类是在各种小学语文教育教学改革多年实验的基础上形成的单科教材，包括十二省市“注·提”② 教材编写协作组编写，语文出版社出版的九年义务教育五年制小学语文课本；“注·提”实验教材编委会编写，黑龙江教育出版社出版的九年

① 顾黄初主编：《中国现代语文教育百年事典》，上海教育出版社2001年12月版，第719－721页。
② “注·提”是“注音识字，提高读写”的缩写。

义务教育五年制小学语文课本；黑龙江教委“注·提”实验领导小组编写，黑龙江教育出版社出版的九年义务教育五年制小学语文课本（通过1—4册）；中央教育科学研究所张田若主编的有关“集中识字”类实验成果教材——九年义务教育五年制小学语文课本，由光明日报出版社、内蒙古人民出版社出版；辽宁教育学院编写，辽海出版社出版的九年义务教育六年制小学语文课本；北京景山学校语文组编写，人教社出版的九年义务教育六年制小学语文课本（通过1—4册）；广东潮州市六联小学读写结合教材编写组编写，广东教育出版杜出版的九年义务教育六年制小学语文课本；江西资溪县教育局“能力训练”教材编写组编写，江西教育出版社出版的九年义务教育五年制小学语文课本。

（二）人教版义务教育小学语文教材的特点

人教社依据1988年《九年义务教育全日制小学语文教学大纲（初审稿）》和1992年《九年义务教育全日制小学语文教学大纲（试用）》，编写出版了义务教育小学语文课本。它继承1978年小学语文教材的编辑思路和编排体例，与此前根据1986年《小学语文教学大纲》修订的六年制语文课本相比，着眼于提高中华民族的思想道德和科学文化素质，突出了为21世纪人才打基础的编制认识。

为了融入素质教育的时代要求，这套小学语文教科书从实验本、试用本到试用修订本，围绕奠定学生终身发展的基础而不断进行变化、调整。其中，有几个变化值得重视。

第一，体现义务教育性质，全套教材要求略有下降。

第二，倡导自主学习，扩大阅读量，课文由三类（讲读、阅读、独立阅读课文）改为两类，把原来的独立阅读课文从课本中抽出，加以扩充，单独编成《自读课本》，与教科书配套使用，做到课内课外结合，相互促进，培养自学能力。取消成文训练的读写例话，放手让学生在写话的基础上开拓思路；编写对单元课文和单元重点训练项目起统领、概括作用的读写例话供学生自读。

第三，体现教材的开放性和选择性，开发教材系列，实现了以教科书为基础的教材系列化，除教师教学用书外，开发了自读课本、教学挂图、汉语拼音卡片及生字生词卡片、课文朗读录音带等14个品种，为教与学提供选择。

不过，这套教材对引导探究和拓展学习并没有给予足够的重视。

以1993年秋季起供全国选用的试用本为例，其内容和形式呈现如下特点：

（1）保留并增加了关于革命传统教育的课文。诸如《小八路》《王小二》《吃水

不忘挖井人》《吃墨水》《我们也要当红军》《“你们想错了”》《手术台就是阵地》《我的弟弟“小萝卜头”》《黄继光》《倔强的小红军》《董存瑞舍身炸暗堡》《飞夺泸定桥》《狱中联欢》《小英雄雨来》《我的战友邱少云》《奴隶英雄》《长征》《延安，我把你追寻》等。这套教材第六册在保留了《八角楼上》《艰苦的岁月》等课文外，还增加了《飞机遇险的时候》《千里跃进大别山》《雷锋日记二则》，第七册继续保留了《“绿色的办公室”》《珍贵的教科书》《黄继光》等课文。

（2）增选了提高民族自尊心和自豪感的课文。如《我是中国人》《哪座房子最漂亮》《王冕学画》《茅以升立志造桥》《钱塘潮的形成》《在希望的田野上》《黄河是怎样变化的》《阿里山的云雾》《青海湖，梦幻般的湖》等。

（3）从发展语言入手，改变以往低年级教材的编写方法，注意发挥汉语拼音的作用，在发展语言过程中识字。第一册到第三册全文注音，第四册过渡到难字注音，以汉语拼音开路，提前阅读，加大阅读量。这套教材还着眼于从语言环境中识字，比如借助看图识字、看图学词学句、看图学文等。

（4）重视语文实践能力。依据学生认识发展顺序，系统安排训练项目，中年级以段的训练为重点，高年级以篇的训练为重点；安排 40 个训练项目，围绕训练项目组织课文，每个训练项目设计由导读、课例、读写例话、基础训练四个层次构成训练组。每组之前有“导读”，介绍一组课文的特点、语文基本功训练的重点、教学时要注意的问题等；接下来编排以三四篇课文为主的“课例”，包括预习、课文、思考练习三部分内容，预习题是为了激发学习兴趣，培养自学能力和习惯；再往后是对读写训练项目进行概括说明和归纳小结的“读写例话”；最后是进行字、词、句训练和听说读写综合训练的“基础训练”。基础训练结合重点训练项目和课文内容进行。同时，注意每组课文的前后衔接，体现了围绕语文读写能力循环往复、逐步提高的训练过程。

（5）课后作业和基础训练富有启发性。课后作业题一般由思考题和练习题两部分组成，思考题着重提示基本功训练的重点、课文的难点，启发思考，帮助理解课文内容；练习题侧重词句的揣摩、理解和运用。基础训练是配合每组课文进行的综合练习，着重加强系统性、综合性和实践性，重视设计加强与生活实践联系的题目，引导学生把课文中学到的汉语拼音、字词句篇、听说读写等方面的知识技能迁移到日常生活实践。

此外，人教社还遵照中央关于在中小学语文等学科教学中加强思想政治教育、国情教育和近现代史教育的精神，根据“中小学语文学科思想政治教育纲要（试用）”编写了小学语文读本，作为语文课本的补充。

（三）人教版教材与其他版本教材的比较

1993 年，人教社推出义务教育小学语文教科书（试用本），供全国实施义务教育的小学选用。这一时期，各地区也编写了不同版本的教材，如四川版、上海 H 版、景山版、沿海版等。这些教材有共性，也有个性。

1. 共性中的突出点

各套教材体现了课内和课外相结合的特点，以面向全体学生的素质教育为出发点，全面进行思想品德、文化知识、学习技能、良好习惯的培养。

（1）指导思想明确，素质教育的特点突出。各套教材根据不同地区的经济发展特点，以及使用对象的不同要求，确定了各自的教材编制指导思想。

人教版：针对中国地域辽阔、经济发展不平衡的实际，着眼于适应大多数教师和大多数学生的需要，有一定的弹性。

四川版：立足于内地农村，面向全体学生，注重基础知识的学习和能力的培养，注意与生产实际、生活实际、社会实际的联系，融思想性、科学性、适应性、启发性和教育性为一体。

上海 H 版：确立了以训练阅读能力为主线、全面提高语文素质的总构想，以减轻学生负担，落实素质教育为目的。

景山版：为提高中华民族的文化素质，培养社会主义现代化公民意识，造就一代新人打基础。教材略高于“大纲”要求，教材的组织有一定的弹性，适应了智力发展水平不同的学生需要。

沿海版：力求适应时代要求，努力体现沿海地区社会主义商品经济比较发达、改革步伐比较大的特点。

（2）进行听说读写能力训练，体现语文工具性特点。各套教材以“大纲”提出的“指导学生正确地理解和运用祖国的语言文字，使学生具有初步的听说读写能力；在听说读写的训练过程中，进行思想政治教育和道德品质教育，发展学生的智力，培养良好的学习习惯”为出发点，全面进行听说读写能力训练，体现语文的工具性。听说读写的每一项训练，在各套教材中均予以充分的重视，呈现听说读写并重，各项训练有序，操作性强，训练形式丰富多彩的特点。其中低年级较之高年级更多地侧重听说训练。

（3）以读写训练的重点为中心组织教学内容，体现训练的科学性。自从叶圣陶

先生提出“得到训练学生读写能力纲目及次弟，据以编教材”的观点后，改变了单一文选型的传统教材体系，在语文教材中系统地设置了读写训练项目，把课文作为进行语言训练的例子，提高教材的科学性、系统性。各套教材读写训练项目的设置情况大致为：人教版34项（阅读17，作文17），在5—10册设立；上海版42项（阅读），在1—6年级设立；“注·提”版18项（读写合一），在5—10册设立；中央教科所黑山版26项（读写合一），在5—10册设立；沿海版31项（阅读13，作文18），在5—12册设立。从各套教材读写训练项目的设立可以看出，训练项目的内容安排以阅读、作文能力为主线，贯穿观察、记忆、理解、认识等一般能力。训练形式体现出语文能力和相应的知识内容相结合、读和写相结合的特点。编排形式多样，或以阅读为主，或读写合一，或读写轮换交替。训练项目的安排一般在3—5年级，数量18—42项，参差不齐。

2. 个性中的突出点

由于不同地域的特点及经济发展的不同程度，使用对象的不同要求，不同教材的指导思想也有相应的不同表现。

（1）各套教材的阶段性内容

人教版教材从发展语言入手，建立听说读写的训练系统，把教材分成低中高三个阶段，分别进行以句、段、篇为重点的训练；四川版教材以发展学生的语言交际能力为总目标，以听说读写能力的训练为主线，以听说读写的语言活动为主体，以“字词句”、“词句段”、“句段篇”为低中高三个阶段的训练内容；上海H版以训练阅读能力为主导，低年级以“听听写写”、中年级以“作文”、高年级以“表达”为各阶段的训练重点，综合了听说读写的训练内容；景山版确立低年级以识字、中年级以读写结合为阶段的教学目标；中央教科所黑山版以集中识字、大量阅读、分步读写作为分阶段的内容。

（2）各套教材的编写体系

各套教材在听说读写训练的编排上也有比例不同的差异，如以语言交际为中心的教材编写体系，其听说比重较大；以书面语言为主体的教材编写体系，其听说比重相对减少。人教版以读写训练重点为核心，兼顾内容上的联系，把教材组成八组，作为阅读、作文的主要教材，以基础训练中的听说读写作为能力训练内容，字词句段拼音标点作为知识学习内容；四川版突破文选型的教材模式，以发展学生的语言交际能力为目标，以听说读写能力的训练序列为主线，以语言实践活动为主体，力图建立训练型的教材体系；景山版以集中识字为起点，以阅读名家名篇为主体，以作文能力训练为中心，读写结合，学用一致，发展智力，培养能力；“注·提”版以注音识字、提前读写、以读促写、以写促读为特色，打破了“先识字，后读书”的传统小学语文教学体系，另辟发展语言的新途径。

（3）各套教材的结构框架

义务教育前的教材体系侧重于知识的传授，义务教育阶段的教材侧重于知识和能力的结合，各套教材从不同结构框架中体现语文知识、能力和儿童性的结合特点。人教版以读写训练项目为中心组篇的序列为主系统，以听说读写、字词句拼音标点等为副系统的结构框架；四川版以听说读写能力训练即以语言活动为主体，以字词句段篇等基础知识为副系统的结构框架；景山版以名家名篇组合的文选序列为主系统的结构框架；“注·提”版以读写指导为中心组篇序列为主系统，以听说读写为副系统组成结构框架。①

二、语文课程标准实验时期（2001 至现在）

2001 年《全日制义务教育语文课程标准（实验稿）》颁布，与以往的教学大纲相比，它从课程性质、课程理念到目标体系都发生了深刻的变化，对教材开发、编写、管理与评价提出了更高的要求。经修订推出的《义务教育语文课程标准（2011 年版）》仍然保持了原来的课程基本理念和设计思路。

（一）21 世纪课程改革中的小学语文

2001 年教育部颁布的《全日制义务教育语文课程标准（实验稿）》中明确指出：“九年义务教育阶段的语文课程，必须面向全体学生，使学生获得基本的语文素养。”“语文素养”取代“语文能力”、“语文素质”而成了语文课程与教学的核心理念。

1. 语文素养

“语文素养”的提出缘于语文课程内容的重构，它涵盖了语文知识、语文听说读写能力，并力求容纳素质教育对语文课程所提出的诸如思想观念、情感态度、文化品位等种种目标内容，既是对一贯以来过分强调语文工具性的纠偏，也是对语文综合性、整体性和人文性特征的重视和肯定。语文素养作为一种目标状态伴随学生生

① 王贺玲：《在比较中探讨小学语文教材的科学体系》，《小学语文教学》，1997 年版，第 10 期第 3－5 页。

活和成长，体现为知识能力的积累发展以及个体人格确立的基础。

首先，语文素养融汇了语文教育界长期探讨取得的许多共识。语文学习途径多，学生们生活在语文的海洋中，各种有关方面——报纸、广播电视、电影、话剧等所谓新闻媒体散布的语言，学生喜爱看的一些杂书以及各种文学作品，都在影响着学生，都可看作是语文学习对象；语文内容包罗万象，天文地理、世事人情，无所不有，生活中所遇到的、所思考的都可成为语文学习内容；语文实践机会无处不在，学生与家人、同学以及社会各种人员的语言交流活动，都是语文实践；语文积淀是多方面的，既包括字词句篇章的感悟、积累和运用，也包括字词句篇章蕴涵的内容所带来的人们心灵世界的变化。

其次，语文素养吻合了语文实践的长期性、复杂性特征，它由“语文”和“素养”组成。据《现代汉语词典》的解释，“素养”是指平日的修养，《辞海》解释为“经常修习培养”。当“素养”跟表示某个领域的词组合成复合名词时，如政治素养、科学素养、人文素养、艺术素养等，通常强调了某个领域的学习成果体现需要日积月累的修炼。而学生的语文知识能力、情感态度、方法习惯的形成和发展正是长期语文实践磨练的结果。“语文素养”的概念反映了这一事实，凸现了平日所有语文实践活动所带来的点滴提高的渐进过程。

第三，语文素养的提出引导广大语文教师不再停留在对教科书的讲深讲透上，而是把精力集中在拓宽学生视野、培养学生兴趣上，由“教材当成例子”转变为“教材当成引子”；学生则借助日益丰富和完善的信息传播渠道，把语文学习扩展到课堂教学以外。总之，思维个体的整个生命历程都被看作语文学习过程，语文学习内容扩展到了人类的一切活动及其结果。

2. 自主合作探究的学习方式

新世纪课程改革倡导自主、合作、探究的学习方式。“自主学习”通常指主动、自觉、独立的学习，是相对于“他主学习”的一种方式。它强调了学生的学习主体地位，但它并不否定教师的指导作用。教师不是学生学习的旁观者，而是在学生自主学习的基础上，积极提出建设性意见，成为学习活动的组织者和引导者。“合作学习”是以小组合作学习为基本形式，系统利用教学动态因素之间的互动来促进学生的学习。小组合作学习是语文教学经常采用的形式，有序而高效的小组合作学习需要教师引导学生如何组织同伴进行学习，包括选择学习的内容、学习的顺序等，需要协调学生间的学习关系，发挥出合作学习中相互帮助的优势，需要评价同伴的学习，以团体成绩为评价标准，共同达成教学目标的教学活动，等等。“探究学习”指学生在教师指导下，通过自主的尝试、体验、实践，主动发现问题、解决问题，并且获取知识、形成能力的学习活动。小学生探究学习的对象不是人类认识的未知领域，而主要是对人类已有知识包括课本中预知结论的再探索。语文探究学习有它自身的学科特征，比如探究内容应该和语言文字结合，在探究过程中，注重情感的投入和发展；由于有些内容只能是一种感悟而不是精确的结论，探究的结果往往也是多元、个性化的，而不是唯一的。在教学实践中，“自主合作探究”的学习方式应该是一个整体，三者相互渗透，密切联系。

3. 综合性学习

语文课程标准将“综合性学习”列入义务教育的各个学段目标，强调语文学习目标、学习内容和学习方式的综合性。它既体现为方式方法的综合，也体现为内容的综合。方式方法上，它包括社会调查、人物访谈、影视欣赏、资料查阅、感悟体验等综合性学习过程中的方式方法，以及报告陈述、作品呈现、模仿表演、展览讲解、演讲辩论等综合性学习结果呈现的方式方法。内容上，它既是字词句篇、听说读写的综合，也是语文课程与其他课程的融合、书本知识与实践活动的结合、语文活动和语文训练的整合。因此，综合性学习不是单纯指某种学习方式，而是作为一种相对独立的课程组织形态，是知识、能力和情感的三位一体。

实施语文综合性学习，关键在于教师把目光由教材转向生活，善于利用教材和身边的资源，创造性地设计综合性学习课题，开发综合性学习资源，比如，通过语文课本、图书资料和大众传媒，通过调动师生记忆库储存的知识积累、生活体验和思想情感等来扩大学习资源。

（一）语文课程标准实验教科书的特点

为适应基础教育课改实验工作的需要，人民教育出版社、北京师范大学出版社、江苏教育出版社等单位都编辑出版了“义务教育课程标准实验教科书”，并经全国中小学教材审定委员会于 2001 年初审通过。这几套教科书力求按照语文课程标准的目标要求，更新学习内容，变革学习方式。

1. 人教社课程标准实验教科书

第一，教材编排切合学生实际，较好地体现了知识、能力、方法、情感之间的关系。一年级下册开始以专题组织单元，既贴近儿童生活，又蕴含教育价值，并在优化课堂教学结构上起到导向和示范作用，设计了读背、读画、读演、自学讨论、动手操作等活动。

第二，选文有时代特点，关注儿童的经验世界、情感世界和想象世界。题材广泛，体裁多样，涉及城市生活、农村生活、家庭生活、学校生活等，新课文占课文总量的50%以上。思想内涵全面，富有趣味性，如热爱祖国、热爱首都、喜庆申奥成功、关爱他人、团结协作、自主自强、热爱科学、保护自然环境等，有利于学生通过学语言认识事物和世界。

第三，识字教材编排有新意。入门的一年级上册教材把学拼音、认识字与读韵文结合起来。识字教材重视为学生提供语言环境，使识字与阅读紧密结合，识字量适当，一年级安排认识950个常用字，写其中的350个字，二年级认识850个常用字，写650个。一方面采取多认少写、认写分开的方法编排，另一方面注意鼓励、引导学生在生活中识字，注重识字方法的多样化，以便尽早进入阅读，同时重视写字教学。

第四，教材呈现形式注重激发兴趣，为学生自主学习创造条件。教材以学习伙伴口吻提出学习和练习内容，并且努力体现导学功能，促进学生学习方式转变。“语文园地”从学生角度出发激励儿童进行语文实践活动，如“我的发现”、“展示台”等，内容丰富，形式新颖，具有趣味性、综合性，有助于引导学生发现语文规律，促进发展。课后练习设计活泼多样，注重培养儿童的审美能力和创新意识，体现对朗读、感悟、体验、积累、运用的重视。不少练习设计有助于开阔儿童的思维空间。

第五，教材体系开放而有活力。以语文教科书为基础，以各种形式联系课外及其他学科，还配套研制了教师教学用书、教学挂图、投影片、生字生词卡片、课文朗读录音带以及同步阅读、同步练习等。①

2. 北京师范大学出版社课程标准实验教科书

第一，教材编写以“兴趣先导、学会学习、整体推进、文化积累”为指导思想，注重学生学习语文兴趣的激发和培养，设计了丁丁、冬冬两个具有亲和力的儿童形象贯穿全书，与学生一起学习成长。

第二，教材内容重视与学生生活和现代社会的联系，体现阅读教材内容新、思想新、构思新的特点。选文来源既有常教常新的传统课文，又有最新当代儿童文学篇目，既注意引进港台和外国语文教材的优秀篇目，又注意根据教学需要自编课文，既注意选择适合儿童背诵的古诗，又适当增加了浅显的说明文、应用文等，较好地处理了传统与现代、文质兼美与学生学习兴趣等方面的关系。

---

① 江平:《小学语文课程与教学》，高等教育出版社2004年版，第67页。

第三，教材编排体例以学生语文实践活动多样化为核心，采用适合学生认知水平的“主题单元”编排方式。每个主题单元一般有2—3篇主题课文和一个“语文天地”，构成一个相对完整的学习单位。突破了文选式体例对语文教学的束缚，使语文教学能够向学生生活延伸，向课外、社会延伸，增强了单元教学的整体性和综合性。

第四，识字教材编排遵循汉字本身的序和儿童学习汉字的序。由易到难，认读、书写分流，认读得多，书写得少。把汉语拼音教学放在第一学期第五至第八单元，先让学生学习部分代表汉字文化的象形字和常用字，再学拼音。以汉字带拼音，在学习拼音时学习汉字，以解决学生刚入学学拼音困难的问题。1—2年级要求认识1676个生字，会写的有980个。重视识字方法，如识字过程渗透一定的汉字构字方法，教材中蕴含许多具有启发性的识字方法，注意让学生在发现、感悟与生活中识字。重视写字教学及学生良好学习习惯的培养。

第五，练习设计体现学习方式变革。把基础训练与综合训练结合起来，重视培养学生的发现及合作精神，重视读书方法的指导及信息的收集能力、语言交际能力的培养。课后练习、“语文天地”及课外的《语文伴你成长》的编写注意了问题情境的启发性，重视学生对语言的感悟性以及实践性。

第六，教材配套资源建设有利于教师“教”与学生“学”。支持教师教学的辅助材料有《语文教师教学用书》《教师教学生学卡片》《汉语拼音卡片》《语文录音磁带》《语文多媒体课件》《语文教学挂图》，支持学生的辅助教材有《语文伴你成长》《同步阅读文库》《语文·写字本》《学生识字卡片》《语文寒假作业》《语文暑假作业》。①

3. 江苏教育出版社课程标准实验教科书

第一，教材具有民族化、现代化、简约化特色。蕴含浓郁的民族文化信息，教材内容体现现代人的理念、价值观与生活方式，反映当代重大事件与主题，关注自然、环境与人类。教材采用统一的编写体例，由“培养良好的学习习惯”、“识字”、“课文”、“单元练习”组成，结构体例简约，课文类型、课后作业、单元练习删繁就简，目标集中，有助于减轻学生负担。

第二，识字教材按照“识写分流、多识少写”、“识写结合、描仿人体”的策略安排。注意培养学生识字兴趣和掌握识字的方法。专门编排的“识字”课文形式多样，如“词串识字”、“看图会意识字”、“转盘识字”，同时还重视随课文识字和情

① 江平：《小学语文课程与教学》，高等教育出版社2004年版，第68页。

趣识字，让儿童在琅琅上口的韵文诵读中学习生字，感受汉语文化。课后练习中写字练习循序渐进，识写结合，低年级教材不吝篇幅地展示生字的书写笔顺，使写字教学成为语文教学中的有机组成部分。

第三，选文题材丰富，体裁多样，富有童趣，情感性强，具有一定的文化内涵，并渗透爱国情感、合作意识、环保意识、科学精神、进取精神等教育因素，有利于激发学生语文学习兴趣，树立正确的世界观、人生观、价值观。

第四，练习设计体现综合性。尤其是单元练习，不仅仅是重点课文内容的深化，而且是语文能力的拓展。如"熟记成语"的设计，组合巧妙，内容集中，注意押韵，便于儿童感受祖国语言文字丰富的文化内涵与美感，有助于丰富语言积累，提高语文素养。

第五，教材呈现方式质朴，强调打好写字、读书、说话、作文等基础。课文字体大而醒目，注意儿童用眼卫生，插图色彩鲜明、柔和，版面设计新颖，课本整体风格和谐。

第六，教材体现开放性与弹性，如中年级"习作"与"例文"相联系，有助于由扶到放，架起学生理解与表达间的桥梁。①

4. 语文出版社S版课程标准实验教科书

第一，以主题为单元。低年级重视口语交际能力训练，中高年级读写结合，以说促写。三年级开始有训练重点，尤其是读写训练，如三年级上册的训练点有：理解句子所表达的意思；抓住重点句，读懂段的内容；一边读一边想；提出不懂的问题；体会句子表达的思想感情；学习积累好词佳句；善于观察、认真思考等。

第二，教材结构由导入语、课文、语文百花园（口语交际、习作）组成。从三年级开始，在原有"学习链接"的基础上，增设"指南针"栏目，包括"学习观察"、"学习默读"、"学习预习"等方法和习惯的引导。注重多读、多背、多积累，以及课内外大量阅读。体现综合识字、早期阅读、自主实践、和谐发展的编制思想。

第三，注重课文导学设计。如文中或文后有"泡泡框"引导学生在哪些地方想？想什么？怎么想？语文综合性学习（语文大课堂）体现层次和梯度。

第四，关注自主学习。如想一想、说一说、讨论等自主实践活动，引导学生体会理解课文并拓展延伸。课后题注重学习方法和习惯的培养。

5. 湘教版课程标准实验教科书

---

① 江平：《小学语文课程与教学》，高等教育出版社2004年版，第69页。

第一，消肿，平坡，删繁就简，突出主干。针对传统小学语文教材内容多、头绪多、要求较高、坡度较陡的弊端，湘教版教材紧扣语言文字的特点，突出理解、运用语言能力这个重点，明晰主线（听说读写四条线），凸现主干（把语言训练和思维训练贯穿始终）。为了减缓坡度，一二年级以词句训练为主，三四年级以片断训练为主，五六年级以篇章训练为主。每册课文 32 篇，分精读和略读两类，取消读写例话，保留中高年级的习作例文，因为读写例话的范文与学生习作之间的距离太大。低年级的识字量比语文课程标准规定的略为增加，采用小集中识字、字族识字、韵文识字等方法，扩大识字量。中高年级扩大阅读量，增加作文训练时间。低年级负担较重，但对中高年级的学习有利。

第二，渗透人文精神，适当反映地域文化特色、民俗特色和地方特色。重视中华民族优秀文化遗产的挖掘，古诗词、古文、楹联、蒙学读本的内容都适当选用，山水风光、人物风采也都有选择地吸收到教材里，同时选择了一些毛泽东诗词。

第三，强调趣味性。孩子们喜欢童话、寓言，但不能老让孩子生活在童话世界里，要让他们接触现实。因此，在低年级可以多选一些童话、寓言，尽量选一些少数民族的民间故事等作为引子，起引路作用，与学生生活的距离近一点。①

总的来说，语文课程标准（实验稿）配套教材，无论哪个版本，都力求体现学生主体性、语文实践性和学科整体性的融合，有利于开发课程资源，让单元主题内容保持常新，体现自主、探究、合作的学习方式，为培养学生整体语文素养和终身发展打好基础。

（二）语文课程标准实验教科书读写训练的特点②

语文课程标准实验教科书为了提高读写能力，在训练读写、综合能力的内容和呈现方式上作了大胆探索。从内容上看，由读写能力向综合能力转向，以往以读写项目为主，而今在读写训练基础上增加了怎样讨论、总结、做主持人、口头评价、搜集资料、分类整理、查找书目、阅览书报等内容，除培养学生读写能力外，还培养其日常交际、搜集和处理信息等综合能力。从形式上看，以前以读写项目为中心构架，组织精读、略读课例，读写训练项目成为不可或缺的重要内容。实验教科书

① 杨再隋：《探索小语教材编写的新思路——兼论湘教版小学语文新课标教材的编写思想》，《湖南教育》，2005 年 5 月 18 日。

② 王贺玲：《小学语文教材读写训练项目的走向与反思》，《教育理论与实践》，2008 年第 8 期，第 51 – 52 页。

以专题组织课文，建立导学系统，使之成为教材组织的中心，原来的读写项目中心构架旁落；读写知识系统由过去的系统深入展开到现在的点到为止。

一是训练点设置的丰富性。“人教版”的训练点以阅读、作文能力训练为基本内容。体现以读写能力训练为主兼顾综合知识，强化读写基础、开放语文学习视角的编制思路。“北师大版”的读写训练点，内容涵盖广而丰富，综合能力的知识及内容突出，比如“怎样做讨论的主持人”、“怎样自我评价”、“怎样查找书目”、“怎样读古文”等内容，纳入到“金钥匙”知识及能力系统中，扩大了语文知识和文化领域。

二是训练点设置的随机性。“人教版”训练点安排有一定的随意性，比如，每册两个大训练点都根据单元学习的需要提出，但安排的位置不统一；小训练点的内容也是随专题及课文内容随机提出，有一定的自由度。“北师大版”的读写知识训练内容安排也比较随意，阅读方法知识的内容安排在课文后的情况居多，把课文与所学方法知识紧密结合，便于有针对性地学习和运用。在“语文天地”的“金钥匙”栏目较系统地提出知识点，系统地作出提示和要求，供学生系统而全面的训练。

三是训练点设置的联系性。“人教版”训练点遵循传统设计形式，突出读和写两条线索，训练内容不重复。从四年级开始，在“导语”中点出的读写训练要求，在课文中实施，与“我的发现”和“交流平台”中的训练点相呼应，形成一个编排体系。每个点之间力图有联系，涵盖小学阅读和作文的基本知识和技能内容。“北师大版”训练点的设置呈螺旋上升式安排，各知识点之间不重复，但在知识梯度及内容的深浅程度上不作严格要求。

四是读写“训练重点”代替“训练项目”。以前教材的读写点多以明线标出，每设一个训练点，都以1—2页的篇幅展开专门而详细的解说，并借助单元课文明确展开训练。如“人教版”的“读写例话”，每一项训练内容都经过精心挑选。而实验教科书把读写点用暗线处理，如果不经过教材培训或教学指导的提醒，教师很难看到编者的意图。有的说明简要、点到为止，有的采用对话方式，在内容和要求上有很大变化，如“北师大版”的“金钥匙”，把知识点漫布于教材之中，代替过去教材对每一项所开展的深入解说与单元训练要求。

另外一些实验教材虽然没有明确设置读写训练点，但以其他方式完成小学重点知识和能力的训练。如“江苏版”教材，在开篇伊始，用2—3页的篇幅，以图画的方式，教给学生基本的学习习惯、知识、学习方法等内容。其中，画面以每册两个知识点，循序渐进地安排在教材中，构成一定系统，代替了读写点的文字教学功能。

（三）语文课程标准实验教科书的课文分析

义务教育阶段的语文课程，应使学生初步学会运用祖国语言文字进行交流沟通，吸收古今中外优秀文化，提高思想文化修养，促进自身精神成长。而落实这些任务需要好的教材，需要选文具有典范性、文化内涵和时代气息。因此，教材建设一方面必须重视对传统课文进行高质量的改造，另一方面必须不断开发高质量的新课文。下面选取三篇出现在语文课程标准实验教科书的传统课文，就其不同时代的改造进行分析，以揭示影响教材质量的各种复杂因素。这三篇课文分别是《狐狸和乌鸦》《狮子和鹿》《司马光》。

1. 百年小学课文《狐狸和乌鸦》的启示

小学语文课文《狐狸和乌鸦》取自伊索寓言故事。17 世纪的法国诗人拉封丹曾把这个故事写成寓言诗，在法国广为流传，其中尤为法国少年儿童所喜爱。这个故事的意图大致有两个：一是告诉人们，所有阿谀奉承的人都靠他所吹捧的人生活，所以要善于识破他们的嘴脸；二是花一块奶酪（小学课文把“奶酪”改成了“肉”）学一个教训，也算值得！这两个意图都是从乌鸦身上去考虑的。

18 世纪法国启蒙思想家卢梭看到这个寓言诗后，触动很大。他从狐狸身上去考虑，认为小孩子不应该读这样的寓言故事。他指出，当孩子们有机会把这个寓言拿来应用时，他们的所作所为差不多同这些意图完全相反，也就是说，你想借故事来纠正或防止孩子们因轻信他人而上当受骗的缺点，结果会是孩子们“一面嘲笑乌鸦，而另一面却非常地喜欢狐狸”，喜欢像狐狸那样为非作恶，从别人的缺点中得到好处①。当然，喜欢狐狸肯定会选择狐狸的行为方式作为模仿对象。为此，教材编制者和使用者不可不慎重对待这种超出教材编选时预想的意义和效果。如果这种超出预想的意义和效果是正面的、与社会主流价值取向相一致，那么，就应该弘扬，反之，则成了不良暗示，应该尽量淡化、纠正或避免。

狐狸和乌鸦这一寓言故事改编后进入中国小学语文教材，最早见于清末商务印书馆出版的《最新国文教科书》第四册，课文标题为《鸦好谀》②，全文字数不多：

鸦衔肉，止树梢。狐过而欲得之。仰颂之曰：“君躯既壮，而羽复泽，吾素闻君善歌，请奏一曲。”鸦悦，张口欲鸣，未发声而肉已落。狐疾取之，复语鸦曰：“他

---

① （法）卢梭：《爱弥儿》，李平沤，译，商务印书馆 1978 年版，第 128－132 页。

② 蒋维乔，等：《最新国文教科书》第四册，商务印书馆 1905 年版，第 7－8 页。

日有无故谀君者，君其慎之。”

很明显，课文的意图是想让小孩子从好听奉承话的乌鸦身上吸取教训，并借狐狸的口警告小孩子不要上“无故谀君者”的当。

这个寓言故事在中国小学语文教科书中已有一百多年的历史，几乎与语文独立设科相伴随，可谓经久不衰。百年来，故事不同版本的素材大致相同，都围绕着狐狸骗取乌鸦嘴里的肉而展开，但是，不同版本在故事的叙述思路、形象刻画和细节描写等方面却存在较大差异，由此带来的不良暗示也有强有弱，特别是在诱导小孩子喜欢狐狸的欺骗行为方面，不同版本的暗示性与故事文本的展开密切相关。下面选取百年来该故事的三种版本进行分析，以展示这个故事的文本呈现与不良暗示的相关性。这三种版本分别是1951年初级小学国语课本第七册（山东人民教育出版社）、1979年全日制十年制学校小学语文课本第四册（人民教育出版社）、2007年义务教育课程标准实验教科书语文二年级上册（江苏教育出版社），以下简称山东版、人教版、苏教版。

第一，角色与关系的展示。

乌鸦和狐狸出现在同一场景，究竟谁为主角，谁为配角，这种思路决定了突出哪个形象的问题。山东版和人教版都把乌鸦当作主角，先说乌鸦，再引出狐狸，如：

（1）一只乌鸦，在一棵大树上，做了一个窠，住在里面。大树底下，住着一只狐狸。（山东版）

（2）乌鸦在大树上做了个窝。大树底下有个洞，洞里住着狐狸。（人教版）

突出乌鸦形象，有助于把孩子的关注点引向乌鸦，从乌鸦身上吸取教训，从而淡化孩子们喜欢狐狸的不良暗示。而苏教版的主角则是狐狸，乌鸦是狐狸找吃时遇到的第一个猎物：

狐狸在树林里找吃的。他来到一棵大树下，看见乌鸦正站在树枝上，嘴里叼着一片肉。狐狸馋得直流口水。（苏教版）

这种先说狐狸再引出乌鸦的思路突出了欺骗者狐狸的形象，有可能强化着卢梭所指出的这篇寓言故事的负面影响，使孩子们更倾向于效仿狐狸的行为方式。

此外，山东版、人教版的乌鸦和狐狸，一个住在树上，一个住在树下，抬头不见低头见，这种布局传递了两者熟悉的邻居关系。而苏教版则安排狐狸出来找吃时遇到乌鸦，昭示了两者萍水相逢的陌生关系，而不是熟悉的邻居关系。一般来说，关系熟悉之间不容易产生欺骗行为，关系陌生才容易产生欺骗行为，显然这种布局是为狐狸的行骗行为作铺垫，无形中也聚焦、突出了狐狸形象。

第二，乌鸦与狐狸的刻画。

乌鸦和狐狸本来井水不犯河水，互不相干，你走你的独木桥，我走我的阳关道。但是，一块肉把两者联系起来了。“肉”是两者追逐的对象，它既是现实的，指满足口欲的美味，也是象征的，指满足某种需要的物质存在。乌鸦和狐狸因为追寻这种物质存在而出现在同一场景：

（1）一天，乌鸦从窠里飞出来，想找一点东西给它的孩子吃。它飞来飞去，好容易在肉铺的棚子里，找到了一片肉。它便把肉衔着，高高兴兴地飞回家来，站在窠旁的树枝上。

这时，恰好狐狸也出来找食物。看见乌鸦嘴里衔着一片肉，馋极了，可是想吃又够不着。（山东版）

（2）有一天，乌鸦飞出去给她的孩子找吃的。她找到一片肉，叼了回来，站在窝旁边的树枝上，心里很高兴。

这时候，狐狸也出来找吃的。他抬起头来，看见乌鸦嘴里叼着一片肉，馋得直流口水。（人教版）

（3）他来到一棵大树下，看见乌鸦正站在树枝上，嘴里叼着一片肉。狐狸馋得直流口水。（苏教版）

乌鸦和狐狸追寻“肉”的动机不同，乌鸦找肉是为了孩子，狐狸找肉则为了自己。为此，山东版、人教版都在尽力刻画乌鸦的母爱形象——乌鸦关爱孩子，为孩子有肉吃而高兴。山东版甚至还刻画出乌鸦为孩子找吃过程的辛劳：

它飞来飞去，好容易在肉铺的棚子里，找到了一片肉。

乌鸦如此艰辛地找到一片肉，自己肯定也饿了、累了，何尝不想直接吞进去？但她不能吃，她要给她的孩子，于是她只能把肉衔着。乌鸦对于肉的动作，山东版用“衔”，其他两个版本都用“叼”。“衔”与人的动作“提着”“拿着”相联系，对刻画乌鸦的母爱形象有利，后者则容易让人产生类似“叼烟斗”“翘起来”的动作联想，有过分做作、炫耀之嫌，不利乌鸦的正面形象。刻画乌鸦正面的、可亲可敬的母爱形象，不但可以减少孩子们对乌鸦的嘲笑，同时也可以激发孩子们对狡猾狐狸的厌恶和恨，因为对善良的人、值得尊敬的人行骗是难以容忍的。

至于狐狸形象，三种版本都刻画了狐狸的贪婪和自私。狐狸出来找吃，看见乌鸦嘴里的那片肉，就立刻产生非分之想，表现出“馋极了”、“馋得直流口水”。但是，力度都还不够，还可以适当增加能引起孩子们抵制和反感狐狸的描述，把狐狸形容得越贪婪、越下流、越卑鄙、越龌龊、越卑劣、越令人讨厌，那么这个寓言故

事的正面引导作用才越大。

第三，冲突与对话的描写。

一片肉联结了狐狸和乌鸦，并引发一场冲突。假如狐狸不馋那片肉，或者乌鸦自己把肉吃掉了而不是衔在嘴里，冲突都不会发生。冲突离不开狐狸的“馋”和乌鸦的“衔”。由狐狸的“馋”自然铺开了两者的冲突，狐狸主动的“想”和“问”与乌鸦被动的反应构成了冲突的整个过程。三种版本对这一过程有不同的描写。

一是对狐狸“想”的描写，同时伴有动作和神态描写，如：

(1)（狐狸）便想了一个办法，悄悄走过去，坐在树底下说（山东版）

(2) 狐狸想了想，就笑着对乌鸦说（人教版）

(3) 他眼珠一转，对乌鸦说（苏教版）

“一个办法”类似一套实施方案，仿佛乌鸦是一个弱小、无反抗之力者，一切都在狐狸的“办法”掌控之中，山东版同时还用“悄悄走过去”描写狐狸行骗的平常心态，这种突出狐狸欺骗行为的计划性和娴熟性的写法，无疑传递了认可狐狸行为的信息。人教版“想了想”、“笑着”，写出了狐狸对成功骗取的结局胸有成竹的儒雅风度。这两种版本都好像透露出，狐狸从一开始的“想”中就已经暗示了以后的成功。苏教版虽然用“眼珠一转”体现了狐狸的狡猾性和随机应变性，对结局的暗示性没有那么浓重，但同样没有把狐狸作为行骗者的卑鄙、猥琐、下流的内心活动和行为方式体现出来。也就是说，这三种写法都仿佛在起着推动而不是阻止孩子们喜欢狐狸的效应。对此，教材编制者应该谨慎措词，以防止不良暗示。

二是对狐狸“问”的描写。狐狸总共有三次问话，相应地带出了乌鸦嘴里“衔”着肉的三次反应。第一、二次问话都是礼貌性的一般用语，如：

(1)“你好吗？乌鸦先生！”

乌鸦没有作声。

狐狸又说：“乌鸦先生，你的孩子好吗？”乌鸦看了一下，还是不作声，仍旧衔着那片肉。（山东版）

(2)“您好，亲爱的乌鸦！”乌鸦不作声。

狐狸又说：“亲爱的乌鸦，您的孩子好吗？”乌鸦看了狐狸一眼，还是不作声。（人教版）

(3)“亲爱的乌鸦，您好吗？”乌鸦没有回答

狐狸赔着笑脸说：“亲爱的乌鸦，您的孩子好吗？”乌鸦看了狐狸一眼，还是没有回答。（苏教版）

第一次问话是见面的问候语。作为问候语，乌鸦听到以后必然要有所反应，除非她已经认定问候者不怀好意了，否则就是不礼貌。回应的方式不一定非要开口，可以点点头、看一眼、鼻孔“嗯”一声等，但是，三种版本都笼统地采用“不作声”、“没有回答”。这种描写虽然简洁，但是把乌鸦当成了一个不懂交往礼节的无教养者，不利于凸现乌鸦的正面形象。

第二次问话是深入交谈后的拉家常。这次是要开口回答的，但由于乌鸦嘴里衔（叼）着一片肉，不方便回答，因此，三种版本都描述为：乌鸦看了狐狸一眼，没有回答。其实，要想凸显乌鸦的正面形象，应该让乌鸦摆头或点头示意她的孩子在窝里很好，因为乌鸦本身就是站在窝旁边与狐狸对话的。不过，苏教版让乌鸦站在一棵树枝上，不一定是窝旁，这可以说亵渎了乌鸦的母爱形象。试想你叼着一片肉，不吃掉它，而是站在高高的树枝上，干嘛呢，炫耀、招摇？明显把乌鸦置于被嘲笑对象的行列，而不是受同情、理解的境遇。

如果说褒乌鸦、贬狐狸可以淡化或避免这个寓言故事不良暗示的话，那么这三种版本在描写狐狸第三次问话和乌鸦第三次回应上都做得不够，如：

（1）狐狸想了想，望着乌鸦继续说：“你的羽毛真漂亮啊！我知道你的嗓子很好，唱起歌来一定很响亮，你能唱一个歌给我听吗？”

乌鸦听了这些赞美它的话，高兴极了，就开始唱起来。（山东版）

（2）狐狸又说：“亲爱的乌鸦，您的羽毛真漂亮，麻雀比起您来，可就差多了。您的嗓子真好，谁都爱听您唱歌。您唱几句吧！”

乌鸦听了狐狸的话，得意极了，就唱起歌来。（人教版）

（3）狐狸又摇摇尾巴说：“亲爱的乌鸦，您的羽毛真漂亮，麻雀比起您来，可就差多了。您的嗓子真好，谁都爱听您唱歌，您就唱几句吧！”乌鸦听了狐狸的话，非常得意，就唱了起来。（苏教版）

贬狐狸方面，应该对狐狸的形象进行一贬再贬，可把上面的描写分别改写为：

（1）狐狸心里嘀咕，盘算着怎么才能让乌鸦上当，于是，望着乌鸦诡谲地继续说：“你的羽毛真漂亮啊！我知道你的嗓子很好，唱起歌来一定很响亮，你能唱一个歌给我听吗？”

（2）狐狸垂涎漫流，湿了一地，它仿佛闻到了那片肉的香味，又说：“亲爱的乌鸦，您的羽毛真漂亮，麻雀比起您来，可就差多了。您的嗓子真好，谁都爱听您唱歌。您唱几句吧！”

（3）狐狸眉头一皱，又生出诡计，摇摇尾巴说：“亲爱的乌鸦，您的羽毛真漂

亮，麻雀比起您来，可就差多了。您的嗓子真好，谁都爱听您唱歌，您就唱几句吧！”

褒乌鸦方面，应该把乌鸦听了好话得意忘形的描写如“高兴极了”“得意极了”“非常得意”等去掉，分别改换成：

（1）乌鸦听了狐狸的话，心想：“是呀，孩子这么小，整天忙忙碌碌，自己的嗓子都不知怎么样了。”这样想着想着，不知不觉地就开始唱起来了。

（2）乌鸦听了狐狸的话后，若有所思，心想：“是呀，现在整天忙着给孩子找吃的，羽毛都顾不上打理了，可嗓子应该还好吧。”于是嘴巴不自觉地唱起歌来。

（3）乌鸦听了狐狸的话，觉得有道理，心想：“当初我可是高音段歌唱比赛的冠军，现在忙于照看孩子，也不知道还能不能唱。”她准备试唱一下。

总之，千万不要让乌鸦成为被可怜和嘲笑的对象。不管怎么改动，都要力争让学生明白，乌鸦唱歌丢了肉，是因为她长期劳碌于抚养小孩，很久没有练声而一时疏忽的结果，而不是因为她听信了奉承话，得意忘形而像傻瓜一样上当受骗的结果。

语文教材的不良暗示潜移默化地影响着儿童的态度和价值观的形成，是教材编制过程必须全面斟酌对待的重要问题。不良暗示可能出现在课文的材料、结构、主题和语言以及课文插图、课末思考题、课文单元组织等诸多方面，它不但需要教材编制者用教育的眼光去全面估量和发现，同时也需要社会各界对语文教材给予更多的评论和揭示。

语文教材的暗示客观存在，因为每一篇课文都是可以多样解读的文本。学生对语文材料的多元反应必然存在超出教材编制者预想的意义和效果。就《狐狸和乌鸦》的寓意来说，告诉孩子们有些人为了自己的利益就会吹牛拍马或撒谎骗人，希望孩子们识破并从中吸取教训，避免上当受骗。这是从成人的角度把儿童预设为将来会上当受骗的对象，相当于把孩子们推到了被逗着玩或傻里傻气的人行列，试想，哪一个孩子愿意成为这样的人？他们宁愿成为被人谴责的欺骗者形象，也不愿成为被人耻笑的傻瓜。于是孩子们从中学到的就不是预防受骗的教训，而是实施欺骗的伎俩。这就暗示了故事等于在教育孩子成为欺骗者。这种不良暗示需要在故事的文本呈现和插图中去淡化。从前面的课文分析中我们可以看到，通过对比刻画狐狸丑陋、卑鄙、下流、自私的形象，凸显乌鸦美好、高尚、伟大、无私的母爱形象，就可以减少小孩子成为欺骗者的欲望，激起小孩子对乌鸦的敬意。尤其是面对一片肉，狐狸馋得流口水，乌鸦则叼在嘴里不吃而留给孩子，最能起到淡化和抑制不良暗示作用的，就是在这些细节上下功夫。

一则语言材料是否可以选作课文或选作课文时应该如何进行改写，斟酌、考量是多层面、多角度、多样化的，否则，不良暗示不但得不到避免和淡化，反而是张扬和强化。仍然以狐狸和乌鸦的故事来说，它既不能单纯从成人的角度去预设一个教训让孩子接受，也不能单纯从道德评价的角度把狐狸和乌鸦的关系看成是骗与被骗的关系。三种版本的《狐狸和乌鸦》在这一问题上或多或少都存在单一预设的成分，这不但可以从前面的课文分析中可以看出，而且从其思考练习题的设计中也可以看出：

（山东版）乌鸦为什么上了狐狸的当？从这个故事中，我们得到什么教训？

（人教版）说说狐狸怎样把乌鸦嘴里叼着的肉骗到手的。

（苏教版）发挥想象，"以肉被骗走以后"为题编一个小故事。

"骗"成了这个寓言故事的核心词，骗——被骗——教训成了故事转换成教材的唯一编制思路，于是故事教育孩子成为欺骗者的不良暗示就难以避免，尤其是"说说狐狸怎样把乌鸦嘴里叼着的肉骗到手"，等于引导小孩温习骗人，强化了不良暗示。不过，撇开"骗"这个核心词，这个故事同样存在不良暗示。假设故事改写成或理解成狐狸和乌鸦之间不存在骗与被骗的关系，乌鸦不把丢掉肉看成是上当受骗的被动行为，而是当成自己主动与狐狸的交往行为，那么这个事件又可能出现新的暗示：第一，天下没有免费的午餐，乌鸦心情高兴、得意的感受是狐狸给她的精神按摩，是乌鸦用一块肉的代价换来的一场交易，结果是双赢，是两厢情愿，无所谓谁骗谁。第二，千穿万穿马屁不穿，乌鸦明知狐狸是在对她拍马奉承，但她愿意把它当成事实来听，给一块肉算是对狐狸的奖赏。前者无所谓良与不良，但后者却似乎在鼓励人们听信奉承话，与社会上倡导的讲原则、立场、忠言等价值观有悖，因此可以看成是不良暗示，需要淡化或纠正。

教材编制带来的良与不良暗示是相对的，评判标准有一定的时代性和民族性，凡是与时代主流价值体系和普世性价值观诸如公平、公正等不相吻合的才能看成是不良暗示。不能以个人的爱恶给教材滥扣不良暗示的帽子，也不能因为有了不良暗示就把教材一棍子打死，这样都不利于教材的建设和发展。比如"狐假虎威"的成语故事本意是想培养儿童识破假象的能力，但同时也反映了官僚政客的猥琐形象，于是有人就主张宁可使幼小者终身不懂"狐假虎威"这句成语，也不愿在他们幼稚的头脑上留着这句成语所指种种鬼鬼祟祟、卑鄙龌龊的事实的影子①。事实上，狐假

① 朱文叔：《关于小学国语读本的几个重要问题》，中华教育界，第19卷4期。

虎威的成语故事尽管有不良暗示，但几千年来中国人民一直都在学习和沿用。因此，人们需要在教材的良与不良暗示中做出权衡，尤其是教材编制者和课堂教学中的教师，不但要做出这种权衡，而且要尽量对不良暗示做出淡化和抑制的处理。

2. 百年课文《狮子和鹿》的四种版本分析

人教社2003年出版的义务教育课程标准实验教科书语文三年级上册一篇课文《狮子和鹿》，它选自《伊索寓言》，故事讲述了一只鹿在池边面对自己的倒影，一边欣赏它那高耸漂亮的角一边却抱怨它那纤细丑陋的腿，这时，捕食它的狮子出现了，它那丑陋的腿帮它把狮子远远地甩在了后面，而漂亮的鹿角却被树枝挂住了，差点送了自己的命。这个故事告诉我们两个道理：一，尺有所短，寸有所长，不要因为它的长处而看不见它的短处，也不要因为它的短处而否定它的长处；二，不要光图外表美丽，要讲求实用。

故事最早作为小学语文课文出现是在清末商务印书馆出版的《最新国文教科书》中，当时的课文题目叫《牡鹿》，牡鹿即雄性的鹿。到1923年，伴随美国杜威倡导的儿童中心教育观的盛行以及受美国小学语文教材注重趣味性的影响，中国的教材编制者也把如何让课文适应儿童的经验和兴趣当作首要追求，因此，《新学制国语教科书》把这则故事的题目改为《鹿的角和脚》，具体内容也作了相应的修改，并采用接近儿童口语的白话文形式。新中国成立之初，沿用这个课文题目，但有些词句作了修改。下面对这个寓言故事出现在小学语文课本中的四种版本作一个分析，这四种版本分别是最新国文教科书初等小学用第六册（商务印书馆1906年版）、新学制国语教科书初等小学用第七册（商务印书馆1923年版）、初级小学语文课本第六册（人教社1953年版）、义务教育课程标准实验教科书语文三年级上册（人教社2003年版），以下简称为1906版、1923版、1953版、2003版。

第一，故事角色。

2003版的故事角色是狮子和鹿，而其他三种版本则是老虎和鹿，狮和虎都是自然界力量强大的动物，这种变化对展示故事的寓意来说无所谓好坏；同样，1906版强调了鹿是牡鹿，即雄鹿、公鹿，而其他三种版本都笼统地说一只鹿，不区分雌雄，区分不区分对展示故事的寓意来说也无所谓好坏。但是，从科学学习的角度来说，区分雌雄对培养学生的科学素养是有帮助的，在鹿科动物中，基本上都是雄鹿有角，雌鹿无角，因此，欣赏陶醉自己高耸鹿角的惟有雄鹿，教师应该清楚这一点。

第二，鹿对自己的角和脚的认识态度。

①对角的认识态度

鹿到池边喝水，看到自己倒影中的角，前三种版本都强调了鹿角的分立高耸，如：

见两角杈枒，意甚得也。(1906 版)

看见自己的影子，倒映在水里，两只角桠枝分歧，自以为很好看。(1923 版)

它看见自己的影子倒映在水里，两只角像树枝一样，非常好看；(1953 版)

而 2003 年版对鹿角高耸的描写就不够突出。如：

鹿忽然发现自己倒映在水中的影子：“咦，这是我吗?”

鹿摆摆身子，水中的倒影也跟着摆动起来。他从来没有注意到自己是多么漂亮！他不着急离开了，对着池水欣赏自己的美丽：“啊！我的身子多么匀称，我的角多么精美别致，好像两束美丽的珊瑚。”

这一版本扩充了鹿的自言自语、摆动身子以及“身子多么匀称，我的角多么精美别致，好像两束美丽的珊瑚”的感叹，但是这些描写给人带来的似乎不是一个充满力量感的雄性形象，而是一个妖冶多姿的雌性形象。尽管“好像两束美丽的珊瑚”的语句能够让人感受到鹿角的分岔形态，但是，由于珊瑚是长在海底的，很难与高耸的形象相联系。

②对脚的认识态度

在描写鹿对脚的认识态度方面，四种版本都强调了鹿的脚的纤细、瘦小，与美丽漂亮的角不般配。如；

既而俯视其足，叹曰：“吾有美丽雄伟之角，而足小若是，殊不足于称之。”(1906 版)

后来又望见自己的脚，叹道：“我的角那样雄伟，我的脚却又这样纤小，怎样配得上呢?”(1923 版)

四只脚又瘦又细，非常难看。它就叹一口气，说：“我的角那样好看，我的脚可又这样难看，怎么配得上呢！”(1953 版)

一阵清风吹过，池水泛起了层层波纹。鹿忽然看到了自己的腿，不禁撅起了嘴，皱起了眉头：“这四条腿太纤细了，怎么配得上这两只美丽的角呢！”

鹿开始抱怨起自己的腿来。(2003 版)

所谓般配，是从审美角度来说的。四种版本都采用了对比手法来揭示这种不般配，1906 版是“美丽雄伟之角”与“足小”的对比，1923 版是“角那样雄伟”与“脚这样纤小”的对比，1953 版是“角的好看”与“脚的难看”的对比，2003 版是“腿的纤细”与“美丽的角”的对比。值得注意的是，前三种版本都用“脚”，后一

种用“腿”，腿是指人和动物用来支持身体和行走的部分，脚是指人或动物的腿的下端，腿的指称范围大。从鹿的身体结构来看，细小部分应该是鹿的脚，而不是鹿的整个腿；从走路功能来看，人们都习惯于说“用脚走路”“用脚跑步”，因此，后面描写鹿跑得快应该是得益于脚，而且，角和脚读音相近，只是音调不同，便于联系起来识记。

此外，四种版本在鹿看见自己的角和脚的描写中，有的是同时发现，如1953年版：

两只角像树枝一样，非常好看；四只脚又瘦又细，非常难看。

有的是有时间先后，如1906版“既而俯视其足”，1923版“后来又望见自己的脚”。不过这里的时间先后是紧凑的，中间没有插入任何其他内容的描写，只有2003年版在鹿发现自己脚小前插进了两句环境描写：

一阵清风吹过，池水泛起了层层波纹。鹿忽然看到了自己的腿。

鹿是在池水的层层波纹中看到了自己的腿。从文学角度来说，增加这一环境描写可以给后面狮子的出现作铺垫，但从科学角度来说，鹿在波纹中看到自己的腿应该是不清晰、变了形的。

第三，对狮或虎出现场景的描写。

正当鹿在抱怨自己的脚小、丑陋难看时，狮或虎不知不觉地出现在它的面前，这对鹿是一个严峻的考验，在这场考验中，被抱怨的脚发挥了重要作用，而被赞赏的角却险些送了它的命。因此，把狮或虎的出现描写得越是神不知鬼不觉，就越能体现鹿的脚的作用大。四种版本都重视了这一点，如：

方郁伊间，有虎骤至。(1906版)

鹿正在那里埋怨自己的脚；不料“呼呼的!”一阵风声，一只老虎跳过来要捉他！(1923版)

鹿正在那里埋怨自己的脚为什么这样小，不料“呼呼”的一阵吼声，一只老虎跳过来要捉它。(1953版)

鹿开始抱怨起自己的腿来。就在他没精打采准备离开的时候，忽然听到远处传来一阵脚步声。他机灵地支起耳朵，不错，正是脚步声。鹿猛一回头，哎呀，一头狮子正悄悄地向自己逼近。(2003版)

不过，相比较而言，1906版用一个“骤”字，1953版用“呼呼”的嚎声，都把情况描述得相当紧迫、危急，其他二种则好像有一定的缓冲时间，比如1923版先写鹿听到了风声，然后才看见一只老虎要来捉它，2003版先写鹿听到了脚步声，甚至还有时间支起耳朵来细听，然后才发现狮子悄悄地向自己逼近。在这种情况下，越是紧迫，越能凸显脚的价值之大，也就越有利于深化故事的寓意。

第四，对鹿脱险过程的描写。

鹿所遭遇的险有两次，第一次是在细小的脚被抱怨时，第二次是在美丽的角被挂住时。

①第一次脱险

鹿看到自己的脚那么瘦小，心情很不好，正在郁闷时，虎或狮的突然出现大大震惊了它，这时唯一的选择是赶快逃生，四种版本都突出了鹿的脚步快。如：

鹿大惊，奔走绝速。虎不能及。(1906 版)

鹿大惊，赶忙逃走，走得非常之快。老虎落在后面，追不上他。(1923 版)

它大吃一惊，慌忙逃走，跑得非常快，老虎落在后面，追不上它。(1953 版)

鹿不敢犹豫，撒开长腿就跑。有力的长腿在灌木丛中蹦来蹦去，不一会儿，就把凶猛的狮子甩在了后面。(2003 版)

从描写鹿的应急状态来说，“大惊”比“不敢犹豫”更能突出情况的危险，“慌忙”也比“赶忙”更能体现应急的状态；从奔跑动作的形象性来说，“撒开长腿就跑，有力的长腿在灌木丛中蹦来蹦去”比较具体，“奔走绝速”比较笼统；从奔跑动作的有效性来说，“甩在后面”比“不能及”“追不上”更有说服力。

②第二次脱险，

细小的脚把鹿带到了安全的境地，但是，美丽雄伟的角这时却出来捣乱了：

追入深林。角梗于树枝，几为虎所获，幸而得免。(1906 版)

一会儿，那鹿钻到林子里，两只角被树枝钩住了；幸喜老虎还没有追到；他急忙侧着头把角拔出来，逃到隐僻的地方去。(1923 版)

一会儿，它就钻追树林里，可是两只角被树枝挂住了；幸喜老虎还没有追到，它急忙侧着头，把角拔出来，逃到隐蔽的地方去。(1953 版)

就在狮子灰心丧气不想再追的时候，鹿的角却被树枝挂住了。狮子赶紧抓住这个机会，猛扑过来。眼看就要追上了，鹿用尽全身力气，使劲一扯，才把两只脚从树枝中挣脱出来，然后又拼命向前奔去。这次，狮子再也没有追上。(2003 版)

在突出奔跑动作方面，角被树枝“挂住”比“钩住”和“梗”更生动逼真。因为鹿在奔跑时是跳跃前进的，角高于平时漫步时的高度，往上跳时被“挂”住，真实地反映了奔跑时的角受到阻挡的状态，而“钩”和“梗”则可以是漫步时受阻挡的状态。

在鹿摆脱树枝阻挡的动作方面，1906 版没有具体描写，只用“几为虎所获”，留给读者自己去想象；其他三种版本的描写各有千秋，2003 年版从骄傲、鲁猛的形象出发，具体、生动地描写了这一动作：

鹿用尽全身力气，使劲一扯，才把两只脚从树枝中挣脱出来。

而其他两种版本则从狼狈、无奈的角度出发，用“侧着头把角拔出来”的描写，打掉了鹿角高耸的傲气。

究竟从哪个角度去描写更有利于推动鹿对自己认识和行为的反思，值得斟酌。

第五，鹿的反思和感叹。

鹿经历了一场生死之劫，不得不反思自己的认识和行为。1906 版揭示了物的价值在于适用，如：

鹿乃自悔曰：“吾重吾角，吾角几杀我。吾轻吾足，吾足实生我。故天下之物，惟适用者，斯可贵。”

平时重视的事物不一定最有价值，最有价值的东西是在具体情景中能派上用场，换句话说，就是物的价值离不开它的使用环境。由此可以推衍出物有所长、所短的道理。

其他三重版本则揭示了审美与实用的关系，即物的价值不在于其审美价值，而在于其实用价值，如：

鹿叹道：我以为角好，那知我的角几乎害死我？以为脚不好，那知我的脚倒使我逃出了虎口来？可见天下各种东西，不在乎好看，只在乎实用！（1923 版）

鹿又叹一口气，说：“我以为角好看，哪知道我的角几乎害死我；以为脚难看，哪知道我的脚倒使我逃出了虎口。可见世界上各种东西，不在乎好看，只在乎实用。”（1953 版）

鹿跑到一条小溪边，停下脚步，一边喘气，一边休息。他叹了口气，说：“两只美丽的角差点儿送了我的命，可四条难看的腿却让我狮口逃生！”

“好”、“好看”、“不好”、“难看”、“美丽”都是从审美角度来评价角和脚的价值的，但是，光有审美价值或审美价值高，不一定能在关键时刻派上用场，就像鹿的角一样，差点送了它的命。因此，提醒人们，应该重视事物的实用价值，事物的实用价值高，其价值才高。自近代以来，这种务实思想一直主导着中国的语文教育。

3. 小学课文《司马光》砸缸形象的百年呈现。

小学课文《司马光》叙述了司马光小时候砸缸救人的故事，为小孩树立了一个智慧形象作为学习榜样。据说这个故事在北宋时最早是画成图画，在民间流传的，其文字记载比较简单："群儿戏于庭，一儿登瓮，足跌没水中，众皆弃，光持石击瓮破之，水迸，儿得活"。

把这个故事改编成小学课文，进入新式小学堂的教科书，已经有近百年的历史。由于不同编者对这个故事有不同认识和理解，其呈现出来的语言表达方式也各不相同。就课文标题而言，有《司马光》《打破水缸》《司马光打破水缸》《司马光急智救朋友》等。"司马光"这个标题太笼统，没有点明智慧的主题，"打破水缸"类的标题突出了破坏性，也不太好，唯有"司马光急智救朋友"较好。就课文内容而言，由于编者对课文主题和教育意义的理解不同，故事叙述的构思、措辞和呈现也有所不同，但是，无论如何呈现，突出司马光智慧形象是这个故事的核心所在和应有之义。

下面选取这一故事的六种版本进行分析，它们分别是1912年商务印书馆出版的共和国教科书新国文国民学校用秋季始业第三册、1923年商务印书馆出版的新学制国语教科书第三册、1924年中华书局出版的新小学教科书国语读本、1934年世界书局出版的国语读本第五册、1982年人教社出版的五年制小学课本第二册、2004年人教社出版的义务教育课程标准实验教科书一年级下册，以下简称1912版、1923版、1924版、1934版、1982版、2004版。透过这些版本，我们可以感受到教材语言的重要性和遣词造句的微妙。

第一，人物和环景。

故事人物是指小时侯的司马光和他的朋友，故事环境主要指故事情节发生和依托的地方。六种版本对故事人物的介绍有详有略，对故事环境的选取各有不同：

司马光幼时与群儿戏于庭前。(1912版)

许多孩子在院子里玩。(1923版)

司马光也是宋朝有名的人。他小的时候和几个小孩玩耍。(1924版)

司马光和几个小朋友在院子里捉迷藏。(1934版)

古时候有个人叫司马光。他小时侯，有一回跟几个小朋友在花园里玩。(1982版)

古时候有个孩子，叫司马光。有一回，他跟几个小朋友在花园里玩。花园里有假山，假山下面有一口大水缸，缸里装满了水。(2004版)

故事人物介绍最详细的是1924版，它承接上一篇文彦博取球的故事，因此用了"也是宋朝人"。最简单的是1923版，只说"许多孩子"在玩，其他版本都或多或少点出了"幼时"、"古时候"，表明这个故事说的是"古时候"某个人"小时候"

的事。

故事环境的描述，1924 版没有交代，只说“玩耍”，至于在哪里玩，由读者去想象。其他版本有说“庭前”、“院子里”，有说“花园里”。其中 2004 版描述最为详细，把故事情节发展的有关条件，比如花园里的“假山”、“大水缸”等都作了描写，以作为发生意外事件的铺垫。

第二，意外事件。

小孩子好玩耍，取乐的主要方式就是游戏、捉迷藏等。有些版本交待了具体的玩耍方式，如 1934 版说是“捉迷藏”，但是，多数只笼统地说“玩耍”。因玩耍而导致意外事件的发生难以避免。这个故事的意外事件就是一个小孩在玩耍中掉进了水缸。至于怎么掉进去的，一种描述是“脚一滑”，如：

一个孩子爬在水缸上，脚一滑，跌到水缸里去了。(1923 版)

一个孩子因为怕捉着，立在一只大水缸上，不料两脚一滑，便跌在缸里。(1934 版)

另一种描述是“不小心”，如：

有一儿误坠水缸中。(1912 版)

有个小孩爬到大水缸上，偶然不小心，失脚掉在水缸里；(1924 版)

有个小朋友不小心，掉到大水缸里了。(1982 版)

有个小朋友爬到假山上去玩，一不小心，掉进了大水缸。(2004 版)

尽管“不小心”会导致脚一滑，“脚一滑”也有不小心的意思，但这两者其实都有“胆子大，敢冒险”或“贪玩”的前提存在，也就是说，爬缸的小孩是敢于冒险或贪玩的小孩。不然，无论是出于捉迷藏时“怕捉着”，还是其他原因，他都不会冒险去爬缸的。

第三，小孩子的惊恐和慌乱。

意外事件发生后，小孩子的反应如何？惊恐是必然的，这是小孩的自然反应，但惊恐未必导致慌乱。对多数孩子来说，惊恐一般会导致慌乱。因此，各种版本为了体现小孩子的惊恐和慌乱，都集中描写了小孩子的语言、行为和表情等，但各有侧重。只重视语言描写的有：

大家嚷着说：“啊哟！不好了，有人跌到水里去了。”(1923 版)

孩子们没有法想，都嚷着说：“缸里的水很深，怎么救他出来呢？”(1934 版)

只重视行为描写的有：

群儿狂叫，皆惊走。(1912 版)

别的小朋友都慌了，叫着喊着，有的跑去找大人。(1982 版)

只重视表情描写有：

大家吓慌了，瞪着眼睛，没有办法。(1924 版)

2004 版对小孩子的语言、行为和表情都作了描写：

别的小朋友都慌了，有的吓哭了，有的叫着喊着，跑去找大人。

但比较笼统，小孩子的眼神如何，叫喊什么内容，都没有作介绍。

第四，司马光的镇静表现。

描写小孩子的惊恐和慌乱反应，是为了衬托司马光的镇静。司马光是一群孩子中唯一不因为惊恐而导致慌乱的小孩。对这种镇静表现，有的版本主要通过司马光的心理描写和行为描写去展示，如：

司马光一想：水缸里有水，若不赶紧救他，恐怕就要淹死呀。他情急生智，随即拾起一块石头，打破了水缸，于是水都流出来了。(1924 版)

一个从容淡定的智慧形象跃然纸上。有的版本只从行为描写去展示，如：

光俯取石，急击缸。(1912 版)

更多的是承接前面对其他小孩的慌乱描写，从司马光与他们的对比中去展示，如：

有一个名叫司马光的，一声也不嚷，赶快搬了一块小石头，用力向缸边乱碰。一会儿，缸破了，水流出来，缸里的孩子没有淹死。(1923 版)

司马光却并不慌张，随手搬了一块石头，乒乓一响，把缸的侧面打了一个洞，缸里的水从洞口一齐流出来，那个孩子才没有淹死。(1934 版)

司马光没有慌。他举起一块石头，使劲砸那口缸，几下子就砸破了。缸里的水流出来了，掉在缸里的小朋友得救了。(1982 版)

司马光没有慌，他举起一块石头，使劲砸那口缸，几下子就把缸砸破了。缸里的水流出来了，掉进缸里的小朋友得救了。(2004 版)

“一声也不嚷”“不慌张”“没有慌”都是对比前面其他小孩的反应而言的。同时在对比中描写司马光镇静而智慧的行为，如 1934 版：

乒乓一响，把缸的侧面打了一个洞。

但是，其他版本却没有做到这一点，也就是说，其他版本没有在砸缸过程包括砸缸的部位选取和砸缸的次数上去体现司马光的智慧。部位选取得好，不用费多大力气，一个石头砸过去，缸就会破了；部位没有选取好，就必须出蛮力“使劲砸”，而且要砸好几下，砸的次数越多，就越看不到司马光巧干的形象。至于“用力向缸边乱碰”更是愚笨、卤莽的行为，而且乱碰了“一会儿”，缸才破。对于这些细节，

在措辞上稍微不注意，刻画的就可能不是智慧的司马光形象，而是愚鲁的司马光形象。这一点希望能引起教材编制者和教师们的关注和思考。

第三节　建国后小学语文教材发展的经验与思考

中华人民共和国成立之初，小学语文教材沿用旧教材和老解放区教材。1950 年 12 月，人民教育出版社成立，担负起共和国中小学教材的修订、编写和出版任务，直到 1986 年中国实行教材审定制为止，全国的小学语文教材几乎都出自人教社或受到人教社教材的影响。进入义务教育的教材多样化探索时期，人教版的九年义务教育小学语文教材和新世纪课程标准实验教材，仍然占有很大的市场份额。因此，建国后小学语文教材的编写经验与思考也主要针对人教社教材。

一、关于小学语文教材的编写经验

随着课程改革的深入，教材的多样化程度不断加强，如何充分发挥教材的育人功能，规范和引导教科书的编制、出版和发行问题，值得大家深思。

（一）要有“三合一”的教材编制人才

教科书是课程的具体表现形态，体现了国家的教育目的和学校教育目标，在教育上起着沟通各方面联系的中介作用。教材编写最忌随心所欲和陈陈相因，它需要专门的理论基础和科学化的实践研究，不是随便什么人都能编好教材的。教材建设是整个语文教学改革的中心环节，只有深入开展对语文教材的系统研究，才有利于语文教材发展走上民族化、科学化、现代化之路。教材发展需要建立在研究之上，研究教育方针、教学计划、课程标准，研究语文教育学、儿童心理学和语文教材本身发展的历史，研究传统语文教育经验和语文教学实际，研究新涌现的成功教学经验和国外母语教育经验，在这些研究基础上发现语文教学和语文教材编写的规律性东西，发现教材、教学的存在问题。但是，自 20 世纪八九十年代以来，实施教材政策“一纲多本”，教材编辑队伍不断壮大，但教材编制的专业水平却良莠不齐，教材编制与教育期望出现较大差距，教材编制过程中系统、全面的意识不够，学术质量难以保证。人教社编写队伍实行专家、教师、专业编写人员三结合，虽然是一条可取的经验，但更为理想的是对“三合一”编制人才的呼唤，即像叶圣陶、吴研因、沈百英等老先生那样，既做过小学语文教师，又研究教育理论和从事文学创作，集三者于一身，实现教材选编与教材创作的有机结合，既能挖掘和弘扬前人宝贵经验，对传统教材进行改编，以体现时代特点和现代意识，又能自主开发出高质量的新课文，使教材选文文质兼美，类别配置适当，难易适度。

（二）要精选教学内容

编写语文教材最重要的任务是精选教学内容。语文教学内容，习惯的认识主要指教材中的一篇篇课文，而新世纪课程改革中的语文教学内容更加宽泛，凡是有利于提高语文素养、形成良好语文学习习惯所必需的有关学习方法、学习策略的知识，都是语文教学内容。语文教材是最主要的课程资源，它既要考虑学生的世界观、人生观方面的思想教育价值，又要考虑文章的典范性。面对报刊上五花八门的文章，教材编制者如何去选择并改编到教材中，有很大的学问。有的内容新鲜有趣，但细读却破绽百出；有的辞藻华丽，但思想不适合于学生。真正文质兼美，有利于发展学生语文能力以及进行思想情感教育的文章，需要教材编制者和教师们再认真斟酌和掂量，做到既能体现国家和社会的主流价值观，又能适合于进行语言文字训练；既能引起儿童的学习兴趣，又能继承和弘扬中华民族优秀文化和革命传统；既有助于增强学生的民族自尊心和爱国主义感情，也有助于理解和尊重多样文化。

（三）要实现教材编制的拓展性

教材是进行语文教学的重要依据，也是提高语文教学质量的重要物质基础。但是，一本薄薄的教科书呈现的教学内容毕竟有限，如何让这些内容成为一个个启迪学生拓展延伸的引发点，在儿童认知水平、语文教育特点、社会期望三者之间寻求和谐与平衡，就需要不断创新教材内容、编写体系以及呈现方式。教材编写和教学的指导思想应该从“教材无非是例子”转变为“教材无非是引子”。以教材为依托，延伸到生活、社会和网络，播下热爱汉语的情感。为此，教材编写要抓住儿童智力和语言的最佳发展期，让儿童体会到汉语琅琅上口的审美愉悦感，低年级教材应多重叠词句和反复故事，动作词多于实物名词，或两者动态结合起来；完善主题“文选型”的教材编写体系，构建以培养问题意识和引导探究活动的“实践型”教材编写体系。总之，应尽量拓展教师们的视野，提供丰富的体验式教学材料，供他们参考和借鉴。教材编写本身隐含着方法的指导，它既有提供知识，也有指导反应的功用。

二、关于小学语文教材编写的思考

（一）关于识字、写字教材

低年级以识字、写字为重点，识字、写字教材的编写不仅要借鉴“三百千”集中识字、韵语识字的经验，也要借鉴清末民初分散识字、强调反复的识字经验以及后来的注音识字经验等，力求使学生乐于识字，有较强的独立识字能力。做到识字数量多、质量好，且不加重学生负担。从识字量来说，中国小学语文教学大纲用字、教科书用字、教学实验用字与学者研究的合理用字之间存在一定的差异。从民国到现在，始终没有能为大家普遍接受的识字教学等级字表。但这并不是说可以不接受关于汉字研究的成果。此外，哪类生字应先学，哪类应后学；哪些生字可集中认识，哪些需要分散认识；生字在教材中首次出现后，应多久复现，复现的次数如何安排；字形相似或字声相同之字须如何加以特别注意；识字背后的文化思考，等等。这些研究都应该引起教材编写者的注意，进一步加强汉字研究、识字方法与教材编写之间的联系。《义务教育评议课程标准（2011 年版）》在附录中列出了识字教学的基本字表和常用字表，这种区分是否合理，也有待进一步研究。

从识字方法来说，一要体现汉字自身特点。利用汉字象形、会意、形声等构字特点编写识字教材，利用汉字单字词居多、构词率高的特点，体现识字、学词的结合；二要符合儿童的认识发展顺序，有两种观点，一种主张根据儿童的生活经验编写，儿童先在什么环境生活，先接触什么东西，就依据这些编写识字教材，如先接触食物，就多认识苹果、香蕉等食物名称。另一种主张根据儿童的认知发展顺序编写教材，小学中低年级儿童，感知觉关注空间外部形象，笼统模糊，随意注意为主，思维概括能力低，多机械记忆，多主观判断推理，关注外部联系，富于无意想象，喜欢幻想、荒诞、变形的内容，因此，识字应先以浅显的动作词、外部形态的形容词、拟声词等为主。识字教材以趣为先，利用韵语提供语言环境，利用汉字形音义结合的特点和构词特点提高识字效率。

至于写字教学，关键在于良好写字习惯和正确写字姿势的养成，书写规范、端正、整洁。在此基础上结合字的结构引导写字速度的训练。

（二）关于词汇教材

人类对世界的认识是由概念构成的，认识的发展也就是概念不断丰富和概念之间的各种关系被不断揭示的过程。概念依托于字词，字词帮助人们把现实世界转换成由字词所代表的概念组织起来的世界，使人类得以摆脱具体事物和动作的制约而进行思想交流。出于认识的需要，新字词被不断地造出来，或旧字词被不断赋予新含义。此外，制度、礼仪以及地域因素，如避讳、客套、方言等，也会导致众多同义、近义词句的并存现象。《尔雅·释诂》对代词“我”就列举了卬、吾、台、予、朕、身、甫、余等。扬雄《方言》第三节云：“秦晋之间，凡好而轻者，谓之娥；自关而东，河济之间或谓之娇；赵魏燕代之间曰姝，自关而西，秦晋之故都曰妍；好，其通语也”。这些同义、近义词句并存的现象为表达的丰富性提供了基础。

在字词丰富过程中，由于认识角度及其他因素的影响，对同一种动作、同一种事物或现象，往往也会存在角度不同或侧重点不同的词汇。比如，同是“看”的动作，有瞧、盯、望、观、睹、瞟、相、察、视、瞥、窥、瞅等；同是“拿”的动作，可以细分为持、执、秉、操、握、托、捧、提等。人们对于一些抽象道理或观念，也有许多成语或固定表述。比如，表述志向高远，有“鸿鹄之志”、“青云之志”、“凌云之志”、“千里之志”等；表述“环境对人的影响作用”，有“近朱者赤，近墨者黑”、“蓬生麻中，不扶而直”、“染于苍则苍、染于黄则黄”、“居楚则楚，居越则越”、“与善人居，如入兰芝之室，久而不闻其香”等固定句式。成语是一个具有语料背景意义的整体单位，不是组成成语的每个字词意义的简单融合。在加强成语与生活体验的联系基础上，让近义或反义成语集中出现，有利于词汇的组块学习，比如“同心协力”与“齐心协力”、“众志成城”，“聚精会神”与“目不转睛”，“左顾右盼”与“东张西望”，“三心二意”与“一心一意”，等等。

从词汇学习方法来说，利用汉语没有形态变化、组合灵活自如的特点，在教材中多设计组词、归类积累等练习，以丰富词汇；利用汉语是“意会型”语言的特点，在教材中引导学生多接触语言材料，在大量读写实践中培养语感；利用汉语同义、近义词多的特点进行对偶或骈体文训练；形式上可开辟“语文园地”，围绕某个生活场景或生活主题而组成同、近义词或反义词的资料汇集，也可以设计练习项目，加强同、近义词或反义词的组块出现，或者采用易于上口和背诵的歌曲或者韵语形式呈现，等等。蔡元培认为，“国文分两种：一种是实用文，在没有开化的时候，因生活上的必要发展的；一种是美术文，没有生活上的必要，可是文明时候不能不有的。”① 美术文是为了审美的需要，人们在描述某种事物或表述某种思想时，总喜欢

① 高平叔：《蔡元培教育论著选》，人民教育出版社1991年版，第298页。

变换着角度来选择新颖的词句，而不喜欢采用人人熟悉的陈词滥调。因此，在同、近义词组块学习的基础上，还要引导学生进行多种表达法训练。中国传统语文中最突出的属对训练，一方面训练音韵节律，另一方面就是训练多种表达法，月缺月圆，花开花落，光阴似箭，日月如梭，这些都是描述时光易逝的表达法，也是古人属对训练的常有内容。今天的语文教学尽管没有专门的属对训练课，但是，我们在实践中要有意识地去训练多种表达法，进行词汇的组合感悟，多接触语言材料，在大量读写实践中培养语文实践能力，提高语文素养。

（三）关于教材选文

小学语文教材选文应考虑题材、体裁的丰富多样，激发儿童学习兴趣。在内容上多选形象、直观、感性色彩强的作品，在文体上多选儿童诗歌、童话、故事、寓言、科普科幻作品等儿童文学作品，编排顺序则可以“起初多韵文、童话、故事；中年级多儿童文学作品、诗歌、散文、寓言、神话；高年级多名家名篇，增加科学小品、说明性文章，拓宽选文范围”①。

激活儿童的语文潜能是小学语文教材选文的首要任务。从儿童中心的课程观出发，文体组织必须与儿童阅读兴趣的发展过程相吻合。五、六、七岁的孩子喜欢图画书，这种兴趣延续到八、九岁而不衰。同时节奏明快的摇摆式韵律和声音的反复也能引起他们的趣味。这一时期的儿童往往以为他四周的东西都有生命，有时会和自己的玩具谈话，有时要问花在夜里是不是很寂寞，有时要想知道月亮要不要睡眠。儿童处于自己眼中的灵性世界中。因此，反复的歌谣、简单的童话和简短的自然故事都能引起他们的爱好。随着儿童经验的扩展，他们对无生命物类的关注逐渐转向对有生命物类的关注，他们用人的行为和人与人之间的关系来解释他们所看见的生活着的东西。儿童进入了自己编织的童话世界中。童话为他们创造了幻想的美好世界，儿童生活在这个世界里感到极大的愉悦，但他们的童话世界是无所谓正义、善良、公正、诚实、慈爱等道德观念的，因此这个时候的童话故事应该在取悦于儿童的基础上多蕴涵教育价值。儿童到十岁时，虽然童话的势力仍在持续着，但他们开始对实际生活的事物发生较多的兴趣，他们逐渐从童话世界回到现实世界。这个时期是儿童阅读真实性文学作品的黄金时代，课文应该明显加长，情节设置应该复杂，

---

① 崔峦：《回顾·总结·展望——人民教育出版社五十年小学语文教材编写历程》，《课程·教材·教法》，2010 年第 1 期第 57 页。

少反复。到十一岁时，阅读稍长篇幅文章的习惯已经形成，他们对于描述自然界灵性的那些虚幻故事的兴趣逐渐减弱，而对于那些超越感官但合乎现实情景的事件有浓厚的好奇。也就是说，他们对于直接观察到的事物之外的世界更感兴趣。有关发明故事、机械故事、冒险故事、历史传奇故事、伟人传记是他们最感兴趣的读物。他们阅读时喜欢移情，把自己的生活投射到读物所营造的故事世界中。不过这一时期男女的阅读兴趣差异也开始明显起来，男孩沉迷于冒险故事或关于航空、森林、机械等读物，而女孩则对学校生活故事、家庭生活故事、以及爱情故事、花鸟故事等较感兴趣。到十二三岁，又是儿童开始崇拜英雄的时期，儿童的人生观、价值观将初步奠定，意志力将初步养成，因此，应该多提供各种利用智慧战胜邪恶、克服阻碍获取成功的故事或例子，以培养他们不断进取的乐观主义精神，使他们稚嫩的心灵从想象世界的温室中能够安全过渡到充满种种险阻的现实世界中。

课文只要能适应儿童的兴趣和经验，篇幅长不是问题，尤其在高年级。应试教育的价值取向往往倾向于课文短小精炼，喜欢将篇幅长的原著进行删改，因为短文章有利于评估和应付考试。

三、关于小学语文教材编写的建议

语文学习不仅是学习语言文字，同时也是情感熏陶和人格养成的过程，是积极人生态度和价值观的形成过程。儿童的态度尽管受经验、风俗、社会力量等多方面的影响，但是，早期的家庭环境和学校教育却是其他力量所替代不了的重要基础，语文教材提供的人物形象、环境、言行等与父母、教师共同起到了引导儿童健康成长的作用。因此，小学语文教材编写应该同时考虑儿童的语文能力训练和语文熏陶感染两方面的作用。

（一）适当重视默读训练

小孩子进学校学习，通常称为“读书”。默读不但是读书的常用方式，而且也是阅读教学的重要方法。

在中国古代，读书只是一种笼统的说法，并没有从有无出声的角度去明确区分。民国初期，受欧美教育思想的影响，欧美有 Oral reading 和 Silent reading 的读书区分，于是才有区分出声与否的概念朗读和默读，也有人将后者翻译成静读的，不过比较流行的译法还是默读。尽管中国古代也有读书不出声的区分，但只是笼统地称为

"看书"，因此，当默读这个新概念出现时，就被当成新方法而大加追捧，而把出声朗读这种古人认为非常有效的汉语文学习方法视为落后，归于排斥之列。默读则被当作舶来品而受到重视，成为语文教学中阅读能力训练的主流方法。民国二十年，汪懋祖就曾指出这种现象，"有督学视察学校，见教室内合声朗诵，率为纠正"[①]。

默读的流行与清末以来的语文教育观有关。首先是语文教育的科学化。科学化追求效率，朗读须用舌头、声带、嘴巴的配合，只能看一字读一音，默读只须用眼睛，可以训练眼动的快速度，达到一目十行的阅读效果。因此，默读的速度比朗读快得多，而且朗读习惯了，容易养成慢读的毛病，导致阅读效率低。为此，有人从读书的演进上提出默读是读书发展的高级形式的观点，认为读书经历了四个阶段道：（1）单用口的时期，在没有文字以前，那时看不见文字，听见别人唱一首歌谣或者说一句谚语，也会用口反复朗读，这是原始的读书法，也是初步的读书法。（2）用口用目时期，在旧时私塾时代，初学古文的人读起书来，往往只用眼睛看，用嘴巴唱，文字的内容毫不顾到的。（3）用口用目用脑的时期，现在读浅近的白话文看一句读一句就能懂一句，朗读的练习就是这一种的代表。（4）用目用脑的时期，一面看一面想，看得快想得快就是默读，默读能把口的方法隐藏起来，形成一种先进的读书方法[②]。因此默读是最先进、最科学的读书方法。更何况旧时的私塾教育开头总是注重朗朗诵读，而新式学堂的兴起，在读书方法上自然也应该有所区别，默读在学校中的流行和重视就是体现这种区别的体现。其次是语文教育的大众化。大众化追求语文教育与普通大众的生活经验切近和实用，默读是读书获得知识、欣赏消遣的主要方式。自鸦片战争国门打开以后，新知识不断涌现，各种书本出版物越来越多，阅读者面对众多的知识和书籍，需要一种快速浏览的能力去作出筛选，而不像古人那样，所读的书都是"圣人之言"，只须虔诚阅读领会，无须筛选。而浏览筛选的能力需要长期的默读训练来养成；同时，阅读各种文学艺术书籍，目的在于丰富精神生活、放松身心，拿一本闲书，坐在沙发上或躺在床上，随意默读，身心无比舒坦和愉悦，而朗读则容易让人疲惫、紧张。况且，默读在生活中和社会上的应用也比较广泛，平时看书、看报、看信、看布告、看通知等都用默读而很少用朗读。可见，默读的地位曾经一度超越传统语文教学所一贯重视的朗读，成了阅读教学的主要训练内容。

---

① 汪懋祖：《禁习文言与强令读经》，《民国丛书影印本（第一编52）》，上海书店影印，第6页。

② 沈百英：《小学国语教学讨论集》，商务印书馆1948年版，第123页。

但是，中华人民共和国成立之后，默读的地位开始下降，因为语文教育的重要任务是推广普通话，需要特别重视朗读训练，默读成了朗读的附属。1955年的《小学语文教学大纲草案》指出，“朗读在阅读教学中最为重要”，“好的朗读是好的理解的基础”，“默读要以朗读做基础。……没有朗读的基础，不符合理解课文的要求，默读的质量就会降低。”朗读对理解课文内容、发展语言、陶冶情感确实具有较大的作用，而默读则需要在具备一定朗读能力的基础上进行，因此常常在教材编制中没有具体的训练要求。

（二）适当减少口语化人名

语文独立设科时，强调“应世”而非“应试”。“应世”的主要方式是口语交际，建国后，重视口语教学和围绕口语核心的语文教材观成为语文教育界的共识。张志公先生曾经说：“‘语文’的‘文’指什么，人们有不同的理解。但‘语’是‘语言’这一点，大家的理解是完全一致的，并且是没有人不赞成的。这就意味着，在全部普通教育阶段都应当进行语言教育，……在那么悠久的以文为主的传统语文教学之后，经历了几十年的激荡，终于建立起语言教育这个观念，这是十分值得重视的。尽管在作法上还有不少问题，单说建立起这个认识本身，已足可以认为是一件划时代意义的事情。”① 教材顺应口语实际，重点落在语言表达的“上口”和“顺耳上”，“文字将要是全体人民的工具，虽然还是拿来看，可不能不充分顾到说和听了，因为惟有能说能听的东西，看起来才能毫无隔阂。”②。

这些对语文的理解和认识，导致教材中人物形象的称谓倾向于选取浅白的、易叫唤的口语化人名，只强调声音感觉，如圆圆、路路、宁宁、元元、明明、冬冬、乐乐、露露、秀秀、玲玲、红红、云云、贝贝、兰兰、丁丁、强强、阳阳、田田、青青等。除这种突出重复的人名外，还有如小丽、阿玲、小华、小刚、小英、小磊、阿三、小李、小蓝、小鸣、小健、大宝、虎子、阿水、小星、小蓉、刘二、二喜、阿吉等口语特征明显的人名。至于类似民国时期出现的诸如吴若愚、林鹤、陶慈、仁忠、施纲、查道、明伦等蕴含一定历史文化信息的人名，却几乎没有了影子。

---

① 张志公：《汉语文教学的过去、现在和未来》，《张志公自选集（上）》，北京大学出版社1998年版，第158页。

② 中央教育科学研究所：《叶圣陶语文教育论集》，教育科学出版社1980年版，第662－663页。

（三）适当淡化官本位意识

教材编制者必须充分斟酌和考量教材中每一个人物形象的称呼和人名。就专有人名来说，虽然不能随便更改，但教材编制者也有选编的主动权，因为有些人不是只有一个特定称呼，而是有好几个，比如毛主席、毛润之、毛泽东、毛委员指称同一个人，选取哪一个称呼，与特定的时代和环境有关。但是，小学语文教材几乎采用毛主席来称呼。课文《八角楼上》叙述毛泽东 1927 年到 1929 年之间的事情，那时他还没有担任党和政府的主席职务，但同样称呼毛主席。1988 年人教社出版的六年制小学课本《语文》第二册课文《这个办法真好》，本应该称呼毛泽东或他小时侯的名，但课文还是写成“毛主席七岁的时候，……毛主席把自己的一份让给了最穷的伙伴。”课文《送雨衣》中邓妈妈对站岗的小郭说话也句句不离总理的称呼：“总理让我给你送雨衣来了，快披上吧。”“总理让我告诉你，打雷下雨的时候，不要站在大树下。”甚至回忆自己爷爷的课文也不忘附上职务，比如课文《爷爷的俭朴生活》第一句“我的爷爷朱德委员长逝世了”。这种以社会职务来称呼特定名人的做法，在民国时期主要用于指称封建时代的帝王以及孙中山、蒋介石等，如 1933 年大东书局出版的《新生活教科书·国语》初级小学用第七课《总理伦敦蒙难》，直接以总理称呼孙中山。对蒋介石的称呼，也多以职务尊称，如 20 世纪 40 年代国立编译馆编制的高小国语课本第一册课文《蒋主席的故事》《蒋主席的家信》等，或者就是在姓后加上尊称的字眼，该册第三课《拥护领袖》：

拥护领袖！拥护领袖！拥护我们的领袖！领袖蒋公，承先启后，贯彻国父的遗教，为党国努力奋斗。

大概领袖比主席更能体现蒋介石的社会身份和地位。建国以后，这种以社会职务来尊称人物形象的做法几乎成了语文教材编写的一个惯例，无形中在孩子幼小的心灵世界里滋生出官本位意识。其实，以社会职务来称呼教材中的人物，一方面疏远了儿童与教材中人物形象的关系，另一方面也暗示了教材中的人物形象与其他人不一样的身份。因此，教材中的人物形象即使是社会职务和身份高的名人，也应该尽量拆下他的名人光环，还原成普通人，比如采用人伦辈分方式，称邓小平为邓爷爷，或采用社会赞誉方式，把刘伯承称为“军神”，王进喜称为“铁人”，陈毅称为“神童”等。百年来的经典课文“司马光砸缸”、“文彦博取球”等，都没有附带职务称呼。

（四）适当体现儿童视角的世界

体现儿童视角的现实世界和想象世界，必须站在儿童的立场上去看待世界。“儿童”这个词在拉丁语中意味着“自由者”，自由的教育是符合儿童的。好儿童应当拥有丰富多彩的世界，他们有快乐的童年、天真无邪的童心、纯净诚挚的童真、生机盎然的童趣，嬉戏、贪玩、撒娇、梦想、好奇、痴迷、任性等丰富多样的生活事件，是他们的真实世界。但是，我们的教材更多是在成人的视野下认识儿童，忽视了儿童成长过程的独特意义，反映出明显的成人本位、名人本位儿童观。用名人、伟人的言行来教育儿童，把儿童看作是“小大人”。当儿童用仰慕的目光看待教材中的“小大人”“小伟人”时，除了激动崇敬之外，所感受到的更多是压力、羞愧甚至自卑。天才、伟人的童年与普通生活中的儿童之间存在较大的反差，他们望而却步，只能在想象中把自己装扮成这样的人，久而久之便滋养了儿童的虚伪。比如建国以来的小学课文《狼和小羊》，教材选编者的目的是想启迪儿童识别好人和坏人、养成爱憎分明的情感态度。然而，对于处在小学阶段的儿童来说，向往和模仿强者的言行恰恰能增进他们天性顽劣的快乐。因此，当老师问儿童是否向往或喜欢狼时，他们表面上会说恨，但心中却是喜欢，对羊，表面上同情，心中却鄙视。

（五）适当加强立身处世教育

中华人民共和国成立以后的最初三十年，小学语文教材的选材主要以现实材料为主，基本上不再回头看建国以前的教材。尤其在文化大革命期间，建国前已经存在的小学课文，诸如《司马光》《称象》《孔融让梨》《神医华佗》《西门豹》《鲁班学艺》等，都被说成是“拌着白糖的砒霜”，不利于教育革命儿童。

改革开放以后，小学语文教材对优秀的中国传统文化开始给予了关注，如《火烧赤壁》《晏子使楚》《草船借箭》《田忌赛马》《景阳冈》，以及寓言故事如《滥竽充数》《画蛇添足》《买椟还珠》《掩耳盗铃》《亡羊补牢》《惊弓之鸟》《矛与盾》《郑人买履》《盘古开天地》《女娲补天》《夸父追日》《嫦娥奔月》《女娲造人》《鲧禹治水》等。不过这些选材主要还是局限于寓言类的智慧教育和中国古代神话传说，对有关忠孝、诚信、公正等立身处世的内容虽然也有一些，如《沉香救母》《商鞅南门立木》《狄仁杰公正护法》等，但总体上不多。儒家文化特别重视做人教育，《论语》说：“弟子，入则孝，出则弟，谨而信，泛爱众，而亲仁。行有余力，则以学文”，“贤贤易色；事父母，能竭其力；事君，能致其身；与朋友交，言而有信。虽

曰未学，吾必谓之学矣”。朱熹在《白鹭洞书院揭示》中专门提到：

言忠信。行笃敬。惩忿窒欲。迁善改过。修身之要。

正其谊不谋其利。明其道不计其功。处事之要。

己所不欲，勿施于人。行有不得，反求诸己。接物之要。

体现这种做人教育的教材在清末民初倍受重视，但在新中国成立后的相当长一段时间，则很少在小学语文教材中出现。进入 21 世纪，语文课程标准实验教科书需要在弘扬儒家立身处世教育方面有所突破，适当加强相关教育内容，引导儿童成为高素质的中国公民。

第五章
中国传统文化与小学语文教材选编

在人类社会演进中，不同国家和民族创造了各具特色的文化。中国，作为一个地理概念，它经历了一个动态变化的过程。上古时华夏族自认为居于天下之中央，故称中国。秦汉以后，建立了以汉族为主体的大一统中央政权，虽然不同朝代的统一版图有增有减，但总体变化不大，至今天形成了酷似雄鸡形状的中国版图疆域。生活在这个疆域内的民族包括汉族和55个少数民族，被总称为中华民族。不过，这里所探讨的中国传统文化，既不泛指中华民族文化的各种具体表现形态，而主要是指作为一种世代相传的精神生活习性和符号系统，尤其是指秦汉以来中央集权统一下形成的共同生活方式、风俗习惯、认知方式和价值观念等；也不泛指延伸到现在仍在发展变化的中国文化，而主要是指1840年鸦片战争以前的中国文化。自语文独立设科以来，小学语文教材对这种中国传统文化的选择，总体上呈现由重视到忽视、由多到少的逐渐流失态势。

第一节　关于中国传统文化的认识

提起文化，许多人会联想到各种各样的文化现象，诸如饮食文化、服饰文化、建筑文化、旅游文化、消费文化等。有些人甚至把生活中的任何事物和现象都加上一个“文化”，如麻将文化、茶文化、酒文化等，以凸显它的形象和品位。

一、文化的内涵

在中国，“文”和“化”这两个字最早是各自单独出现的。

《易·系辞下》：“物相杂，故曰文。”

《礼记·乐记》：“五色成文而不乱。”

《说文解字》：“文，错画也，象交文。”

这三个解释都突出了"文"是人类视觉可以把握认识的具体物质形态。

《论语·子罕》:"文王既没,文不在兹乎"。

《论语·雍也》:"质胜文则野,文胜质则史"。

《尚书·大禹谟》:"文命敷于四海,祗承于帝"。

这三个解释超越了"文"的具体物质形态,突出了"文"是标示概念的象征符号,是人类社会化的结果,等同于道德修养。"化"指事物形态或性质的改变,也指自然的造化。

《庄子·逍遥游》:"化而为鸟,其名曰鹏"。

《易·系辞下》:"男女构精,万物化生"。

《黄帝内经·素问》:"化不可代,时不可违"。

两者并列使用,较早见于《易·贲卦·象传》:"观乎天文,以察时变;观乎人文,以化成天下"。西汉以后,"文"与"化"合成一个词出现。

《说苑·指武》:"文化不改,然后加诛"。

《文选·补之诗》:"文化内辑,武功外悠"。

"文"与"化"从单独出现到两者合成一个词出现,其教化意旨越来越明显。

在西方,英语用 culture 指文化,其意为耕种、培植,也引申为对人的性情陶冶和品德教养。《辞海》对文化解释为:从广义来说,指人类社会历史实践过程中所创造的物质财富和精神财富的总和。从狭义来说,指社会的意识形态,以及与之相适应的制度和组织结构。

可见,人类活动对物质世界和精神世界的影响是中西方对文化理解的共同之处。为相对全面地认识文化这一含义宽泛的概念,这里列举几种关于文化的定义:

马文·哈里斯说:"文化是社会成员通过学习从社会上获得的传统和生活方式,包括已成模式的重复的思想方法,感情和动作。"①

克罗伯说:"文化由外显和内隐的行为模式构成,这种行为模式通过象征符号而获得和传递;文化代表了人类群体的显著成就,包括它们在人造器物中的体现;……文化体系一方面可以看作是活动的产物,另一方面则是进一步活动的决定因素。"②

凡是超越本能的、人类有意识地作用于自然界和社会的一切活动及其结果,都

① (美)马文·哈里斯:《文化人类学》,李培茱等译,东方出版社 1988 年版,第 6 页。

② 傅铿:《文化:人类的镜子——西方文化理论导引》,上海:上海人民出版社 1990 年版,第 12 页。

属于文化；或者说“自然的人化”即文化。①

泰勒认为，“文化或者文明就是由作为社会成员的人所获得的，包括知识、信念、艺术、道德法则、法律、风俗以及其他能力和习惯的复杂整体。就对其可以作一般原理的研究的意义上说，在不同社会中的文化条件是一个适于对人类思想和活动法则进行研究的主题。”②

在这些对文化的释说中，我们可以发现两个核心概念“人类”和“活动”，即文化是跟人类关联的，既是人类活动创造的，又是人类发展的结果。不过，如果往具体方面说，不同民族的文化还有不同的表现，梁漱溟就认为，一家文化不过是一个民族生活的种种方面，它包括：

（一）精神生活方面，如宗教、哲学、科学、艺术等是。宗教、文艺是偏于情感的，哲学、科学是偏于理智的。

（二）社会生活方面，我们对于周围的人——家族、朋友、社会、国家、世界之间的生活方法都属于社会生活一方面，如社会组织、伦理习惯、政治制度及经济关系是。

（三）物质生活方面，如饮食、起居种种享用，人类对于自然界求生存的各种是。③

这是一种从表现形式上去认识文化的思路。

综上，我们认为只要与人类的生存和发展有关的东西，不管宏观还是微观，不管隐性还是显性，不管过程还是结果，也不管物质产品还是精神产品，都属于文化范畴。

二、中国传统文化

传统文化作为人类世代相传的历史现象，它不是只存留于过去的静态凝固体，而是一种生生不息地发展变化的动态存在，体现了文化的继承性和连续性。当今时代，文化越来越成为综合国力竞争的重要因素。中国传统文化时刻影响着中国人的思维方式、价值观念和行为准则，越来越成为民族凝聚力和创造力的重要源泉。了

① 张岱年，方克立：《中国文化概论》，北京师范大学出版社，1994 年版，第 4 页。

② 马文·哈里斯：《文化·人·自然——普通人类学导引》，顾建光、高云霞译，浙江人民出版社 1992 年版，第 136 页。

③ 梁漱溟：《东西方文化及其哲学》，商务印书馆 2006 年版，第 19 页。

解和认识中国传统文化，不但有利于弘扬中华文化，建设中华民族共有的精神家园，而且有利于推动小学语文教材建设。

（一）生产和生活方式

中国的地势西高东低，自西而东层层下降，形成了由青藏高原到高山峡谷盆地，再到平原丘陵的所谓“三大阶梯”。在这种地理环境中，大部分地区属温带气候，适宜农业生产，因此，中华民族的主要生存方式是农业，对农业的重视导致对土地的依赖，民众被固着在土地上谋求生存。因此，自秦汉到清代，尽管不同朝代的统治者派兵远征并获取了一些领土，但都基于不适宜农业生产的考虑，往往不会把它纳入到统治区域。

中国历代统治者，都重视以农业生产这种高强度、低收益的向自然索取回报方式来吸附民众精力，久而久之，民众也习惯了这种生存状态。当然也有追求摆脱土地固着力的出路，那就是读书，接受宣扬和认可现存秩序的教育。于是，耕和读就构成了中华民族的主要生产和生活方式。至于牧业、狩猎、养殖、捕捞、冶矿、手工业等，只是适应特定自然环境的产物而已，并没有成为主要生产方式。相应地，对土地的依附也就成了中国人的普遍心态。统治阶级借助控制土地来达到其统治目的，所谓“普天之下，莫非黄土”。同时，人们的认识不管如何拓展或深入，最终都必须回到现实。孔子说“三年学，不至于谷，不易得也”，一个人学习，尽管思想远离土地，但还是要回归到“谷”；一个人离乡，尽管身体远离故土，但还是“叶落要归根”。这些心态最后发展成为重农轻商和安土重迁的观念。

（二）社会政治结构

在“日出而作，日落而息”的农耕生活中，中国长期沿袭了氏族、部落时期以血缘关系为纽带的社会组织形式，并在此基础上形成了完备而系统的宗法制度，包括嫡长子继承制和封邦建国制等。

嫡长子继承制是指王位由正妻，即嫡之长子继承。如果正妻无子，就只能立庶妻中级别最高的贵妾之子。古代君王实行一夫多妻制，具有血缘亲情的儿子有很多，但是王位却只有一个，嫡长子继承制避免了兄弟之间争夺王位而造成的混乱。《春秋公羊传》描述周朝的皇位继承制度时说：“立嫡以长不以贤，立子以贵不以长”。这是以父子血缘亲情来维系王权的连续性和稳定过渡。封邦建国制简称封建，即今人所说的分封制，它是从周王朝开始，由宗法制直接衍生的一种政权巩固制度。西周统治者分为四个等级：天子、诸侯、卿大夫、士。周天子及其王位继承者为大宗，周天子的其他儿子则被分封为诸侯，为小宗；诸侯的嫡长子继承诸侯之位，为大宗，其他儿子被封为大夫，为小宗；卿大夫嫡长子继承卿大夫之位，为大宗，其他儿子成为士，为小宗。士是西周统治阶级中最低的一个阶层，一般靠技艺、口才和智慧为卿大夫服务，其后代也大部分被排除在统治集团之外。

嫡长子继承制和封邦建国制实际上确保了家族天下的延续，从西周姬姓家族到刘汉天下，从晋朝司马氏、隋朝杨氏、唐朝李氏、宋朝赵氏、明朝朱氏，到清朝爱新觉罗氏，一部中国史就是一部家族专制统治史。这种统治是借助亲人或身边的亲信来控制广大民众的。这些亲信又有亲信，一直延伸下去，从而形成一个统治网络。这种政治结构延伸到社会，便是强化礼仪。战国时人编撰的《仪礼》一书，就倡导贯彻血缘宗族的“亲亲”原则和强化等级秩序的“尊尊”原则。这些礼仪思想被后世儒家所继承、发展，规范着中国人的生活行为和是非观念。于是，社会上任人唯亲，重视裙带关系、人情关系的现象，也就成为司空见惯的常态。

（三）认知方式

中国传统的认知方式强调整体感悟，超越逻辑分析，主张直觉地把握宇宙人生的全体。认知主体与认知客体浑然一体，主体在认知活动中倾向于把事物、道理往自身或熟悉的方面收敛，采用以象代意的方式来感知和理解世界，以融注了自己身心体验的经验去把握客观世界。比如，借阴阳男女来推论万物之道；借熟悉的动物来认识事理，诸如挂羊头卖狗肉，牛马不如，狗急跳墙，狗嘴长不出象牙，麻雀虽小、五脏俱全，门可罗雀，螳螂捕蝉，莺歌燕舞等。

认知活动都是拿自身熟悉的事物、现象、道理来比附世界万物，达到对世界知识体系的把握。正如《吕氏春秋·察传》所言：“缘物之情及人之情，以为所闻，则得之矣。”中国的先贤哲人都强调要认识身边的事物以及与自己生活关系较为密切的事物。老子说“不出户，知天下；不窥牖，见天道。其出弥远，其知弥少。”孔子说“切问而近思”、“不语怪，力，乱，神”。荀子则谈得更实在，“万物之怪书不说，无用之辩，不急之察，弃而不治；若夫君臣之义，父子之亲、夫妇之别，则日切磋而不舍也。”这里的“怪书”、“无用”、“不急”就是指远离人的生活日用的物象，人类的认知活动没必要去管它们，最重要的是要通过省察自身及周围环境以获取知识。

第二节　中国教育改革与中国传统文化

中国传统文化是构成世界文化多元化的重要内容，是人类文化的重要组成部分。弘扬中国传统文化是小学语文教材的一项重要历史使命。在封建社会，中国传统文化通过以识字教育和礼仪教育为主的通俗读物去传承，如《三字经》："人之初，性本善。性相近，习相远"；《弟子规》："弟子规，圣人训。首孝弟，次谨信。泛爱众，而亲仁。有余力，则学文"；又如宋代朱熹的《童蒙须知》："凡著衣服，必先提整衣领，结两衽纽带，不可令有缺落"。为了使这样的礼仪教育更加有效，明清不少学者将《童蒙须知》编成韵语让儿童便于接受。可以说，传统文化正是通过这些通俗读物得以在大众中传承。

但是，中国传统文化延续到今天，却出现了边缘化处境，越来越多中国孩子热衷于过外来节日，吃洋快餐，看日韩片。春节、元宵节、端午节、中秋节等传统节日及其隐含的意义不敌外国的情人节、愚人节、圣诞节。大学生的英语学得扎实，而对简单的古籍文献阅读却感到困难，对融注在风俗习惯中和用方块汉字传承的中华民族文化更是有冷漠感。

一、普及教育对中国传统文化的排斥

清末民初，社会经受前所未有的大变局，教育为适应这一变局，也作相应的改革。清政府在 1901 年 9 月颁布了"兴学诏书"，1904 年又颁布了旨在普及新式教育的"癸卯学制"。

普及教育首先面临文言文难读难懂问题。正如晚清白话文运动主将陈子褒认为：

> 开民智莫如改革文言。不改革文言，则四万九千九百分之人，居于黑暗世界之中，是谓陆沉。若改文言则四万九千九百分之人，日嬉于琉璃世界中，是谓不夜。[①]

另一位白话文倡导者裘廷梁也在《苏报》上发表《论白话为维新之本》，认为：

> 愚天下之具，莫文言若，智天下之具，莫白话若。[②]

基于这些认识，晚清维新派先驱者，都把白话文当作智民的重要工具，身体力行办

① 李杏保，顾黄初：《中国现代语文教育史》，四川教育出版社 2000 年版，第 45 页。

② 郭绍虞：《中国古代文论选（一卷本）》，上海古籍出版社 1991 年版，第 399 页。

报纸，制作文章时尽量朝口语方向发展，采用俗语俗字入诗文，以争取更多人的理解和支持。不过，维新人士观念中的白话文与口头语言的距离还是比较远的，只是比桐城派古文、八股文、骈文相对通俗而已，此后的白话文一直沿着这条朝口语方向靠拢的通俗之路发展。相应地，《三字经》《弟子规》之类的传统蒙学教材就被新式小学语文教材所取代。

进入民国，新文化运动的斗士们出于剔除本国文化中的封建思想影响，把白话文当成宣扬民主科学、改造国人灵魂、养成健全人格的工具。曾任《新青年》杂志主编的陈独秀就说：

要拥护那德先生，便不得不反对孔教、礼法、贞节、旧伦理、旧政治。要拥护那赛先生，便不得不反对国粹和旧文学。①

如果说维新人士出于外力威胁下的强国愿望，把白话文当成宣扬维新思想，充当鼓民力、开民智的工具，那么新文化的倡导者则基于对民主自由社会的追求，把白话文当成改革中国政治、社会和造就共和国民的工具。

前者没有抛弃文言文，仍然重视传统的经典著作，他们只是为了让民众看得懂，稍微在措辞造句上变换得通俗一点而已。正如蔡元培在《中国新文学大系·总序》中所说：

民元前十年左右，白话文也颇流行……但那时作白话文的缘故，是专为通俗易解，可以普及常识，并非取代文言。②

后者则认为改革中国政治和社会必先改革思想，改革思想又必先改革传达思想的工具——文字和语言，进而把传统经典当作滋养封建专制思想的材料而予以抛弃。胡适就反对学习那些记载古圣人言论的“死语”。他认为死的文字不能表现活的话语，提出用白话的、活的语言来代替文言的、死的语言③。

活的话语主要指活跃在普通百姓日常口语中的语言。语文学习的主要内容就是“活的话语”的文字化，比如“犬”是已死之文字，“狗”字是活字；“乘马”是死语，“骑马”是活语；“乘舆”是死语；“坐轿”是活语，“悬梁”是死语；“上吊”是活语。犬、乘马、乘舆、悬梁在日常口语中属于不常用的“死语”，不用学，只需学狗、骑马、坐轿、上吊等“活语”。

这种文字死活论排斥了中国历史典籍中与百姓口语联系不上的语言材料，排斥

① 李杏保，顾黄初：《中国现代语文教育史》，四川教育出版社2000年版，第55页。
② 李杏保，顾黄初：《中国现代语文教育史》，四川教育出版社2000年版，第61页
③ 陈金淦：《胡适研究资料文集》，十月文艺出版社1989年版，第66页。

了语言表达的丰富性和多样性。古文家韩愈的门人李翱在谈及“造言”不相师时说：

假令述笑哂之状曰“莞尔”，则《论语》言之矣；曰“哑哑”，则《易》言之矣；曰“粲然”，则谷梁子言之矣；曰“攸尔”，则班固言之矣；曰“輾然”，则左思言之矣；吾复言之，与前文何以异也[①]

按照文字死活论，李翱所提到的莞尔、哑哑、粲然、攸尔、輾然都不必学，况且在“唯陈言之务去”的主张下，其他人可能还会给“笑哂之状”更多新的表达，这些都不必学，只需学常用的“笑”字就可以了。其实，这些不常用的字虽然与日常口语联系不密切，但它们却蕴涵丰富深刻的传统文化意蕴和义理。

二、儿童中心教育观对教材趣味性的强化

民国时期，直观教学、儿童中心教育观日渐受到重视，语文教材一方面为适应自动主义教育而最大限度地围绕儿童生活日用的实物、场景及其体验而展开，另一方面则对这些材料进行最大限度的包装。杜威认为，教育价值的理论方面的争论点乃是经验的统一性或整体性问题，也就是怎么使经验完备多样而又不失去精神的统一性，只有经验完备统一而又不会狭隘单调的教材，才会引发儿童自动学习的兴趣，养成独立研究的能力。“使材料有兴趣，用糖衣把它裹起来，用起调和作用的和不相关的材料把枯燥无味的东西掩盖起来；最后，似乎使儿童正高兴地尝着某些完全不同的东西的时候，就吞下和消化了不可口的一口食物。”[②] 中国传统文化往往被认为远离儿童经验、枯燥无味的东西，属于成人预设的内容，与其艰难地进行包装，倒不如直接选取儿童感兴趣的内容。因此，在儿童中心教育观影响下的小学语文教材力求突出三个顺应。

（一）顺应儿童的生活经验

作为清末第一部国人自编教科书，南洋公学自编的《蒙学课本》出现的“燕、雀、鸡、鹅、牛、羊、犬”等，皆是儿童日常所见的动物，其编辑大意提到：“物名实字三十课，物名但取通俗”。[③]

---

① 张隆华，曾仲珊：《中国古代语文教育史》，四川教育出版社2000年版，第279页。

② 赵祥麟，王承绪：《杜威教育名篇》，教育科学出版社2006年版，第80页。

③ 蒋维乔：《编辑小学教科书之回忆》（1897—1905），张静庐编：《中国近代出版史料补编》，中华书局1957年版，第138页。

1898 年，俞复等人正式出版发行的《蒙学课本》七册，这套教材也是围绕儿童的经验而采用由浅入深的原则编排。

在切合儿童经验方面，最为典型且影响比较大的是商务印书馆编制出版的小学语文教科书，该馆在 1904 年开始编印的《最新国文教科书》第一册是从“天、地、日、月”开始的，梁启超曾批评这一教材与“天地玄黄”之类的教材一样均无益于实用。①

民国成立后，为适应共和政体而赶制的《共和国国文教科书》，第一册调整为从“人、手、足、刀、尺”开始，到 1922 年新学制颁布后出版的《新学制国语教科书》第一册则从“狗，小狗，来来来”开始，这个从“天”到“人”，从“人”到“狗”的教材变化，实际上反映了语文教材如何顺应儿童经验的认识和探索历程。可是后来觉得“天”毕竟比“人”更远离儿童经验，再后来又觉得“狗”比“人”更能切近儿童的经验。于是，从“天”到“人”再到“狗”就成了语文教材编写朝切近儿童经验的方向演变的风向标，指引着教材内容的发展。

（二）顺应儿童的言语经验

小孩子喜欢咿咿呀呀地唱，看见树上的飞鸟会发出“砰”“砰”的呼声，碰到意外情况时会发出“啊”“哇”等的叫声，因此，研究者认为儿童的言语经验最先发达的是叹词、拟声词以及各种无意义的歌谣，这些拟声词和叹词虽然将来的应用价值较小，但为顺应儿童经验，初小国语读本中出现了大量诸如咪呜，哔哔哔、吱吱吱、汪汪等字眼，歌谣也只注重音节。下面列举一些有关拟声词的课文：

咪咪咪，小猫叫，要我抱；喔喔喔，公鸡啼，要吃米。

你打鼓，鼕鼕鼕，我敲锣，镗镗镗，鼕鼕镗，鼕鼕镗。

小鸟在树上唱歌，小狗说，汪汪汪，你唱什么歌，小鸟说，吱吱吱，我唱快乐歌。

这种强调顺应儿童经验的教材，也贯穿在文字与插图、句篇相配合的演进过程中。比如文字与句篇的配合，传统蒙学的教学方法是从单字入手，由单字进而学习语句由语句进而了解段落、篇章。民国时期普遍认为这是一种错误方法，提出应该以语句全体为学习对象，先欣赏全体的内容或全句的意义，单字应从这统一体之下获得理解，不能将单字抽出来学习，应该先语句而后及于单字。但是，由于汉语一

① 李伯棠：《小学语文教材简史》，山东教育出版社 1985 年版，第 41 页。

词多义现象相当普遍，这种编制方法无疑增加了教材的分量。

（三）顺应儿童的阅读经验

儿童的阅读经验在不同年龄阶段有不同的爱好和倾向，一般来说，低年级儿童喜欢阅读富于想象性的教材，中年级儿童喜欢阅读现实性教材，高年级儿童喜欢阅读性质奇特的教材，如战争、探险英雄事迹、机械发明等。民国的教材研究者分别从动态和静态的角度考虑教材与儿童阅读经验的适应。动态上，主要考虑各种文体在小学阶段的动态分配。倡导儿童文学的周作人认为，三岁到六岁的儿童读物宜用儿歌，不重意义的韵语，六岁到十岁宜用儿歌、新诗、神怪童话、天然故事等，十岁到十五岁，宜用民歌、古诗、传说、写实的故事、寓言、戏曲等①。吴研因《小学国语国文教学法》里也有详细列表，大略是：七八岁，宜用儿歌，谜语，歌谣，新诗，童话，物语，民间的传说，自然界的故事；九岁十岁，宜用谜语，歌谣，新诗，近现实的童话物语民间的传说，动物生活的故事；十岁到十四岁，宜用乐府古诗歌叙事民歌，传记，写实故事，寓言，剧本等②。除此以外，国语课程标准也对教材的文体分量支配作出规定。如 1932 年正式课程标准对小学国语教材的文体规定为：普通文，一到六年级都占 70%，实用文，低级无、中级 10%、高级 15%，逐渐增加；诗歌低级 30%、中级 15%、高级 10%，逐渐减少；戏剧，低级无，中高级均为 5%。普通文中以儿童故事的分量最多，即使介绍科学知识的说明文章，也采用儿童文学化手段进行包装。

不但如此，各书局还利用教育部通令全国各国民学校先将一二年级国文改为语体文的契机，大力推出通俗浅显的语文教科书。如山西国民教科审编委员会编《白话通俗国文教科书》，在山西国民学校试用；上海中华书局推出由黎锦晖、陆衣言编辑的《新教材教科书国语读本》（1—8 册），大肆张扬“本书是在 1920 教育部通令国民学校废除文言教学后编的”，标明其特点有：“第一字形由简单起，第二生字均注音，第三语法合于儿童的程度和趣味，第四虚字和熟语依次出现”。上海商务印书馆则赶在教育部通令之前就推出了由庄适等编《新体国语教科书》（1—8 册），随后又推出《新法国语教科书》。

在单元组织上，主要将一组深浅程度相当、文体性质相似的课文组成一个单元，

---

① 周作人：《儿童的文学》，《新青年》，第 8 卷 4 期。
② 吴研因：《小学国语国文教学法》，中华书局 1921 年版，第 15 页。

以便更好地帮助学生领会和把握文体知识的编排方式。比如20世纪40年代国民政府教育部编教科书《高小国语课本》第一册，把《滑翔机的发明》《到天空去》《跳伞记》《一朵朵白花从天降》四课连续排列，把《李冰父子》《一个精巧的工人》和《伟大的工程师》连续排列，前者以航空为中心，后者以工程为中心。此外，在单元组织之外还有一个内容的连贯要求，比如《哥伦布》和《麦哲伦》这两篇文章都是叙述航海的，将哥伦布写得浅近些编入前一册的某个单元，把麦哲伦写得深一些编入后一册某个单元，这样在读哥伦布发现新大陆的故事后，再读麦哲伦环游地球一周的故事，儿童就比较易懂。

三、大众的文化教育对政治教化的重视

1949年，中华人民共和国成立，新生政权文化教育工作的思路和任务主要是面向大众、教育大众。为此，小学语文教科书必须发挥这种服务新生政权的工具作用，取材主要考虑服务社会现实生活和国家建设工作，围绕宣扬新社会的好处而展开，不会考虑从历史典籍中选取人物和事件。

（一）宣扬新政权下的新生活

1951年8月中央人民政府政务院作出了关于改革学制的决定，实行五年一贯制小学，为适应这一学制而编制的小学语文教材，基本上是宣扬新政权下的新生活，如参加新学制语文教材编写工作的刘御，对这套教材第一册的课文提出具体教学要求：

教学《国庆日》这一课时，应让儿童深刻理解国庆日的意义，为了纪念新中国的生日，启发他们要下决心好好地学习，将来要把新中国建设得更强盛、更美丽。

教学《到北京去》这一课时，要指导儿童认识我国的首都是北京，对首都北京给儿童留下一个鲜明的印象。它不但是庄严的，而且是美丽的。

教学《东方红》这一课时，除了歌词中的一般意义外，应该参照插图，把我们的兄弟民族介绍一下。各兄弟民族之间应该互相学习。

书中还有两篇从苏联小学一年级的语文课本中翻译过来的童话：第三十课《大萝卜》和三十九课《听妈妈的话》。这两篇童话篇幅较长。教《大萝卜》时，应强调集体力量与自动精神，教《听妈妈的话》，应强调提高警惕，分清敌我。教学这两

课时，都应该培养儿童们的中苏友好的感情。①

在1958年开始的教育大革命期间，这种宣扬新社会、新生活的选材倾向更加突出，以培养小革命家为目标，小学语文教材围绕献身革命事业、做共产主义事业接班人而展开。

首先，宣扬劳动观念，如《值日》《拾稻穗》《养小鸭》《养兔》《种蓖麻》《园艺小组》《盐碱地上稻花香》《南泥湾开荒》《毛主席参加劳动》《列宁参加义务劳动》《怎样对待体力劳动》等。

其次，进行阶级斗争教育，主要培养儿童对剥削阶级的恨，如《刘文学》讲少先队员与地主的斗争，历史题材《三个地主》讲太平天国忠王李秀成对地主的呵斥；古典题材《赤日炎炎似火烧》和古诗《蚕妇》《陶者》，以及外国题材《美国两个露依丝》《我是个黑人孩子》等，都是控诉剥削阶级造成了劳动人民的痛苦生活。

第三，凡是涉及传统美德教育的榜样人物，都选取革命领袖、革命战士或劳动模范，如《一个诚实的孩子》讲毛泽东小时侯如何诚实。

在教材的选编思路上，大多数课文是直接从当时的报刊杂志上选编出来，如1948年7月15日，《人民日报》以“作工四十年今日出了头　工人门东贵荣升段长”报道了老工人门东贵的事迹：

【石家庄讯】在国民党及日伪统治下，服务铁路事业四十余年从未出头的老工人门东贵，已由民主政府铁路局升为段长。门东贵今年六十九岁，光绪二十九年上道班当工人，百般苦干还得挨打受气，根本谈不到出头。日寇统治时，他被硬说成“八路”，受尽严刑，坐过大狱。国民党“劫收”后，说他“年龄过老，不堪录用”，借口遣散，退休养老金分文未给，一家人全靠卖衣服度日。石家庄解放后，他凭着多年经验，积极领导工人从事建设，战胜许多困难，工人们选他当工程队长，亲切地叫他“门头”。上月十八日铁路局决定升门东贵任段长。这次他从工作地点回局报告工作，记者特往拜访，他正对一个联大的同志畅叙数十年的艰苦与现在的愉快，他说：“早先升不了啊！没有钱‘运动’算是不沾！”接着他又笑嘻嘻地说：“现在和从前大大不同了，工人们干着有劲，心里痛快了！”

1949年12月新华书店出版的《初级小学国语课本第五册》就把它改编为课文《门东贵当了段长》：

门东贵已经七十岁了，当了一辈子铁路工人。日本鬼子在的时候，硬说他通八

① 引自李伯棠：《小学语文教材简史》，山东教育出版社1985年版，第110页。

路，坐过大牢。国民党来了，说他年老无用，没有给一个钱，遣送他回了家。

石家庄解放了，凭他多年的经验，积极参加铁路建设，克服了许多困难，工人们选他当工程队长。

因为他建路有功，升了段长。他常对人说："早先升不了啊！那个世道，没有钱就不行。现在的世界真是翻转过来了，你有一点好处，都埋没不了的。"

（二）编写政文课本

如果说宣扬新生活密切联系了实际，那么，宣扬毛主席思想就是突出了政治。1966 年 6 月，教育部关于教材处理意见的报告就提出：

政治和语文合并，以毛主席著作为基本教材，选读文化大革命的文章和革命作品。

中共中央在该报告的批示中指出：

不论高小或初小都要学习毛主席著作，初小各年级学习毛主席语录，高小可以学习"老三篇"，以及其他适合于小学生思想政治水平和语文的一些文章。

1968 年 1 月，当时的一个教育调查组还出台了一份《语文教改调查报告》，提到，"有些人认为过去的语文学习脱离政治，脱离实际，今后语文课完全没有必要，应该以学习毛主席著作为主"；"有些人认为语文课应该突出政治，应该和政治课合并"；"有的甚至认为语文、政治、历史课可以结合在一起"；"有的认为每篇课文前面加上和文章内容有关的主席语录，以便用主席思想更好地理解课文"①。

"有些人"的这些观点就成了把政治与语文合并而成为"政文科"的根据。以上海市为例，上海市中小学语文教材编写组草拟的《上海中小学语文教学大纲（供讨论用）》于 1969 年 8 月出笼。其中的"总则"部分，规定语文学科的性质是：

社会主义学校的学科，应该属于无产阶级的，为无产阶级政治服务的；它应该是学习、宣传、执行、捍卫毛泽东思想的工具，是阶级斗争、生产斗争和科学实验三大革命运动的工具。

语文教学的根本任务是：

教育学生无限忠于毛主席，无限忠于毛泽东思想，无限忠于毛主席的革命路线"，同时提出小学语文教学要"活学活用毛主席著作，无限忠于毛主席，无限忠于毛泽东思想，无限忠于毛主席的革命路线。牢记毛主席"千万不要忘记阶级斗争"

① 顾黄初：《中国现代语文教育百年事典》，上海教育出版社 2001 年版，第 450 页。

的教导，分清敌、我、友。从小懂得爱什么，恨什么；树立一不怕苦，二不怕死的革命精神。教育学生热爱工农兵，热爱劳动，树立全心全意为人民服务的思想，积极宣传毛泽东思想，不断批判资产阶级，为在地球上消灭人剥削人的制度而努力奋斗。

可以想象，在这种指导思想下出台的小学语文教材，几乎排斥了中国传统文化。以上海崇明县编写的《政文课本》一年级第一学期用的课文为例，每个单元除了标题外，再附上一条或两条语录。

第一单元

标题是：热爱毛主席　热爱中国共产党　热爱社会主义祖国

第二单元

标题是：从小学习工农兵　长大要当工农兵

语录是：向工人学习，向贫下中农学习，全国学人民解放军，解放军学全国人民。

第三单元

标题是，好好学习　天天向上

语录是：身体好，学习好，工作好。

第四单元

标题是：千万不要忘记阶级斗争

语录是：千万不要忘记阶级斗争。谁是我们的敌人？谁是我们的朋友？这个问题是革命的首要问题。

第五单元

标题是：要节约闹革命　要爱护公共财物

语录是：要节约闹革命。要爱护公共财物。

第六单元

标题是：为人民服务

语录：全心全意地为人民服务。一切革命队伍的人都要互相关心、互相爱护，互相帮助。

第三节　小学语文教材对中国传统文化的选择

中国传统文化凝结了中华民族的整体生活方式及其价值体系，是一种世代相传的精神生活习性和符号系统。它仿佛血液一样浸润我们的心灵，满足了社会成员的文化归属感和稳定感，深刻影响着我们的思维方式、情感追求和行为表现。正所谓洋装穿在身，心依然是中国心。1994 年维克莱芙·哈维尔在接受费城自由奖章时说："我们的内在自我继续拥有一个自己的生活，而且理性知识时代在回答人类基本问题所提供的答案越少，似乎人们越要固守其背后存在的部落的古老确定性。"① 中国传统文化就是这种古老的确定性。事实上，不管时代发生怎样的变化，我们总有着和我们的祖先同样的需要，诸如愉快、勇敢地度过我们的一生，和周围的人友好相处，保持那些能指导我们更好地成长的品质。

一、小学语文教材对忠孝观念的态度

1904 年初（光绪二十九年十一月），《奏定学堂章程》颁布，它与《钦定学堂章程》的最大区别，就是明确了语文教学要向日用方面靠拢。如果说《钦定学堂章程》在书面文字的读写方面还有为读经和写八股文打基础的痕迹，那么《奏定学堂章程》则摆脱了这一痕迹，突出了书面文字向生活日用方面的转向，因此，这两个课程名称被看作是中国语文在中小学独立设科的标志。后来，在开启民智、唤醒民众的普及教育思潮推动下，语文的生活日用目标得到了不断强化。尽管如此，小学语文教材编制者为配合读经讲经课程，还是在人物称谓中强调了对家族的忠孝观念。教材中根据需要设计或改写的人物称谓都有一个共同特征，就是每一个人名几乎都不脱离姓，如：

洪生，俞儿，葛儿，欧生，苏生，阎君，戴儿，景氏，罗生，包儿，章儿，蒋儿，谢生，唐生，汪生，范生，邵生，蔡生

姓是家族的符号，教材人名首先冠于姓氏，不仅反映了当时社会对家族标志符号的重视，同时也折射出教材编制者潜意识里把每个人都首先看成是家族人，代表家族声誉。在家族中，孝是最大的美德，小孩子的行为举止应该体现孝道，以家长意志为旨归。1904 年奏请颁布《奏定学堂章程》时，张百熙等人就提出："至于立学宗旨，无论何等学堂，均以忠孝为本，以中国经史之学为基"。人名中不脱离姓反映了"忠孝为本"的思想。

---

① ［英］安迪·格林：《教育、全球化与民族国家》，朱旭东、徐卫红等译，教育科学出版社 2004 年版，第 179 页。

商务印书馆《共和国教科书新国文》国民学校用（秋季始业）还编写了不少课文来反映这种观念，如第三册第一课《读书》：

学生入校。先生曰："汝来何事。"学生曰："奉父母之命，来此读书。"先生曰："善，人不读书，不能成人。"

学生入校读书不为国家和社会，而是遵父命、尽孝道。孝经云："立身行道，扬名于后世，以显父母，孝之终也。"读书扬名，既然是遵父命而来，扬名自然就是扬家族的名了。

后来，经过新文化运动的洗礼，家族观念和忠孝意识受到强烈冲击，个体不只是家族的人，更重要的是国家的人，教育不是培养立身扬名的家族孝子，而是培养共和国国民。民国第一任教育总长蔡元培就指出，民国教育应"立于国民之地位，而体验其在世界、在社会有何等责任，应受何等教育"。[①] 也就是说，教育应该跳出家族视野，把个体放在世界和社会中去考虑培养目标，以便让受教育者更多地获得承担世界和社会责任的能力。但是，这一倡导在民初因为受到袁世凯复辟帝制的影响，没有成为教育界的主导思想，直到"五四"运动以后，接受了新文化运动激荡的年轻人，才把挣脱家庭约束，追求自由民主、开阔视野当成一种时尚和潮流。于是，小学语文教材人名对姓越来越不重视，一般只称名，不带姓，如"琼儿"、"建坤"等一类没有姓的人名在国语教材中大量出现。下面是国语时期两套初级小学教材第五、六册中没有姓的人名：

呆大哥，小兰儿，阿细，何生，秉吉，慎儿，铃哥，宝梅，伯兢，恕齐，仲嘉——1924 年中华书局出版《新小学教科书国语读本》（黎锦晖编辑）

梅芬，荷秀，顺芝，定国，和中，平华，保民，振之，丽丹，奇安，丹西，仁忠，素珍——1934 年世界书局出版的《国语读本》（魏冰心等编辑）

类似这些人名或称呼在国文时期基本上不会出现，即使出现，也只是在应用文体中才有，如恂谟、嘉禄、炳坤，都是信件样式中作为称呼对方和自我称呼时才出现的。

国语时期，由于受儿童中心教育观和行为主义学习理论的影响，识字教育强调趣味性和反复的多次刺激，也就是寓识字于阅读之中，"文字教学用整段故事入手，不用单字单句入手"，这就是所谓字不离句、句不离篇的分散识字法，字的意义从句子中去把握，句子赋予了字特定的意义。为此，教材中的人物称谓被赋予了一定的

---

① 沈善洪：《蔡元培选集（上下卷）》，浙江教育出版社 1993 年版，第 395－402 页。

意义，大致有这么几类：

第一，人名中隐含物名，如许禾生、李菊生、夏荷生、蒋爱梅、夏枫、琼笙、瑶笙、晏溪峰、奚砚耘、赵玉龙，在认识人名的过程中辅助认识某些事物的名称，并赋予人名一定的联想意义和象征意义。

第二，人名中隐寓历史知识和道德教义，如王寿彭、邹文彬、吴若愚、秦武、菊仙、林鹤、孙孝贞、陶慈、仁忠、施纲、查道、明伦、赵信、王诚、学忠、学孝、徐有方等。彭祖是传说中的长寿者，用寿彭把这一历史知识融合进去，有利于教师在教学时结合起来传授历史知识，林鹤可以让人想起人称“梅妻鹤子”的宋代词人林逋，吴若愚可以让人想起成语“大智若愚”，《论语》有“父母在，不远游，游必有方”之句，用“有方”作人名，也有利于教师在讲课时宣扬传统的家庭伦理道德。

第三，人名中寄托美好愿望，如周文明，钟化之、张新华、振华、平华、保民、定国、和中、张正、孙日新等，反映了编制者渴望国家强盛、社会安定发展的理想。

类似这些泛有人名的设计反映了教材编制者的教育理想，其中最为突出的是在人名设计中折射出对新旧文化的态度。文化本无所谓新旧，但是，中国在20世纪初兴起了一场以“民主”“科学”为核心的文化运动，被称为新文化运动，于是把与之相对的中国几千年流传下来的以儒家思想为核心的文化称为旧文化。关于如何看待新旧文化问题，民国成立之初的商务印书馆教材编辑们就关注到了这一点，他们推出《编辑小学教科书商榷书》，认为：

就今日之国情，当以积极的进取为主义，平等也、自由也、独立也、合群也、尚武精神也、实利主义也，皆共和国民所宜有，事不可不加以提倡，本馆所编教科书，于是数者，既再三致意矣。虽然，童稚之年，血气未定，偶一纵任，即不免逸出常轨之外。区区之见，新道德必宜以刷新国民之耳目，旧道德仍不可尽废以保存固有之国粹。即如忠之一事，或以国体变更，应归淘汰，实则所谓忠者不专指忠君也，对于职业，对于国家，亦至重要。又如俭朴清廉，或以易启自足之心，致妨生计之发达，然奢侈妄费亦足以伤民财耗国力，则又不得不以俭德相劝。又如女子教育，吾国本以贤母良妻为主，而时人或有病其范围稍隘者，欧美女子教育容有趋于实业政治之途，而施之吾国，于现在情势似未适宜。①

显然，这些教材编辑者们并不否认旧道德和旧文化，而是强调两者兼容。这种兼容思想即使在西化浪潮高涨的新文化运动期间，也一直是教材编辑者的指导思想。

① 商务印书馆编辑所同人：《编辑小学教科书商榷书》，《教育杂志》，第5卷第5号。

新学制时期中华书局的《新小学教科书国语读本》第八册19课《你读什么书》的课文中就专门设计了两个人名：孔宪章和龚清源。两者的对话寄寓了彼此相互学习的愿望。

孔宪章和龚清源都是十岁的小孩，住在隔壁，是很和睦的邻居。

孔宪章在市立小学校四年级肄业，龚清源在段老先生村塾里读书。……

有一天下午，孔宪章和龚清源闲谈，孔宪章问龚清源道："你读什么书？"龚清源答道："我读三字经。"孔宪章道："什么是三字经？"龚清源道："三字经你都不晓得吗，我念给你听。"念道：自羲农，至黄帝，号三皇，居上世……

龚清源也问孔宪章道："你们学校里有些什么功课？"孔宪章答道："我们学校科目很多，国语哪，算术哪，唱歌哪……"龚清源道："你唱歌给我听，好吗？"孔宪章道："我们学校前天开同乐会，有一首同乐会歌，很有兴趣，我唱给你听。"唱道：同乐同乐，摇铃开幕，开幕开幕，大家快乐。快乐快乐，大家唱歌……①

孔宪章代表的是分科学习的新式学堂，以新文化内容为主，龚清源代表的是旧式私塾，以旧文化内容为主，当然，这里的新文化不是五四前后的新文化，它指的是自鸦片战争以来传入中国的西艺、西政、西学及其与中国文化的融通结果。早在戊戌变法前，梁启超《湖南时务学堂学约》就提到"中学以经义掌故为主，西学以宪法官制为归②。因此，以"孔宪章"来隐寓西学，泛指与旧文化不一致的内容。"五四"时期的新文化是以中国几千年封建文化的对立面出现的，李大钊曾经专门写了《孔子与宪法》一文，认为"孔子与宪法，渺不相涉也"，"孔子者，数千年前之残骸枯骨也。宪法者，现代国民之血气精神也"，两者连在一起是一种怪诞的现象③。但是，教材编制者还是把"孔子"的"孔"与宪章连在一起，设置了孔宪章这个人名，宪章有宪法、章程、制度的含义，孔宪章，大概寄寓了两者融通的意愿。"清源"就是清楚了解自己文化的源头，设置"龚清源"这个人名，就是希望儿童要清楚了解中国文化，不要因追求新文化而忘了自身文化的根源。

不过，总的来说，教材编制者还是倾向于宣扬以"民主""科学"为核心的新文化，对那些与之相抵触的内容则采取改造的态度，比如龚清源学的三字经就不是旧

---

① 黎锦晖，陆费逵：《新小学教科书国语读本初级第八册》，中华书局1924年版，第56－63页。

② 梁启超：《湖南时务学堂学约》，朱有瓛：《中国近代学制史料（第一集下册）》，华东师范大学出版社1986年版，第297页。

③ 李大钊：《孔子与宪法》，中国社会科学院近代史研究所：《五四运动文选》，读书·生活·新知三联书店1979年版，第78页。

式私塾里采用的那种有“三纲者，君臣义。父子亲，夫妇顺”的版本，而是把中国历史朝代连串起来的“三字经”，内容从三皇到民国，以“至宣统，大革命，专制倒，民国成”结尾。

二、小学语文教材对中国传统美德的弘扬

文化是一个生生不息的过程，中国传统文化作为人类世代相传的历史文化现象，深刻影响着学校教育。在儿童教育方面，探讨如何教育和引导儿童认识和接受中国传统文化，主要是从成人视角展开。传统蒙学教材《三字经》《百家姓》《千字文》是为进一步学习这些古籍打基础的，与历代相传之古籍联系紧密。清末民初新式学堂的教科书则主要传授各种各样的知识，为做事服务，但是，对传统道德并不否定，主张赋予它新的内容。下面以商务印书馆出版的《共和国教科书》为例，谈谈它如何对待中国传统美德。

（一）重视仁爱教育

1912年商务印书馆编辑《共和国教科书》时提出一个编辑要点，就是要“注重表彰中华固有之国粹特色，以启发国民之爱国心”。在他们看来，尽管民国已经是共和政体，但传统道德仍然有其存在的合理性，比如忠的观念，看似与共和观念格格不入，应归淘汰，实则忠之观念不专指忠君，对于职业和国家一样需要。又如俭朴清廉，看似容易导致自满自足之心，有碍生计实利之发达，但它可以约束奢侈糜费。因此，《共和国教科书》宣扬爱亲敬老的课文特别多，如《爱亲》《亲恩》《事亲》《孝亲》《敬客》《陪客》《路遇先生》等，甚至在介绍家禽时也穿插这类教育，如课文《鸡》：

鸡蓄于家，故曰家禽。雄者善鸣，头有高冠。雌者能生卵，孵卵成雏。每得食，必先唤其雏哺之。若遇猫犬，必尽力护之。父母爱子，无以异也。

也有一些介绍亲人生病时，自己应该怎么做的课文，如课文《爱弟》：

丁生有弟，甚爱之，一日，弟疾，卧床不能起。丁生暇时，辄坐床前。为弟讲故事，唱歌曲，以解其闷。及疾愈，始已。

类似的课文还有《姐妹》。这些课文的目的在于引导儿童不要只贪图自己玩乐，要学会关心他人。对动物，也要有爱心，和谐相处，如图画课文《爱生物》有两幅图，图上有猫在前跑，嘴里衔着一只鸟，一个小孩在后面跑，最后把鸟从猫嘴里解

救出来放生了。还有课文《爱物》：

张菊花，性爱物，所畜猫犬，饲之以时，无不驯服。

又如课文《萧遥欣》：

萧遥欣，年七岁。出游时，见一小儿，善弹飞鸟，应弦坠落。遥欣曰，鸟飞空中，无害于人。游戏之事，亦多端矣，何必多残生命以为乐也。小儿感其言，遂不复弹。

（二）重视中华民族生活经验教育

中华民族在长期的农耕生活中形成了一套认识和改造自然的经验，为此，这套教材很注重这些经验的介绍。如《岁寒三友》《中秋》《日时》《夏至谚》等。尤其是《日时》：

一日一夜，分为十二时。子丑寅卯，辰巳戊未申酉戌亥，是也。夏日长而夜短，冬日短而夜长，夜半为子，日中为午。午前曰上午，午后曰下午。

让儿童了解中国传统的记时方法。还有《夏至谚》：

夏至后。一九至二九，扇子不离手。三九二十七，冰水甜如蜜。四九三十六，拭汗如出浴。五九四十五，树头秋叶舞。六九五十四，乘凉不入寺。七九六十三，上床寻被单。八九七十二，被单添夹被。九九八十一，家家打碳墼。

既传递了中国人的生活经验总结，又学习了乘法歌诀。

（三）重视中华民族的榜样教育

榜样是为了树立效仿对象。这套教材的榜样人物大部分来自历史记载中的传说或真人真事，如黄帝、嫘祖、禹、汤武、庄子、墨子、杨朱、鲍氏子、魏文侯、匡衡、刘宽、黄香、孔融、徐湛之、王戎、宗悫、赵至、韩康、傅迪、萧遥欣、邴原、王览、孙亮、陶渊明、张元、王华、朱熹、华盛顿、宋太祖、文彦博、司马光、屠羲时、韩乐吾等，惟有华盛顿是外国的。这些名人的言行多数体现孝亲敬老、友爱兄弟的，如黄香、赵至孝亲，王览爱兄，孔融让梨；有体现乐善好施的，如王华、邴原不拾遗，张元不取邻家果，贾易节俭，匡衡好学，刘宽宽恕婢女，韩乐吾周济朋友，魏文侯守信不失约，陶侃惜时，子罕以不贪为宝，徐湛之先人后己，韩康口不二价等；也有体现勇武和智慧的，如宗悫拒盗，王戎不怕虎，文彦博树穴取球，司马光砸缸救人，司马光戒诓语，杨布打狗，刘柳讥笑傅迪书簏，孙亮辨伪，曹冲称象，鲍氏子等。呈现这些人物故事的目的是给儿童成长过程中提供学习和效仿对象。课文《鲍氏子》的故事，不但展现了鲍氏子论辨的智慧，而且隐含了众生平等的思想。其故事为：

齐田氏，大会宾客于庭。中坐，有献鱼雁者。田氏视之，叹曰，天之于人厚矣。殖五谷，生鱼鸟，以为人用。众客和之如响。鲍氏之子，年十二。与于宴。趋进言曰，万物与我并生，类也。类无贵贱，徒以智之大小，力之强弱，迭相制而已。人取其可食者食之，非天本为人而生之也。且蚊蚋吮肤，虎狼食肉，岂天为蚊蚋生人，虎狼生肉者哉。

（四）重视启发智慧的寓言故事

启发智慧的寓言故事，需要具备一定的抽象思维能力，所以这些故事主要集中在三、四年级，如《驴遇虎》《杀雁》《守株待兔》《鹬蚌相争》《杞人忧天》《走马灯》《黔之驴》《杨布》《多言无益》《偶像》《群羊》《大言》《野彘》《蟆》《枭逢鸠》《黔之驴》《临江之麋》《永某氏之鼠》等。这些故事主要教育儿童要善于思考，明辨是非。下面列举三篇，我们大略可以了解编辑者的这种意图。

《群羊》：群羊入山，以狗为卫。狼来，辄迎而啮之。狼不得逞，因语羊曰，吾何仇于尔，所恶者狗耳。尔诚去狗，誓不伤尔也。羊悦，谢狗，狗去，狼食羊。

《大言》：人有大言者，游京师而返，言于众曰，吾能健跳极远。京师之人，无能及我者。诸君如不信可往问之。时有一人在侧曰，勇哉壮士，汝果能是，今更健跳，以试其技，何必远取证于京师。

《蟆》：两蟆同居小池，天久不雨。池涸，议他徙。路过一井，其一悦之，将跃入。其一曰，井水固佳，苟有他故不适吾意，又焉能出？故但顾目前而不图其后者，取祸之道也。

（五）注重传统视野下的平等博爱教育

民国成立之初，为区别于满清的专制教育，民国教育家积极倡导平等博爱教育。第一任教育总长蔡元培曾把平等博爱思想纳入到中国传统文化背景中加以解释，认为平等就是古代的“恕”，即所谓“己所勿欲，勿施于人”；博爱就是古代的“仁”，即所谓“己欲立而立人，己欲达而达人”。试图以此来说明中国一直都很重视平等博爱教育。这套教材也是在中国传统文化视野下去展示平等博爱教育的。比如，倡导男女平等，男女要有平等的求学权利，但教科书里凡是有关求学的课文，无论插图还是具体文字内容，几乎都以男性为主角，而关于家务、针织蚕桑之类的工作，则

属于女性，如《洗衣》《烹饪》就是典型例子，尤其是《烹饪》：

母命女，入厨学烹饪，女辞母曰，此佣妇之事，儿不屑为了。母曰，女子以治家为职，岂有不知烹饪，而能治家者乎。且家富，则有仆妇，家贫，将奈何，汝其学之。

明显传递了女主内的角色分工。

三、教材人物形象及其称谓的选择

不同时代的小学语文教材内容力求反映各自时代的教育观念和制度转型。教材中的人物形象及其称谓既是识字教育的内容，也是知识教育、道德教育、审美教育的内容，比如孔融这个人名，既可以让学生认识这两个字，获得相关的历史知识，也可以用来作为榜样效仿对象教育儿童谦让、尊长，形成先人后己的道德行为。因此，从教材人物形象及其称谓的选择中可以折射出小学语文的文化观演变。

人物称谓包括姓、名、字、号、职务、辈分等各种亲属称谓和社交称谓。本来，称谓所用的文字只是用来指代某个人的字词符号而已，儿童只要念出这些字的读音，认出和写出这些字的字形就可以了，不必追求字义或词义，正如蒙学教材《百家姓》里的字都是姓，把许多姓氏集中起来，以韵语形式编制，供儿童学习其形和音。国文时期的小学语文教材就重视这种以姓识字的传统，不过它不仅仅呈现姓字，还把姓、名以及人物所牵涉的事件一并呈现。清末伴随语文独立设科而推出的商务印书馆《最新国文教科书》以及民初推出的《共和国教科书新国文》就采用这种方式。这两套教材的人物称谓有：

田仲，屈谷，汪踦，公叔禺人，孔子，子贡，管庄子，子奇，卢氏，郑义宗，陈世恩，田饶，鲁哀公，张陵，费生，洪生，俞儿，茅容，郭林宗，秦西巴，孟孙，靖郭君，楚白公，庄善，愚公，漆室女，孟子，孟母，刘愚，徐氏，钟氏，樊君，稽生，王孙厉，楚文王，徐偃王，孔子顺，葛儿，尚文，周幽王，褒姒，荀灌，荀崧，杜曾，石览，欧生，苏生，阎君，瓦特，黄帝，蚩尤，戴儿，墨子，尧，舜，禹，无能子，景氏，罗生，高琼，宋真宗，冯拯，甲生，乙生，丙生，徐吾，李吾，陶渊明，韩魏公，齐景公，包儿，孔子高，平原君，邹文节，鲁寡母，鲁大夫。——《最新国文教科书》（初等小学用）第5、6册

程生，董生，恂谟，董懋昭，蕴晖，程瓒动，黄帝，姬轩辕，卞生，卞粹栋，彦升，萧维祺，缪毓昌，嵇生，范生，祝儿，潘儿，史儿，嘉禄，炳坤，瓦特，宋

儿，甲儿，乙儿，汉武帝，张骞，刘儿，班超，诸葛亮，司马懿，唐太宗——《共和国教科书》第5、6册①

这些人物称谓大致有两类：一类是已经得到公众认可的名字或称谓，姑且称之为专有人名，专属于称呼某一特定人物形象的，这类人名主要取自历史典籍，如黄帝、蚩尤、田仲、屈谷、汪踦、公叔禺人、孔子、子贡、高琼、宋真宗、冯拯等；一类是教材编制者根据需要设计或改写的，姑且称之为泛有人名，比如章儿、景氏、罗生、阎君、管庄子等，管庄子是将《史记·张仪列传》里的故事人物卞庄子改写而来的。《最新国文教科书》第五、六册的课文中计有人物称谓76个，其中57个取自历史典籍著作，诸如先秦诸子作品、历史传记等，占了这两册的人物称谓总数75%。这表明国文时期的识字教育仍然以服务文字阅读为主，尤其是以服务中国古籍作品的阅读为主。剩下的人物称谓大部分为学习姓氏而设置，是作为服务日用交际（主要是书面文字的日用交际）的识字内容。民国成立之初的《共和国教科书新国文》和《实用国文教科书》中的人物称谓也大多选自古籍著作，如北京教育图书社编辑的《实用国文教科书》第五册的人物称谓：

吕生，吕又谦，徐吾，李吾，华佗，吴普，孔子，神农氏，黄帝，蚩尤，嫘祖，尧、舜，瞽瞍，象，房景伯，武王，纣，禹，孟子，桀，汤，伊尹，秦生，许生，司马光，杜处士，戴嵩②

这种以服务中国古籍阅读为取向（即文的取向）的识字教育到国语时期才慢慢向服务日用口语交际（即语的取向）的转变，尤其是1922年新学制颁布后的小学语文教材，这种转变显得特别突出。“语”虽然也包括书面语，但核心却是口头语，或者说依托口头语。比如庄适、吴研因等编辑的《新学制国语教科书》（初小用）第一册第18—21页的课文③：

我的头，我的脚，我的手，我的头点点，我的手拍拍，我的脚走走。

我用眼睛看，看你手里拿的花，我用耳朵听，听你嘴里说的话。

两只脚，踏踏踏，嘴里唱，拉拉拉，路上看见好姐姐，头点点，手拉拉，转过身来，走到花树下，眼睛看看花，耳朵听说话。

---

① 统计对象是每种版本初级小学用第5、6册，因为这两册的课文处于识字教育向读写教育的过渡阶段，编制者的语文教育思想能比较自由地得到体现，这对分析识字教育和人名设置的关系较有代表价值。

② 北京教育图书社：《实用国文教科书（第五册）》，商务印书馆1915年版。

③ 庄适，吴研因，沈圻：《新学制国语教科书（小学校初级用）第一册》，商务印书馆1932年版。该教科书第一册没有课文标题，只有内容。

我走过去，我拿衣服，我把衣服穿起来，我转过来，我拿帽子，我把帽子戴起来，我开门出去，我在路上走。

这些课文实际上是口语的文字化。在人物称谓上则出现了许多没有姓的称谓，如：

琼儿，建坤，阿桂，建群，阿花，菊秋，杏姑，兰妹，呆大哥，小兰儿，阿细，秉吉，慎儿，铃哥，宝梅，大鹏，小鹏，雪鹏，振华，顺芝，定国，和中，平华，保民，振之，仁忠

如果是带姓的人物称谓，也不像国文时期的教材那样，称作苏生、阎君、葛儿，而是称呼为：

潘二，马五，张三，陈二哥，白兄，郑大，周三，冯大哥

这种状况反映了人物称谓从读书人的文言取向朝劳工者的口语取向的转变。

中华人民共和国成立后，语文作为课程名称取代了以前的国语、国文，“文本于语”的认识奠定了以口语为核心的语文教材标准，小学语文教材人物称谓也全力围绕着口语取向的识字教育而设置。我们统计了建国后三种版本的小学语文教材人物称谓①，除了少数真实人物的称谓如李时珍、毕昇、李四光、王维、孙中山、周恩来、叶挺等以及外国人的称谓以外，发现多数的称谓呈现出口语化特征，表现为：

第一，以老、大、小、阿或数字开头的称呼，如老爷爷，老奶奶，小女孩，小男孩，小张，小鬼，阿玲，小苇，老红军，小红军，三太子，小英，小珍，三胖，二福，小柱子，大徒弟，二徒弟，三徒弟，小孩子，小姑娘，老伯伯，老婆婆。

第二，以姓开头称呼长辈和尊者，如高伯伯，邓奶奶，黄伯伯，王叔叔，盛老师，王大伯。

第三，不带姓的人名，如月红，萍萍，滔滔，聪聪，川川，磊磊，翠贞。

第四，以职业或职位称呼人，王老师，护士，秘书，摄影师，记者，植物学家，老渔翁，肖旅长，李政委，阎都督，毛主席，师长，师卫生部长，特务，首长，村长，司机，长工，放牛娃，李政委，朱总司令，翻译，农夫，渔夫，商人，农民，船工，摊贩，道士，医生，官吏，读书人，大官，画师，老农，猎人，邮递员，工

---

① 统计对象是：一、人教版《九年义务教育六年制小学教科书》，1998 年出版；二、苏教版《义务教育课程标准实验教科书·语文》，2008 年出版；三、人教版《义务教育课程标准实验教科书·语文》，2008 年出版。每种版本第 5、6 册或三年级上、下册课文中出现的人名或称呼，课后练习和阅读材料中的人名不在统计之列，此外，人称代词如我、你、他、我们等，以及对家人和亲人的称呼，如爸爸、妈妈、父亲、爷爷、外婆、姐姐、弟弟等也没有列入统计。

程师，老师，救援队员，巫婆，画家。

这些口语取向的人物称谓，一方面反映了社会的职业需要，个体在社会生活中的交往主要是职业上的互助合作，职业上的交际主要是口语，或从社会职务上称呼，或从年岁少长上称呼，口语化人物称谓顺应了这一要求；另一方面也反映了语文独立设科以来语文的工具性特征在不断加强，语文是生活日用、工作学习的工具这一认识已经从清末的竭力倡导到现在的自觉接受。于是，作为日用工具教育的语文，关注的更多是社会日用的经验和现实，而对中国传统文化却缺少关注甚至漠视。

第六章 多元文化视野下的小学语文教材选编

人类文明的历史是不同种类、丰富多彩的文化不断生息和繁衍的历史。多元文化就是依靠历史并且同历史一起保存和发展起来的。从字面上看，多元文化的“元”有“始”、“端”的意思。“多元文化”是指具有不同开始和起端的文化。多元文化的存在是因为有国家、城邦、部落、宗教以及排他性社会群体，是因为有不同民族自身的活动场所。同时，多元文化的提出和兴盛也离不开全球化时代的到来，全球化是当今世界一个重要特征和发展趋势，它通过交通和通信工具，使不同文化有更多的机会和时空条件进行交流和传播。多元文化教育落实在小学语文教材选编上，不同时期有不同的侧重，呈现出不同的倾向，比较突出的有三个时期：一是民国时期对西方文化的吸收；二是建国初对大众文化的重视；三是21世纪初课程改革对不同文化类型的关注。最后一点在下一章关于小学语文教材的文化类型分析中将有论述，这里重点谈前面两点。

第一节 多元文化与学校教育

学校是依靠文化载体培养人的场所，这种载体主要是教材。在教学过程中，教材的地位与教师相当，教师是动态的，有面貌上的表情和身体四肢的动作，有声有色，教材是静态的，其内容选择和组织，可以留存着认真研究、随时阅览，影响更加深远。同时，小学语文教材在小学各科中起着基础作用，其他课程诸如数学、英语、科学等都受到它的影响，因此，它是学校教育工具中的工具。这种工具所折射出的丰富人文内涵对学生精神世界的影响是广泛而深刻的，为此，语文课程标准（2011版）提出，“应该重视语文课程对学生思想情感所起的熏陶感染作用，注意课程内容的价值取向，要继承和发扬中华优秀文化传统和革命传统，体现社会主义核心价值体系的引领作用，突出中国特色社会主义共同理想，弘扬以爱国主义为核心的民族精神和以改革创新为核心的时代精神，树立社会义荣辱观，培养良好思想道德风尚，同时也要尊重学生在语文学习过程中的独特体验。”这些要求实际上就是从文化的多元性以及学生感受语文教材的多元性角度提出的。更何况教材是一种教学凭借，教师凭借教材进行教学，学生凭借教材进行学习。教师传递给学生哪些知识，培养学生哪些能力，这些知识和能力又是如何在教材中组织、落实和体现，都牵涉到教材编制者和教师对文化的认同和理解。

一、多元文化教育

文化可理解为一个社会团体的生活方式或整体的人为环境，它可以是有形的，也可以是象征性和观念化的。当今世界上大体孕育着八种文化体系：欧洲文化、北美洲文化、拉丁美洲文化、阿拉伯文化、非洲文化、俄罗斯文化和东欧文化、印度和南亚文化、中国和东亚文化。文化渗透在社会生活的方方面面，道德、政治、军事、宗教、文学、艺术、教育、科技等，无不跟文化密切相关。各民族文化的多样性为我们提供了丰富多样的生活图景。

多元文化教育作为一种理念或一种观点，也可以理解为教育改革运动或教育改革过程。多元文化教育一方面认为，所有学生不管来自何种性别、社会阶层、种族或具有不同文化背景，都应该在学校取得平等的学习机会；另一方面认为，不同民族和集团的文化，或者每个社会的文化应该成为世界文化的一部分，成为学校教育的内容。

可见，多元文化教育虽然与多元文化有关，但它的形成却与政治运动有关。20世纪60年代，美国的民权运动对教育产生了巨大影响，非洲裔美国人及其他种族和民族提出了学校课程要反映他们的历史、文化、观点的要求，学校要使孩子们看到不同民族人士成功的例子和榜样，等等。随后，美国的妇女和其他弱势群体也要求教育机构满足他们的需要和保障他们的权利。于是，政府、教育机构开始实施多元文化教育。经过近半个世纪的发展，这种产生于美国的多元文化教育的理论和实践日趋成熟，并逐渐传播到其他西方国家，现已成为西方教育的一种潮流。

在中国，多元文化与学校教育的关系，如果以1862年第一所新式学堂京师同文馆的成立为标志，那么此前的多元文化主要指中国传统文化中的诸子百家之说以及华夏民族文化，此后则主要指相对于中国传统文化的外域文化。自汉代独尊儒术以来，封建王朝的学校教育主流是一元文化。清末伴随西学东渐，学校教育对不同文化经历了消化、接纳、认同的过程，但直到提出“中学为体，西学为用”的观点，

才全面落实到学校的课程设置和教材编制上。尽管此前的归国留学生创办的新式学堂实施了多元文化教育，但这只是零星的，癸卯学制以后，教材编制不再以忠孝内容为主，不再只是选取历代相传之典籍中人物形象，而是呈现多样化的选材取向，小学语文教材就是这种多样化选材取向的主要凭借和载体。

多元文化的认识关键在多元，正如前面所述，“元”有开始、起端、元素的意义，也有为首、主要的含义，理解为开始、元素，则多元文化意味着不同文化的歧异，理解为为首、主要的含义，则意味着多元文化有不同的表现形态。本文探讨教材的多元文化主要从后者入手，通过不同角度去认识不同的元。比如，从时间角度来说，有传统和现代，古代和近现代；从空间角度来说，有中国和外国，内地和港澳台；从种族来说，有汉族和其他民族，华夏民族和外来民族；从文化涉及的切入点来说，有政治、经济和文艺，有成人和儿童，有男性和女性等关注点的不同。这些都可以纳入教材多元化的考虑范畴。为此，课程设计要加强适应性和灵活性，同时也要突出综合性和开放性，教材尽可能容纳不同社会、不同群体的信仰、价值、生活实践和智力规则等。

二、多元文化教育与小学语文教材选编

文化是人类生活的样态，不同时代的文化有进步落后之分，但就民族而言，各民族文化没有优劣之别，不同的民族文化有不同的特色，它们都提高了人类的文化素质，推动了人类社会的发展。国际上很多著名的战略家都曾指出，任何战略最终都必须立足于文化战略，文化战略关系到科技、人才的竞争，文化战略的核心是消化、吸收、融合优秀的外来文化。

中华民族是20世纪初才有的民族称谓，是在西方列强入侵的背景下被动形成的，其涵盖的内容经历了逐渐丰富的过程，孙中山先生对中华民族的理解和认识就经历了一个由“驱逐鞑虏、恢复中华”到“合汉、满、蒙、回、藏诸地为一国，即合汉、满、蒙、回、藏为一人，是曰民族之统一”的过程，后来他所提到的“中华民族”基本上就是中国境内各民族联合的指称。费孝通先生对中华民族的形成过程做了综合性分析研究，他从文化建设角度提出了中华民族文化多元一体格局的观点，他指出：“我将把中华民族这个词用来指现在中国疆域具有民族认同的11亿人民。它所包括的50多个民族单位是多元，中华民族是一体。它们虽则都称‘民族’，但

层次不同。”①

可见，中华民族的提出既是中国境内各民族的总称，也是中国境内各民族整体认同的体现。后来，在这一民族认同的基础上，一方面通过吸收西方外来文化，充实中华民族的传统文化；另一方面又强调中国境内各民族的平等和团结，更加理性地继承和发扬各民族的文化传统。因此，中国的多元文化教育实际上体现了对内弘扬不同民族文化的教育和对外吸收西方先进文化的教育。

前者在民国时期主要是唤醒民族意识，鸦片战争以来，外国列强势力不断渗透到中华大地，唤起学生的民族意识一直是语文教科书的重要使命，关于民族思想的教材在国语国文科中的分量不少。为此，还引发了一场公案。中华书局出版的国民学校用《新式国文教科书》第八册第三课《日本》：

日本，岛国也，自明治维新以来，国势骤盛，县我琉球，割我台湾，租我旅大，吞并朝鲜，殖民於奉天吉林，扩张航业商务于我国内地。胶州湾，我重要之军港也，昔租於德，日本乘欧战而夺之，旋复向我国强索权利，我国以力弱未可与战，乃隐忍承认之。夫日本以弹丸之国，朝野上下，并力经营，日以我国为的，伺隙而动，盖利我之弱耳。我国之人苟能自强，则国耻有时而雪，国威有时而张，愿国人毋自馁也。

第八册第十三课《国耻（一）》：

吾国对外交涉，清代失败最甚。……日本取琉球，并朝鲜，上国主权，委弃尽矣。

日本公使称这是“煽动对日恶感”，告到外交部，要求禁止发卖。外交部敦促教育部查办。中华书局从民族情感出发，据理力争，认为“本局所编新式教科书悉尊部章以提倡国民爱国心为主旨。揭示国耻，俾资激励，亦提倡之一端。世界各国教育国民，其教科材料遂不尽同，而宗旨则一，盖此不过为自策自励之计，并非煽动恶感。”事实上，日本国自身就很注重用国耻教育其国民，当美国以兵舰强迫日本开放以及三国要求其退还所占据的辽东半岛时，日本即引为国耻，编入中小学校教科书中，以激励其国民。中华书局从民族情感出发，把历史上有关国耻的材料编入国文教材，无可厚非。最后日本公使也无奈。② 儿童文学盛行以后，虽然较少运用历史材料来明国耻，但在“鸟言兽语”的教材中同样隐含着反抗强权的思想，如羊拒狗，

① 费孝通：《中华民族的多元一体格局》，《北京大学学报》1989 年版第 4 期。

② 《新式教科书与日本》，《教育杂志》第 8 卷第 1 号。

狗拒狼等，就隐寓弱者抵抗强暴的意识。

后者在民国时期主要是宣扬欧美的学说和教育模式，比如学制改革就是从模仿日本转向模仿欧美的。特别是五四运动前后，一批从欧美留学归来的学者，热衷于介绍欧美文化，把欧美的教育理论引进到中国来。小学语文教材受此影响，喜欢把以欧美人物、情景为主要内容的作品改写成教材，或者直接翻译欧美的文学作品作为教材。甚至强调国语读本应该将“外国的名人故事和本国的一律收采，使儿童能作世界观、人类观，不至流于国别种族的偏见。”① 新学制时期，商务的新学制国语教科书就选入了许多从外国语文读本中翻译过来的教材，如《急流拯救》《华盛顿与太尉》《女郎走马索亡牛》《救沉船将身补漏洞》《黄石公园》等，此外，外国的历史故事和童话故事也选取了不少，如《小吹手》《童子列因的伟绩》《波斯国王的新衣》《黄金梦》《铁达尼邮船遇险记》《地狱中的明星》《战场上的天使》等。这种直接翻译或采用外国教材内容的风气一直延续到国民政府撤离大陆为止。如果说，新学制探索时期，这种翻译风气还只是起步的话，那么到三四十年代，随着大量外国留学归来人员的投身教育，外国教材内容在国语课中的分量甚至超过了本国的内容。比如，30 年代发行的俞焕斗等编著的《新编高小国语读本教学法》第四册，全册共有 36 篇课文，写人记事的课文有 27 篇，在这 27 篇课文中，明确以外国人物为主人公或以外国环境为依托的故事就有 14 篇，如《麦哲伦》《植物的创造者密邱林》《福尔摩斯》《爱国的村童》等。而明确以中国人物或环境描写对象的仅有 9 篇。可见教科书的材料选取对外国的翻译内容情有独钟，这种情结一直延续到现在。

第二节　小学语文教材对西方文化的吸收

小学语文教材吸收西方文化最为兴盛的时期是在民国。民初公布的教育宗旨就强调了培养共和国民。

一、注重自由平等精神

1911 年年末，辛亥革命胜利，各地小学面临着新学年教科书的选用问题。当时可以提供给 1912 年春季用教材选用的语文教材可分三类：一类是清末遗留下来的一

① 黎锦熙：《国语教科书革新计划》，《中华教育界》11 卷 2 期。

直在发行的教材；一类是把清末遗留下来的教材稍加订正出版的教材；另一类是根据共和精神组织编制的教材。前两类是以商务印书馆为代表的各种老牌书坊教科书，后一类是伴随着中华民国而崛起的中华书局教科书。

清末出版教科书最具实力的当属商务印书馆，该馆编印的《最新国文教科书》《简明国文教科书》，一直发行到民国初年。编辑这两种教科书的张元济等人是维新人士，对孙中山领导的旧民主主义革命不抱希望，所以从未想过要改编适合共和政体的教科书。而同是在商务谋事的陆费逵出于另立山头的打算，一方面鼓动商务继续印刷那些宣传“龙旗向日飘，皇帝万万岁”等宣扬封建专制思想的教科书，一方面又秘密联络商务国文部编辑和发行所的沈知方，筹集资金聘请人员暗中编制适合共和政体的教科书。辛亥革命胜利后，陆费逵等人于民国元年一月共同创办了中华书局，率先推出编制好的《中华新教科书》，成为中华民国成立后出版的第一套教科书。这套教科书包括小学课本 44 种，中学和师范课本 27 种。初小国文课本第一册首页印有南京临时政府制定的五色旗，课文中有“我国旗，分五色，红黄蓝白黑，我等爱中华”之句，推出后大受社会欢迎，而商务及其他书局的教科书则黯然失色，相形见绌，《中华新教科书》几乎独占了教科书市场。中华书局的这套教材，虽然因为政治的关系，被小学教育界广泛采用，但是，由于其出版仓促，适应的是清末沿用下来的传统做法，即按照春季始业的规定，一学年分两学期，阳历三月开学至暑假为第一学期，暑假后开学至来年二月底为第二学期。不久南京临时政府颁布新学制，改春季始业为秋季始业，一学年分三学期。加之其课文文字艰深不简明，于是很快就面临被淘汰的命运。为改变这种被动局面，中华书局又推出三种国文教科书，一种是《新制中华国文教科书》，主要适应秋季始业并三学期为一学年的学制；一种是《新编中华国文教科书》，所谓新编，不同于新制，新编是为了照顾许多学校一时难于改变春季始业的习惯做法而编制的；最后一种是《单级小学国文教科书》，当时小学教育师资缺乏、经济困难，存在大量的单级小学，这种教科书是为满足它们的需要而编制的。

商务印书馆面对没有意想到的局势变化，一方面按照《暂行办法》14 条的有关规定进行修订，“于封面上特加中华民国字样，先行出版”。一方面调整策略，组织人员赶制出《共和国国文教科书》高小用和初小用各 8 册，并且配套出版教授书各 8 册。与中华书局编印的《中华小学国文教科书》相抗衡。商务的编辑们不愧是富于经验的教科书编纂老手，他们有条不紊，先议定指导思想，在《编辑共和国小学教科书》一文中作详细阐述，其要点如下：

（1）注重自由平等之精神，守法合群之德义。以养成共和国之人格。

（2）注重表彰中华固有之国粹特色，以启发国民之爱国心。

（3）注重国体政体及一切法政常识，以普及参政的能力。

（4）注重汉、满、蒙、回、藏五族平等主义，以巩固统一国民之基础。

（5）注重博爱主义，推及待外人和爱生物等事，以扩充国民之德量。

（6）注重教育及军事上之知识，以发挥尚武之精神。

（7）注重国民生活上之知识与技能，以养成独立自营之能力。

（8）联络各科教材，以期获得教授之统一。

（9）各教材俱先选择分配，再行编辑成书，智能完全，详略得宜。

（10）各科均按照学生程度，循序渐进，绝无躐等之弊。

（11）关于时令之材料，依阳历编次。

（12）各书均编有详备之教授法，以期活用。

（13）书中附图画及五彩图，以便与文字相印证，并以引起学生兴趣而启发其审美的观念。

（14）初等科兼收女子科，以便男女同校之用。

这种把编辑意图广而告之的做法，一方面是为了宣扬这套教科书特别重视“共和国宗旨”和“自由平等精神”，能照顾各方的实际需要。另一方面是为了展示自己的实力，《缘起》中列有编辑人员名单，如沈颐、沈庆鸿、庄俞、高凤谦、张元济、戴克敦、杜亚泉、秦同培等，并强调他们都是积累了十多年编辑上的经验和教授上的心得来从事于共和国教科书的编写，“注意于实际上的革新，非仅仅更张面目以求适合于政体而已”。特别是在时势变迁急促面前，他们愈感责任重大，“不敢稍有稽延又不敢或滋草率”。显然，编制适应共和政体的教材是他们的共同追求，而适应西方民主、平等、自由思想的基础是对个人权利和需要的尊重。此后，商务也与中华那样，面对不同的教育实际需要，出版了各种不同的国文教科书。如为满足小学采用单级制或复式编制对教科书的需求，1913 同年商务出版单级初小用教科书，有郑朝熙编之《国文》前后编共 12 册，许国英编《国文读本》4 册，1919 出版俞子夷编国民复式学级用《国文教科书》8 册；又如为适应春秋季入学对不同教科书的需求，商务出版的共和国教科书，初小春秋季用有，庄俞等编《国文》各 8 册，此外有《新字帖》《毛笔图画》各 8 册，高小春季用有庄俞等编《国文》6 册，秋季用有樊炳清编《国文》6 册，汪洛年编《毛笔图画》6 册。除中华和商务外，这一时期编制出版国文教科书的书局还有文明书局，中国图书公司，湖南图书编译局等。

二、注重西方教育思想的吸收和实践

1919 年杜威应邀来华讲学后，出现了引进美国教育理论的热潮。杜威认为儿童是整个教育过程的起点、中心，教育者必须站在儿童立场上去进行各种教育活动。受此影响，教材编写出现了两种趋势：一是为满足儿童的学习需要，在形式上强调文字的反复出现，而传统蒙学教材“三百千”的文字多是一次出现，重复率很低。二是为满足儿童的生活需要，在内容上尽可能选取儿童成长中所必需掌握的各种知识，而对修身养性的内容诸如敬、恕、诚、信等基本价值观以及由此衍发的礼仪教育则受到忽视。

第一种趋势受美国传来的刺激—反应学习理论的影响，认为不断增加刺激量会强化刺激—反应的联结，文字通过反复，可以让儿童在多次接触中不知不觉地、轻松地认识和掌握，而且反复频率越高越好。清末的语文教材已开始出现少量的文字反复，如商务印书馆初等小学《最新国文教科书》第十四课：

青草　红花　池草青　山花红

但是，文字反复最多、最活跃且有意识地开展这种反复教材的编制和研究是新学制以后，当时的小学教育研究专家俞子夷专门对新学制时期商务教材《新法国语教科书》的文字反复作了审查研究，结果为：

册数	总字数（个）	新字数（个）	新字百分比	平均每字反复（次）
第 1 册	665	201	30. 2	3. 3
第 1—2 册	1910	422	22. 1	4. 5
第 1—3 册	4539	697	15. 4	6. 5
第 1—4 册	7994	939	11. 8	8. 5
第 1—5 册	12053	1144	9. 5	10. 5
第 1—6 册	17500	1384	7. 9	12. 6
第 1—7 册	23513	1597	6. 8	14. 7
第 1—8 册	23718	1854	5. 7	17. 6

从上表可见，新字在教材中反复次数最高的才 17. 6 次，而同一时期美国的语文教科书，新字平均反复次数却达到 53. 8 次。这一极大反差，引起了人们对国语教材不良的普遍关注，许多对教材编写者一致呼吁应该增加教材中的新字反复次数，改良现有教材。比如，吕伯攸编制的《新编初小国语读本》第二册 12 课：

我拿张纸，拿支笔，画一枝红花挂在墙上。蝴蝶看见了，当做真的花，飞飞飞，飞进门来，蜜蜂看见了，当做真的花，飞飞飞，飞进窗来。

文字反复过多容易导致内容呆板，不能刺激儿童的兴趣。为此，教材研究者提出了避免呆板反复的课文样式：演进式故事和反复式故事。

演进式故事是指将故事情节逐层深入，层层紧扣，在情节演进过程中体现文字的反复，如：

1. 老鼠要嫁女儿，他们想“太阳高高在天上，大又大，亮又亮，我把女儿嫁给他罢”

2. 老鼠要把女儿嫁给太阳，太阳说：“我不行，只要云一来，就把我遮没了。”

3. 老鼠想还是云好，我把女儿嫁给云罢。老鼠把女儿嫁给云，云说：“我不行，只要风一来，就把我吹散了。”

4. 老鼠想，还是风好，我把女儿嫁给风罢。老鼠把女儿嫁给风，风说：“我不行，只要有垛墙，就把我挡住了。”

5. 老鼠想，还是墙好，我把女儿嫁给墙罢。老鼠把女儿嫁给墙，墙说：“我不行，只要碰着老鼠，就把我打穿了。”

6. 老鼠想，还是老鼠好，就把女儿嫁给老鼠罢。

反复式故事是指将故事情节反复展现，在情节反复中体现文字反复，如：

1. 小牛头上没有角，老牛说他不好看。

2. 小牛向小鸟讨角。小鸟说：“我没有角。”

3. 小牛向公鸡讨角。公鸡说：“我没有角。”

4. 小牛向白猫讨角。白猫说：“我没有角。”

5. 小牛向黄狗讨角。黄狗说：“我没有角。”

6. 小牛向老牛讨角。老牛说：“你长大了，角会长出来的。”①

这些课文样式满足了儿童轻松识字的需要。

第二种趋势与杜威的实用主义教育观联系紧密。杜威认为，“如果课文的内容在儿童发展的意识中占有适当的位置，如果它是从儿童过去自己所做的、所想的和所经受的当中产生出来，能应用于今后的学业成就和知识接受，那么就没有必要为了引起‘兴趣’而求助于各种策略和手法。”② 不过，“如果（儿童的）注意力不曾直

---

① 沈百英：《小学国语教科书采用反复故事的研究》，《教育杂志》，第23卷2期。

② 赵祥麟，王承绪：《杜威教育名篇》，教育科学出版社2006年版，第78页。

接作用于实际的材料，那么这些材料就不能为儿童所领悟，更不能在儿童的心中起什么作用了。”① 因此，提供实际的材料，是教育活动对儿童产生作用的关键。这种材料不但要让儿童在生活环境中感触得到，而且要能够满足儿童的实际需要。为此，民国的小学语文教材呈现出两个转向：

第一，课文主角由历史典范人物转向儿童和动物。民初的商务版国文教科书，对中华民族的传统道德仍持赞赏态度，列举了大量有关孝亲敬老、友爱兄弟的古代名人言行，以及体现中华民族勤劳、诚实、智慧的事件。因此，课文主角主要是历史记载中的名人，如黄帝、嫘祖、禹、汤武、庄子、墨子、杨朱、鲍氏子、魏文侯、匡衡、刘宽、黄香、孔融、徐湛之、王戎、宗悫、赵至、韩康、傅迪、萧遥欣、邴原、王览、孙亮、陶渊明、张元、王华、朱熹、华盛顿、宋太祖、文彦博、司马光、屠羲时、韩乐吾等。到新学制以后，国文教材中的课文主角则由儿童和动物取代了，儿童的名字多是杜撰，如蒋爱梅、夏荷生、夏枫、钟良、真民等。要么就是动物，这一点仅从课文标题上就可见一斑，如世界书局小学国语教材的课文标题有：小猫咪咪、小狗汪汪、小狗好、猫小姐、老猪吃饼、老鸟开学校、小鸭救母鸡、老鼠嫁女儿、猴子捞月亮、子规鸟不会做窝、老虎怕蚊子、老鼠防猫、老鸦喝水、螃蟹钳鹭鸶、芙蓉鸟害病、狐狸肚子痛等，类似这些以动物做主角的课文占了近一半。

第二，课文内容由宣传做人的道理转向介绍做事的知识。民初对有关为人处世的道理有比较多的宣扬。教材呈现了许多历史人物如何待人接物的故事，如黄香、赵至孝亲，孔融让梨，王华、邴原不拾遗等。“五四”运动以后，随着民主科学思潮的盛行，这些封建时代榜样人物的言行被看作是与专制社会相伴随的，是外在强加给儿童的，而不是儿童内心自发的需求。共和国民的养成需要从受教育者本体上着想，应该多介绍与儿童做事有关的周围生活环境、日用工具、自然知识，比如介绍动植物习性的，有猫捉鸟，鸭救鸡，老鼠搬鸡蛋，小草问，杨柳说等；介绍生活用品、工具的，有米、布、衣、玩具、火柴、煤炭、锄头、犁耙、水车、人力车、火车、飞机等；介绍自然和社会现象的，有彩虹、落叶、影子、绿衣邮差、冬眠、时间、月食、火灾、水灾、学校、市集、航船埠头、银行、电报、留声机、显微镜、图书馆、纪念室等，这些都被看作是儿童现在和未来的生活工作所必需掌握的知识，而对于尊老爱幼、日常行为规范和礼节等的教育则日益淡化。

韩愈的《师说》指出，“师者，所以传道受业解惑也。”总的来说，自语文独立

① 赵祥麟，王承绪：《杜威教育名篇》，教育科学出版社2006年版，第80页。

设科以来，小学语文教材没有把传授中国传统文化放到重要位置，而在吸收西方教育思想、顺应儿童经验和兴趣方面却做了不少工作。以商务印书馆编制的小学语文教科书为例，清末推出的《最新国文教科书》第一册开头几课的内容是“天、地、日、月”，1912 年推出的《共和国教科书》第一册第一至第三课的课文则分别调整为：“人”，“手、足”，“刀、尺”，而到 1923 年推出的《新学制国语教科书》则明显重视适应儿童经验、引发学生兴趣的动作词重复，增加了文字的刺激强度和出现频率，这套教材第一册第一至三课为：

第一课：狗，小狗，来来来

第二课：大狗跳，小狗跳，大狗叫，小狗叫，大狗小狗叫一叫，跳一跳

第三课：跑跑跑，一二三四，跳跳跳，一二三四

正因为如此，才有人把小学语文教材的演变过程形象地说成是“从天到人”时期和“从人到狗”时期。这种一味迎合西方教育思想的做法，与新中国成立之初大量采用苏联翻译过来的课文一样，实际上都是小学语文教材对传承中国历代相传之文化的淡化。

三、注重军国民教育和实利教育

中国历来强调以和为贵，孔子说：“远人不服，则修文德以来之”。但是，自鸦片战争以来，中国在历次的反侵略战争中连连失利，部分原因归结为国民体质的羸弱，因此，前清学部曾提出忠君、尊孔、尚公、尚武、尚实的五项教育宗旨。1912 年 2 月，蔡元培提出军国民教育、实利主义、公民道德、世界观、美育五项，在此基础上，民国第一次全国教育工作会议的专家和代表经过充分的讨论，最后确定民国教育宗旨为：注重道德教育，以实利教育、军国民教育辅之，更以美感教育完成其道德。民国元年九月教育部公布这一教育宗旨后，紧接着又于十二月通令各校注重军国民教育，于是全国出现了许多以提高体能和练习武术的体育学校。

军国民教育在这套教材上也显得尤其突出，如《尚武》《击球》《笼球》《跳绳》《兵队之战》《兵队之戏》《兵器》等。甚至在介绍动物时也不忘宣扬勇武精神，如课文《勇敢》：

两雄鸡，斗院中，皮破血流，羽毛纷落，而奋斗不止。

又如《蚁斗》：

蚁居穴中，性好斗。一日，黄蚁黑蚁，成群而出，列阵于阶前，各据一方，蚁

王率之。群蚁皆奋斗，至死不退。

实利教育的内容，主要介绍一些卫生保健知识，如《运动》：

钟儿饭罢，跳跃为戏，未几，气喘汗出，腰腹作痛。父曰："运动失宜，有碍卫生。饱饭之后，当缓步院中，使所食之物，易于消化，今汝饭后跳跃，是失宜也。后当慎之。"

还有如《节饮食》《卫生》《指甲》《洒扫》《苍蝇》《蝴蝶》《食瓜》《运动》《烟》《多食之害》等，都是有关卫生保健的知识介绍，介绍时往往结合儿童的生活经验，如《蝴蝶》：

园花盛开，花上有蝴蝶，六足，四翅，色甚美。妹举扇扑之。姐曰，蝴蝶之翅，有毒粉，能伤目，不可扑也。妹从之。

也有介绍农耕和工业知识的，如《采桑》《打麦》《采菱》《插秧》《蜜蜂》《时辰钟》《电话》等。有一种较为特别的实利教育内容，就是破除迷信、宣扬科学思想的，如《灯花》《吉凶》。

《灯花》：李儿夜读，书灯结花，告其父曰，今夜灯结花，我家当有大喜。父曰，此妄语也。火烧灯心，偶未尽，鼓结为花，与人何涉，儿勿信之。

《吉凶》：有鸦集庭树，引颈而鸣。儿叱之。父曰：是何害？儿曰：常闻人言，鹊鸣吉，鸦鸣凶。今鸣者，鸦也，故叱之。父曰：人之智识，远胜于鸟。尚不能预知吉凶，而况鸟乎？

《灯花》揭示了灯花与人事并无必然联系，《吉凶》认为"人之智识，远胜于鸟"。

四、注重多元视野观照世界

中华人民共和国的教育方针政策，在建国初受苏联影响，把智育放在德育前面，如 1951 年 3 月，第一次全国中等教育会议就提出：

普通中学的宗旨和培养目标是使青年一代在智育、德育、体育、美育各方面获得全面发展，使之成为新民主主义社会自觉的积极的成员。

这是建国后首次提出智、德、体、美全面发展，但以后几乎都把培养受教育者思想品德即德育放在全面发展目标的首要地位。1957 年 2 月，毛泽东提出"中国的教育方针，应该使受教育者在德育、智育、体育几方面都得到发展，成为有社会主义觉悟的有文化的劳动者"，于是，"社会主义觉悟"成为意识形态领域的根本任务。

尽管后来关于教育方针的表述有所变化，如1995年3月通过的《中华人民共和国教育法》规定：

教育必须为社会主义现代化建设服务，必须与生产劳动相结合，培养德、智、体等方面全面发展的社会主义事业的建设者和接班人。

但围绕社会主义的建设任务开展德育工作仍然是教育必须遵循的基本要求。在以阶级斗争为纲的“文革”时期，政治挂帅，德育工作曾走上极端，语文课成了政治语文课，小学语文课本也编成政治语文课本。到20世纪80年代以后，中华民族在改革开放的环境中，吸收外来文化进入理性阶段，一方面主动继承和发扬本民族的文化传统，另一方面又以开放包容的心态接受更多的外来文化。

（一）多元视野下的教材选编

进入21世纪，伴随世界政治多极化、经济一体化以及文化多元化趋势的不断加强，中华民族愈来愈认同并推动这一趋势，对现代化的认识也不再是简单理解为西方化的另一种说法，而是把它看成人们对美好生活追求的一种愿望寄托和理论抽象。人们开始以各种多元的视野来认识世界，比如从不同民族的文化来思考世界，尊重不同的认识和见解。认识世界的不同视角和不同思路推动着人类文化的发展和繁荣。以人教社2004年出版的小学语文教科书为例，课文中的人物、环境所体现出来的国家、民族特色，正是多元视野的延伸拓展和现实实践。以下是这套教科书各册对中华民族（含少数民族）以外的民族文化选文篇目（含阅读链接的文章）的统计情况：

册数 民族	1	2	3	4	5	6	7	8	9	10	11	12
外民族	0	0	2	9	9	10	14	14	6	11	10	8

从表中可以看出，这套教科书在小学中年级以后就在有意识地加强对异域文化的学习，如第七册有《随身带着笔记本》《蟋蟀的住宅》《世界地图引出的发现》《巨人的花园》《幸福是什么》《去年的树》《小木偶的故事》《卡罗纳》《给予是快乐的》《乌塔》《给永远比拿快乐》《麻雀》《真实的高度》《人造发光植物》共14篇。多元文化视野下观照世界，超越了简单的两元对立思维，对培养学生开放、包容心态以及创新精神起到了一定的奠基作用。

不过，这种多元视野观照世界的意识虽然在教科书选文上不断加强，但是，对于选文的教学预设，包括课文的单元组织、习题设计、插图和教学参考书中的教学建议等方面，却仍然呈现单一的思维模式。许多课文，当初教材编制者选取、组织时的教育意图是良好的，一旦放到孩子们面前，却可能走了样；一些课文，也可能教材编制者缺乏严密思考，致使教育意图与课文的具体呈现产生不一致、不和谐。比如，司马光小时候砸缸救人的故事，其作为教材预设的主题是认识司马光冷静处事的智慧形象，特别是砸缸过程的智慧，凸现这一智慧应该落实到两个方面：一是砸缸部位的选择，部位选取得好，一个石头砸过去，缸就破了，这是智慧，部位没选取好，就必须出蛮力"使劲砸"；二是砸缸动作的瞬间完成，如果要砸好几下，砸的次数越多，越看不到司马光的智慧形象。但是，人教社《义务教育课程标准实验教科书》一年级下册这样描述砸缸动作："司马光没有慌，他举起一块石头，使劲砸那口缸，几下子就把缸砸破了。缸里的水流出来了，掉进缸里的小朋友得救了"。这里"使劲砸"、"几下子"就需要教师去突破或纠正，而不能遵循教材的预设，引导儿童去积极想象或表演如何使劲的状态和多次敲打的动作。

（二）多元视野下的教学预设

义务教育语文课程标准（2011 年版）提出，"语文课程丰富的人文内涵对学生精神世界的影响是广泛而深刻的，学生对语文材料的感受和理解又往往是多元的"。多元视野观照世界的意识首先需要教材编制者和教师把自身的教育认识和理想与学生的多元感受和理解结合起来。因为任何一篇语文课文都存在教学预设，但又不可能十全十美，也不可能涵盖一切，尤其不能涵盖学生的多元感受和理解。因此，教材教学预设必须正视这一点。下面以 2008 年江苏教育出版社的义务教育课程标准实验教科书《语文》四年级上册的课文《诚实和信任》为例，探讨教材教学预设的多元化和教师教学的多元化问题。

1. 教材的教学预设分析

《诚实和信任》叙述了两位车主妥善处理反光镜被撞碎的故事，洋溢着人间真情。教材编制者把这个故事编作小学课文的意图是为了借它来说明诚实和信任比金钱更重要的道理，并把这一意图渗透到课文的设计和组织等方面。比如，从单元组织来看，这篇课文与《珍珠鸟》《九色鹿》共同构成一组有关诚信主题的课文，并且作为这组课文的首篇出现；从课后练习来看，这篇课文在课后练习中设置了一个思考题"这篇课文为什么要用'诚实与信任'作题目？想想看，还能换个题目吗"，等等。与这篇课文相配套的苏教版教学参考用书也在教学建议中指出，"课题中'诚实'主要指'我'的诚实……课题中的'信任'主要是指'我'的诚实给了小红车主人一种信任感”。显然，这些设计和组织隐含着教材编制者预设的美好愿望，即希望教师在教学过程中把儿童的阅读认识引向对诚信主题的思考，并希望借助课文动人的描述，让儿童能够达到感悟、启迪和倡导“人与人之间还有比金钱更重要的东西，那就是诚实和信任”的教育主题。基于这种预设，大部分教师和学生都把对这篇课文的阅读聚焦在“我”上。通过认识“我”撞碎了停在路边的小红车反光镜后，主动给车主留下了写有自己姓名、电话的纸条这一事件，把“我”演绎理解成大众心目中诚信形象的代表：

第一，“我”很宽容，小红车违规停车，“车头超出停车线二三十厘米”，致使“我”在气候条件恶劣、路况复杂的情况下发生了碰撞事故，撞碎自己右侧的反光镜，但“我”没有把事故责任推给对方，宽容对方的过错，主动承担事故责任。

第二，“我”很诚实，“我”思想上揽下事故责任后本可以不付诸行动，可以在四周无人的情况下悄悄走开，但是“我”没有这样做，而是留下纸条，告诉对方自己是事故责任人，表示应承担撞碎反光镜的责任。

第三，“我”很坦率，在不知道对方是何许人，不了解对方的人品和职业的情况下，“我”冒着有可能被敲诈勒索的风险把属于自己隐私之一的联系方式坦率地写在纸条上。

第四，“我”很诚恳，当对方打来电话时，“我”诚恳地表达了歉意，并希望支付换反光镜的费用。

这种以凸现“我”的形象而展开的教学思路，目的就是教育每个儿童都要像课文中的“我”一样，做一个诚实和值得信任的人。其实，这是一种理想人格、理想境界的教育，由这种教育顺理成章地带出了社会的美好愿望：只要人人都拥有诚信，这个世界将变得更加美好。

然而，现实世界不可能是这么清一色的诚信者。生活中恰恰因为存在很多不讲诚信的人，人们才真切地感受到诚信的珍贵和重要。“小红车主”就是在这样一种背景下难得地感受到了一种诚信，这让他既感动又好奇。感动的是，自己不在场的情况下竟然有人主动承认碰坏了反光镜；好奇和困惑的是，天下竟有这等不可思议的人，难道他不怕我敲诈勒索、与他纠缠不清？从这个好奇的想法出发，“小红车主”不能不深思，假如这个人留下的联系方式只是一个幌子、一种手段，目的在于实现不可告人的罪恶勾当，比如留下的电话是一个收费的信息台或者是一个商品广告的推销电话，或者是带有其他诱饵的电话，等等，“小红车主”就有可能面临着上当受骗的结局。因此，感动、警惕和防备是“小红车主”与我展开交流时的基本心态。

引导儿童认识、理解这种心态，从而体会“小红车主”的处境，也应该成为教材编制者考虑的内容。

2. 提供多角度的教学预设

凸现“我”与凸现“小红车主”是两种不同的设计思路和教学预设。前者是许多教师习惯采用的，往往被认为是对这篇课文唯一正确的解读方式；后者则是一种“探究性阅读和创造性阅读”的尝试和训练，体现了教师作为教材开发者的角色意识，是教师和学生对教材的“二次开发”。正如义务教育语文课程标准（2011 版）指出，阅读教学应该“在理解课文的基础上，提倡多角度、有创意的阅读，利用阅读期待、阅读反思和批判等环节，拓展思维空间，提高阅读质量”。下面从第二种教学设计思路来分析和认识这篇课文。

（1）面对字条的反应

字条是“我”和“小红车主”发生联系的唯一线索，如果没有字条，“小红车主”回来发现车的反光镜被撞碎了，或许会发一通火，咒骂几句肇事者，或许会找周围的人，询问是否看见肇事者。但是当他看到字条后，这些反应肯定都不会发生，即使发生了，也会马上终止，进而转向对字条的反应。字条，在“我”看来，是“我”的诚信品质的具体体现：“我”在四周看不见一个人的情况下写下这张字条，告诉对方自己的姓名、电话，并希望对方与自己联系。但是，在“小红车主”看来，可能会有种种想法：第一，字条内容的真实性问题。字条上的姓名是否真有其人，字条上的电话是否真实存在，电话和人名是否真的对应。假如留的电话与姓名不对应，或者电话与姓名都存在虚假问题，那么，“小红车主”的反应就会变得更加谨慎。第二，留下字条的动机问题。对方留下字条，究竟是真诚地希望赔偿这个破碎的反光镜，还是另有图谋？假如留字条的这个“肇事者”真的希望给予赔偿，那么为何不报警并保留现场，或者就一直等到“小红车主”回来时当面说清楚；假如有其他企图，那么究竟是一个什么样的圈套？“小红车主”不能不对这些问题反复思考。

（2）通话前的防备和好奇心理

基于以上提出的种种问题，“小红车主”不能不采取谨慎的防备心理。他清楚，如果带着获得赔偿的欲望，急切地、贸然地去联系这个电话，很可能会让自己变得被动。因此，他不是一看到字条后就马上去打通这个神秘电话，而是在“事隔三天”后。假如他当场就打通这个电话，过来的是负责道路车辆停放的管理者，或者是一群地痞、流氓、无赖，那么，“小红车主”不但别想获得赔偿，可能还要出一大笔钱

来摆平，这无异于引火烧身。常言道，“害人之心不可有，防人之心不可无”。从表象看来，“小红车主”算是遇到了一个令人尊敬的诚信者，但他为保护自己，也不能不小心对待，没有去轻信这样一个人。或许，“小红车主”根本就没有想到要去打通这个电话，他知道，即使打通了，不管对方是什么性质的电话，在物质利益上权衡都将是弊大于利。他忍不住打通这个电话，应该是出于好奇，而且应该是在公用电话亭打出的电话，因为，防备心理使他不可能把自己的联系信息如移动电话和或固定电话泄露给一个陌生人。

（3）通话过程的心态

“小红车主”打通这个电话的一刹那，就面临着如何去面对一个与自己有利益纠葛的陌生人，幸好他抱着无欲无求的心态。如果对方态度蛮横，“小红车主”就可能马上挂掉电话。如果对方态度诚恳、谦恭，他就会继续聊几句。结果出现了后一种情况：

“噢！是你，很对不起，我不小心把你汽车的反光镜碰坏了。”

对方的这些话有三层含义：第一，表示歉意；第二，碰坏反光镜不是我的故意行为，而是不小心所致；第三，我愿意承担这个责任。

“小红车主”听出了这些意思，马上接口说：

“没有关系，已换上了。我打电话是向你表示感谢的。”

可是对方坚持说：

“不，是我要向你表示歉意。请你把购货单据寄来，好让我把钱寄给你。”

一个说感谢，一个说歉意。感谢什么，感谢对方在无人知晓的情况下主动给自己留下了字条，这让“小红车主”非常感动，因为在他的生活世界里很少遇见这样的诚信者。这时的“小红车主”已经由通话前的好奇、防备心态转向了感动。然而，对方一再表达歉意，并提出把购货单据寄给他、由他来更换支付反光镜的费用时，又激活了“小红车主”的防备心态。假如“小红车主”把单据寄给对方、由对方来承担费用的话，就不可避免地要把自己的家庭住址或银行帐号泄露给这么一个陌生人。这与他一直以来谨慎、戒备的性格不相符。因此，接下来“小红车主”的话语实际上是敷衍对方的客套话了，防备心态取代了感动心态。

“不用了。你在无人知晓的情况下主动给我留下字条，这使我很感动。”

“这是应该的，这笔费用应由我来支付。”

“不，人与人之间还有比金钱更重要的东西，你给我留下了诚实与信任，这比金钱更重要。我再一次谢谢你！”说完他搁下了电话。

为防对方继续纠缠下去，“小红车主”敷衍到此，在不等对方答话的情况下快速地搁下了电话，这是典型的防备心态所致。可是，课文结尾竟然这样说：

我很后悔，居然没有问他的姓名、地址，也不知道他的年龄、职业，但他的话却深深地印在了我的脑海里。

其实没什么好后悔的，假如问了“小红车主”的姓名、地址，将会更加后悔和不愉快，因为充满防备心态的“小红车主”肯定不会说出来的，只能是继续敷衍和搪塞。为了养成学生的智慧，教师最好不要把“小红车主”敷衍的客套话当成真诚的话语来糊弄学生，以为这样可以树立道德榜样。其实，这是一种虚伪的教育。①

但是，根据这种教学设计思路来理解和教学这篇课文，却受到抵制，被认为偏离文本自身的价值约定，将一篇表现人间真情，呼唤道德诚信的课文当成了安全防范教育的教材；有的则认为这种教学设计思路超越了“文本的内涵底限”，进而认为是“当下‘世风日下’所折照出的一种‘想当然’”②。

阅读教学是学生、教师、教科书编者、文本之间对话的过程。以教材的教学预设或者教师自己的分析来代替学生的阅读实践，不可能让学生在主动积极的思维和情感活动中获得独特的感受、体验和理解，也不可能让学生受到情感熏陶，获得思想启迪。卢梭认为，作为教育者，“如果你的学生从你那里学不到什么东西，他就会向别人去学习的。……你担心他将产生的那些偏见，正是他周围的人灌输给他的：它们将通过他所有的感官进入他的心，败坏他尚未成熟的理性；他长期不用而陷入麻木状态的心灵也将沉溺于物质的享受。在儿童时期没有养成思想的习惯，将使他从此以后一生都没有思想的能力。”③ 反对凸现“小红车主”教学思路的教师正是担心“谙于世事、处处小心的小红车主人不能给学生指引出一条走向人生的坦途”，担心“人物美好的形象不断被淡化扭曲”，担心“故事蕴含的温情被逐步消解无形”，其实，这一系列的担心，周围的人早就灌输给他们了，教师应该重视的不是带着学生去建构一种社会的“真诚美好”，而是培养儿童“思想的能力”。如同《狼和小羊》的教学，教师担心学生模仿“狼”去欺凌弱者，这是儿童的天性好强和周围世界灌输给他的，教师是无法避免的，只能通过聚焦和凸现“羊”的形象来加以淡化，每个人既是强者也是弱者，碰到弱者时是强者，碰到强者时是弱者，作为强者不霸

① 范远波：《〈诚实与信任〉两种教学思路分析》，《小学语文教学》，2010 年第 11 期。

② 袁千斌：《解读应持守文本的内涵底限——与范远波老师商榷》，《小学语文教学》，2011 年第 4 期。

③ （法）卢梭：《爱弥儿》，李平沤，译。商务印书馆 1978 年版，第 137 页。

道地欺凌弱者，作为弱者避免不受或少受欺凌，都是教育必须考虑的。

附原文《诚实与信任》：

一天深夜，我驱车从外地回布鲁塞尔。天很黑，又有点雾，尽管有路灯，能见度仍很差。

快到家时，汽车进入慢车道，便听到“咔嚓”一声。我以为汽车出了故障，赶快停了车。一检查，发现右侧的反光镜碎了。我往回走了五六十米，看见一辆小红车停靠在路边，左侧的反光镜也碎了。这辆车的车头超出停车线二三十厘米，但它毕竟是停着的，责任应该在我。

我环顾四周，看不见一个人，便在路灯下写了一张字条，压在小红车的雨刷下。字条上，我写明自己的姓名、电话，希望车主与我联系。

事隔三天，一位陌生男子打来电话，他就是小红车的主人。

“噢！是你，很对不起，我不小心把你汽车的反光镜碰坏了。”

“没有关系，已换上了。我打电话是向你表示感谢的。”

“不，是我要向你表示歉意。请你把购货单据寄来，好让我把钱寄给你。”

“不用了。你在无人知晓的情况下主动给我留下字条，这使我很感动。”

“这是应该的，这笔费用应由我来支付。”

“不，人与人之间还有比金钱更重要的东西，你给我留下了诚实与信任，这比金钱更重要。我再一次谢谢你！”说完他搁下了电话。

我很后悔，居然没有问他的姓名、地址，也不知道他的年龄、职业，但他的话却深深地印在了我的脑海里。

第三节　小学语文教材对大众文化的重视

“大众”是相对于“精英”而言，一般指劳动群众。中华人民共和国成立之初，实行民族的、科学的、大众的文化教育。具体到实践，也有人在后面加一个“化”，也就是民族化、科学化、大众化的文化教育。徐特立就曾经作出这样的理解，他说：“我们的大众化是大众基本的知识，基本的技术，基本的方法。大众化的特点是：去空、去杂和去孤。不能从旧学校里采取一大堆十分之九无用的知识，十分之一歪曲的知识，去填充青年的脑袋。”①教育部部长马叙伦在第一次全国教育工作会议上致开

① 何东昌：《中华人民共和国重要教育文献（1949—1975）》，海南出版社1998年版，第5页。

幕词时对落实这一文教政策提出这样的认识，“由于我们的国家是以工农联盟为基础的人民民主专政的国家，因此，我们的教育也应该以工农为主体，应该特别着重于工农大众的文化教育、政治教育和技术教育。”① 工农大众的教育内容首先必须切合工农的利益，在这种思想影响下，小学语文教材出现了重视大众文化的倾向和现象。

一、密切联系工农大众的现实生活

工农大众的现实生活，在建国初的教材编制者看来，首先是突出政治生活。让小学生懂得新生活来之不易，是统编教材的主要意图之一。课文《十八个勇士》《大战平型关》《朱总司令的向导》《刘胡兰》《铁脚团长》《小侦察兵》《蔡小》《英勇不屈的赵一曼》《战斗英雄董存瑞》《左权将军的故事》等都是宣扬抗日战争和解放战争中涌现出来的革命英雄人物。还有就是树立工农大众对未来美好憧憬的信心，如《可爱的祖国》：

我们有伟大的共产党和毛主席。在共产党和毛主席的领导下，我们已经建立了人民做主的国家。除了反动分子，人人都是国家的主人。

我们有人民自己的政府，诚心诚意为人民服务。对人民有利的事，政府就领导大家起来干。人民的生活已经一天比一天过得好了。

我们有强大的人民解放军，保卫我们的国家。今后我们还要加强国防建设，决不容许帝国主义再来侵略我们。

还有歌颂共产党和毛主席给人民带来新生活，如教材中的民歌：

“三更过后望天明，六月禾苗望雨淋，苗家只望共产党，好象孩儿望母亲”。

“牧马人离不开大草原，幸福生活离不开总路线。”

同时，日常生活知识和劳动知识的介绍也是建国初小学语文教材的重点。这一时期苏联教育思想对中国教育界的影响很大，传入中国的凯洛夫《教育学》把体育、智育放在德育前面，小学语文教材受此影响，也精选了许多介绍生理卫生知识和自然知识的课文，如《这不是苍蝇吗》《消灭蝗虫》《虹》《养小鸡》《庄稼人的好朋友》《植物的种子》《一个豆瓣的旅行》《磨豆腐》《奇怪的胃》《食物里的养料》《食盐》《电灯》《防腐》《食盐》《植物的生长》《植物怎样吸收水分》《植物怎样吸收养料》《种子和种子的发芽》《为什么要知道天气》《人和水的斗争》《松树为什么

① 何东昌：《中华人民共和国重要教育文献（1949—1975）》，海南出版社1998年版，第7页。

不生长》等。尤其是保健知识，如《漱口》《人为什么会生病》《怎么样预防病菌传染》《肺病》《皮肤》《肌肉》《感觉器官》《食物和消化》《呼吸》《血液和心脏》《维生素》《肠内的寄生虫》《苍蝇》《饮食的卫生》等，对小孩养成卫生习惯大有好处，类似后来的生理卫生课程内容。不过写法上值得借鉴，它们通俗、实用、有说服力，如《漱口》：

把鸡蛋泡在醋里，过一两天，鸡蛋壳就变软。再仔细看，也不象原来那样光滑了，上面有一些东西脱落下来。

刻字工人在骨头上刻字，就利用醋的力量。骨头在醋里一泡，就不那么硬那么脆，刻起来就容易得多了。

我们的牙齿虽然比蛋壳结实得多，比普通的骨头也硬些，可是，也受不了醋的侵蚀。

不光是醋，一切酸的东西都能够损害牙齿。有些东西，象糖、饭、白菜，本来不酸；可是，如果让它们塞在牙缝里，它们就会慢慢变酸，也能够损害牙齿。

牙齿是我们消化食物的重要工具，不能让它受损害。保护牙齿的方法，就是吃完东西漱口，如果能刷牙更好。

二、密切联系工农大众的生产实践

建国前的小学语文教科书，对生产实践的工具和生活用品的介绍比较多，如米、布、衣、玩具、火柴、煤炭、锄头、犁耙、镰刀、风箱、水车、人力车、火车、飞机等，而忽略了制造这些工具和经常同这些工具打交道或使用生活用品的工农大众。如课文《做工的轮盘》：

哗啦啦，河水冲下来，水碓的大轮盘，便转动了，谷子便在石臼里，飞着跳着，一会儿变成白米。好轮盘！你做了工，我们才有饭吃。好轮盘！你一天到晚，做工不休息，一年到头，做工不休息，不辛苦吗？

教材重点介绍了这种转盘工具，而工具的发明者和使用者则被放置在幕后。建国后，中国人民民主专政是以工农联盟为基础、工人阶级为领导的政权。工农大众开始从幕后走向前台，展示了新政权下的新生活，认识生产工具和生活用品是为儿童未来融入工农大众的生产实践做准备的。

（一）展示男女平等观念下的妇女新生活

传统妇女形象是在家中带看小孩或从事编织工作的，无缘于抛头露面或机械操作类的工作。因此，改变这一形象，实行男女同工同酬，也是新政权下的新世象之一。许多由男性主宰的行业出现了女性的身影，社会上对这种现象也大加渲染和报道，新中国第一个火车女司机田桂英的事迹就被拍成了电影《女司机》，机车被命名为“三八”号，从司机到司炉、乘务都由女性担任，成为铁道线上的一道风景。教材建设也不甘落后，紧紧跟上了这一形势。如课文《女拖拉机手梁军》《女孩子们驾驶的拖拉机队》《火车女司机田桂英》等。从语文独立设科一百多年来，小学语文教材中女性形象的比例，无论从插图方面还是课文主角方面，建国初的五、六年间都属于最大的，许多女性成了新社会的佼佼者，诸如《识字模范刘梅兰》《护厂模范赵桂兰》《饲养小牛的秀英》等。

（二）展示新旧社会生活的不同

伴随新中国成立而广为流传的歌剧《白毛女》故事，形象说明了“旧社会把人逼成‘鬼’，新社会把‘鬼’变成人”的主题。建国初的小学语文教材也没有离开这一主题，尽力去描绘旧社会的恐怖、残酷和痛苦，相对应的则是新社会的安康、幸福和温暖。如《解放以前工人的生活》《解放以前农民的生活》《征服了“神山”》《赵占魁》等。这里摘录一些描写旧社会的句子：

从前我们这里人，穿的衣裳大洞靠小洞，吃的每天三餐不周全。——1949 年 12 月由新华书店出版的初级小学国语课本第五册课文《日子好过了》

想起旧社会，农民受煎熬：没有一亩地，代代种租田；耕种又收割，四季忙不完；粮食刚进囤，车马到门前；账房提大斗，收租把眼眨。簸箕簸，风斗风，交了租，粮食完。泥里水里干一年，白米颗颗不见面。——1949 年 12 月由新华书店出版的初级小学国语课本第五册课文《翻身谣》

工人在旧社会里，做牛做马，一切由人家摆布。

在旧社会里，有本事的老工人，每每不肯把自己的技术传人。——1950 年 7 月新编高级小学课本第四册课文《赵占魁》

解放前，我的父亲当了三十三年的工人，过着牛马不如的生活。我的两个姐姐先后被旧社会折磨死了。我的二哥也被日本鬼子抓去做苦工，惨死在海南岛。——1969 年广西壮族自治区小学语文暂用课本第六册课文《不忘阶级苦，紧握手中枪》

从一篇《不忘阶级苦，牢记血泪仇》可以看到贫下中农所回忆的旧社会痛苦生活：

天上布满星，月儿亮晶晶，贫下中农开大会，诉苦把冤申，万恶的旧社会，穷

人的血泪仇，千头万绪涌上了我的心。止不住的辛酸泪，挂在胸！

不忘那一年，爹爹病在床，地主逼他做长工，累得他吐血浆，瘦得皮包骨，病得脸发黄。地主逼债，好像那活阎王，可怜我的爹爹，把命丧！

不忘那一年，北风刺骨凉，地主闯进我的家，狗腿子一大帮。说我们欠他的账，又说欠他的粮，强盗狠心，抢走了我的粮。可怜我这孤儿，漂流四方！

不忘那一年，苦难没有头，走投无路入虎口，给地主去放牛。半夜就起身，回来落日头，地主鞭子，抽得我鲜血流。我这放牛娃，誓死要报仇！

不忘阶级苦，牢记血泪仇，世代世代不忘本，永远跟党闹革命，永远跟着毛主席闹革命！

——浙江省金华地区七年制学校试用课本·语文第四册第九课

（三）展示劳动光荣和劳动群众的伟大

劳动主要指体力劳动，培养社会主义新人的重要途径就是激发受教育者热爱和参与体力劳动。孔子由于很少从事体力劳动，就属于剥削阶级的代言人，曾经被指责为“四体不勤，五谷不分”。尽管建国前也有宣扬自食其力的课文，但不普遍，选用的主角多是动物，比如沈百英《基本国语教科书》第五册第十一课《野兔和公鸡》：

野兔拔了一把草，送给公鸡做食料。公鸡头摇摇，开口微笑道：青草味不好，那里可当饱；我公鸡藏着新谷多多少，这种粗粮用不到。公鸡说罢开谷箱，要请小兔尝一尝。野兔看了忙推让，说道：“新谷果然香，吃了恐怕招祸殃；我野兔喜欢自己寻食吃，始终不愿受喂养。”

野兔就是自食其力的榜样。1949 年 12 月由新华书店出版的初级小学国语课本第五册有一篇课文《劳动和健康》是这样说的：

做工的工人，种地的农人，天天劳动，所以拳头大，胳膊粗，脸色红润，精神活泼。过去的读书人和小脚妇女，很少劳动，所以身体瘦弱，面色苍白，常闹疾病。可见，一个人要劳动和要吃东西一样，一天也不能缺少。

同是这一册的课文《写给爸爸的信》，则把劳动看成是学习真实本领的重要途径：

亲爱的爸爸：

还记得我在家的时候，一切都是依靠别人……但是，我现在和从前大不相同了，脚上穿的这双鞋，就是我自己做的，袜子也是我织的，并且还会把被子拆洗再缝起来。我们学校比较大的同学，都是自己照管自己，具有独立生活的能力。因为我们是受的新民主主义教育，所以要养成爱好劳动的观点，学习真实的本领。

类似这种宣扬劳动观点的课文很多。比如课文《做一个爱劳动的人》（初级小学课本语文第八册，人教社 1955 年校订出版），写一个叫小敏的学生在家与同学秀清下棋，这时她妈妈叫她去看看炉火为什么老是不旺，小敏很不情愿地离开棋盘，一边弄炉火，一边牢骚说，自己将来要做船长或者飞行员，不想做这种事情。第二天，目睹这一过程的同学秀清就把这件事捅到少先队的中队会议上进行严肃讨论：

“昨天我真替小敏难为情。他不愿意帮助妈妈抖一抖煤灰，通一通火，还说什么‘我将来要做船长’！”秀清激动地说，“我认为，不管你将来做什么，总不能做一个不爱劳动的人。”

“在我们中队里，不止小敏一个人是这样，”中队长补充说，“就说西生吧，他一知道有些男同学会缝、会补、会做饭、会做菜，就讥笑人家，说这些事不是‘男子汉’应该做的。这些情形使整个队都不光荣。我们应该学会做一些日常生活中需要做的事。象小琴，会缝衣服，会洗衣服，会熨衣服，会生炉子，会订本子，会养蚕……我们大家都应该学习她的榜样。因为，只有从小就养成劳动习惯的人，将来才会成为有用的人。”

小敏是不热爱劳动的反面形象，而打小报告的秀清、有话语权的中队长以及受到提名表扬的小琴才是爱劳动的榜样形象。建国初出现、今天还在选用的课文《幸福是什么》也借智慧的女儿之口道出了“幸福要靠劳动”的思想；冯雪峰的作品《鲁迅和他少年时候的朋友》，曾获得 1954 年“四年来全国儿童文艺创作”一等奖，被选为建国初的小学课文，很大程度上与这篇作品宣扬鲁迅从小就种下了爱劳动人民的思想种子有关，作品详细描述了鲁迅从他少年时候的朋友那里不但学习了许多书本上学不到的知识，还学习了劳动人民忠厚朴实和优美的品质，使他终于能成为伟大的人民文学家。

三、积极培育工农大众的爱恨情感

雷锋日记上曾有这样的句子：“对待同志要象春天般的温暖”、“对待敌人要象严冬一样残酷无情”。可是，谁是敌人谁是同志？这是爱恨表达的首要问题。受这种阶

级斗争二元对立思维的影响，工农大众的朴素情感被抽象为要么爱、要么恨的状态。美帝国主义者以及国民党反动派明摆着是敌人，但在工农大众的集体生活中如果要区分出谁是同志谁是敌人的话，就只能看其日常言行对新中国、新社会以及共产党毛主席的态度，态度热情是同志，有不满情绪就可能被扣上“敌人”的帽子。每个个体在共同的集体生活中都有可能被扣上这顶帽子，这促成了阶级斗争年代所需要的彼此戒备和顾忌的社会心理氛围。小学语文教材对营造这种氛围、实行革命的爱恨教育做了不少工作。

（一）生活工作革命化

生活工作中有许多无关紧要、忽略不计的小事，可是认真计较起来却存在革命与反革命的区别，甚至可以成为置人死地的大事。在这种指导思想下，本来天天进行的工作，却要从思想觉悟出发上纲上线或扩大化，本来极为普通的小事，却要用世界观高度去寻找源头，本来极为自然的言行，却要用崇高的境界去标榜。这种思想改造和贴标签的思维模式影响着小学语文教学和教材编写。一个小学教师曾描述一件小事如何引发他的心路历程：

今年三月三日，我从耕读小学来到下放到大队来办的小学，发现几块玻璃打碎了，我就去糊窗户。老贫农冯春信看见了跟我搭话：“仁发，糊窗户啊!”我说：“嗯，就怕糊不住。”他说：“不要紧，多糊几次。”老贫农的话，使我想起在耕读小学时，勤俭办学，窗户完全用纸糊。为什么现在有了糊不住的念头？我反复学习了毛主席的有关教导，才觉得不是纸糊不住窗户，而是我艰苦奋斗的思想没有立住。

一桩桩、一件件的事，使我越来越认识到：接受贫下中农的再教育，只有起点，没有终点。做贫下中农的小学生，是永远不会毕业的。只有长期不懈地、老老实实地接受贫下中农再教育，才能彻底改造世界观。

20 世纪 60 年代的课文《支左爱民模范李文忠》描写李文忠救人的过程：

李文忠搏击着波浪，高声朗读毛主席语录：“下定决心，不怕牺牲，排除万难，去争取胜利。”顿时，一轮红日在每个人心头升起。“毛主席万岁！毛主席万万岁!”的口号响彻云霄。毛主席的教导化为巨大的力量，鼓励着人们战胜激流。李文忠穿过满江“毛主席万岁”的巨大声浪，一次又一次地潜入水中，一连救出了五个红卫兵和革命群众。……为了抢救红卫兵和革命群众，李文忠同志英勇牺牲了。他实现了自己的誓言：“毛主席热爱我热爱，毛主席支持我支持，毛主席指示我照办，毛主席挥手我前进。”①

把救人行为贴上标签进行张扬，这种教材处理方式在“文革”期间被推上极致。1968年出版的江西省小学暂用课本语文有一篇《毛泽东思想第一》的课文描写伟大共产主义战士门合的生活事件：

门合，当他的孩子刚说话，他不教“爹”，不教“妈”，教的第一句话是：“毛主席万岁！”当他的妹妹有生以来第一次穿上新棉衣时，他不讲这，不讲那，讲的第一句话是：“翻身不忘毛主席！”当教藏族兄弟学汉字时，他不教“天”，不教“地”，第一次教的是“毛主席万岁！”当新战士刚到连队，他不讲这，不讲那，讲的第一课：“做毛主席的好战士！”当他到小卖部去时，不买这，不买那，买的第一件物品是毛主席的红宝书……

1968年浙江省金华地区七年制学校试用语文课本第四册课文《红色宣传员》叙述小红的言行：

一天，小红要到工农俱乐部去宣传毛泽东思想。小红妈妈说：“那里太远，你才六岁，别去吧！”小红说：“白求恩同志不远万里，来到中国。我去俱乐部，你都说太远。妈妈，这对吗？”妈妈被说服了。

小红走到了“工农俱乐部”。她对门口的叔叔说：“我要进去宣传毛泽东思想。”叔叔看了看小红，说：“你太小了，能行吗？”小红说：“怎么不行呢？难道宣传毛泽东思想还分年龄大小？不是哪一级都要学，都要宣传吗？”叔叔听小红说的对，就让小红进去。在俱乐部里，小红唱语录歌，背“老三篇”，一遍又一遍地宣传毛泽东思想。

时至今天，教材中仍然存有这种拔高的痕迹。如人教版六年级下册课文《一夜的工作》最后两段描述了“我”在中南海政务院看到周总理一夜工作后的感受：

在回来的路上，我不断地想，不断地对自己说：“这就是我们的总理。我看见了他一夜的工作。他是多么劳苦，多么简朴！”

在以后的日子里，我经常这样想，我想高声对全世界说，好像全世界都能听见我的声音：“看啊，这就是我们中华人民共和国的总理。我看见了他一夜的工作。他每个夜晚都是这样工作的。你们看见过这样的总理吗？”

“他每个夜晚都是这样工作的”，这明显是夸张手法，潜移默化地引导着儿童讲

① 宁夏回族自治区小学教材编写组编《小学试用课本·语文（二年级）》，宁夏回族自治区人民出版社1919年版，第51－53页。

假话、大话和空话。或许这正是中国特色的思想教育模式。

（二）社会认识模式化

旧社会往往跟妖魔横行、水深火热、牛马不如等词语联系在一起，敌人往往跟愚蠢、狡猾等形容词联系在一起。总之，褒义词语不能用在敌人和坏人身上，贬义词语不能用在革命的工农大众身上，小学语文教材和教学在这种认识模式下引导和培养工农大众的社会辨别能力。新中国自 1956 年转向文化革命、技术革命和思想革命以来，这种社会认识简单对立模式在社会教育和学校教育中不断深化。毛泽东有句语录："凡是敌人反对的，我们就要拥护；凡是敌人拥护的，我们就要反对。"（毛泽东《和中央社、扫荡报、新民报三记者的谈话—1939 年 9 月 16 日》）尽管这句话是抗日时期针对汪精卫集团而言的，但作为领袖语录被抽出来之后，就成了一切行动的指南。这一时期，毛泽东的教导成了一切言行的指南，有一篇《工农兵最爱读毛主席的书》写道：

一天不读毛主席的书，吃饭不香睡不熟。

两天不读毛主席的书，好象眼睛蒙上雾。

三天不读毛主席的书，方向不明心糊涂。

毛主席的书天天读，永远革命不迷路。

旧教材是旧社会的剥削者所拥护的，所以要反对；只有新社会的教材才应该拥护和使用。文革时期，教材必须大力弘扬的主题和内容，就是宣扬毛泽东思想和毛泽东思想影响下的人和事，如 14 岁的刘文学为保护集体的海椒而与地主斗争的事迹。旧教材被看成封、资、修的黑货，正是社会认识模式化过滤的结果。

这种认识模式在处理人伦关系上，突出了阶级对立情绪和爱恨情感的培养。课文《爹亲娘亲不如毛主席亲》是这样看待人伦关系："天大地大不如党的恩情大，爹亲娘亲不如毛主席亲，千好万好不如社会主义好，河深海深不如阶级友爱深，毛泽东思想是革命的宝，谁要是反对它谁就是我们的敌人"。敌人就是反对毛泽东思想的人，不管你是亲爹亲娘或者其他亲人、朋友。建国初改编旧教材就是采用这种社会认识简单对立模式来处理人伦关系。如 1932 年年的开明国语课文《一箩麦》：

一箩麦，两箩麦，三箩麦，大家来拍麦。劈劈拍！劈劈拍！小麦新，做面粉。大麦黄，做麦糖。劈劈拍，劈劈拍！拿点面粉给张家。拿点麦糖给李家。张家送我一瓶新蜂蜜。李家送我一枝石榴花。劈劈拍！劈劈拍！

课文本来描述了和谐的人际交往，可是到 1954 年，新中国为了培养儿童朴素的阶级爱恨情感，改为《打麦》：

劈劈拍！劈劈拍！大家来拍麦。麦子好，麦子多，磨面做馍馍，馍馍甜，馍馍香，从前地主吃，现在自己尝。感谢毛主席！感谢共产党！①

麦可以做面粉、做麦糖，让张家李家得到品尝，大家平等、和谐，这样一改，对立的情绪就出来了，对地主的恨和对毛主席的爱成了工农大众情感生活中的活跃元素。

（三）课文《狼和小羊》的爱恨教育

众所周知的《狼和小羊》的故事，从选用改编到教学设计都强调了这种爱恨情感。这篇课文选自《伊索寓言》，它通过叙述狼找借口吃掉小羊的经过，折射出弱肉强吃、强者欺凌弱者的社会现实。“狼”代表蛮横无理的强者，“羊”代表温顺善良的弱者。这个故事被引介到中国，作为儿童读物或小学教材时，曾出现三种教育主题。

第一种，“狼”作恶的借口易求，启迪人们要善于戳穿“狼”的种种借口。1918年商务印书馆出版的《英汉对照伊索寓言详解》中的《狼与小羊》就是围绕这种主题来叙述：

一日，狼与小羊，适同时往饮于留注山腹之小溪。狼甚欲食小羊，然以业经晤对，必求一食彼之口实而后可。于是狼乃试启衅端，厉声曰：汝竟敢来余之小溪，污浊此水，致使余不堪饮，是何用意乎？

小羊大惊，下气而言曰：“余不解余何以能污此水，君立于溪之上流，水乃自君处流及于余，非自余处流及于君也。”

狼曰：“即然，然汝终恶人也，盖余闻汝昨年尝私自詈余者。”

可怜之小羊，叫然呼曰：“吾亲切之狼君，此事为理所必无，一年之前，余尚未生也。”

狼觉再辩殊属无谓，乃咆哮而露其齿，进迫小羊之旁，因曰：“小丑羊，非汝即汝父耳，是亦何殊。”于是彼竟攫此可怜之小羊而食之。

凡人欲为凶恶残酷之行，其口实正自易求也。②

第二种，“狼”作恶必定没有好结果，启迪人们不要做“狼”这样的恶人。1931

① 人民教育出版社1954年出版《初级小学课本语文》第二册。

② 商务印书馆编译所：《英汉对照伊索寓言详解》，商务印书馆1918年版，第1－5页。

年，商务版教科书把这个故事改编进入小学教科书中，用《狼欺小羊》为标题，采用了这一主题：

狼和小羊同在泉水边喝水。狼喝罢了水，想吃小羊，又想生平与他无冤无仇，平白地杀死他，到底说不过去，总得寻出一个理由来说服了他，然后才吃。

主意既定，狼就把面色一沉，对小羊道："你这小畜生，闯到这里来，把水弄脏了，该当何罪！"小羊吓得发昏，勉强答道："我怎敢弄脏你的水！你在上流，我在下流，下流纵有脏水，决不会流到上流去的。"

狼一听这话，自知理屈，但不肯甘休，反而大怒道："你还要强辩吗？你不记得去年你在他人面前说我不是吗？"小羊不慌不忙地说道："我是今年一月才生的，怎能在去年说你的不是呢？"狼越加发怒道："你不要强嘴了，这事纵不是你做的，定是你父母做的，横竖总是一家，你应该替你的父母受罚。"说着，向小羊身上一扑，不料扑一个空，跌到水里去了。①

第三种，"狼"蛮横无理是卑鄙可恶的，羊温顺善良是值得同情的，启迪人们要善于识别好人和坏人，养成爱憎分明的情感态度。建国后，这个故事出现在小学语文教材就一直采用这一教育主题，标题都是《狼和小羊》②。由这一预设主题出发，教学思路沿着如何激发儿童对狼的狠和对羊的同情而展开，课末练习设计凸现了狼的作恶形象。如人教社1984年版的课末练习：

1. 朗读课文。说说狼想吃小羊，找了些什么借口。为什么说狼故意找碴儿。

2. 听写。

找碴儿 弄脏 争辩 逼近 龇牙 背地里 气冲冲 大声嚷 吃了一惊

3. 读一读，注意语气。

（1）小羊在小溪边喝水。

谁在小溪边喝水？

（2）你把我喝的水弄脏了。

我怎么会把您喝的水弄脏呢？

---

① 沈百英：《基本教科书国语（小学校初级用）》第七册，商务印书馆1931年版，第12－14页。

② 《狼和小羊》曾分别出现在人民教育出版社：1979年《全日制十年制小学课本·语文》（试用本）第三册第39课，1984年《六年制小学课本语文第四册》（试用本）第26课，1987年《五年制小学课本·语文》第三册第28课，2001年《九年义务教育六年制小学教科书·语文》第四册第25课；上海教育出版社：1982年《全日制六年制小学课本语文》（试用本）第三册第33课；北京出版社：2001年《九年义务教育六年制小学教科书·语文》第三册第6课；江苏教育出版社：2007年《义务教育课程标准实验教科书·语文》二年级上册第10课。

（3）去年我还没有生下来。

去年我还没生下来哪！

4. 分角色朗读课文。①

四道题都在强化儿童对狼作恶形象的认识。第1题引导儿童认识“狼”找了哪些借口，学习狼如何找借口；第2题引导儿童理解“狼”盛气凌人的蛮横表现及其结果，感受狼欺弱者的过程；第3、4题是关于朗读的角色把握和语气问题，对这一点，人教社的教学参考书作了这样的指导：

狼是蛮横凶残的，读到有关它的语句，要声调高，速度快，语气重，要读出对狼恨的感情；小羊是善良无辜的，读到有关它的语句时，声调要低，语气要平缓，速度要慢一些，要体现对小羊的同情。②

“声调高，速度快，语气重”就是要读出“狼”的蛮横和霸气。这种凸显“狼”形象的课末练习设计思路一直沿袭到人教社2001年版的小学语文材中。四省市联合编制的语文教材甚至更加具体，如其课末练习题第2题：

选词填空，再读一读。

啊 哪 呢 吧

（1）小羊吃了一惊，温和地说：“我怎么会把您喝的水弄脏（ ）？”

（2）狼气冲冲地说：“就算这样（ ），你总是个坏家伙！”

（3）可怜的小羊喊道：“（ ），亲爱的狼先生，那是不会有的事，去年我还没有生下来（ ）！”③

朗读训练这几个语气助词以及其中的代词“你”和“您”，让儿童明显感受到狼为所欲为的强者形象。而小羊据理抗辩，代表正义一方，可是从朗读训练中感受到的却是小羊低声下气的弱者卑微形象，甚至还有对“狼”的奴性表现。当前，苏教版小学语文教材仍然采用这一教学思路：

在指导学生分角色朗读时，要抓住描绘狼和小羊的词句，并结合课文插图，让学生体会、想象狼和小羊的不同态度、语气。狼第一次说的话，要读出盛气凌人、横加指责的语气；狼第二次说的话，要读出蛮横无理、怒气冲冲的语气；狼第三次

① 人民教育出版社语文一室：《六年制小学课本（试用本）语文》第四册，人民教育出版社1984年版，第119－120页。

② 中小学通用教材小学语文编写组：《全日制十年制学校小学语文（试用本）教学参考书》第三册，人民教育出版社1980年版，第61页。

③ 上海、浙江、北京、天津四省市小学语文教材联合编写组：《全日制六年制小学课本语文（试用本）》第四册，上海教育出版社1982年版，第126－127页。

说的话，要读出穷凶极恶的语气。小羊第一次说的话，要读出申辩和小心翼翼的语气；小羊第二次说的话，要读出竭力申辩和着急、害怕的语气。①

无论哪个时代，惩恶扬善、弘扬正气都是教育的永恒主题，决不会宣扬、鼓动暴力、欺诈和虚伪。就课文《狼和小羊》而言，教材编制者预设的教育主题是启迪人们要善于识别好人和坏人，养成爱憎分明的情感态度。为此，建国后不同版本小学语文教材的教学思路和指导建议都把引导儿童认识和理解“狼”为非作恶的言行作为重点。

人民教育出版社1980年版：这是一篇寓言。通过狼找种种借口吃掉小羊的故事，说明一个人要为非作恶，总是蛮不讲理找借口的。对凶残蛮横的敌人，靠讲道理是行不通的。……讲读课文时，把重点放在指导学生有感情地朗读课文和理解寓意上。可让学生用书上的句子回答：狼想吃小羊，第一次找了什么借口？羊怎么回答的？第二次找了什么借口？羊是怎么回答的？第三次又找了什么借口？结果怎么样？狼吃掉小羊说明了什么？引导学生理解寓意。

北京出版社2001年版：本文选自《伊索寓言》，讲的是凶恶的狼蛮横无理地三次故事找碴儿，要吃掉小羊，任凭温顺和善良的小羊怎样说理，也没有用。它告诉我们像狼一样的恶人，想干坏事，总能找到借口的。……课文写了狼三次找碴儿，态度一次比一次蛮横，理由一次比一次荒谬。相反，小羊温和善良，据理力争，合情合理。但最后的结局却含而不露地告诉我们，像狼这样凶恶的敌人，想干坏事，总是能找到借口的。

上海教育出版社1983年版：课文写了狼三次找碴儿，态度一次比一次蛮横。相比之下，小羊显得温和善良，说话合情合理。这种鲜明的对照，更容易使人看清狼的本性，理解故事所要说明的道理。②

“狼”为非作恶、飞横跋扈是与它的强者角色紧密相连的，而“羊”低声下气、小心翼翼则与它的弱者形象紧密相连。法国思想家卢梭曾提出一个相类似的案例，他说，学了拉封丹寓言《瘦狼和肥狗》后，“孩子们不仅不象你所想象那样把它作为一种谦逊的教训，反而认为这个寓言是在教人放肆。我永远不能忘记的是，我曾经看见过有人拿这个寓言来折磨一个小女孩，想用这个寓言教她乖乖地听大人的话，

① 张洪生：《义务教育课程标准实验教科书·语文教学参考用书》，二年级上册（2009年修订本），江苏教育出版社2009年版，第140页。

② 上海市中小学教材编写组：《全日制六年制小学课本语文（试用本）教学参考资料》第三册，上海教育出版社1983年版，第130页。

结果使那个女孩子很伤心地哭了一场。起初大家都不清楚她为什么会哭，到最后才明白了她哭的原因。原来，这个可怜的女孩子受人的束缚已经受够了，她觉得她脖子上的皮都被锁链磨破了，她哭她不是一只狼。”① 同样，在这种教学思路引导下，平时温顺的儿童也会向往成为一只狼，能够胡作非为地找碴，狼的凶恶、霸道被当作强者潇洒、体面、威风的言行而受到模仿、追捧。

儿童在面对善恶冲突的场景布局和细节呈现时会更倾向于从自身出发作出价值判断。建国以来课文《狼和小羊》的教学，为激发儿童对狼的恨而聚焦狼的强者角色，为引起儿童对羊的同情而聚焦羊的弱者形象，希望借此培养儿童爱憎分明的情感态度和提高识别恶人的能力。可是，对于处在小学阶段的儿童来说，这不是他们切身的利益需要，而向往和模仿恶人的言行恰恰能增进他们天性顽劣的快乐，即使教师不许他们模仿，他们也会去实施。这是教材编制者、教师与学生的认识角度和关注点不尽相同所致。

四、积极反映工农大众的优秀品质

鲁迅的《一件小事》写出了人力车夫的高大形象，让世人看到了下层工农大众的优秀品质，还有《故乡》里的闰土、《社戏》里的双喜，都是工农大众伟大而高尚的缩影。这种把人类的优秀品质通过普通人物展示出来或通过普通人物去展示人类美好一面的做法，是建国初小学语文教材反映工农大众形象的一个常态。

建国前的小学语文教材倾向于把人类的优秀品质诸如聪慧、勤劳、诚实等，跟成就了伟大业绩的伟大人物挂钩。比如孙中山、蒋介石、黄兴、宋教仁、秋瑾等，外国的政治人物如华盛顿、甘地，以及外国科学文艺界名人如斯蒂芬孙、富尔顿、富兰克林、米勒、贝多芬、达尔文、牛顿、爱迪生等，宣扬他们具有某方面的优秀品质。建国后，小学语文教材虽然还有选用伟大人物的现象，比如课文《一个诚实的孩子》写毛泽东小时候的诚实事例，《朱总司令和营长》写朱德乐于助人，但比例上这类课文明显没有反映普通工农大众的多。许多从旧社会过来并生活在新社会的工农形象进入小学语文教材，他们在忆苦思甜中全身心投入到新社会的建设热潮中，成为某一方面的能手或劳动模范，如老工人门东贵，火车女司机田桂英，女拖拉机手梁军，工人代表赵占魁、翻身农民赵有才，桌椅委员杨克等。教材通过对他们的

① （法）卢梭：《爱弥儿》，李平沤，译。商务印书馆1978年版，第134页。

事迹描述，展示了他们的优秀品质。

下面是三篇关于诚实品质教育的课文，从中可以看出优秀品质大众化的教材编制取向。

1934 年世界书局出版的国语读本初小第五册课文《诚实的华盛顿》：

华盛顿小时候，拿了一把小斧头，走到花园里。他要试试斧头快不快，就把一棵樱桃树砍断了。父亲回来，到花园里去散步，看见樱桃树倒在地上，非常动怒，便问："是谁砍断的？"家里人都不敢直说。华盛顿走上前去，说："父亲，是我砍断的。"父亲听了华盛顿的话，并不责备，却安慰他说："你能够说诚实的话，我很喜欢你。"

1953 年初级小学语文课本第六册课文《坦白认错》：

李祥生和同学们在院子里捉迷藏，不小心，把墙边的一个花瓶打破了。他把打破了的花瓶搬到一边，把碎片都扫干净了，就要去告诉老师。田伟民走来悄悄的说："管他呢！老师又没看见，何必自找麻烦？"

李祥生很严正的说："有了错误，自己坦白承认；隐瞒不说是不对的。"他说完了，就赶紧跑到老师屋里，说明自己打破花瓶，还作了自我检讨。

老师说："你损坏了公共的东西，固然不对；可是你肯坦白承认，不隐瞒错误，还是一个诚实的好学生。你以后要注意爱护公物。"

2001 年九年义务教育六年制小学教科书第三册课文《诚实的孩子》：

列宁八岁的时候，有一天，跟爸爸到姑妈家去做客。

表兄弟表姐妹见到列宁都很高兴，拉着他一道玩。他们在房间里捉迷藏。列宁不小心碰了桌子，桌子上的一只花瓶掉下来，打碎了。

孩子们正玩得起劲，谁也没有注意，还在互相追赶。

姑妈听见声音，跑进来一看，花瓶碎了，就问："是谁打碎的？"表兄弟表姐妹都说："不是我！"列宁也低声说："不是我。"姑妈笑着说："那一定是花瓶自己打碎的。"表兄弟表姐妹都笑起来，只有列宁没有笑。

列宁回到家里，躺在床上不说话。妈妈问他为什么不高兴，列宁把打碎花瓶的事告诉了妈妈。妈妈叫他写封信给姑妈，承认自己说了谎。

过了几天，邮递员送来姑妈的回信。姑妈在信上说："你做错了事能自己认错，是个诚实的孩子。"

三篇课文都是做了错事后诚实承认的事例，但主角华盛顿和列宁都是伟大人物，李祥生却是教材编制者杜撰的一个普通人物。

第七章 小学语文教材的文化类型分析

文化是一个复杂、丰富的概念，不同社会、时代、阶层都有不同的理解，文化的内涵随着人类社会的发展变化而不断延伸和扩充。据英国文化史学者威廉斯考证，从 18 世纪末开始，西方语言中“culture”一词的词义与用法逐渐产生变化。他说，“在这个时期以前，文化一词主要指‘自然成长的倾向’以及——根据类比——人的培养过程。但是到了 19 世纪，后面这种文化作为培养某种东西的用法发生了变化，文化本身变成了某种东西。它首先是用来指‘心灵的某种状态或习惯’，与人类完善的思想具有密切的关系。其后又用来指‘一个社会整体中知识发展的一般状态’。再后是表示‘各类艺术的总体’。最后，到 19 世纪末，文化开始意指‘一种物质上、知识上和精神上的整体生活方式’。”① 美国学者克鲁伯和克拉克洪在《文化，对其概念和定义的批判性评述》一书中统计了 1871—1951 年 80 年间的文化定义，多达 162 种。

第一节　关于文化类型的认识

文化是一种社会现象，是人类经过长期不断创造而形成的历史积淀，它涵盖了社会生活的方方面面，包括历史、地理、风土人情、传统习俗、生活方式、文学艺术、行为规范、思维方式、价值观念等。由于文化自身的复杂性，文化存在不同的分类。

有的研究者根据文化的结构和范畴把文化分为广义和狭义两种。广义的文化即大写的文化（Culture with a big C），指的是人类在社会历史发展过程中所创造的物质和精神财富的总和。它包括物质文化、制度文化和心理文化三个层面。物质文化是指人类创造的种种物质文明，包括交通工具、服饰、日常用品等，是一种可见的显

① 韦森：《文化与秩序》，上海人民出版社 2003 年版，第 9 页。

性文化；制度文化和心理文化分别指生活制度、家庭制度、社会制度以及思维方式、宗教信仰、审美情趣，它们属于不可见的隐性文化，包括文学、哲学、政治等方面内容。狭义的文化即小写的文化（culture with a small c），是指普遍的社会习惯，如衣食住行、风俗习惯、生活方式、行为规范等。

有的研究者将文化的内部结构分为几个层次：物态文化、制度文化、行为文化、心态文化。物态文化层是人类的物质生产活动方式和产品的总和，是可触知的具有物质实体的文化。制度文化层是人类在社会实践中组建的各种社会行为规范。行为文化层是人际交往中约定俗成的以礼俗、民俗、风俗等形态表现出来的行为模式。心态文化是人类在社会意识活动中孕育出来的价值观念、审美情趣、思维方式等主观因素，相当于通常所说的精神文化、社会意识等概念，这是文化的核心。

有些则将文化分为三个层次：高级文化（high culture），包括哲学、文学、艺术、宗教等；大众文化（popular culture），指习俗、仪式以及包括衣食住行、人际关系各方面的生活方式；深层文化（deep culture），主要指价值观的美丑定义，时间取向、生活节奏、解决问题的方式以及与性别、阶层、职业、亲属关系相关的个人角色。高级文化和大众文化均植根于深层文化，而深层文化又以一种习俗或生活方式反映在大众文化中，以一种艺术形式或文学主题反映在高级文化中。

有些从不同标准、不同视角来划分文化。比如，根据由远及近、由外到内的标准来划分，有人类文化、种族文化、民族文化、国家文化、城镇文化、邻里文化和家庭文化；根据地域划分，有大陆文化和海洋文化、南方文化和北方文化、城市文化和乡村文化；从生产方式的角度来分，有农业文化、工业文化、商业文化、游牧文化等；从社会形态的角度来分，有原始社会文化、奴隶社会文化、封建社会文化、资本主义文化等；从文化的历史分布来看，有古代文化、中世纪文化、近代文化、现代文化、后现代文化，等等。

这些不同的文化划分是从比较全面广泛的意义上进行的，对于理解小学语文教材的文化类型都有一定的启迪意义和参考价值。不过，小学语文教材的文化分类具有自身的特点，因为它必须根据小学语文教材的特殊性以及学校教育的可行性来进行认识。

第二节　小学语文教材与文化类型

小学语文教材是文化的一种特殊载体，不同的文化可以在语文教材中得到体现。

在众多关于文化类型的认识中，美国著名的多元文化教育家班克斯关于微观文化的划分对我们深入认识当前小学语文教材的文化类型选择很有启迪，他在区分了宏观文化与微观文化基础上，将微观文化分为八个子类别：种族或民族的来源、社会经济水平、地域、市镇农村、宗教、性别、年龄、特殊性①。本文以班克斯的文化划分为基础，结合人教版2004年出版的小学语文教材的课文主题、人物、场景、插图、问题设计等方面，将小学语文教材中的文化类型区分为：共同文化、性别文化（男、女）、年龄文化（同辈、成人）、民族文化（外国、少数民族）、地域文化（城市、乡村）、阶层文化（精英、普通）、特殊文化。

一、共同文化

共同文化是指人类共享的文化，文化由人类创造，这一过程会产生一些人类共同的文化问题，出现没有种族、民族、地域、阶层、年龄、性别等差异的文化，或者不具有明显意识形态色彩或者淡化意识形态的文化。由于世界全球化趋势加剧，各个国家之间联系日益紧密，学生对于共享文化、一般文化的了解，既有助于更好地实现文化接轨，也有助于解决各种问题和矛盾。青少年从小形成共同的文化观念，符合社会发展方向，有利于实现人类社会发展的全球化。共同文化在小学语文教材中具体表现为自然知识、科普知识、生物知识等内容。此外，教材入选的童话、寓言一类的文章也大部分可归为共享文化，虽然这些内容由不同的民族、阶级所创造，但对于儿童而言，不会关注其内在的意识形态问题。

教材选文涉及共享文化的内容比较多，一年级上册基本以共享文化为主，以后各册都选择了部分共享文化的内容，这样一种选择表明小学教育对于全人类共同关注问题的重视，也为小学生提供了一种更为广阔的关注人类社会的视野。具体可分为：

自然科学、生物知识，比如《找春天》《秋天的雨》《草虫的村落》《阳光》《火烧云》《鲸》《白鹅》《猫》《植物妈妈有办法》等等，让学生能够认识自然的四季、花草树木、飞禽走兽，既了解各自的特性，也能把握其中的奥秘。这些内容知识性与趣味性相统一，比较符合小学生的年龄阶段特征。学习《要是你在野外迷了路》，学生能够提高在自然界的生存能力。学习《花钟》，学生能够通过植物的生理时间来

① 郑金洲：《教育文化学》，人民教育出版社2000年版，第251页。

认知自然时间。在了解基本的人体常识基础上，学生还能有进一步的认识，比如《影子》一文，小学生能够清楚描述出自己身边的现象，而课文《手指》则更为清晰地说明了“我们每个人，都随时随地随身带着十根手指，永不离身。一只手上的五根手指，各有不同的姿态，各具不同的性格，各有所长，各有所短。”各个手指的特征和作用写得既有趣味又有科学性。

学生由于特殊的年龄阶段，对于许多现象有着各种好奇的心理，教材中有关科普知识的课文大量出现在小学语文教材中，这类文章的选择满足了学生的好奇心。比如《太阳》《月球之谜》《恐龙的灭绝》《黄河是怎样变化的》《蝙蝠和雷达》等，通过学习这一类课文，更能激发学生对于外在世界的关注。由于高科技的发展，生活中各个方面都有高科技的成果，如《新型玻璃》《电脑住宅》《太空生活趣事多》《假如没有灰尘》，学习这些课文，学生能够了解最新科技的发展情况，提高学生对于科学技术的兴趣爱好，探索自然奥秘。

此外，还有一些共享文化通过寓言、童话、故事的形式来展示，如《小壁虎借尾巴》《乌鸦喝水》《酸的和甜的》《风娃娃》《回声》《坐井观天》《小蝌蚪找妈妈》，学生在趣味的阅读中了解了各种基本的自然和社会现象。

二、性别文化

不同性别有不同的文化特征，性别文化，作为文化形态存在的男女两性生存方式及所创造的物质与精神财富，包括迄今为止整个人类发展过程的性别意识、道德观念、理想追求、价值标准、审美情趣、行为方式、风俗习惯等等。这种性别差异是一种跨文化的普遍现象，各个国家男性女性的差异及性别角色是历史演变的结果，但随着经济、社会的不断发展，性别角色也逐渐出现了变化。

小学语文教材反映了社会的主流文化意识形态观念，当然也包括性别观念。理解性别可以从两个角度：一是生理性别（英文为“sex”）；二是社会性别（英文为“gender”）。生理性别，指男女两性在生理上的分化，具体表现为生理结构和生理机能两方面的差别。而社会性别，指两性在社会文化建构下形成的性别特征和差异，即社会文化形成的对男女差异的理解，以及在社会文化中形成的属于男性或女性群体的行为方式[①]。两性之间的差异在儿童和成人中都存在。成人之间的性别认识主要

---

① 郑新蓉：《性别与教育》，教育科学出版社2005年版，第17－38页。

集中在母性、母爱主题上。我们进行性别研究“能给我们提供一种对某一社会中不同年龄的男、女孩制定出要求的标准。尤其在大城市的教育系统中，它们更是有助于制定普通的课程计划”①。虽然人生下来就有男女之别，但是自身的性别意识观念及社会性别意识却需要通过后天的教育环境形成。社会的性别文化是两性从自然人向社会人转化的必不可少的文化元素，它上达伦理、道德、意识形态层面，下至大众日常生活，如着装、谈吐等行为小节，都受到细密而严格的统摄、规约②。

教材中的性别差异存在普遍性。方敏的《小学语文课本中性别角色状况研究》一文指出，丹马克于20世纪80年代初对法国、西班牙、瑞典、苏联、罗马尼亚五国一年级教科书进行比较研究后发现，除瑞典外，均明显地显示出男性多于女性，男主角多于女主角的状况。男女主角的人数之比为：法国75 ∶ 21，西班牙132 ∶ 22，苏联52 ∶ 42，罗马尼亚165 ∶ 118，而台湾地区小学生的伦理课本为92 ∶ 8，韩国小学教材中女性人数占总人数的39.1%。教材是学生接受社会规范和价值观念的主要来源，对学生更好的认知社会有重要影响。学生学习语文教材中不同的性别角色和行为观念，逐渐形成一个基本的角色认识，再通过社会文化的不断强化，渐渐对于社会性别角色有一个理性的把握，并潜移默化地接受和承担社会的性别角色。所以正确的教材文化引导有利于学生了解社会角色的多样性，拓宽学生的关注视野，直接形成符合社会发展要求的性别观念，对学生的思想导向、价值导向、性别导向都有重要作用。但是，语文教材中仍然存在着传统的性别观念，下面我们通过具体的选文来了解现有小学语文教材中的性别文化。

《蓝色的树叶》李丽和林园园之间的故事。在美术课上，李丽向林园园借绿铅笔时，林园园吞吞吐吐地说：“我还没画完呢。”等她画完了，她又说我怕你把笔尖弄断了，最后还说，“你要注意，不要削，画的时候不要用力，不要画得太多”。最后李丽用蓝铅笔画着一片片树叶。这里女孩的小气、斤斤计较的性格特点得到体现。

《小英雄雨来》中主人公雨来（男）在特殊的战争时期，面对敌人，机智勇敢、临危不惧，为了保护革命同志李大叔，不惜牺牲自己的性命，同时又能够自我保护，摆脱敌人的追踪。

《玲玲的画》描写了爸爸和玲玲的故事，玲玲要参加绘画评奖，却不小心用水彩笔把画弄脏了，哭了起来。爸爸听到之后，引导玲玲在弄脏的地方画了一只小花狗，

① （美）弗兰兹·博厄斯：《人类学与现代生活》，华夏出版社1999年版，第114页。

② 史静寰：《走进教材与教学的性别世界》，教育科学出版社2004年版，第89页。

玲玲满意地笑了。爸爸总结说道："好多事情并不像我们想象的那么糟糕。只要肯动脑经，坏事往往能变好事。"从中我们可以看到女性儿童的一种天真但又比较脆弱的地方，而作为男性的父亲则成为一种理智的象征。

《地震中的父与子》通过地震中一对父子凭借彼此之间坚定的信念"不论发生什么，我总会跟你在一起"，"他挖了 8 小时，12 小时，24 小时，36 小时，……他满脸灰尘，双眼布满血丝，衣服破烂不堪，到处都是血迹。"38 小时之后，儿子终于得救了，他们无比幸福地紧紧拥抱在一起。刻画了男性顽强的意念。

《慈母情深》描写了母亲虽然辛苦疲惫的赚钱养活我和弟弟妹妹，但是在生活条件十分艰苦的情况下，依然支持我买了一本《青年近卫军》的书。

《"精彩极了"和"糟糕透了"》中的父母，在面对孩子七八岁时写的诗表现出完全不一样的态度。妈妈说："多美的诗啊！精彩极了！"爸爸却说："我看这诗糟糕透了。"正是这两种声音像两股风不断地向我吹来。我谨慎地把握住我生活的小船，使它不被哪一股风刮倒。"在爱的鼓舞下，我努力地向前驶去。"

三、年龄文化

不同性别的人体现出不同的文化特征，不同年龄阶段的人同样拥有不同的文化。年龄文化是以年龄群为其基本载体。年龄群是由年龄相仿的人构成的群体。在那些以划分年龄为主要特征的社会中，一个人从出生时或从某一特定年龄起就隶属于某一年龄群，然后逐步进入一系列年龄等级，每个年龄等级的成员具有特定的社会地位，或负有特定的社会及政治使命，具有与其他年龄群成员不同的文化——心理结构①。

年龄文化以年龄阶段为划分标准，一般分为婴儿期、幼儿期、童年期、少年期、青年期、成年期、老年期。不同时期有着不同的文化特征，不过我们也应该看到，年龄阶段的划分比较模糊，没有明显的分界线。本文认识语文教材的年龄文化，主要基于两大年龄阶段的划分，即同辈群体和成人群体。儿童具有好玩、好奇的特点，成人则表现了成熟、稳重。学生在进行作品阅读时容易受同龄人的文化方式影响，所以在关注儿童和成人的差异时，也很自然地需要对同辈群体给予更多的重视。

同辈群体文化是由同辈群体的行为及相互之间的关系所蕴涵的价值规范组成，

---

① 覃光广，冯利，成朴：《文化学词典》，中央民族学院出版社 1988 年版，第 350 页。

小学生拥有自己解释世界的方式，并形成了一系列对他们来说恰当的、真实的、可共享的活动准则、价值、观念和态度，这就是与成人文化、学校文化相对的同辈群体文化。学生中的同辈群体对每一个学生个体有明显的吸引力和影响力，他们对同辈群体存在强烈的“归属感”。据调查，中小学生认为自己最密切的朋友是他们的同龄人。孩子们在学习过程中都存在有意无意的模仿、受人暗示、受人感染的过程。这也是儿童社会化的重要途径。他们模仿的对象绝大部分来自于同龄群体，而对于成人的行为方式，他们认为不属于自己的学习内容。

从孩子懂事开始，需要了解不同的文化，不过，某些引导也可能产生负面的影响，某些模仿也可能导致越轨行为，所以教材中的同辈文化的课文对学生就更具有亲切感，学生也易于接受、模仿、效法同龄人的思想、观点及行为方式。所以，其选择恰当与否就显得更为重要。我们具体看看小学语文教材中对于年龄文化的表现。

反映同辈群体文化的，比如《胖乎乎的小手》中的兰兰，曾经替爸爸拿过拖鞋，替妈妈洗过手绢，帮奶奶挠过痒痒，等兰兰长大了，小手变成了大手，会帮你们做更多的事情。这篇课文让学生明白从小就应该做一些力所能及的事情。

《我选我》的王宁，主动选举自己为劳动委员，认为原来的劳动委员李小青和他是好朋友，他也会像李小青一样热爱劳动，关心集体，最后得到大家的掌声和一致认可。类似这种反映儿童生活趣事的课文还有《画杨桃》《争吵》《绝招》《可贵的沉默》《她是我的朋友》《妈妈的账单》等。《我的“长生果”》通过流畅的文字描述了作者自己的读书经历，说明了读书的重要性，阅读和写作之间相互关联。作者喜爱读“香烟人”、小画片、连环画、文艺书籍，对文学发生了越来越浓厚的兴趣，扩展了想象力。这一类描写与小学生的学习生活相一致，他们也会受到语文教材中主人公行为的影响、暗示和感染。《童年的发现》主人公在九岁的时候就发现了有关胚胎发育的规律，这完全是独立思考的结果，虽然并不正确，但确是一种独立思考精神的体现，而且主人公还明白了世界上重大的发明与发现，有时还面临着被驱逐和迫害的风险。

反映成人群体文化的有《中国国际救援队，真棒!》，描写了中国国际救援队去阿尔及利亚完成救援任务，载誉返回时的情形。《金色的鱼钩》表现了长征过草地时，红军的革命的艰苦以及生活的残酷。老班长为了让“我”和两个小同志走出草地付出了自己的生命，让人读后十分感动。《刷子李》中刷子李高超的刷粉技术。他刷浆时必穿一身黑，干完活，身上绝没有一个白点。我们看后对于主人公不得不由衷地发出敬佩之情。《青山不老》描写了在晋西北的老人把自己毕生的精力都投入到治理环境之中，着实让人钦佩。但这些课文与儿童的经验相隔比较远。

四、民族文化

民族是一种独特的群体，“民族是人们在历史上形成的一个有共同语言、共同区域、共同经济生活以及表现于共同的民族文化特点上的共同心理素质这四个基本特征的稳定的共同体”[①]。考察民族生活中的诸因素，民族共同体内最显著、最持久、最稳定的联系是文化。可以说，文化是民族的标志，是此一民族区别于彼一民族的特征。[②] 可见，民族最具本质特征的是其文化要素。正如费孝通所说：“（共同文化特点的共同心理素质）这也许是在前苏联流行的民族定义中最重要的一个特征。……我认为所谓民族心理素质其实就是民族认同意识”。[③] 民族文化是一个民族共同体所创造传承的文化。民族文化既为民族所创造，必然对一个民族有某种支配意义，并为这个民族共同体的成员所认同（包括遵循、依托）。

从文化是一种结构性存在的角度来看，民族文化也是一个复杂整体，其结构形态可分为内隐和外显两个层面。作为民族文化结构体系的外显层面，就是能够耳闻目睹，甚至看得见、摸得着、具有一定的形态的，如饮食、服饰、绘画、舞蹈、音乐等；内隐层面，毫无疑问就是潜藏于民族文化中的深层结构，它包含人们的价值观念、思维方式、伦理观念、国民品性等，处于民族文化的核心地位，具有较强的稳定性。民族成员的行为、服饰、风俗、习惯等都隐含着民族文化深层结构的意蕴。每一个民族独特的价值体系、人际关系等充分反映了文化的民族性，也是一个民族不同于其他民族的根本区别。广义的民族文化主要指内隐层面，它是一个复杂的整体，包括知识、信仰、艺术、道德、法规、习俗以及所有该民族成员所获得的各方面的能力和习惯，是以往民族感情和民族意识扬弃后的积淀[④]。狭义的民族文化主要指外显层面，它是民族文化的表层结构，是文化结构中较易变化的最活跃的因素。

各民族都有自己独特样式的建筑、服饰，也有自己的风俗习惯、婚丧礼仪、年节庆典，有自己的语言文字、价值取向，还有整体而言的民族性格、民族精神等。民族文化是多元文化典型、具体的表现形式。民族文化提供了一种整体的生存和行

---

① 《斯大林全集》第 11 卷，人民出版社 1955 年版，第 286 页。

② 张文勋，施惟达，张胜冰，黄泽：《民族文化学》，中国社会科学出版社 1998 年，第 7 页。

③ 费孝通：《我的民族研究经历和思考》，载《北京大学学报》1997 年第 2 期。

④ 覃光广，冯利，成朴：《文化学词典》，中央民族学院出版社 1988 年版，第 272 页。

为模式以及价值观念，规范着民族群体成员的价值取向、思维和行为，以禁忌的方式警戒着对社会的越轨行为，通过这些来实现群体的凝聚，调整成员之间、成员与整体之间的相互关系。对于民族的个体成员，民族文化从深层上塑造理想人格①。

民族是文化的载体，文化是区分不同民族的标识，民族共同体实质上就是一种文化的人们共同体②。根据语文教材选文的现实情况，我们主要从外国文化和中国的各少数民族文化两个方面来分析。

在小学语文教材中直接涉及少数民族文化的选文不是太多，主要有《难忘的泼水节》。1961 年，傣族人民特别高兴，敬爱的周恩来总理要和他们一起过泼水节。既描述了民族的节日特点，也表现了精英阶层和普通阶层之间的融合。

《藏戏》向学生展示了藏戏的特点，形成了自己固定的程式，藏戏艺人的唱腔、动作丰富多彩，不一而足。一代一代地师传身授下去。

《各具特色的民居》介绍了客家民居和傣族竹楼的独特建筑艺术。竹楼是傣族传统的建筑形式，傣家竹楼的建筑结构一般比较简单，但十分宽敞，别致美观，室内通风也很好。

《和田的维吾尔》向我们展示了维吾尔族特有的豪气与乐观，维吾尔族的饮食文化等等。

还有一篇《日记两则》，反映了苗族小姑娘阿英家里穷，妈妈帮助阿英读书，“我”在明白了这一切之后也主动给予帮助，把钱省下来买了很多书送给她们，她们高兴地围着我跳起舞来。

外来文化主要指主人公为外国人或者外国作家的作品。小学语文教材中外国文化的作品涉及的国家有：俄罗斯（包括前苏联）、荷兰、瑞士、意大利、德国、法国、朝鲜、加拿大、泰国、丹麦、英国、美国、古希腊、保加利亚等。内容包括：

科学类：选择科学家故事，写发明发现，如《邮票齿孔的故事》（阿切尔）、《玩出了名堂》（列文虎克）、《两个铁球同时落地》（伽利略）、《世界地图引出的发现》（魏格纳）、《爱迪生救妈妈》等。这些文章有的描写科学家小时候的故事，儿童比较容易理解，贴近儿童的生活。有的表现了科学家优秀的品质，如精神专注的有《全神贯注》等，善于观察发现的有《世界地图引出的发现》《玩出了名堂》等，怀疑与实践精神的有《我最好的老师》《动手做做看》等，献身科学的有《跨越百

① 张文勋，施惟达，张胜冰，黄泽：《民族文化学》，中国社会科学出版社 1998 年，第 17 页。

② 贺萍：《全球化时代多元民族文化的走势》，载《实事求是》2005 年第 4 期。

年的美丽》。

自然类：有《自然之道》《大自然的启示》《大瀑布的葬礼》《这片土地是神圣的》《金色的脚印》等，表现自然景观，反映人与自然关系。通过阅读这类作品启迪学生对于自然的向往，引导学生对于国外的自然景观有所了解。

风土人情类：选文展现了一幅幅多姿多彩的异国风情画卷，使学生能够比较集中地感受独具特色的异域风光和文化。比如《牧场之国》（荷兰）、《与象共舞》（泰国）、《自己的花是让别人看的》（德国）、《威尼斯的小艇》《彩色的非洲》等。

人格塑造类：选文有《给予是快乐的》，表现了乐于助人带来的好处，对于特殊群体的关照、给予是令人快乐的。《中彩那天》表现了诚实的重要性，父亲在面对道德和汽车的选择时，给孩子展示了一个很好的榜样。“成年以后，回忆往事，我对母亲的教诲有了深刻的体会。是呀，中彩那天父亲打电话的时候，是我家最富有的时刻。”《丑小鸭》给人们以深刻的启示：只要不懈追求、努力进取，即使身处逆境，也终能实现自己的理想。

此外，还有通过外国故事表现其他内容的有《半截蜡烛》《科里亚的木匣》《穷人》《普罗米修斯》《凡卡》《鲁滨孙漂流记》《卖火柴的小女孩》《汤姆·索亚历险记》等。

五、地域文化

地域文化是以“地域”的地理背景形成的文化，范围或大或小。地域文化可以是单个元素，也可以是多个元素。地域文化形成了与地理位置有关的文化特征，在一定时期内具有相对的稳定性，但同时也在不断发展变化。地域文化又称区域文化，是人类文化独特的空间组合，它是在特定的地理环境和人文环境中，在相当长的历史时期内逐步孕育而形成的，具有较强的稳定性和传承性①。从地域文化差异形成的历史来看，早在春秋战国时期，随着氏族宗法制的解体，中国地域文化的格局就已经在宗族藩篱的废墟上显现出早期的规模②。

地域文化的形成是一个漫长的过程。中国地域辽阔，形成了各种不同的地域文化，中国历史的发源地分为黄河文化和长江文化，随着社会不断发展，文化也逐渐

① 贺宝林：《人类学视野下的地域文化》，载《东方艺术》2005 年第 20 期。

② 冯天瑜，何晓明，周积明：《中华文化史》，上海人民出版社 1990 年版，第 404－420 页。

细分，主要有吴越文化、齐鲁文化、中原文化、西北文化、关东文化、巴蜀文化、闽南文化、客家文化、江淮文化、粤文化共10种。有的学者根据中国地形特点将地域划分为4种，即河谷型、草原型、山岳型和海洋型，并分析了这四种地形特点的地域文化。有的将地域文化分为城市文化和乡村文化，沿海文化和内陆文化，南方文化和北方文化，各行政区域文化。还有的分为区域文化边缘（乡村）、国家文化边缘（外邑）和世界文化边缘（不发达国家）；区域文化中心（城市）、国家文化中心（都城）、世界文化中心（发达国家）。不同的划分方式表明了思考角度的差异。

本文主要从城市文化、乡村文化和其他地域文化的角度来审视小学语文教材中的地域文化。毕竟传统地域文化的划分方式对小学生而言过于专业，城市乡村反而显得更为亲近和可理解。其他各个地方的地域文化特点也有利于小学生全面了解中国各个地域文化的特点。

城市是社会经济发展的产物，是人类社会进步的标志和推动人类发展的中心，是工商业、科技、人才汇集的中心，是现代社会文化的灵魂所在。城市既是一个环境与市民素质相统一的整体概念，也是一个城市物质文明、精神文明、制度文明和生态文明相统一的综合概念。城市文化是区域文化，但又不是一般意义上的区域文化，它是一种特殊的区域文化，即作为经济社会发展中心的区域文化。教材中表现城市文化最多的是北京。《我多想去看看》表达了从大山走出去的愿望，展示了北京城壮观的天安门以及广场上的升旗仪式。《北京》描写了北京的天安门、人民英雄纪念碑、立交桥、名胜古迹、风景优美的公园、高楼大厦。《北京亮起来了》描写每当夜幕降临，北京就亮起来了，整个北京变成了灯的海洋，光的世界。《北京的春节》表现过年时热闹的场景，以前，人们过年是托鬼神的庇佑，现在是大家劳动终岁，大家应当快乐地过年。还有《长城》《颐和园》《圆明园的毁灭》也是对北京文化的一个补充和说明。这几篇文章从不同的侧面表现了我们的首都作为政治文化中心的地位，也是让学生值得向往的一个地方。此外，《香港，璀璨的明珠》描写了繁华的香港。

乡村文化的参照物是城市文化，乡村的生存环境与城市不同，乡村人们依赖地理环境而生存，生活自给自足，相对比较封闭、清静和自然。乡村文化不但孕育了中国传统文化，而且是中国传统文化的重要载体和传承渠道。选入教材的中国传统古诗词有很大一部分是对于乡村文化的描写。比如，《村居》《所见》《乡村四月》《四时田园杂兴》《清平乐·村居》等，这些诗词表现了乡村生活的各个方面，有的还有哲理性，比如《游山西村》中的“山重水复疑无路，柳暗花明又一村”，既表现乡村景物，也蕴含人生意蕴。此外，还有一些课文反映了不同地域的乡村文化，比如：

《槐乡的孩子》描写乡村夏景“鸡热得耷拉着翅膀，狗热得吐出舌头，蝉热得不知如何是好，在树上不停地叫着‘知了’‘知了’。”

《乡下人家》描写了乡下人家的生活，种菜、种花、养鸡、散步、吃饭等情形。

《小桥流水人家》描写了一幅乡村生活画面：“一条清澈见底的小溪，终年潺潺地环绕着村庄。溪的两边，种着几棵垂柳，那长长的柔软的柳枝，随风飘动着。婀娜的舞姿，是那么美，那么自然。有两三枝特别长的，垂在水面上，画着粼粼的波纹。当水鸟站在它的腰上歌唱时，流水也唱和着，发出悦耳的声音。”

《桂花雨》描写了山村孩子的摇花乐。《山中访友》把自然和人文景观拟人化。《草原》描写了内蒙古草原的自然风光和民族风情。《祖父的园子》描写了园子里的树、花、草、蜻蜓、蝴蝶等给我带来的乐趣。《麦哨》描写了油菜花、萝卜花和麦穗等。

有的地域文化，并不具有城市文化或乡村文化的明显特征，不能单单用城市和乡村来区分，它是由于地理环境差异而形成的文化。人们去不同地方旅游，就很明显地感受到这种地域差异，比如：《观潮》《雅鲁藏布大峡谷》《鸟的天堂》《桂林山水》《记金华的双龙洞》《七月的天山》《黄山的奇石》《葡萄沟》《赵州桥》《日月潭》《美丽的小兴安岭》《爬天都峰》《富饶的西沙群岛》《索溪峪的“野”》《黄果树听瀑》《趵突泉》《迷人的张家界》，等等。这些选文向学生展示了各个地域的独特风景和文化，能够激发学生热爱大自然。

六、阶层文化

在现代社会理论中，“阶级”或“阶层”都是指按一定的标准区分的社会群体（social group），根据不同的理论和不同的研究目的，也有不同的划分标准和方法。在过去的中国语境中，阶层一般指阶级内部不同等级的群体或处于不同阶级之间的群体，而现在中国学者使用“阶层”概念，更多是为了有别于政治上“划阶级、定成分”的做法①。社会分层又导致各个阶级、阶层政治、经济地位的差别，进而决定了

① 李培林，李强等：《中国社会分层》，社会科学文献出版社2004年版，第3页。

殊异的思想观念、行为、心理及文化价值观，从而形成阶层社会①。由于阶层自身的复杂性，缺乏统一的分层标准，所以现在存在各种各样的指标。结合小学生的理解能力，同时也为了方便分析教材文化，这里主要以“职业”作为区分标准，不同职业有不一样的要求，医生、科学家、艺术家、教师等各有自己的文化特征，如医生救死扶伤，教师教书育人，艺术家则以自己独特的方式表现美、创造美，科学家会对一切发明创造感兴趣，等等。

在人们从事的职业中，我们具体区分为两大类：精英阶层和普通阶层（包括教师、医生、农民、工人等等）。精英阶层主要指在社会中具有杰出才能和贡献，对一个民族有巨大的影响、有一定的社会地位、有一定的远见卓识的人。除了这类精英阶层之外的一般人都是普通阶层。

小学语文教材反映阶层文化的课文很多，其中表现精英阶层的主要集中在这些人物身上：

张衡《数星星的孩子》；

戴嵩《画家和牧童》；

达·芬奇《画鸡蛋》；

牛顿《做风车的故事》；

大仲马《真实的高度》；

白求恩《手术台就是阵地》；

孙中山《不懂就要问》；

宋庆龄《我不能失信》；

邓小平《邓小平爷爷植树》、《难忘的一天》；

周恩来《难忘的泼水节》、《为中华之崛起而读书》、《一夜的工作》；

列宁《蜜蜂引路》、《灰雀》；

高尔基《小摄影师》；

李四光《奇怪的大石头》；

孔子和老子《孔子拜师》；

罗丹《全神贯注》；

伽利略《两个铁球同时着地》；

毛泽东《吃水不忘挖井人》、《开国大典》、《青山处处埋忠骨》、《毛主席在花

① （美）马文·哈里斯：《文化人类学》，李培茱等译，东方出版社 1988 年版，第 261 页。

山》；

鲁迅《我的伯父鲁迅先生》、《一面》。

在这些人物身上或者体现了伟人的工作、生活，或者反映了他们的高尚品质等。

课文表现普通阶层的有：

《我最好的老师》，描写了老师对于学生的引导和教育作用，“不要迷信书本，也不要迷信权威”。

《把铁路修到拉萨去》表现了广大工人、科技工作者不畏艰难险阻、废寝忘食、夜以继日地工作，使得青藏铁路这条“铁龙”不断向前、向前。

《万年牢》描写了卖糖葫芦的劳动者的生活，既有着高超的手艺，同时也坚守自己的做人原则。做个可靠的人，实实在在的人，无论做什么事都要讲究认真，讲究实在。

七、特殊文化

特殊文化主要指在某些方面区别于正常或一般水平的儿童，具有超常智力或者低常智力、以及处于一种非“常态”的人所具有的文化现象。特殊文化群一方面包括智力超群、聪明过人的儿童，另一方面也包括某些方面存在缺陷的儿童。由于特殊群体在社会中是少数，因此他们更需要人们的宽容、温暖与关爱、理解。

小学生由于不了解特殊儿童的生活和心理特点，往往对特殊儿童不能形成正确的看法，或者歧视、嘲笑，或者用另样的眼光看待。教材适当加入体现特殊文化群体的文章，有利于培养儿童正确的观念，用一种平和的眼光来看待周围不一样的元素，也有助于培养他们关心他人、欣赏他人的品质。

教材关于特殊儿童的课文可以分为两类，一类是超常儿童。比如：

《称象》的曹冲，他在大人们冥思苦想也无法称出大象重量的时候，想到了“在相同的液体里，浮力相同，重量相等”的道理，建议用船先装着大象并画出船下沉的刻度，然后装上同样重的石头，称一称石头的重量就知道大象的重量了。曹冲当时只有七岁，但是有着超过一般儿童的智力。

这类人在生活中并不多见，学生对此有所了解，能够增进学生的宽容度，学会欣赏、包容不同的文化。

另一类是存在身体缺陷的儿童，比如：

《触摸春天》的安静，一个眼睛失明的小女孩，用她的全身心来感受外在的世界，她的心灵窗户并没有关闭，只要热爱生活、热爱生命，就可以创造出一个属于自己的缤纷世界。

《检阅》的博莱克的左腿截肢了，但是同学们并没有因此歧视他，而是让他站在波兰国庆检阅学生方阵队伍中的第一排，同全队保持一致，得到了所有观众的长时间的掌声。这一刻我们感受到博莱克的自信，感受到集体关爱的力量。

《掌声》的英子由于患了小儿麻痹症，一条腿残疾了。同学们用鼓励的掌声使小英感受到了同学们的关爱和热情。在小英精彩的讲述之后，同学们又把肯定和赞美的掌声送给小英，从此改变了小英，使得小英重新获得了生活的信心。“人人都需要掌声，特别是当一个人身处困境的时候。让我们珍惜别人的掌声，同时，也不要忘记把自己的掌声献给别人。”

《鱼游到了纸上》中的那位青年，每个星期天都来玉泉画金鱼，虽然聋哑了，但是却十分的执着、认真，一看就是一整天，常常忘了吃饭，忘了回家。大家看了真是觉得“鱼游到了纸上”了。

《别饿坏了那匹马》的残疾人，为了鼓励“我”读书，而不惜花钱买下“我”的马草来支持“我读书”。这类人物或者得到了周围人的认可，或者身残志不残奋斗不断，给学生们树立了良好的榜样。

第三节　教材编制与文化类型选择

文化与人类的生存和发展密切相关，人类是由历史和现实中一个个具体的人构成的。尽管教材的文化类型选择反映了一定的教育思想，但还是要通过特定时代具体的人来体现，课文中人物形象的选择，包括时代、性别、年龄、地域、身份、阶层、职业等，在不同时代、不同版本的教材中各具特色，折射了教材文化类型选择的演变。

一、课文人物形象的选择

语文独立设科之初，受“中体西用”的思想影响，小学语文教材以汉民族传统文化为主，对外国文化以及少数民族文化的选择很少。课文的主角多取自中国古籍作品，且多是成人形象，如：

公叔禺人，汪踦，孔子，子奇，郑义宗妻卢氏，茅容，秦西巴，靖郭君，庄善，愚公，漆室女，孟母，刘愚妻徐氏，孔子顺，荀灌，瓦特，墨子，高琼，徐吾，陶渊明，晏子，孔子高，鲁寡母——商务印书馆《最新国文教科书》（初等小学用）第5、6册

这些人物的选取，既是为了宣扬忠孝伦理思想，也是为了服务于儿童对中国历史知识的了解。曾参与“癸卯学制”编订的张之洞就认为，“国文者，本国之文字语言，历古相传之书籍也。即间有时事变迁，不尽适用者，亦必存而传之，断不肯听其澌灭。至本国最为精美擅长之学术、技能、礼教、风尚，则尤为宝爱护持，名曰国粹，专以保存为主。”① 商务印书馆的小学语文教材是当时影响最大的，这两册课文中对外国历史人物，只选取了蒸汽机发明者瓦特。

民国成立之初，前清学部忠君、尊孔的教育宗旨与共和政体不合。为此，小学语文教材从宣扬忠孝思想转向了崇尚建功立业的事迹介绍，如黄帝、瓦特、汉武帝、张骞、班超、诸葛亮、司马懿、唐太宗等成了课文人物的选取对象。新文化运动兴起以后，小学语文教材取自中国古籍作品的人物形象越来越少，相反，取自现实生活或外国的主角形象却越来越多，健在的或者离世不久的现实名人比如孙中山、蒋介石、黄兴、宋教仁、秋瑾等进入了课文；为民族独立做出贡献的外国政治人物如华盛顿、甘地以及外国科学文艺界名人如斯蒂芬孙、富尔顿、富兰克林、米勒、贝多芬、达尔文、牛顿、爱迪生等也被选进了教材。

中华人民共和国成立后，强调民族、科学、大众的文化教育。小学语文教材为了突出与旧教材的区别，选取了许多从旧社会过来并生活在新社会的工农形象，他们在忆苦思甜中投入到新社会的建设热潮中，成为某一方面的能手或劳动模范，如火车女司机田桂英，女拖拉机手梁军，劳动模范骆淑芳、王崇伦、孟泰，饲养小牛的秀英，护厂模范赵桂兰，荒山造林模范姚连君等。劳动光荣的观念是每一篇课文的主角承载的主流价值。此外，建国初期还有一批阶级觉悟高的革命领袖和革命英雄形象，诸如列宁、毛泽东、朱德、刘志丹、斯大林、胡志明、刘胡兰、罗盛教、赵一曼、董存瑞等。

1957年“反右”运动以后，劳动技能标准被阶级觉悟标准取代了，小学语文教材除继续保留革命领袖和革命英雄形象外，还增加了有共产主义精神、阶级觉悟高的工农形象。改革开放以后，在“科学技术是第一生产力”的思想指引下，小学语

① 朱有瓛：《中国近代学制史料》第二辑下册，华东师大出版1990年版，第503页。

文教材改变了建国初偏重熟练操作生产技术的工农形象，以及“反右”和“文革”期间突出阶级立场和社会主义觉悟的形象，逐渐增加了对科技事业有重要贡献的人物，如童第周、张衡、华佗、詹天佑、竺可桢、达尔文、爱迪生、居里夫人等，成了课文的主角。

在全国实施义务教育时期，小学语文教材的主角形象越来越多样化，既有从古籍中选取的人物；也有从现实中选取的人物；既有本国的，也有外国的；既有汉民族的，也有其他少数民族的；在社会身份和职业方面突破了重政治人物的取向。美国教育心理学家加涅认为，在态度价值观方面，刺激儿童回忆态度对象和情景，以及榜样示范合乎需要的个人行为的选择，都是儿童向榜样学习的重要条件。多样化的课文主角形象恰恰提供和满足了这些条件，有利于儿童获得开放、多元的态度体验，为培养儿童的创新精神和实践能力奠定了基础。

二、小学语文教材文化类型选择的统计分析

人教社2004年出版的小学语文教科书共有12册，是义务教育课程标准实验教科书。下面对其各册选文的文化类型（表1）及其所占比例（表2）作一个统计分析。

表1（第1—12册课文篇目的文化类型）

第一册

文化类型 篇目	共同文化	性别文化		年龄文化		民族文化		地域文化			阶层文化		特殊文化
		男	女	同辈	成人	外国	少数民族	城市	乡村	地域	精英	普通	
1　画	1												
2　四季	1												
3　小小竹排画中游									1				
4　哪座房子最漂亮				1									
5　爷爷和小树		1			1								
6　静夜思	1				1								
7　小小的船	1			1									
8　阳光	1												
9　影子	1												

（续上表）

篇目 \ 文化类型	共同文化	性别文化		年龄文化		民族文化		地域文化			阶层文化		特殊文化
		男	女	同辈	成人	外国	少数民族	城市	乡村	地域	精英	普通	
10　比尾巴	1												
11　我多想去看看			1	1	1				1				
12　雨点儿	1												
13　平平搭积木		1		1									
14　自己去吧	1												
15　一次比一次有进步	1												
16　小松鼠找花生	1												
17　雪地里的小画家	1												
18　借生日			1	1	1								
19　雪孩子	1												
20　小熊住山洞	1												
统　计	14	2	2	5	4				2				

第二册

篇目 \ 文化类型	共同文化	性别文化		年龄文化		民族文化		地域文化			阶层文化		特殊文化
		男	女	同辈	成人	外国	少数民族	城市	乡村	地域	精英	普通	
1　柳树醒了	1												
2　春雨的色彩	1												
3　邓小平爷爷植树		1			1						1		
4　古诗两首													
春晓	1												
村居									1				
5　看电视		1	1	1	1								
6　胖乎乎的小手		1	1	1	1								
7　棉鞋里的阳光		1	1	1	1								
8　月亮的心愿			1	1	1								
9　两只鸟蛋		1	1	1	1								

（续上表）

文化类型 篇目	共同文化	性别文化		年龄文化		民族文化		地域文化			阶层文化		特殊文化
		男	女	同辈	成人	外国	少数民族	城市	乡村	地域	精英	普通	
10　松鼠和松果	1												
11　美丽的小路	1												
12　失物招领		1		1	1								
13　古诗两首													
所见		1		1					1				
小池	1												
14　荷叶圆圆	1												
15　夏夜多美	1												
16　要下雨了	1												
17　小壁虎借尾巴	1												
18　四个太阳				1									
19　乌鸦喝水	1												
20　司马光		1		1									
21　称象		1		1	1						1		1
22　吃水不忘挖井人		1			1						1		
23　王二小		1		1									
24　画家乡		1	1	1				1	1				
26　小白兔和小灰兔	1												
27　两只小狮子	1												
28　小伙伴		1	1	1									
29　手捧空花盆的孩子		1		1	1						1		
30　棉花姑娘	1												
31　地球爷爷的手	1												
32　兰兰过桥	1	1	1	1	1						1		
33　火车的故事		1		1	1								
34　小蝌蚪找妈妈	1												
统　　计	17	16	8	16	12			1	3		5		1

第三册

文化类型 / 篇目	共同文化	性别文化		年龄文化		民族文化		地域文化			阶层文化		特殊文化
		男	女	同辈	成人	外国	少数民族	城市	乡村	地域	精英	普通	
1 秋天的图画	1												
2 黄山奇石										1			
3 植物妈妈有办法	1												
4 古诗两首													
赠刘景文					1								
山行										1			
5 一株紫丁香				1	1							1	
6 我选我		1		1	1								
7 一分钟		1		1								1	
8 难忘的一天				1	1						1		
9 欢庆	1												
10 北京										1			
11 我们成功了					1								
12 看雪				1	1							1	
13 坐井观天	1												
14 我要的是葫芦					1								
15 小柳树和小枣树	1												
16 风娃娃	1												
17 酸的和甜的	1												
18 称赞	1												
19 蓝色的树叶			1	1									
20 纸船和风筝	1												
21 从现在开始	1												
22 窗前的气球		1		1		1							
23 假如				1									
24 日记两则			1	1	1		1						
25 古诗两首													
回乡偶书		1			1				1				

（续上表）

篇目 \ 文化类型	共同文化	性别文化		年龄文化		民族文化		地域文化			阶层文化		特殊文化
		男	女	同辈	成人	外国	少数民族	城市	乡村	地域	精英	普通	
赠汪伦		1			1								
26 “红领巾”真好				1									
27 清澈的湖水		1	1	1									
28 浅水洼里的小鱼		1		1	1								
29 父亲和鸟		1		1	1								
30 我是什么	1												
31 回声	1												
32 太空生活趣事多	1												
33 活化石	1												
34 农业的变化真大	1												
统计	15	8	3	13	12	1				3	1	3	

第四册

篇目 \ 文化类型	共同文化	性别文化		年龄文化		民族文化		地域文化			阶层文化		特殊文化
		男	女	同辈	成人	外国	少数民族	城市	乡村	地域	精英	普通	
1 找春天	1												
2 古诗两首													
草	1												
宿新市徐公店				1					1				
3 笋芽儿	1												
4 小鹿的玫瑰花	1												
5 泉水	1												
6 雷锋叔叔，你在哪里		1			1								
7 我不是最弱小的		1	1	1	1	1							
8 卡罗尔和她的小猫		1	1	1	1	1							
9 日月潭										1			
10 葡萄沟							1			1			

（续上表）

文化类型 / 篇目	共同文化	性别文化		年龄文化		民族文化		地域文化			阶层文化		特殊文化
		男	女	同辈	成人	外国	少数民族	城市	乡村	地域	精英	普通	
11　难忘的泼水节		1					1				1		
12　北京亮起来了								1					
13　动手做做看		1	1	1	1	1							
14　邮票齿孔的故事		1			1	1							
15　画风		1	1	1									
16　充气雨衣		1		1									
17　古诗两首													
望庐山瀑布										1			
绝句										1			
18　雷雨	1												
19　最大的“书”		1		1	1							1	
20　要是你在野外迷了路	1												
21　画家和牧童		1		1	1						1	1	
22　我为你骄傲		1	1	1	1								
23　三个儿子		1	1	1	1	1							
24　玩具柜台前的孩子		1	1	1	1							1	
25　玲玲的画		1	1	1	1								
26　蜜蜂引路		1			1	1					1		
27　寓言两则													
揠苗助长		1			1				1			1	
守株待兔		1			1				1			1	
28　丑小鸭	1					1							
29　数星星的孩子		1	1	1	1						1		
30　爱迪生救妈妈		1	1	1	1	1					1		
31　恐龙的灭绝	1												
32　阿德的梦	1	1											
统　　计	10	20	10	14	16	8	2	1	3	4	5	5	

第五册

篇目＼文化类型	共同文化	性别文化		年龄文化		民族文化		地域文化			阶层文化		特殊文化
		男	女	同辈	成人	外国	少数民族	城市	乡村	地域	精英	普通	
1 我们的民族小学				1			1						
2 金色的草地		1		1					1				
3 爬天都峰		1	1	1	1								
4* 槐乡的孩子				1					1				
5 灰雀		1		1	1	1					1		
6 小摄影师		1		1	1	1					1		
7 奇怪的大石头		1		1							1		
8* 我不能失信		1	1	1	1						1		
9 古诗两首													
夜书所见									1				
九月九日忆山东兄弟	1												
10 风筝				1					1				
11 秋天的雨	1												
12* 听听，秋的声音	1												
13 花钟	1												
14 蜜蜂	1												
15 玩出了名堂		1			1	1					1		
16* 找骆驼		1			1						1		
17 孔子拜师		1			1						1		
18 盘古开天地	1												
19 赵州桥										1			
20* 一幅名扬中外的画	1												
21 古诗两首													
望天门山										1			
饮湖上初晴后雨										1			
22 富饶的西沙群岛										1			
23 美丽的小兴安岭										1			
24* 香港，璀璨的明珠										1			
25 矛和盾的集合	1												

（续上表）

文化类型 / 篇目	共同文化	性别文化		年龄文化		民族文化		地域文化			阶层文化		特殊文化
		男	女	同辈	成人	外国	少数民族	城市	乡村	地域	精英	普通	
26　科利亚的木匣		1		1		1							
27　陶罐和铁罐	1												
28*　狮子和鹿	1												
29　掌声			1	1									1
30　一次成功的实验		1	1	1	1								
31　给予树			1	1	1	1							
32*　好汉查理		1	1	1	1	1							1
统　　计	10	12	6	14	10	6	1		4	6	7		2

第六册

文化类型 / 篇目	共同文化	性别文化		年龄文化		民族文化		地域文化			阶层文化		特殊文化
		男	女	同辈	成人	外国	少数民族	城市	乡村	地域	精英	普通	
1　燕子	1												
2　古诗两首													
咏柳	1												
春日									1				
3　荷花	1												
4*　珍珠泉	1								1				
5　翠鸟	1	1		1									
6　燕子专列			1	1	1	1							
7　一个小村庄的故事					1				1				
8*　路旁的橡树		1			1						1	1	
9　寓言两则													
亡羊补牢		1			1							1	
南辕北辙		1			1								
10　惊弓之鸟		1			1						1	1	

（续上表）

篇目 \ 文化类型	共同文化	性别文化		年龄文化		民族文化		地域文化			阶层文化		特殊文化
		男	女	同辈	成人	外国	少数民族	城市	乡村	地域	精英	普通	
11　画杨桃		1		1	1							1	
12*　想别人没想到的		1			1								
13　和时间赛跑		1		1	1								
14　检阅		1		1		1							1
15　争吵		1		1	1	1							
16　绝招		1	1	1	1								
17　可贵的沉默				1								1	
18　她是我的朋友		1	1	1		1							
19　七颗钻石			1	1									
20　妈妈的账单		1	1	1	1	1							
21　太阳	1												
22　月球之谜	1												
23　我家跨上了“信息高速路”	1												
24*　果园机器人	1												
25　太阳是大家的	1												
26　一面五星红旗		1		1		1							
27　卖木雕的少年		1		1		1							
28*　中国国际救援队，真棒！					1	1							
29　古诗两首													
乞巧	1												
嫦娥	1												
30　西门豹		1	1		1								
31　女娲补天	1												
32*　夸父追日	1												
统　计	14	16	6	13	14	8			3		2	5	1

第七册

文化类型 / 篇目	共同文化	性别文化		年龄文化		民族文化		地域文化			阶层文化		特殊文化
		男	女	同辈	成人	外国	少数民族	城市	乡村	地域	精英	普通	
1 观潮										1			
2* 雅鲁藏布大峡谷										1			
3 鸟的天堂										1			
4 火烧云	1												
5 古诗两首													
题西林壁										1			
游山西村									1				
6 爬山虎的脚	1												
7 蟋蟀的住宅	1												
8* 世界地图引出的发现		1			1	1							
9 巨人的花园	1					1							
10* 幸福是什么		1	1	1	1	1							
11 去年的树	1												
12* 小木偶的故事		1		1	1								
13 白鹅	1												
14* 白公鹅	1												
15 猫	1												
16* 母鸡	1												
17 长城										1			
18 颐和园										1			
19* 秦兵马俑										1			
20 古诗两首													
黄鹤楼送孟浩然之广陵										1			
送元二使安西										1			
21 搭石									1				
22 跨越海峡的生命桥		1		1	1						1		
23 卡罗纳		1	1	1	1	1							
24* 给予是快乐的		1		1		1							

（续上表）

文化类型／篇目	共同文化	性别文化		年龄文化		民族文化		地域文化			阶层文化		特殊文化
		男	女	同辈	成人	外国	少数民族	城市	乡村	地域	精英	普通	
25　为中华之崛起而读书		1		1							1		
26　那片绿绿的爬山虎		1		1	1						1		
27*　乌塔		1	1	1	1	1							
28*　尺有所短　寸有所长		1		1	1						1		
29　呼风唤雨的世纪	1												
30*　电脑住宅	1												
31　飞向蓝天的恐龙	1												
32*　飞船上的特殊乘客	1												
统　　计	13	10	3	9	8	6			2	9	4		

第八册

文化类型／篇目	共同文化	性别文化		年龄文化		民族文化		地域文化			阶层文化		特殊文化
		男	女	同辈	成人	外国	少数民族	城市	乡村	地域	精英	普通	
1　古诗词三首													
独坐敬亭山										1			
望洞庭										1			
忆江南										1			
2　桂林山水										1			
3　记金华的双龙洞										1			
4　七月的天山										1			
5　中彩那天		1	1	1	1	1							
6　万年牢		1	1	1	1								
7　尊严		1	1		1	1							
8　将心比心			1		1							1	
9　自然之道	1				1								
10　黄河是怎样变化的	1												
11　蝙蝠和雷达	1												

（续上表）

文化类型 篇　目	共同文化	性别文化		年龄文化		民族文化		地域文化			阶层文化		特殊文化
		男	女	同辈	成人	外国	少数民族	城市	乡村	地域	精英	普通	
12　大自然的启示	1												
13　夜莺的歌声		1		1	1	1							
14　小英雄雨来		1		1									
15　一个中国孩子的呼声		1		1	1								
16　和我们一样享受春天	1												
17　触摸春天			1	1									1
18　永生的眼睛		1	1	1	1								
19　生命 生命	1												
20　花的勇气	1					1							
21　乡下人家									1				
22　牧场之国						1							
23　古诗词三首													
乡村四月									1				
四时田园杂兴									1				
渔歌子									1				
24　麦哨				1					1				
25　两个铁球同时着地	1	1			1	1					1		
26　全神贯注		1			1	1					1		
27　鱼游到了纸上		1			1								1
28　父亲的菜园		1		1	1								
29　寓言两则													
纪昌学射		1			1							1	
扁鹊治病		1			1						1	1	
30　文成公主进藏			1		1						1		
31　普罗米修斯	1					1							
32　渔夫的故事	1												
统　　计	10	13	7	9	15	8			5	6	4	3	2

第九册

文化类型 / 篇目	共同文化	性别文化		年龄文化		民族文化		地域文化			阶层文化		特殊文化
		男	女	同辈	成人	外国	少数民族	城市	乡村	地域	精英	普通	
1　窃读记			1	1									
2*　小苗与大树的对话		1	1	1	1						1		
3　走遍天下书为侣	1												
4　我的“长生果”			1	1									
5　古诗词三首													
泊船瓜洲										1			
秋思					1								
长相思					1								
6　梅花魂		1		1	1								
7*　桂花雨		1	1	1	1								
8*　小桥流水人家									1				
9　鲸	1												
10*　松鼠	1												
11　新型玻璃	1												
12*　假如没有灰尘	1												
13　钓鱼的启示		1		1	1								
15　落花生		1	1	1	1								
16*　珍珠鸟	1												
17　地震中的父与子		1		1	1	1							
18　慈母情深		1	1		1								
19　“精彩极了”和“糟糕透了”		1	1	1	1	1							
20*　学会看病		1	1	1	1								
21　圆明园的毁灭	1												
22　狼牙山五壮士		1			1							1	
23*　难忘的一课		1		1	1							1	
24*　最后一分钟										1			
25　七律·长征					1								

（续上表）

文化类型 / 篇目	共同文化	性别文化		年龄文化		民族文化		地域文化			阶层文化		特殊文化
		男	女	同辈	成人	外国	少数民族	城市	乡村	地域	精英	普通	
26　开国大典	1										1		
27*　青山处处埋忠骨		1			1						1		
28*　毛主席在花山		1			1						1		
统　　计	8	13	8	11	16	2			1	2	4		

第十册

文化类型 / 篇目	共同文化	性别文化		年龄文化		民族文化		地域文化			阶层文化		特殊文化
		男	女	同辈	成人	外国	少数民族	城市	乡村	地域	精英	普通	
1　草原							1			1			
2*　丝绸之路										1			
3　白杨		1	1	1	1					1			
4*　把铁路修到拉萨去					1					1			
5　古诗词三首													
牧童									1				
舟过安仁										1			
清平乐·村居									1				
6　冬阳·童年·骆驼队		1		1				1					
7*　祖父的园子		1		1	1				1				
8　童年的发现		1	1	1		1						1	
9*　儿童诗两首													
我想				1									
童年的水墨画				1									
10　杨氏之子		1		1	1								
11　晏子使楚		1			1						1		
12*　半截蜡烛		1	1	1	1	1							
13*　打电话		1				1							
14　再见了，亲人			1		1	1							

（续上表）

篇目 \ 文化类型	共同文化	性别文化		年龄文化		民族文化		地域文化			阶层文化		特殊文化
		男	女	同辈	成人	外国	少数民族	城市	乡村	地域	精英	普通	
15* 金色的鱼钩		1			1						1		
16 桥		1			1						1		
17* 梦想的力量		1	1	1	1	1							
18 将相和		1			1						1		
19 草船借箭		1			1						1		
20* 景阳冈		1			1						1		
21* 猴王出世	1												
22 人物描写一组													
小嘎子和胖墩儿比赛摔跤		1		1									
临死前的严监生		1	1		1								
“凤辣子”初见林黛玉			1		1								
23* 刷子李		1			1							1	
24* 金钱的魔力		1			1	1							
25 自己的花是让别人看的			1		1	1							
26 威尼斯的小艇	1					1							
27* 与象共舞	1					1							
28* 彩色的非洲	1					1							
统 计	4	18	8	10	18	10	1	1	3	5	6	2	

第十一册

篇目 \ 文化类型	共同文化	性别文化		年龄文化		民族文化		地域文化			阶层文化		特殊文化
		男	女	同辈	成人	外国	少数民族	城市	乡村	地域	精英	普通	
1 山中访友										1			
2* 山雨										1			

（续上表）

文化类型 / 篇目	共同文化	性别文化		年龄文化		民族文化		地域文化			阶层文化		特殊文化
		男	女	同辈	成人	外国	少数民族	城市	乡村	地域	精英	普通	
3　草虫的村落	1												
4*　索溪峪的“野”										1			
5　詹天佑		1			1						1		
6　怀念母亲		1	1		1								
7*　彩色的翅膀		1			1					1		1	
8*　中华少年				1									
9　穷人		1	1		1	1						1	
10*　别饿坏了那匹马		1		1	1							1	1
11　唯一的听众		1	1		1							1	
12*　用心灵去倾听		1	1	1	1	1						1	
13　只有一个地球	1												
14　大瀑布的葬礼	1												
15　这片土地是神圣的	1												
16*　青山不老		1			1					1		1	
17　少年闰土		1		1									
18　我的伯父鲁迅先生		1			1							1	
19*　一面		1			1							1	
20　有的人					1								
21　老人与海鸥		1			1								
22*　跑进家来的松鼠	1					1							
23　最后一头战象										1			
24*　金色的脚印		1		1		1							
25　伯牙绝弦		1			1								
26　月光曲		1	1		1						1		1
27　蒙娜丽莎之约	1					1							
28　我的舞台			1	1									
统　　计	6	15	6	6	14	5				6	2	8	2

第十二册

篇目 \ 文化类型	共同文化	性别文化		年龄文化		民族文化		地域文化			阶层文化		特殊文化
		男	女	同辈	成人	外国	少数民族	城市	乡村	地域	精英	普通	
1 文言文两则													
学弈（《孟子》）		1			1								
两小儿辩日（列子）		1		1									
2 匆匆	1												
3 桃花心木		1			1								
4 顶碗少年		1		1	1								
5 手指	1												
6 北京的春节								1					
7 藏戏（马晨明）							1						
8 各具特色的民居							1			1			
9 和田的维吾尔							1						
10 十六年前的回忆		1			1						1		
11* 灯光		1			1							1	
12 为人民服务		1			1							1	
13* 一夜的工作		1			1						1		
14 卖火柴的小姑娘			1	1		1							
15 凡卡		1		1		1							
16* 鲁滨孙漂流记		1			1	1							
17* 汤姆·索亚历险记		1		1		1							
18 跨越百年的美丽	1		1										
19 千年梦圆在今朝	1												
20 真理诞生于一百个问号之后	1												
21* 我最好的老师		1		1		1						1	
统计	5	12	2	6	8	5	3	1		1	2	3	

表 2（各册课文的文化类型占各册课文的比例）

	共同文化	性别文化		年龄文化		民族文化		地域文化			阶层文化		特殊文化	课文总数
		男	女	同辈	成人	外国	少数民族	城市	乡村	地域	精英	普通		
第 1 册	14	2	2	5	4				2					20
第 2 册	17	16	8	16	12			1	3		5		1	36
第 3 册	15	8	3	13	12	1				3	1	3		36
第 4 册	10	20	10	14	16	8	2	1	3	4	5	5		35
第 5 册	10	12	6	14	10	6	1		4	6	7		2	34
第 6 册	14	16	6	13	14	8			3		2	5	1	35
第 7 册	13	10	3	9	8	6			2	9	4			34
第 8 册	10	13	7	9	15	8			5	6	4	3	2	37
第 9 册	8	13	8	11	16	2			1	2	4			30
第 10 册	4	18	8	10	18	10	1	1	3	5	6	2		28
第 11 册	6	15	6	6	14	5				6	2	8	2	28
第 12 册	5	12	2	6	8	5	3	1		1	2	3		22
统　计	126	155	69	126	147	59	7	4	26	42	42	29	8	375
百分比	33.6%	41.3%	18.4%	33.6%	39.2%	15.7%	1.7%	1.1%	6.9%	11.2%	11.2%	7.7%	2.1%	

三、小学语文教材的文化选择特点

教材必须反映社会对于教育的总体要求，具体到不同年级、不同地域、不同学校会形成不同的培养目标，从而影响教材内容的选择。尽管语文课程的重要任务是提高语言文字的运用能力，但是，这一能力的提高是与情感熏陶体验和人格养成过程相伴随的，文化类型的选择恰恰为这一过程的丰富多样提供了基础条件。从以上统计结果，我们可以发现，人教版小学语文教材在文化选择上有如下特点：

1. 共同文化所占比例比较大

在三百多篇课文中，涉及共同文化的内容超过三分之一，分别从各个角度关注共同文化，它们主要是对于自然、科学、生物、思维等文化形态的描写，很少带有意识形态性，各个国家、民族、地区之间也没有严格的界限。这说明伴随全球化的发展趋势，小学生也可以更多地了解人类文化发展的共同成果。教材针对小学生自身的特点，选择了许多童话、故事、寓言等形式来表现共同文化。比如《比尾巴》

《一次比一次有进步》《自己去吧》《雪孩子》《小蝌蚪找妈妈》《小壁虎借尾巴》《地球爷爷的手》《美丽的小路》等。儿童从中可以了解自然、生物等外在世界的各种现象，同时也可以看到科技发展的最新成果。

2. 外国文化的内容比较丰富

无论是选文的国别上，还是选文的内容上都更加丰富。国别上，不再仅仅局限于前苏联的作家、作品，有俄罗斯（包括前苏联）、荷兰、瑞士、意大利、德国、法国、朝鲜、加拿大、泰国、拉丁美洲、丹麦、英国、美国、古希腊等国家的作品；内容上，既有科学类、自然类、风土人情类、人格塑造类等，还有反映国外儿童生活的作品。这些选文有助于体现世界文化的多样性，同时也有助于学生准确理解外国文化。因为语文教材除了保留和继承本国文化外，还需要吸收外来文化的优点，加强国际文化交流。

3. 城市文化表现比较单一

中国现代城市化的进程越来越快，暴露的问题也越来越多。小学语文教材主要关注了北京这一城市的特征，忽略了其他城市的文化，虽然有些地域文化内容也是包含在城市文化之中，但是毕竟无法突出城市文化的独特性，也没有能够展示在城市文化中存在的问题，以致小学生不能正确地看待城市文化与乡村文化之间的差异，也无法形成对于城市的一个准确认识。

4. 普通阶层文化与精英阶层文化不平衡

精英阶层作为社会的少数人物，为社会做出了巨大贡献，值得描写，但是毕竟大多数人属于普通阶层，让小学生对于各种职业有一个比较准确的定位显得十分重要。否则学生会形成一种思想，一定要出名、一定要干一番大事业，其实平平淡淡地做好身边的事情也是一种生活方式。精英阶层值得我们敬仰，普通阶层在小学生看来更为真实。《难忘的一天》中为邓小平表演计算机的小朋友毕竟是很少的。因此，在课文选取时，需要考虑学生特定的年龄特点和课文人物的职业。和大陆比较起来，香港教科书除了伟人、英雄人物的爱国精神以外，往往还从“平民角度”去审视、表现爱国精神，即描写普通人身上的爱国精神[①]。从普通阶层的生活出发，学生读起来会倍感亲切。这一经验值得借鉴。教材表现精英阶层文化，也过于集中在某些领导人身上，比如毛泽东、周恩来、列宁出现的频率过高，一般都有三篇左右的文章表现同一个人物，这样的编排不能使学生全面认识精英阶层中的各种人物性

① 吴永军：《课程社会学》，南京师范大学出版社1999年版，第193页。

格。小学生一开始接触这些伟人，过于集中的表现，限制了学生对于精英阶层人物的整体认识。同时我们也要看到，作为精英阶层的人物也非十全十美，一样存在人性的弱点，这些内容在课文中很少得到体现。

5. 民族文化除了关注少数民族文化、外国文化之外，还有表现中华民族之魂的选文

《梅花魂》通过平常的笔调描绘了华侨对于故乡、祖国的思念之情，这也是中华民族精神的体现。《颐和园》《秦兵马俑》《长城》反映了中华民族独特的文化和精神。《开国大典》则让学生感受到新中国成立的自信。这些内容能够使学生对于中华文化自身有一个全面的认识，在吸收外来文化的同时不至于丧失自身的文化。《我们成功了》直接描写在申奥成功的那一时刻给中华民族带来的喜悦。

6. 各地地域文化的份量得到了加强

随着国内旅游文化的兴盛，各种具有明显地域特点的作品入选小学语文教材。《黄山的奇石》表现了安徽黄山的特有景观；《日月潭》是对于台湾景观的描绘；《葡萄沟》则一方面是新疆的地域特色，另一方面也是维吾尔族的文化风情。《望庐山瀑布》描写了江西庐山的景色；《赵州桥》描写了河北省赵县的赵州桥的形态；《富饶的西沙群岛》表现了南海上一群岛屿的优美风景；《美丽的小兴安岭》是对于东北的小兴安岭的春夏秋冬一年四季诱人景色的描绘，它既是一座美丽的大花园，也是一座巨大的宝库；《香港，璀璨的明珠》则向我们展示了香港不但是亚太地区的航运中心、贸易中心和金融中心，还是购物、美食和旅游的好去处。这些内容增强了学生对于祖国各个地方地域文化的了解，也增强了学生对于祖国大好河山的热爱之情。

不过，在对语文教材进行文化分析的同时，也必须看到这种文化分类的局限。由于各种文化分类之间存在很大的主观性，不同分类之间界限不明显，存在一定的重合。比如《静夜思》，既是成人世界的一种心理反映，也是人类共同心理的表现。许多童话、寓言其实展示的是人类共同文化，但人物角色的出现似乎又有性别文化的含义。比如《自己去吧》《小蝌蚪找妈妈》《一次比一次有进步》等。这类交叉性的文化特征给文化分类带来了一定难度。尽管对于同一篇课文，进行分类也可能会得出不一样的结果，但是适当的分类还是能够有助于我们更为清晰地理解语文教材的利弊问题，给语文教材编写和语文教学提供参考。

第四节 关于教材文化建设的思考

当今世界，各种文化、不同民族日益融合，社会文化呈现多元性和综合性。同时，中国地域宽广，不同区域之间的自然条件和生活习俗差别较大，也需要文化内容丰富的教材来让不同地区的儿童具有宽广的知识面、合理的文化结构、包容的文化心态。正如《义务教育语文课标（2011 年版）》提出，语文课程要“认识中华文化的丰富博大，吸收民族文化智慧。关心当代文化生活，尊重多样文化，吸收人类优秀文化的营养”。为此，语文教材应该在拓展儿童视野和延伸心智活动中有所作为，提供丰富多样的文化类型，给儿童打开一扇扇心灵的窗户。

（一）应该更好地关注当代乡村文化

教材适应儿童的经验和兴趣已经是教材编制的一种共识，即使是成人文化类型，也需要在形式上加以包装组织以满足儿童的兴趣。不过，儿童不是抽象的儿童，而是活生生的农村儿童或城市儿童。出版社和编辑多数身处经济比较发达的城市，语文教材面对的广大学生却多数居住在农村，如何配置农村孩子的生活经验与城市孩子的生活经验，也是教材文化选择必须面临和思考的问题。当前人教版小学语文教材虽然重视乡村文化内容，但是，反映乡村文化的载体主要为中国古典诗词。比如《村居》《所见》《山行》《回乡偶书》《游山西村》《忆江南》《乡村四月》《四时田园杂兴》《清平乐·村居》等，有的描写乡村的风光，有的表现思乡的情绪，总之，展示的是中国传统文化中的农业大国的特征，或是中国传统的乡村文化之美。毕竟古代诗词中描写的乡村文化已经成为一种历史，有的小学生很难想象，而当下学生眼中的乡村生活则比较真实，容易理解。改革开放之后，中国的农村呈现出了不同于以往任何时代的特征，这些都没有能够得到很好的体现，有一些散文表现了乡村文化的特点，但缺乏明显的时代特色，尤其缺乏反映中国新农村建设以及富于时代气息的农村面貌的课文。乡村文化中可以加强一下中国新农村的变化。

（二）应该适当增加对特殊文化和同辈文化的关注

教材共有 7 篇表现特殊文化群体的文章，其中有几篇是外国文学作品，如《检阅》《月光曲》《给予是快乐的》。这些课文通过对残疾人、聋哑人、盲人等特殊文化群体生活、心理的描写，让学生能够正确地认识生活中的这一类人物，不会有歧视和偏见，培养学生的宽容心。通过超常儿童如《称象》中曹冲的表现，也会让学生知道生活中有些比较特别的人物。但是教材对于特殊文化的关注还是不够。至于教材对于同辈群体的关注，虽然有所增强，但很多课文并不是直接表现儿童的心理和行为，而是在成人文化中出现儿童的形象。比如《父亲和鸟》中的“我”是儿童，向父亲学习与鸟相关的知识，直接通过成人与儿童的交流引导学生树立正确的人生观；又比如《那片绿绿的爬山虎》中叶圣陶先生邀请一位中学生去他家做客，他亲切之中蕴含的认真，质朴之中包含的期待，把我小小的心融化了，可以感受到成人世界其实也并不是那么遥远；《尺有所短寸有所长》中柯岩与张国强同学的对话表明了“一个人如果总是用自己的长处去比别人的短处，那么他不但会停止前进，还会形单影只，十分寂寞；如果他能不断找出自己的短处，不断发现与学习别人的长处，他就会飞快的进步，越来越奋发乐观。”类似这些课文有很多成人视觉和成人预设的成分，真正直接描写儿童经验的课文如《争吵》《绝招》等，则相对薄弱，应该适当增加。

（三）应该重视性别文化，淡化性别偏见

中国现在处于变革、转型时期，虽然中国传统的观念发生了深刻的变化，但是我们也应该看到传统结构的稳定性，很难在短时期内发生根本性改变，它作为一种“集体无意识”，会在无形中影响着社会、生活的各个方面。传统文化中主要的教学内容是“四书五经”，我们在新时期必须充分考虑中国传统儒家思想的影响因素，继承其中合理有益的成分，抛弃糟粕的内容。这一过程也是一个长期持续的阶段，不可能一蹴而就。

教材对于男女性别文化的选择明显受到传统文化的影响，虽然我们已经有意识地尽可能避免这个问题。比如《爬天都峰》中“我”虽然是女孩子，但也十分勇敢、坚强，面对那么高的峰顶、笔陡的石级，我都能够奋力向峰顶爬去，最终战胜了自己的恐惧，爬上了天都峰顶。《窃读记》写“我”每天都去书店看书，好像要把所有的智慧都吞下去，每次看书站得腿都有些麻木的时候，我却浑身轻松，牢记国文老师的鼓励：“你们是吃饭长大的，也是读书长大的！”这些与传统的女性文化特征有所不同。这些选文对于女孩的描写不同于传统文化中的性别特征，是一种进步。

但是，课文中对男性文化的表现还是明显高于女性文化，并且存在一定的性别偏见。有些课文虽然没有明显的性别倾向，但是根据传统的性别观念，还是可以比较直接地得出其性别。比如《两只鸟蛋》：“我从树杈上取下两只鸟蛋，小小的鸟蛋

凉凉的，拿在手上真好玩。妈妈看见了，说：‘两只鸟蛋就是两只小鸟，鸟妈妈这会儿一定焦急不安！’我小心地捧着鸟蛋，连忙走到树边，轻轻地把鸟蛋送还。我仿佛听见鸟儿的欢唱，抬起头来，把目光投向高远的蓝天。”我们常常会把课文中的“我”判断为男性。2004年人教版的小学语文教材在性别文化的问题上已经有所改进，但仍然存在不少问题。

首先，课文中男性多于女性，男主角多于女主角。具体表现在：教材中人物数量上男性明显高于女性。在教材中包含人物描写的文章有211篇，其中女性出现了63次，男性出现了148次，在数量上明显高于女性。职业上，女性主要从事的职业以教师居多，而男性则在领导、工人、农民、知识分子、革命家、科技工作者等多种职业。尤其是在精英阶层中女性表现得非常少。在表现精英阶层的39篇文章中，《我不能失信》一文反映了宋庆龄小时候就言而有信的高尚品德，《跨越百年的美丽》表现了居里夫人的科学精神，《文成公主进藏》描写了文成公主进藏路上的情形，其他大部分都是对于男性人物的描写。大多数女性人物的出场都是以家庭角色——母亲、奶奶、妻子的形式出现。要么是勤俭持家的母亲或妻子，要么是充满关爱、温馨的母亲或妻子。女性角色更多地表现了关心、善良、体贴或者愚昧、无知等传统女性的特质，如《棉鞋里的阳光》里面妈妈孝顺奶奶的举动感染了小作者，使他主动为奶奶晒棉鞋。即使是同一家庭中的父母形象也完全不同，比如《落花生》中父亲非常有智慧，是孩子的人生导师，而母亲则是照顾子女，体贴丈夫的传统女性形象。《“精彩极了”和“糟糕透了”》表现了父亲和母亲在面对小孩的第一首诗歌创作中表现出完全不同的态度，也是性别文化差异的表现。

其次，课文中女性的榜样形象缺乏。教材中对于女性形象缺乏正确全面的表达，使得女生缺少学习的榜样。和男性在选文中所表现的正面形象相比，女性更多是与人性的丑陋和弱点相联系。比如《蓝色的树叶》中林园园自私、小气的性格特征，《西门豹》中巫婆的欺骗、虚伪的性格，这些本来是人类性格中的阴暗面却主要通过女性角色来表现，甚至与男性角色的性格形成鲜明对比。这种性别文化定势，将束缚学生的思维，不利于女生保持应有的活力和远大的志向。2001年《中国儿童发展纲要（2001—2010年）》中规定：“将性别平等意识纳入教育内容”。我们必须充分关注这一性别文化问题。美国的研究结果表明：“接触性别公平化教材的学生比其他学生更有可能具有以下特点：具备无社会性别偏见的人类社会知识；具有更开放的

思想及更准确的性别角色行为；倾向于模仿教材中所表现的性别角色行为。”① 因此，作为儿童早期基本读物的语文课本，对中国青少年形成正确的性别观念有着重要的潜移默化作用。我们的教材编者必需不断努力以达到培养学生更加合理的性别观念。

此外，课文是否需要淡化性别，值得我们思考。有些课文很难发现是明显的男性还是女性。比如《我多想去看看》：

“妈妈告诉我，沿着弯弯的小路，就能走出大山。遥远的北京城，有一座天安门，广场上升旗仪式非常壮观。我对妈妈说，我多想去看看，我多想去看看。”

这里性别差异就不是很突出了。

又如《四个太阳》：

“我画了个绿绿的太阳，挂在夏天的天空。高山、田野、街道、校园，到处一片清凉。我画了个金黄的太阳，送给秋天。果园里果子熟了，金黄的落叶忙着邀请小伙伴，请他们尝尝水果的香甜。我画了个红红的太阳，照亮冬天。阳光温暖着小朋友冻僵的手和脸。春天，春天该画什么颜色呢？哦，画个彩色的。因为春天是个多彩的季节。”

这种课文该如何看待，也是一个性别文化问题。

（四）应该合理分配民族文化

中外文化的比例、汉族文化与少数民族文化的比例应该分配适当。2004 年人教版的小学语文教材对于少数民族文化的关注十分有限。在三百多篇课文中只有 6 篇与少数民族文化有关，其中涉及的民族只有蒙古族、傣族、维吾尔族、藏族等。学生在学习过程中，都是以学习汉民族文化为主，而对于少数民族却知之甚少。少数民族文化是中华民族文化宝库中的重要组成部分，中国现有 55 个少数民族，许多民族的文化都没有得到反映。如果不能在教材中对少数民族文化进行恰当反映，那么，既不利于汉民族学习少数民族文化，使他们能够接触到少数民族独特的风俗、习惯、信仰等，也不利于学生形成正确的民族观念。现在民族融合的程度越来越深入，民族文化的传承对于保留文化、开拓视野、提高交往技能都有重要作用。

同时，随着国际交流日益频繁，学生将有机会接触到不同国籍、肤色、民族的外国人，小学语文教材中虽然含有多个国家、多种内容的外国文化，但更多的都是以前的文化成果，对于现在的国际状况则关注不够。在小学高年级的课文中适当编

---

① 张彬：《试析教材教法中的性别问题》，载《课程·教材·教法》，1998 年第 12 期。

选一些反映当代外国文化的课文，可以帮助学生形成多元的思维方式，用不同的视野看待问题，学会尊重包容各种文化，吸取彼此的长处。

（五）应该适当突破教材编制的保守倾向

教材的保守倾向主要体现在两方面，一是过分强调社会意识形态，缺乏对学生现实需求的考虑。诚然，经济基础决定上层建筑，社会存在决定社会意识，语文教材在一定程度上要反映主流的意识形态，应该注重符合主流文化的思想教育功能。不过，语文教材为了政治的需要，为了照顾正统性和权威性，必然对学生的自由性和多样性的接受特点带来不好的影响。所以教材内容应该更多地考虑学生的需求。二是过分遵循教材的编制传统。语文独立设科以来，特别是中华人民共和国成立以来的教材编制经验，比如分散识字传统、儿童文学化教材、文选型编写体例、主题单元组织等，都是很好的编制经验。教材编写是一个继承与创新相统一的过程。我们必须在以往教材编写经验的基础上有所突破。苏教版小学语文教材在课文后面的练习中突出朗读、背诵、写字和读抄词语训练，加强了对语文材料进行不同角度的积累和感悟训练，创新了教材的内容和形式。随着社会的不断发展，语文教材也需要经得起时代的检验，不能仅仅是一个社会意识形态的传声筒。

总之，语文教材是一个多样性、复杂性、综合性相统一的内容系统。语文教材力求反映人类最基础、最精华的知识，同时又不可避免地隐含着教材编制者的价值取向以及对教育教学过程的认识和理解。

第八章 小学语文教材的科学教育

近代中国的科学教育与教育救国思潮联系紧密。魏源在《海国图志》提出“师夷长技以制夷”，喊出了近代中国教育救国的先声。后来，奕訢、李鸿章、曾国藩、左宗棠等人创办不少实业和新式学堂，重视西方自然科学知识教育，拉开了中国学校中科学教育的序幕。

第一节 科学文化与科学教育

“科学”一词最初从日文翻译而来，在清末新政以前称“洋务”和“西艺”。康有为是较早引进并使用“科学”一词的人，他在《日本书目志》中列有《科学入门》《科学之原理》的书目。严复则是较早倡导科学教育的知识分子之一，民国时期的舒新城认为，近数十年来受过科学训练且首倡科学教育的人当推严复。严复倡导科学教育是从倡导用科学的方法研究学问开始的，诸如归纳法、分析法、实验法等，他指出“中土之学，必求古训，古人之非，既不能明，即古人之是，亦不知其所以是”，因此要用科学方法来明古人之是与非。蔡元培在《中国教育的历史与现状》演说中，也指出中国古代学校教育“重视培养个人的文学才能，而不注重于科学方面的教育”。1928 年，他在西湖国立艺术院开学仪式的演说中提到：“人类有两种欲望：一是占有欲，一是创造欲。占有欲属于物质生活，为科学之事。创造欲为纯然无私的，归之于艺术。”① 可见，“科学”这一概念及其所指代的内容自引进中国以来，就一直作为与文学或艺术相对的概念出现，并逐渐形成了与研究人文、追求多样性的人文文化相对立的以研究自然、追求确定性的科学文化。

人文文化与科学文化出自人类的共同文明。在人类历史上，如古希腊文明中，科学精神和人文精神是融为一体的。人文文化是一种以人道、博爱和人本主义为主

---

① 沈善洪：《蔡元培选集》，浙江教育出版社 1993 年版，第 611－640 页。

要内容的文化，它围绕人以及人和世界的整体而展开。文学家用诗、词、歌、赋等文学形式表现自然，描绘人的心灵；科学家用科学公式、定理、定律、实验等揭示自然本质，探讨宇宙的各种奥妙，正如物理学家狄拉克所说："诗人描述的感情是每个人内在所有的，也都能理解的，但是他所叙述的方式是从未有人用过的；在物理学则正相反，我们用的是和其他人同样的语言，但表述的是以前任何人都不知道的知识"。人类的创造力是文学和科学的共同基础，它追求真理的普遍性，在形式与表现手法上虽然千差万别，但共同构建了体现多样性和简洁性的世界图景。

科学，从局部来说，是分科的知识；从整体来说，是对客观世界的一种解释；从应用来说，是指发明创造的各种技术；从观念来说，是跟人类的利益和愿望相一致的结果。科学文化包括科学知识、科学方法、科学精神和科学态度，它以理性认识追求外部世界的确定性。

如果上升到哲学高度来探讨科学和人文，那么，唯物论者更推崇科学，唯心论者更推崇人文。威廉·詹姆士按哲学家的性情气质分为两类哲学家：一为软心的哲学家，因心软，不忍将宇宙有价值的事物归于无价值，故其哲学是唯心的、宗教的、自由意志论的、一元论的；一为硬心的哲学家，惟其心硬，不惜下狠心把宇宙间有价值的事物归于无价值者，故其哲学是唯物论的、非宗教的、定命论的、多元论的①。

中国的科学教育最初是与西艺教育思想同源的。西艺教育思想以科学直接应用为目的，而科学教育的一般目的在传授科学知识、普及科学方法、培养科学精神、形成科学态度。1914 年 6 月 10 日，中国留美学生在美国发起组织中国科学社，创办《科学》月刊，宣扬科学方法。1915 年 10 月 25 日中国科学社在国内正式成立，推举任鸿隽、赵元任等为董事。该社以研究学术，传播科学知识，谋中国科学与实业之发达为宗旨，首次将科学与教育联成一词，提倡在学校中教授科学知识，用科学方法研究教育。

中国科学社对中国传播科学知识、推动科学教育、培养科学人才等方面发挥了积极作用。"五四"前后的新文化运动高扬民主科学的旗帜，将科学教育思想推向高潮。1921 年，美国孟禄应中国实际教育调查社聘请来华调查教育，指出中国科学教育的种种弊端和不良，第二年，中华教育改进社又聘请美国人推士来华指导科学教育，科学教育于是在教育界受到广泛关注。正当推士在指导和协助中国改进数学、

① 参见冯友兰：《中国哲学史》（上册），华东师范大学出版社 2006 年版，第 11 页。

物理、化学等学科的教学方法的时候，1923 年国内学术界又发生了科学与玄学的争论。这场争论使科学教育思想在社会上广为普及，极大地推动了中国科学教育的发展。

第二节　小学语文课程与科学教育

一般认为，学校中的科学教育应该由科学课程去承担，语文课程主要培养学生的语言文字运用能力。其实，语文是一种综合性课程，语言文字是人类最重要的交际工具和信息载体，其中包括科学教育的信息。

一、语文课程渗透科学教育因素

语文课程不仅需要培养学生的识字、写字、阅读、习作、口语交际等语文能力，而且需要培养学生崇尚真知的科学精神和科学态度，探索求知的科学方法，促成学生语文素养与科学素养的同生共长。义务教育语文课程标准（2011 年版）提出，语文课程“在发展语言能力的同时，发展思维能力，学习科学的思想方法，逐步养成实事求是、崇尚真知的科学态度”。因此，语文教材不仅要加强教材语言的艺术化，还要加强科学方面的内容。中小学语文教材中若干诗、词、谚语，蕴藏深刻的科学道理，对人的生活与行为也有警示作用，如古人惜时诗“一寸光阴一寸金”，蕴藏有古人用光阴来计时的方法；“日出而作，日落而息，昼夜交替”，蕴含有人类最早使用的时间单位——天的习俗；通过成语“天高云淡”、“凉风习习”、“小雨绵绵”说明气候与季节的关系；通过“天中钩钩云，地下水淋淋”、“朝霞不出门，晚霞行千里”，帮助学生借助谚语和图片识别天气。语文教材还可以吸纳大量优秀的科技文章，既用来培养学生阅读科技文章的能力，又可以丰富学生的科技知识。语文教材还可以穿插某些科学家的故事，向学生展示科学的内在美和科学家的人格美；可以通过描写大自然的课文，激发学生对大自然的热爱之情。

若教师引导学生一方面领悟诗、词、谚语的文学意韵，一方面理解其内蕴的科学道理，那么科学与人文素养就可以共同提高。当学生从科学公式、图画中感悟到斗转星移以及黄河之水天上来的壮观与瑰丽，他也已情不自禁地由科学踏上了文学的领地。因此，小学语文课程可以在发展语言能力的同时渗透科学教育因素。如课文《一个这样的老师》：

怀特森先生教我们六年级的科学课。在第一节课上，他问我们："谁知道一种叫做凯蒂旺普斯的动物?"同学们面面相觑，就连生物比赛得过奖的比利也都惊奇地瞪大了眼睛。

"噢，没有人知道。"怀特森老师笑了笑，"那是一种夜行兽，在冰川期无法适应环境的变化而绝迹了。"说着，他从讲桌上拿出一件动物头骨，向我们描述出这种动物的特征来。讲完，他把头骨交给前排的同学，让大家轮流观察一下。我们饶有兴趣地传看，记笔记，有的同学还画了图。我心中暗想，这回我遇到一个博学的老师了。

第二天，怀特森老师对上次讲的内容进行了测验，我胸有成竹答好了卷子交给老师。

但是，当试卷发下来的时候，我却惊呆了。我答的每道题旁边都打着大大的红叉。我瞧瞧周围的同学，似乎每一个同学都不及格，比利正气恼地捶桌子呢。发生了什么事?

"很简单，"怀特森老师眼里闪过狡黠的光芒，解释道，"有关凯蒂旺普斯的一切都是我编造的。这种动物从来没有过。你们笔记里记的都是错的，错的当然就不能得分了。"

"从来没有过?那你那天拿的头骨是怎么回事?"比利问。

"那件头骨嘛，"怀特森老师笑了，"不过是马的头骨罢了。"

"那你为什么要在课堂上郑重其事地讲?为什么还要考试，这种老师算什么老师?"一股怒火升上了我的心头，我紧紧抿住嘴唇，控制着自己不嚷出来。教室里响起了不满的议论声。

怀特森老师摆摆手，让大家平静下来："难道你们没有想过吗?既然已经'绝迹'了，我怎么可能那么详尽地描述它的夜间视力、皮毛的颜色，以及许多根本不存在的现象，还给它起了个可笑的名字，你们竟一点儿也没有起疑心，这就是你们不及格的原因。"

怀特森老师说试卷上的分数是要登记在成绩册上的，他也真这么做了。他希望我们从这件事上学到点儿什么。

上怀特森老师的课，每一节都是不寻常的探索。比如，有一次他说小轿车是活的生物，让我们反驳。我花了整整两天时间写小论文，说明小轿车和生物不一样。他看了后说："勉强及格，你总算知道了什么是生物，什么不是。"

逐渐地，我们懂得了，书本上写的，老师说的，并不是一贯正确的，事实上没

有谁是一贯正确的。我们应该时刻保持警惕，用事实，用科学的方法，纠正错误，而且应当有坚持真理的毅力。同学们把这种学习方法称为“新怀疑主义”。

我们把“新怀疑主义”带进了所有的课堂。每堂课我们都十分注意听讲。有时老师讲着讲着，下面就会有同学清清嗓子，说：“凯蒂旺普斯，”接着他站起来，正视着老师的眼睛，说出怀疑的理由。这样做是很有趣的。当然，多数的时候，我们怀疑错了，但老师在纠正我们的错误时，就加深了我们对事物的理解；有时我们的怀疑是正确的，它又促使老师去纠正错误。

并不是所有的人都能认识到这里面的价值。有一次，我把怀特森老师的事讲给一位邻居，他惊讶极了：“那位老师不该这样捉弄你们。”我正视着他的眼睛，告诉他：“不，你错了。”

这篇课文记叙的不仅是一个培养学生怀疑和探索精神的教学事件，而且是一个科学文化与人文文化融通的现象。

中小学语文教材中的许多选文都隐含科学教育因素。教材编制者和教师必须精心选取、组织和引导。笔者仔细疏理不同版本的语文教材，发现隐含其中的素材有：

课文《乌鸦喝水》中“乌鸦叼来小石子，一颗一颗地放进瓶子里，瓶子里的水渐渐升高了，乌鸦就喝着水了”涉及到“浮力”知识；

《捞铁牛》和《死海不死》涉及到浮力知识；

《捞月亮》涉及到平面镜成像知识；

《石钟山记》涉及到声音的产生与传播知识；

《琵琶行》涉及到光的反射、音色、响度知识；

《挑山工》涉及到斜面知识；《听潮》涉及到水的动能、势能知识；

《大自然的语言》中“凡是近海的地方，比同纬度的内陆，冬天暖和，春天反而寒冷。沿海地区的春天来临要比内陆迟若干天”涉及到比热容知识；

《邓稼先》涉及到科学献身精神；

《落日的幻觉》涉及到光的折射知识；

《赵州桥》涉及到力的平衡知识。

这些内隐于中小学语文教材的素材是否能发挥科学教育功能，关键取决于教材编制者和教师是否能将该素材化隐为显，化或然为实然。在《飞向月球》教学中，教师可让学生观看课件演示登月实况，引导学生自由轻声朗读第五自然段，问学生有哪些词句打动了他的心弦？引导学生进行角色转换，面对沉睡已久的月球，若他作为宇航员此刻最想说什么呢？在《赵州桥》的教学中，教师可以设问：赵州桥的石拱为什么设计成弧形，其中包含着什么物理知识？赵州桥的肩拱设计，用物理学知识如何解释？在《观潮》的教学中，教师可以就第一自然段引导学生思考潮水为什么会越卷越高？教学《大自然的语言》，可以引导学生“什么叫逆温层？山脚的霜是怎么来的?”在对话与引领过程中，教师推动学生层层深入，不仅悟出文学词句之妙，也能感受到文学与科学、生活的密切联系。

不过，中小学语文教材中也有一些不利于科学教育的因素，需要认真对待，比如神话、童话以及过多的情感性用词。类似夸父逐日、嫦娥奔月的神话虽然能引领人们去探索宇宙奥秘，但是，这毕竟不是对太阳和月亮运动的正确认识。科学追求真实性，强调事实和证据而非夸张和想象；但神话多利用夸张、拟人手法，正像魔术多采用障眼法以博得人们的惊喜一样，它追求给人们带来审美愉悦。此外，科普文章要尽可能使用专业术语，叙述性课文也要依据事实，讲究用词的客观性，减少情感性。比如课文《狮子和鹿》描写它对着池水欣赏自己的美丽：“啊！我的身子多么匀称，我的角多么精美别致，好像两束美丽的珊瑚。”这些情感性用词与作为雄性形象的鹿不吻合，在鹿科动物中基本上雄鹿有角，雌鹿无角，欣赏陶醉自己高耸鹿角的惟有雄鹿。

二、语文教材编选科学小品文

在语文教材中，科学小品文兼具科学性、艺术性和思想性，其文学笔法优美生动，介绍的科学知识形象直观，使读者在欣赏文学的同时获得丰富的科学知识，感悟深刻的科学精神。

一般来说，以科学小品文形式进入语文教材的课文，科学教育意图明显，易为教师把握，如：

《两个铁球同时落地》告诉学生实践出真知，要敢于怀疑权威；

《画杨桃》则告诉学生要坚持实事求是的科学精神；

《回声》引用了诗人艾青关于回声的生动有趣的描写，阐述了回声原理、回声产生的条件、自然界的回声现象、中国古代劳动人民创造的人工回声现象，以及回声在现代科技中的应用等；

《向沙漠进军》描述风的威力，介绍了风能的开发利用；

《跨越百年的美丽》向学生展示了居里夫人伟大的品质和为科学勇于献身的精神。

小学语文教材中的科学小品文创作，最初起源于民国时期的教材“儿童文学化”运动，它倡导融科学知识、道德教训、思想教育于儿童喜闻乐见的、适应儿童经验和兴趣的语言呈现中。比如吴研因创作的《花的嫁娶》，就是一个典型例子：

南一家，北一家，两家男女都叫花。花姑娘多美丽，花哥儿也不差。两个长的一般大，一个娶妻一个嫁。蜂大爷和蝶大姐，来做媒人传说话。甜蜜酒，请朋友，蜂爷蝶姐喝一口，带着花粉两家走。传花粉，入花房，花哥花姑结成双。不多几时生儿女，东一行又西一行。①

这首歌谣介绍了自然界花的交合作用知识，同时也有早期性教育的意味。

新世纪基础教育课程改革以来，中国不同版本的小学语文教材中科学小品文的选文数量增多，呈现的内容有科学知识、科学探究、科学精神、科学态度等，修辞手法包含拟人、夸张、比喻、排比、对偶等，希望学生能从文学视角欣赏重要的、基础的科学知识，理解科学方法，感悟科学精神。以苏教版义务教育课程标准实验教科书为例，该版本各册的科学小品文有：

一年级（上）：《我叫神舟号》

一年级（下）：《鲁班和橹板》

二年级（上）：《动手试一试》《有趣的发现》

二年级（下）：《“黑板”跑了》《问银河》

三年级（上）：《航天飞机》《飞驰在高速公路上》《小稻秧脱险记》《石头书》《小露珠》

三年级（下）：《海底世界》《剪枝的学问》《水上飞机》《跟踪台风的卫星》《蒲公英》

四年级（上）：《雾凇》《维生素C的故事》《奇妙的国际互联网》以及习作2的《小制作》

四年级（下）：《沙漠中的绿洲》《特殊的葬礼》

五年级（上）：《天火之谜》《厄运打不垮的信念》《诺贝尔》《滴水穿石的启示》

五年级（下）：《梦圆飞天》《火星——地球的孪生兄弟》《奇妙的克隆》《灰椋鸟》

六年级（上）：《一算惊世界》

六年级（下）：《埃及的金字塔》《哲学家的最后一课》《山中的谜底》《21世纪

① 吴研因，王志成：《儿童读物的研究》，《儿童教育》第3卷8期。

的海洋》《游天然动物园》《明天的太阳城》

不同版本的语文教材的科学小品文的设置各具特色，为了对不同版本的语文教材进行比较，找出它们的共性，笔者又对人教版小学语文教材整理如下：

一年级（上）：《小小竹排画中游》《影子》

一年级（下）：《地球爷爷的手》《称象》

二年级（上）：《坐井观天》《纸船和风筝》《我是什么》《回声》《太空生活趣事多》《活化石》《农业的变化真大》

二年级（下）：《动手做做看》《邮票齿孔的故事》《画风》《充气雨衣》《数星星的孩子》《爱迪生救妈妈》《恐龙的灭绝》《阿德的梦》

三年级（上）：《花钟》《玩出了名堂》《一次成功的实验》；选读课文：《不懂就要问》《做风车的故事》

三年级（下）：《太阳》《月球之谜》《我家跨上了“信息高速路”》《果园机器人》

四年级（上）：《呼风唤雨的世纪》《电脑住宅》《飞向蓝天的恐龙》《飞船上的特殊乘客》；选读课文：《幻想家》《人造发光植物》

四年级（下）：《自然之道》《黄河是怎样变化的》《蝙蝠和雷达》《大自然的启示》《两个铁球同时着地》《全神贯注》《鱼游到了纸上》

五年级（上）：《鲸》《松鼠》《新型玻璃》《假如没有灰尘》

五年级（下）：综合性学习——《走进信息世界》《信息传递改变着我们的生活》；选读——《电子计算机与多媒体》

六年级（上）：《詹天佑》《只有一个地球》《大瀑布的葬礼》

六年级（下）：《跨越百年的美丽》《千年梦圆在今朝》《真理诞生于一百个问号之后》《我最好的老师》

不过，科学小品文通过动人的语言介绍、呈现科技成就、科学发现过程、科学家的事迹时，尽管科学教育因素较为明显，但是，如果只停留在事实识记上，那么对学生的教育触动作用不大。因此，教材还需要借助训练设计等形式推动人文思考，引导学生朝课文内容所带来的积极方面思考。苏教版课文在介绍科学家富兰克林、诺贝尔、李时珍的故事后，设计了一道训练题：

读一读，不认识的字查查字典

美国莱特兄弟，于1903年12月17日驾驶动力飞机成功地遨游蓝天。人们为此举行盛大酒会，主持人要莱特兄弟发表演说。推托不掉，哥哥便发表了一句话演说：

"据我所知，鸟中最会说话的只有鹦鹉，而鹦鹉永远是飞不高的。"

你对"哥哥"的一句话演说是怎么理解的？你同意他的观点吗？说说理由。

借助这个训练设计引导学生思考科学是"做"出来的，而不是吹出来的，靠吹的人不会有大成就。

三、语文综合实践活动推动科学探究

义务教育语文课程标准（2011 年版）要求"阅读科技作品，还应注意领会作品中所体现的科学精神和科学思想方法。阅读由多种材料组合、较为复杂的非连续性文本，能领会文本的意思，得出有意义的结论"。小学语文教材在撷选大量科学小品文的同时，也别出一格地对它们进行组织、拓展以及设计相应的语文综合实践活动以推动科学探究。

（一）多形式开展语文综合实践活动

语文教材中的科学教育不仅可以在选文中渗透，而且可以根据具体的课文内容作一定的组织和拓展，形成一个立体式的、多维度的科学教育资源库。

1. 单元或专题形式

人教版义务教育课程标准实验教科书四年级上册第八单元，将《呼风唤雨的世纪》《电脑住宅》《飞向蓝天的恐龙》《飞船上的特殊乘客》四篇课文归入一组，介绍当今世界的科技发展成就，同时启迪学生展望未来。

2. 资料袋或阅读链接形式

在语文教材编制中，编者如果在单元主题课文组之外，还编制资料袋或阅读链接、学习链接等方式，从深度和广度上拓展对科学小品文单元主题的认识。比如课文《观潮》的"资料袋"详细介绍了钱塘江秋潮形成的原因，并列出了钱塘江的地理位置图；《雅鲁藏布大峡谷》一课的"资料袋"介绍了雅鲁藏布大峡谷的发现以及美国科罗拉多大峡谷和秘鲁科尔卡大峡谷的情况；《蟋蟀的住宅》 一课的"资料袋"介绍法布尔和他的《昆虫记》；《飞向蓝天的恐龙》一课的资料袋则详细介绍了辽西地区的化石宝库。

3. 课程资源整合形式

小学语文教材中有些课文内容，在教学中可以实现与科学课程资源的整合，比如语文出版社义务教育课程标准实验教科书三年级的一篇课文《一个小山村的故事》：

山脚下，曾经有过一个美丽的小山村。山上是郁郁葱葱的树林，村边是清澈见底的小河。每天，人们都能听见鸟儿在林子里婉转地歌唱，看到鱼儿在小河中自由自在地游逛。

村里住着几十户人家。不知从什么时候开始，家家都有了一两把锋利的斧头。谁家想盖房，谁家想造犁，就拎起斧头到山上去，把树木一棵一棵砍倒，运下来。就这样，山上出现了裸露的土地。

一年年，一代代，山上的树木不断减少，裸露的土地不断扩大……树木变成了一栋栋大大小小的房子，变成了各式各样的家具，还有大量的树木随着烟囱冒出的浓烟，消失在天空中了。

不管怎样，靠着锋利的斧头，村子里家家户户的日子过得都还不错。

然而，不知过了多少年、多少代，在一个雨水奇多的八月，大雨没喘气儿，一连下了五天五夜，到第六天黎明，雨才停下来。可是，小山村却已经被咆哮的山洪冲得无影无踪了。

什么都没有了——所有靠斧头得到的一切，包括那些锋利的斧头。

类似这样的课文与科学探究活动联系起来，可以培养学生的生态意识和可持续性发展的观念。

（二）多渠道推动科学探究的拓展

语文课程是一门学习语言文字运用的综合性、实践性课程。为了体现语文课程的综合性，语文教材需要通过合适的方式提供大量的实践资源。

1. 讨论题

人教版义务教育课程标准实验教科书语文课文《爬山虎的脚》，讨论题有：爬山虎的叶尖为什么一顺儿朝下？为什么“在墙上铺得那么均匀，没有重叠起来的”？苏教版课文《爱因斯坦与小女孩》引导学生讨论“爱因斯坦是不是最伟大的人”，进一步展示爱因斯坦的科学献身精神。

2. 泡泡题

在课文行为过程中，对某些值得引发思考的地方出现一个类似批注形式的泡泡，在泡泡中录入需要展开的活动，如课文《呼风唤雨的世纪》在文段“人类利用现代科学技术获得那么多奇迹般的、出乎意料的发现和发明”一句旁边出现一个泡泡，里面写着：“发现”与“发明”有什么区别呢？在“20 世纪，电视、程控电话、因特网以及民航飞机、高速火车、远洋船舶等，日益把人类居住的星球变成联系紧密的‘地球村’。”旁边出现一个泡泡题：我还能举出许多科技成就方面的例子。

3. 活动设计

义务教育课程标准提出，语文课程是实践性课程，应着重培养学生的语文实践能力，而培养这种能力的主要途径是语文实践。因此，引导和组织语文实践成为义务教育课程标准实验教科书编制的一个必须考虑的重要内容，教材编制者在课文后面设计了许多不同叫法的活动题，如“小练笔”“选做题”“语文与生活”“综合性学习”“金钥匙”等栏目推动学生“做”的题目。

《呼风唤雨的世界》的“小练笔”：我要把这篇课文读给爸爸妈妈或别的长辈听，请他们说说科技发展带来的变化，再把他们说的写下来。

《观潮》的“选做题”：我要去搜集反映钱塘江大潮的文章和图片，再和大家交流。

《巨人的花园》“综合性学习”：开展一次读童话、讲童话、编童话、演童话的综合性学习。

《长城》“选做题”：我想再搜集一些有关长城的故事、传说和图片资料。

《我家跨上了“信息高速公路”》的“选做题”：我想和同学交流上网的收获。

《飞向蓝天的恐龙》的“选做题”：我要再找一些关于恐龙的资料读一读。

《飞向月球》的“金钥匙”：自读时，知识性的问题，可以查资料，问别人。

第三节　小学语文教材选编与科学教育内容

21 世纪初，中国实施课程改革，人教版义务教育课程标准实验教科书在全国使用范围广、影响力大。笔者选取这套小学语文教材作为研究对象，结合中华人民共和国教育部 2001 年 9 月正式施行的《小学科学课程标准（3—6 年级）》的内容标准为分析框架，借以认识小学语文教材中科学与人文相互融通的状态。

一、小学科学教育内容

小学科学教育主要依靠科学课程。小学科学课程内容标准包括科学探究、情感态度与价值观、生命世界、物质世界、地球与宇宙五方面（见表 1）。

表 1　科学教育内容标准分析框架类目表

内容标准	具体内容标准							
科学探究	认识科学探究	提出问题	猜想与假设	制定计划	观察、实验、制作	搜集整理资料	思考与结论	表达与交流
情感态度与价值观	对待科学学习		对待科学		对待自然		对待科学、技术和社会的关系	
生命世界	多样的生物		生命的共同特征		生物对环境的适应		健康生活	
物质世界	物体与物质		运动与力		能量的表现形式			
地球与宇宙	地球的概貌与地球的物质		地球运动与所引起的变化		天空中的星体			

科学探究不仅是科学课程的重要内容，而且是重要的科学学习方式，具体内容有：（1）认识科学探究；（2）提出问题；（3）猜想与假设；（4）制定计划；（5）观察、实验、制作；（6）搜集整理资料；（7）思考与结论；（8）表达与交流。

情感态度与价值观作为科学态度与科学价值观的体现，既是科学学习的动力因素，影响学生对科学学习的投入、过程与效果，又是科学教育目标之一。情感态度与价值观包括四个具体内容：（1）对待科学学习；（2）对待科学；（3）对待自然；（4）对待科学、技术和社会的关系。

生命世界的具体内容有：（1）多样的生物（常见的植物、动物和其他生物）；（2）生命的共同特征；（3）生物对环境的适应；（4）健康生活。

物质世界包括三个具体内容：（1）物体与物质；（2）运动与力；（3）能量的表现形式。

地球与宇宙包含：（1）地球的概貌与地球的物质；（2）地球运动与所引起的变化；（3）天空中的星体。

二、人教版教材的选文及编排情况

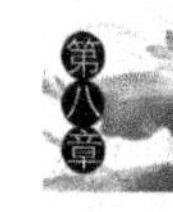

人教社根据 2001 年颁布的《全日制义务教育语文课程标准》（实验稿）编制出版的《义务教育课程标准实验教科书 · 语文》，供小学阶段用，有 12 册。

本套教材最大的编排特点是设置“专题单元”。教材以专题组织单元，以整合的方式组织教材内容，除一年级上册和六年级下册设置 6 个专题之外，其余每册都设 8 个专题，共 86 个专题，其中五年级上册至六年级下册分别设置一个“综合性学习”

专题，拓宽教学思路和学习空间。

在一年级下册和二年级上册中，每个专题包括导语、一篇“识字”课、四至五篇课文和一个“语文园地”。从二年级下册开始，则没有“识字”课，单元前的导语简单点明本专题的主题，每一单元围绕主题选编了三四篇课文，课文之后还有一个“语文园地”或一个“回顾·拓展”，各部分相互联系，构成一个有机的整体。另外，教材还安排有选读课文，共计 73 篇，笔者也把它们列入研究范围。分析对象包括正式课文 372 篇，选读课文 73 篇，总共 445 篇课文。

我们将参照小学科学课程标准的五大内容标准和相应的具体内容标准对这套小学语文教材的编制进行分析，以期对语文课程与科学课程的整合提供启迪。

三、人教版教材中“科学”课文的统计分析

所谓“科学”课文，是指与科学课程内容标准相关的课文。这套教科书选编了相当数量的“科学”课文，445 篇课文涉及科学教育的课文有 167 篇，占 37.5%，说明通过语文课程发展学生的科学素养已经受到语文教材编制者的重视。为清晰、准确地说明“科学”课文与科学课程内容的对应关系，笔者结合科学课程五大内容标准和各个具体内容标准来综合分析这些“科学”课文在教科书中所占的比例（见表 2）。

表 2　人教版课程标准小学语文教科书“科学”课文统计

内容标准	具体内容标准	对应的“科学”课文	篇数	各内容标准“科学”课文统计	各内容标准“科学”课文比例
科学探究	认识科学探究	无	–	14	8.4%
	提出问题	《动手做做看》	1		
	猜想与假设	无	–		
	制定计划	无	–		
	观察、实验、制作	《一次比一次有进步》《乌鸦喝水》《兰兰过桥》《画风》《一次有趣的观察》《找骆驼》《画杨桃》《看说明书做玩具小台灯》	8		
	搜集整理信息	无	–		
	思考与结论	《三只白鹤》《骆驼和羊》《玲玲的画》《惊弓之鸟》《草船借箭》	5		
	表达与交流	无	–		

（续上表）

内容标准	具体内容标准	对应的“科学”课文	篇数	各内容标准“科学”课文统计	各内容标准“科学”课文比例
情感态度与价值观	对待科学学习	《邮票齿孔的故事》《充气雨衣》《恐龙的灭绝》《阿德的梦》《不懂就要问》《神笔马良》《想别人没想到的》《养花》《智慧之花》	9	75	44.9%
	对待科学	《司马光》《数星星的孩子》《爱迪生救妈妈》《画鸡蛋》《奇怪的大石头》《玩出了名堂》《做风车的故事》《世界地图引出的发现》《两个铁球同时着地》《全神贯注》《詹天佑》《祖国，我终于回来了》《跨越百年的美丽》《千年梦圆在今朝》《真理诞生于一百个问号之后》《我最好的老师》	16		
情感态度与价值观	对待自然	《黄山奇石》《日月潭》《富饶的西沙群岛》《美丽的小兴安岭》《一个小村庄的故事》《路旁的橡树》《山城的雾》《观潮》《雅鲁藏布大峡谷》《鸟的天堂》《火烧云》《长城》《颐和园》《秦兵马俑》《五彩池》《迷人的张家界》《桂林山水》《记金华的双龙洞》《七月的天山》《自然之道》《黄河是怎样变化的》《大自然的启示》《可爱的草塘》《父亲的菜园》《黄果树听瀑》《百泉村（四章）》《草原》《山雨》《草虫的村落》《索溪峪的“野”》《只有一个地球》《大瀑布的葬礼》《这片土地是神圣的》《青山不老》《林海》	35	75	44.9%
	对待科学技术和社会关系	《农业的变化真大》《最大的“书”》《要是你在野外迷了路》《我家跨上了“信息高速路”》《果园机器人》《呼风唤雨的世纪》《电脑住宅》《飞向蓝天的恐龙》《飞船上的特殊乘客》《人造发光植物》《蝙蝠和雷达》《新型玻璃》《太空“清洁工”》《把铁路修到拉萨去》《电子计算机与多媒体》	15		

（续上表）

内容标准	具体内容标准	对应的“科学”课文	篇数	各内容标准“科学”课文统计	各内容标准“科学”课文比例
生命世界	多样的生物	《爷爷和小树》《比尾巴》《小松鼠找花生》《雪地里的小画家》《小壁虎借尾巴》《棉花姑娘》《小蝌蚪找妈妈》《小柳树和小枣树》《浅水洼里的小鱼》《父亲和鸟》《金色的草地》《燕子》《荷花》《翠鸟》《我爱故乡的杨梅》《小狮子爱尔莎》《爬山虎的脚》《蟀的住宅》《白鹅》《白公鹅》《猫》《母鸡》《麻雀》《鲸》《松鼠》《珍珠鸟》《老人与海鸥》《跑进家来的松鼠》《最后一头战象》《鹿和狼的故事》《军犬黑子》《桃花心木》	32	44	26.3%
	生命的共同特征	《植物妈妈有办法》《花钟》《蜜蜂》《童年的发现》	4		
	生物与环境	《要下雨了》《小鸟和牵牛花》《蜜蜂引路》《喜爱音乐的白鲸》《燕子专列》《有趣的动物共栖现象》	6		
	健康生活	《尺有所短 寸有所长》《手指》	2		
物质世界	物体与物质	《火车的故事》《活化石》《风筝》《赵州桥》《矛和盾的集合》《陶罐和铁罐》《小青石》《打电话》《琥珀》	9	16	9.6%
	运动与力	《称象》《地球爷爷的手》《咕咚》	3		
	能量的表现形式	《阳光》《影子》《回声》《你一定会听见》	4		

（续上表）

内容标准	具体内容标准	对应的“科学”课文	篇数	各内容标准“科学”课文统计	各内容标准“科学”课文比例
地球与宇宙	地球的概貌与地球的物质	《画家乡》《我是什么》《泉水》《珍珠泉》《妙不可言的位置》《假如没有灰尘》	6	18	10.8%
	地球的运动与所引起的变化	《四季》《雨点儿》《雪孩子》《风娃娃》《四季的脚步》《秋天》《秋天的雨》	7		
	天空中的星体	《小小的船》《太空生活趣事多》《太阳》《月球之谜》《太阳是大家的》	5		
“科学”课文总计			167	167	100%

从表中可以看出，这套小学语文教材中的“科学课文”编排情况为：

（一）依据科学教育五大内容标准，“科学”课文分布较合理，重视科学态度的培养

在445篇“科学”课文中，有关“情感态度与价值观”的课文所占比例最高，占44.9%；其余所占的比例从高到低依次是“生命世界”的课文占26.3%、“地球与宇宙”的课文占10.8%、“物质世界”的课文占9.6%、“科学探究”的课文占8.4%。（如图1所示）

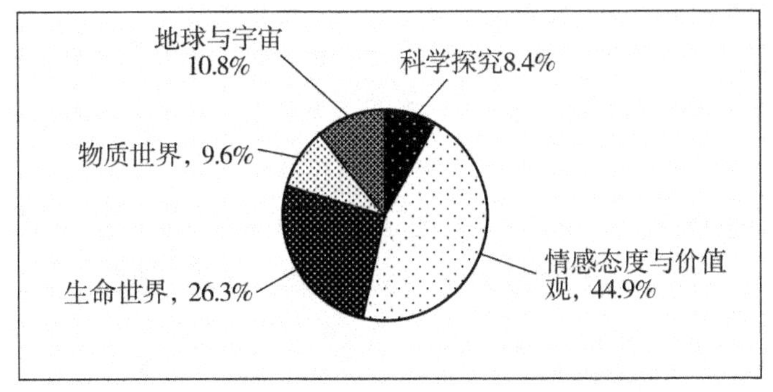

图1　教科书中“科学”课文各内容标准统计

这套教科书中选编有相当数量的有关“情感态度与价值观”的课文，把培养学生的科学态度与科学价值观放在科学教育的重要地位。语文课程不同于科学课程，语文课程通过“科学”课文促进科学与人文融合，主要在于观念、情感的积极渗透，因此，表面上看，关注科学“情感态度与价值观”课文所占比例最高，但鉴于小学语文课程的性质与特点，笔者认为其比例与出发点比较合理。

（二）依据科学教育各项具体内容标准，“科学”课文的内容各有侧重，吻合儿童的认知发展

167篇“科学”课文，不但分属于科学教育五大内容标准的比例有所侧重，就是在每一项内容标准下的具体内容也各有侧重，多角度促进了科学与人文融合。

1. 有关科学探究方面的选文重视观察思考能力的培养

科学探究方面的“科学”课文，从比例上看虽然偏少，只占8.4%。但是，由于科学探究意识的形成与技能的习得是一个长期的过程，它不能一蹴而就，小学科学课程对学生科学探究意识与能力的培养也是循序渐进的。语文课程不同于科学课程，它不可能专门撷取“科学”课文让学生制定计划、思考与结论、表达与交流，而应是有所为有所不为。因此，根据科学探究方面的具体内容标准，该教材在科学探究方面的选文侧重“观察、实验、制作”（57.1%）和“思考与结论”（35.7%），再次是有关“提出问题”，仅占7.2%，有关其他具体内容标准则没有编入相应的课文。这既符合小学生科学探究能力培养的一般规律，也没有违背小学语文课程的特征，适度而不牵强。

2. 有关情感态度与价值观方面的选文重视对待自然

有关“情感态度与价值观”的“科学”课文比重最大，其中“对待自然”的课文又受到高度重视，占该内容标准课文总数的46.7%；“对待科学”，占21.3%，居第二；“对待科学技术和社会关系”，占20%，居第三；“对待科学学习”，占12%，居第四。（如图2）

自然是生活的根基，也是语文课程与科学课程的重要关涉对象。“自然”具有直观、生动、有趣等特点，运用优美的语言呈现自然，有助于激发学生热爱自然、热爱生命的情感，因此，关于“对待自然”的“科学”课文维持较高的比例，笔者认为必要且正常。当然，随着科学技术突飞猛进的发展，人们越来越认识到与自然和谐相处的重要性，这也是当前在处理人类与自然的关系问题中必须面临的重要命题。人类与自然的和谐不能仅仅停留在田园风光的陶冶，而应该建立在科学技术不断发

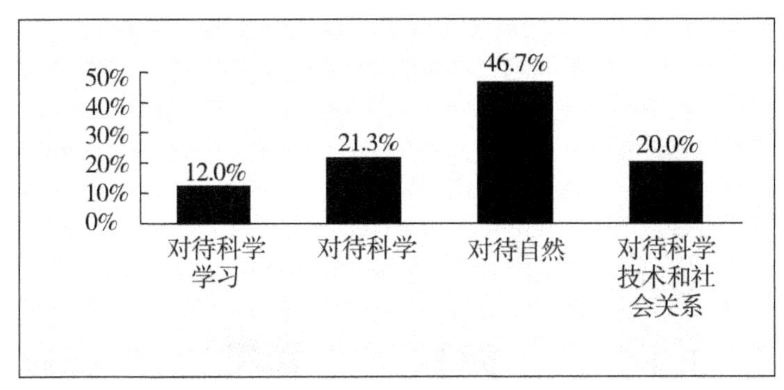

图2　情感态度与价值观方面“科学”课文分布情况

展的基础上，因此，教科书还需要增加“对待科学”的课文，以促进学生对科学本质的理解与陶冶。有关“对待科学”这类内容的选文题材可以多样，或是以介绍科学家们的故事为主，展现科学家们实事求是的科学作风、一丝不苟的科学态度和百折不挠的科学精神，或是对小学生身边有关科学知识、科学态度的事件和现象的叙述与研讨。其次，“对待科学学习”方面的课文也选编了9篇课文，数量虽少，但学段分布合理，可以加强小学生对科学学习方法的认识和实践。

3. 有关生命世界的选文重视生物的多样性

儿童对生命世界怀有浓厚的兴趣，一草一木，虫鱼鸟兽，生命世界的神奇伴随着他们的童年生活。生命世界的四个具体内容标准之间是密切联系的统一整体，共同构成了整个生命世界的知识系统，但四个具体内容标准各异，“多样的生物”是儿童生活不可或缺的部分，它们比较浅显、生动、直观，既能很好地激发学生热爱生命的情感和探索生命世界的兴趣，也能使科学教育更显生机。“生命的共同特征”、“生物与环境”具有一定的抽象性，它们应当在科学课程而不是在语文课程中得到深化和拓展。教材有关“生命世界”的选文，主要围绕“多样的生物”这一具体内容标准而展开，占了“生命世界”内容方面的课文总数72.7%；而“生命的共同特征”“生物与环境”所占比例依次是：13.6%、9.1%，至于有关“健康生活”的“科学”课文仅占4.6%（如图3所示）。“健康生活”与儿童的日常生活息息相关，且这类选文的专业性可强可弱，笔者认为该分配比例还可适当增加。

4. 有关物质世界的选文重视具体形象思维的培养

“物体与物质”的选文主要是物质的常见性质、用途和变化的感性知识，占这一内容标准总量的56.25%，居第一位，而“能量的表现形式”“运动与力”的选文则是对物体的运动、力和简单机械以及能量的不同表现形式等比较抽象的知识，分别

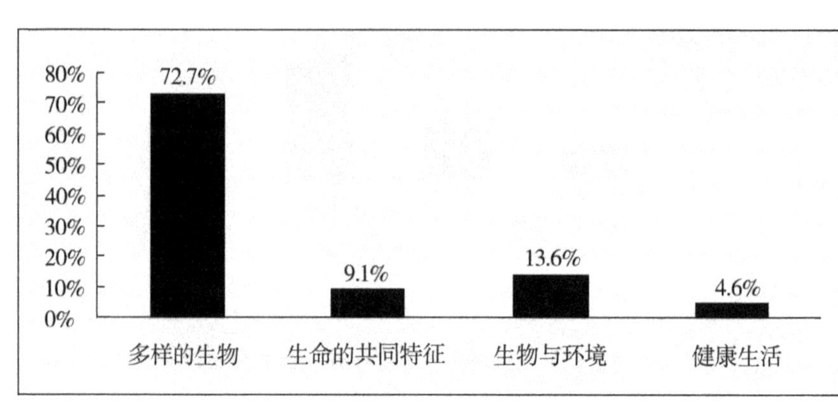

图 3　生命世界方面“科学”课文分布情况

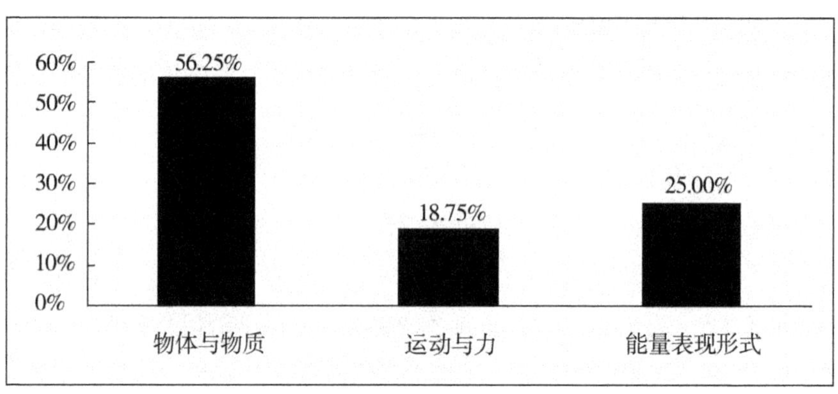

图 4　物质世界方面“科学”课文分布情况

占 25%、18.75%（如图 4）。小学生的思维发展处在由具体形象思维向抽象逻辑思维过渡的阶段，在低年级儿童身上具体形象思维居于主导地位，而在高年级儿童身上，虽然抽象思维的成分越来越强，但仍然不占优势。这套教科书的选文注意到这一点，在介绍物质世界的知识时符合学生年龄阶段的认知特征。

5. 有关地球与宇宙的选文突出学生兴趣的激发

地球与宇宙，一个是人类所熟悉的地球环境，一个是距离人类很遥远的宇宙世界，蕴含了许许多多的科学奥秘。在有关地球与宇宙的选文方面，符合各个具体内容标准的课文分布相对比较合理（如图 5）。这套教科书不但选编了介绍地球概貌、天气变化和四季变化的课文，还选编了有关太阳、月球、太空知识的课文，引人入胜，极大地激发了学生探索地球与宇宙的兴趣，从而使科学教育更具活力。

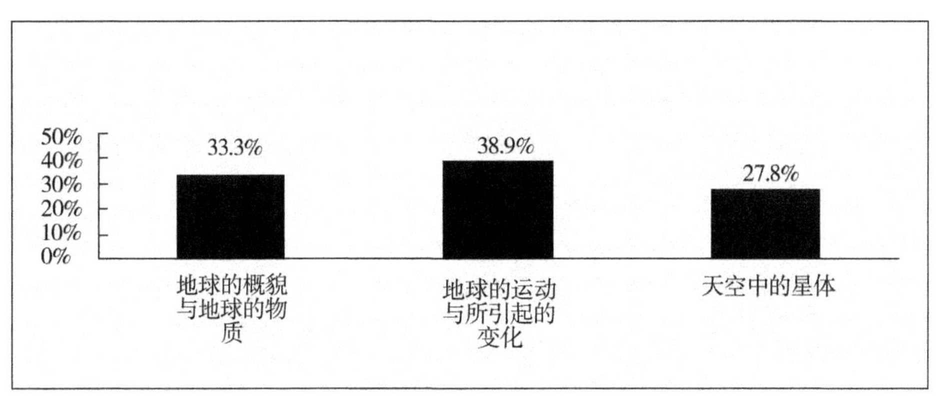

图5　地球与宇宙方面“科学”课文分布情况

可见，蕴涵科学教育题材的课文关涉的科学领域非常广泛，既涉及天文学、化学、物理学、地质学、生物学、材料科学、信息科学、能源科学、农业科学、工程技术等自然科学知识，也涉及科学精神、科学态度等方面。毫无疑问，这些课文都是培养学生创新精神和实践能力的宝贵资源，是实施科学教育的极好载体。

四、小学语文教材充实科学教育内容的建议

小学语文教材除了有好的编写思路外，还在于它的选文是否精辟、有代表性以及覆盖面广。对人教社小学语文教科书中“科学”课文的统计分析，可以看出科学教育渗透到语文教材中或者说语文教材中挖掘科学教育因素的可能性还是比较高的。不过，小学语文教材还可适当增加有关科学教育内容的课文，在加强科学与人文融合方面也可以更加完善。

（一）适当充实科学探究方面的选文

素质教育强调创新精神和实践能力的培养，科学探究因而成为科学教育的核心。对学生而言，“科学探究”就是用以获取知识、领悟科学思想观念、领悟科学家们研究自然界所用的方法而进行的各种活动。编写教科书时，应考虑充实科学探究方面的内容，以利于学生更好地掌握与周围常见事物有关的浅显的科学知识，学会运用科学方法去探究发现周围事物的奥秘，具备与科学有关的各种实践活动和科学学习中应有的科学情感态度，懂得科学技术对人类与社会的意义。

（二）适当加强选文与儿童生活的联系

小学语文教材的主要阅读对象是小学生，教材必须符合小学生的身心发展特点，适应小学生认知水平，为小学生所理解和接受，并能引起小学生的学习兴趣。为此，教材的选文必须从学生视角出发，联系儿童的生活世界。一方面，生活世界是构成小学生各种认识和观念的主要来源，学生在客观世界中获得的真理性认识必须根植其中，赋予其丰富素材，才能实现完整的认识活动；另一方面，生活世界是小学生最为熟悉、最有重大教育价值的资源，是推动学生寻求发展的内在动力，语文课程只有真正与生活结合在一起，才能使学生真切感受到生活的美好和知识的魅力，自发形成追求美好、自我完善的源动力，激发对生活的热爱和对知识的渴求。

健康的生活知识与儿童尤为密切，它包括生理与健康、生长发育、良好的生活习惯等方面。语文学科作为一门基础性学科，其学科地位决定了语文教材要提供有关健康方面的课文，以丰富学生的健康生活知识。一些通俗易懂的有关生活习惯的儿歌、有关儿童成长的童话故事和一些趣味性的科学小品文，都可以作为教材选文。同时，还可以增加一些有关劳动、安全、法律、卫生、交通、通信、体育等方面的常识，拓展儿童的生活世界。

（三）适当加强选文的时代感

教育部制订的《义务教育语文课程标准（2001 年版）》提出，“教材选文要文质兼美，具有典范性，富有文化内涵和时代气息，题材、体裁、风格丰富多样，各种类别配置适当，难易适度，适合学生学习。要重视开发高质量的新课文。”这些要求强调了教材选文的时代感。21 世纪是科学技术迅猛发展的时代，新技术、新产品层出不穷，与科学有关的社会问题也不断出现。为适应未来社会的竞争，我们的语文教科书作为传授科学知识的载体，在课文的选编中更要不断更新，把新的科技发明，社会科学成果逐渐补充进教材，使学生所学的内容更接近自己的生活。同时，教材选文在培养学生的创新精神方面也需加大关注。开拓创新是科学精神的核心内涵，也是一个民族兴旺发达的基本前提。想别人不敢想，做别人不敢做，永远比别人领先一步，这样才能不断地向前发展，做一个强者。开拓创新无论对个人，还是对国家都是必需的。让学生在享受语言文字的同时养成一种乐于创新、敢于冒险的精神，这也是 21 世纪的新时代所要求的。

第九章
百年经典课文的演变

百年是一个时间跨度的泛称。自语文独立设科到现在已有一百多年了，也可以说是百年；有些课文在语文独立设科时就已经出现，如“狐狸和乌鸦”的故事、“狮子和鹿”的故事，并且从清朝延续到民国乃至今天仍然在选用，也可以说是百年。有些课文尽管没有经历一百年，但是，从民国延续到今天仍然存在，而且被不同版本的语文课程标准实验教科书普遍选用，比如“骆驼和羊”的故事、“小猴子捞月亮”的故事、“司马光砸缸救人”的故事，也经历了几十年乃至百年的历史，因此也可泛称为百年。

经典，现代汉语词典解释为“传统的具有权威性的著作”。小学语文教材的编制往往都离不开对传统教材进行研究。民国时期就有人提出，“不是纯净至理、无流弊的第一流作品，不是能够超出时空限制而深入人们心目之中的作品，不得用作教材”[①]。超出时空限制实际上肯定了传统教材的价值。传统教材经历了一定时间的检验，具有一定的典范性，同时也有一定的权威性。

综上，百年经典课文一方面是指有一定时间跨度的课文，另一方面也指有一定影响作用的课文。下面选取四篇这类课文进行分析。

第一节　细节凸显形象——不同版本的“乌鸦喝水”故事分析

小学课文《乌鸦喝水》，是一篇童话故事，宣扬了乌鸦的智慧。这篇课文 1912 年就已经出现在商务印书馆《女子国文教科书》中，当时的题目叫《鸦喝水》，之后又多次出现在不同版本的小学语文教科书中，但题目不同，大致有《聪明的老鸦》《老鸦喝水》《乌鸦喝水》等几种题目，不过，故事情节基本相同，大致都由找水、

① 余景陶：《小学读经与学习文言文》，民国丛书 52，上海书店影印本。

衔石、喝水三个事件构成。

这三个事件在不同版本的教科书中描述不一样。下面选取五种版本进行分析，这五种版本分别是商务印书馆 1912 年版《订正女子国文教科书》小学校初级用第 4 册、中华书局 1927 年版《新中华国语读本》小学校初级用第 3 册、世界书局 1934 年版《国语读本》小学校初级用第 3 册、人教社 1952 年版初级小学课本《语文》第二册、人教社 2004 年版《义务教育课程标准实验教科书》一年级下册，以下简称为 1912 版、1927 版、1934 版、1952 版、2004 版。

一、找水

找水是乌鸦的第一个行动。找水的动因是解决口渴问题，其实解决口渴的办法很多，比如可以去找汁多的果子吃，去找小青虫吃，都可以缓解口渴，不一定非要去找水喝。但是，由于这个故事是讲给小孩子听的，小孩子口渴的第一反应往往是要水喝，因此，让乌鸦去找水喝符合儿童心理。五种版本对这一行动的描写各不相同，如：

鸦渴甚，见有水瓶在庭中，欲饮之。(1912 版)

老鸦渴了，想喝那瓶子里的水。(1927 版)

老鸦口渴，想喝瓶子里的水。(1934 版)

一只乌鸦要喝瓶子里的水。(1952 版)

一只乌鸦口渴了，到处找水喝。乌鸦看见一个瓶子，瓶子里有水。(2004 版)

前四种版本都没有突出乌鸦找水是作为一个过程，而是直接把乌鸦的渴与眼前的水联系起来，即想喝水与看见水的中间没有寻找过程的艰辛，水就在眼前的瓶子里，想喝水马上就可以走过去或飞过去。惟有 2004 版用“到处”一词写出了这种艰辛。本来就已经口渴的乌鸦再加上“到处找水”的折腾，可以想象这种困境给它带来的痛苦和难受。当它发现一个有水的瓶子时，其心情应该是非常激动和兴奋的。但是，这种心情马上被接下来的困难冲走了。5 种版本对这一困难都作了描述，但侧重点不同：

瓶深水浅，鸦竭力伸喙，(1912 版)

但是，瓶颈很长，水又浅，不使水升上来，怎么喝得着呢！(1927 版)

但是瓶子深，水又浅，老鸦喝不着。他心里很急，在瓶子旁边踱来踱去。(1934 版)

瓶子很高，水很少，它喝不着。怎么办呢？（1952 版）

可是，瓶子里水不多，瓶口又小，乌鸦喝不着水。怎么办呢？（2004 版）

让小孩子真正领会乌鸦的困难，首先必须了解瓶子的结构，瓶口的宽还是窄以及瓶颈的长还是短决定了乌鸦喝水的困难程度。前四种版本都只是从瓶颈的长短角度去描写这种困难，只有 2004 版提到了瓶口的小。如果瓶口大到比乌鸦的身体还大的话，即使瓶颈长，乌鸦也照样可以轻松地喝到水。

面对困难，乌鸦作何反应？1912 版写出了它的动作尝试：

鸦竭力伸喙

其他版本都只是写出它心理上的想法和困惑，诸如“不使水升上来，怎么喝得着呢”“心里很急”“怎么办呢”等，都属于心理描写。

二、衔石

无论是乌鸦尝试性的动作，还是心理上的想法或困惑，都是因为要解决喝水问题而产生。乌鸦伸喙尝试的动作证明不可行，只好另想他法：

（乌鸦）仰首若有所思，遽飞去，衔小石至，掷瓶中，往返十余次，石积水升。（1912 版）

衔石升水这个解决办法，究竟是因看见石而突然顿悟产生呢，还是预先在脑中产生了用石来提升水位的想法，然后再去找石呢？显然，1912 版是先有想法，再去找石的。采用这种思路的还有：

好聪明的老鸦。他衔了小石子，放进瓶子里去，一连放了十几个石子。（1927 版）

乌鸦想出一个好法子。它找到许多小石子。它把小石子一个、一个的衔来放到瓶子里。（1952 版）

一句“好聪明的老鸦”，表明他脑子里已经有如何解决问题的想法了。至于要放多少石子，应该以不确定为好。“一连放了十几个石子”虽然也是一个虚数，但是没有“一个、一个衔来放到瓶子里”好，因为，前者只表明了动作的连贯紧凑，很难看到衔石过程的艰辛，后者则不但有艰辛，而且还体现了乌鸦锲而不舍的毅力，中间他可能因为太累而停下来了，但他没有放弃，“一个、一个”的描写给人带来了很大的想象空间。正是这样的细节描写，不但把乌鸦塑造成了一个有智慧的聪明者，而且还刻画出它是一个不轻易放弃的意志坚定者。

1934 版和 2004 版则采用先看见石才产生办法的顿悟式思路：

在瓶子旁边踱来踱去。忽然他看见一堆小石子，就衔了几块，放在瓶子里，瓶子里有了石子，水就升上来了。(1934 版)

乌鸦看见旁边有许多小石子，想出办法来了。乌鸦把小石子一个一个地放进瓶子里。(2004 版)

对比 2004 版来说，1934 版把乌鸦的衔石过程描写得相当轻松，从“衔了几块，放在瓶子里”句子中，一点也看不出乌鸦付出了多大的努力。

三、喝水

有了石子，瓶子中的水自然就升上来了，对这种现象的描述，五种版本的遣词造句各不相同：

石积水升（1912 版）

石子一多，水升上来（1927 版）

瓶子里有了石子，水就升上来了，(1934 版)

瓶子里的水升上来了（1952 版）

瓶子里的水渐渐升高（2004 版）

瓶子里的水是靠石子慢慢地推高的。以乌鸦的嘴巴来看，他不可能衔大块的石头，只能衔小块的，因此，水的升高应该是缓慢的。从这一点来看，1934 版“有了石子，水就升上来了”的表述不太准确，因为它没有体现出这个缓慢过程。1952 版“瓶子里的水升上来了”，虽然也没有体现这个过程，但它前面的“把小石子一个、一个的衔来放到瓶子里”已经暗示了这一点。

瓶子里的水升上来了，困难也就解决了，这时候的乌鸦喝水，就成了一种自然的生理现象，因此，四种版本对它的描写都很平淡：

鸦遂得饮（1912 版）

就喝得着了（1927 版）

它就喝着了（1952 版）

它就喝着了（2004 版）

惟有 1934 版写出了乌鸦艰辛过后获得的幸福和快乐感：

老鸦喝得很舒服。

四、不同版本的课文原文

（一）商务印书馆1912年版订正女子国文教科书小学校初级用第4册课文《鸦喝水》

鸦渴甚，见有水瓶在庭中，欲饮之。瓶深水浅，鸦竭力伸喙，仰首若有所思，遽飞去，衔小石至，掷瓶中，往返十余次，石积水升，鸦遂得饮。

（二）中华书局1927年版新中华国语读本小学校初级用第3册课文《聪明的老鸦》

老鸦渴了，想喝那瓶子里的水；但是，瓶颈很长，水又浅，不使水升上来，怎么喝得着呢！好聪明的老鸦。他衔了小石子，放进瓶子里去，一连放了十几个石子。石子一多，水升上来，就喝得着了。

（三）世界书局1934年国语读本小学校初级用第3册课文《老鸦喝水》

老鸦口渴，想喝瓶子里的水，但是瓶子深，水又浅，老鸦喝不着。他心里很急，在瓶子旁边踱来踱去。忽然他看见一堆小石子，就衔了几块，放在瓶子里，瓶子里有了石子，水就升上来了，老鸦喝得很舒服。

（四）初级小学课本语文第二册1952年课文《乌鸦喝水》

一只乌鸦要喝瓶子里的水。瓶子很高，水很少，它喝不着。怎么办呢？乌鸦想出一个好法子。它找到许多小石子。

它把小石子一个、一个的衔来放到瓶子里。瓶子里的水升上来了，它就喝着了。

（五）2004年一年级下册课文《乌鸦喝水》

一只乌鸦口渴了，到处找水喝。乌鸦看见一个瓶子，瓶子里有水。可是，瓶子里水不多，瓶口又小，乌鸦喝不着水。怎么办呢？

乌鸦看见旁边有许多小石子，想出办法来了。

乌鸦把小石子一个一个地放进瓶子里。瓶子里的水渐渐升高，乌鸦就喝着水了。

问题：瓶子旁边要是没有小石子，乌鸦该怎么办呢？

第二节 《蜜蜂引路》的改动分析

《蜜蜂引路》通过描写列宁如何克服困难找到养蜂人的事件描写，培养学生细心观察、认真思考的品质。该文章在1953年就已经出现在人教社出版的高级小学语文课本第一册中（五年级第一学期第10课），时至今天仍然在沿用。不过，段落和字句都有了较大的修改，而且有过多次改动。其中，1983年版六年制小学课本第三册第17课《蜜蜂引路》的改动最大，以后基本上是沿用1983年的版本。下面是1983年版六年制小学课本第三册第17课《蜜蜂引路》与1953年版的一个比较。

一、两种版本的《蜜蜂引路》原文

1953年版：

一九二二年，列宁住在莫斯科附近一个小山上的时候，常常把当地一个养蜂的人找来谈天。

有一回，列宁想找那个人来谈谈怎么样发展养蜂事业。可是往常派去找他的人到莫斯科去了；旁的人都不认得他住的地方，只知道他住得不怎么远。

列宁决定亲自去找那个人。他在野地里一面走一面看。他看见花丛里有一群蜜蜂。

他注意飞回去的蜜蜂往哪里飞。原来它们飞到一个花园里去，那花园里有一所小房子。他跟着那些蜜蜂走；进了花园，就去敲那小房子的门。开门出来的果然就是那个养蜂的人。

养蜂的人看见列宁，惊讶起来了，说：“你好，列宁同志！知道我住在这里的人很少，怎么会找到的？谁把你领到这裏来的？”

列宁笑着说：“我有好向导——你的蜜蜂把我领到这里来的。”

养蜂的人更惊讶了，说：“列宁同志，你真是伟大的人物、伟人的天才。无论什么疑难事情，你都能够找到适当的处理方法。”

列宁说：“只要抓住每一个机会，随时细心观察，谁都能够找到解决问题的线索呀！”

1983年版：

一九二二年，列宁住在莫斯科附近的一座小山上。当地有一个养蜂的人，列宁常常请他来谈天。

有一回，列宁想找那个人谈谈怎样养蜂。可是往常派去找他的人到莫斯科去了，别人都不知道他住在哪里。

列宁知道离得不太远，就亲自去找。列宁一边走一边看，发现路边的花丛里有许多蜜蜂。他仔细观察，只见那些蜜蜂采了蜜，飞进附近的一个园子里，园子旁边有一所小房子。列宁走到那所房子跟前，敲了敲门，开门的果然就是那个养蜂的人。

养蜂的人看见列宁，惊讶地说："您好，列宁同志。是谁把您领到这儿来的?"列宁笑着说："我有向导，是您的蜜蜂把我领到这儿来的。"

二、两种版本的区别

（一）段落调整

段落有较大的变化，前者有 8 个自然段，后者简化为 4 个自然段，简化的目的是为了适应儿童不同年龄阶段的思维特点，1953 年版的课文是五年级教材，段落复杂一点也能理解，而 1983 年版是二年级教材，因此必须相对简单一点。

（二）句子变化

句子变化主要有三方面。

1. "一九二二年，列宁住在莫斯科附近一个小山上的时候"，强调了这一年的某个时候，思维比较严密精细，即整个一九二二年列宁不是都住在这个小山上，而只是这一年的某个时候住在小山上，有利于培养学生的语言从笼统模糊向清晰精确。1983 年改为：

一九二二年，列宁住在莫斯科附近的一座小山上

这是为了适应低年级学生笼统模糊的思维特点。如同给年幼的孩子讲故事，通常都采用"很久很久以前，有一座山"或"古时候，有个地方"的笼统表述，年长以后就不满足于这种表述了，而是需要精确表述，追求故事发生具体时间和地点，比如：

一九二二年七月九日，列宁住在莫斯科附近的麻雀山上。这天下午……

类似这种表述就适合高年级学生。

2. "有一回"这个自然段也有两处改动值得注意。

一处是“谈谈怎么样发展养蜂事业”改为“谈谈怎样养蜂”。谈养蜂事业是工作，是公共事务性的社会行为，给人的印象是，像列宁这样的领导人干什么事都是工作，即使找人聊天、娱乐、放松，都是工作，拔高了列宁的形象，而且与前面说的“谈天”基调不吻合，因为谈天纯粹是消遣性的个人爱好和行为。不过，这在个人崇拜的时代是很正常、很自然的，它与后面养蜂人赞美的话“列宁同志，你真是伟大的人物、伟人的天才。无论什么疑难事情，你都能够找到适当的处理方法”一样，都属于那个激情年代特有的文风。

另一处是“旁的人都不认得他住的地方，只知道他住得不怎么远”改为“别人都不知道他住在哪里”。这一改，语言虽然简洁了，但表述却笼统了。

前者“不认得”的对象比较具体，往往是方位、路径、人等具体内容。铺垫了下文列宁觉得旁的人对他找养蜂人起不了作用而决定亲自去找。

后者“不知道”的内容则比较模糊，不仅仅是不知道养蜂人、不知道养蜂人住的方位和路径，也可以是不知道列宁曾经有过“经常找一个养蜂人聊天”这件事或者说不知道列宁有这种找养蜂人谈天的爱好，还可以是不知道养蜂人住的地方的地名叫什么，或者不知道列宁经常找来谈天的人是干什么的。

此外，“旁的人”改为“别人”也比较笼统，“旁的人”是指除那个到莫斯科办事去了的人以外的列宁身边的其他工作人员，而“别人”的范围则要广得多，可以指那些不是列宁身边的工作人员。不过，为很好地适应二年级生的阅读水平和模糊笼统的思维特点，这样的改动是好的。还有，改动后逻辑也更严谨了，1953 年版说“旁的人只知道他住得不怎么远”，这一点不符合事理，因为列宁找养蜂人聊天一事不可能大张旗鼓告诉许多人，估计就局限在列宁和那个去莫斯科办事的人之间，所以旁的人“知道他住得不怎么远”是不太可能的，1983 年版改为“列宁知道离得不太远”，并以此作为决定亲自去找的原因，显得可信。

3. 列宁在找养蜂人的过程描述上，主要有三个动作“走”“看”“敲”。

① 对动作“走”的描述，1953 年版比较精确，写出了“在野地里”一面走一面看，“跟着那些蜜蜂走；进了花园”，1983 年版只笼统地说在路上一边走一边看，“走到那所房子跟前”。

② 对动作“看”的描述，1983 年版比较细腻，分别用了“看、发现、仔细观察、见”，1953 年版只用了“看、看见、注意”。其实，汉语中表述“看”的动作还有很多，诸如瞧、盯、望、观、睹、瞟、相、察、视、瞥、窥、瞅、留意等，掌握相关的词语越多，表达才会越细腻越准确。否则，无论什么场合都只是笼统地用一个

“看”字，就会缺少表达多样化带来的艺术效果，比如：

列宁一边走一边看，发现路边的花丛里有许多蜜蜂。他仔细观察，只见那些蜜蜂采了蜜，飞进附近的一个园子里。

如果改成一“看”到底的表述：

列宁一边走一边看，看见路边的花丛里有许多蜜蜂。他仔细看，只见那些蜜蜂采了蜜，飞进附近的一个园子里。

韵味就将大减。在描写看到的情景时，1983 年版也相对丰富：

那些蜜蜂采了蜜，飞进附近的一个园子里。

1953 年版只有蜜蜂飞的动作描写，而没有采蜜动作的描写。

③ 对动作“敲”的描述，两种版本各有侧重。1953 年版用“敲”，是一般转述介绍性的语言，1983 年版用“敲了敲”，是一种身临其境的正在进行性动作描述。问题在于所敲的门究竟在哪里？1953 年版比较明确清晰：

那花园里有一所小房子。他跟着那些蜜蜂走；进了花园，就去敲那小房子的门。

1983 年版相对模糊：

蜜蜂“飞进附近的一个园子里，园子旁边有一所小房子。列宁走到那所房子跟前，敲了敲门。

这里的“附近”不好理解，究竟是路边花丛的附近，还是列宁站着观察的地点附近？“园子里”表明这个园子应该有围墙或有篱笆隔着路，接下来的“园子旁边有一所小房子”应改成“园子里边有一所小房子”似乎清晰一点。

（三）字词改动

1953 年版第一自然段写列宁常常把当地一个养蜂的人找来谈天。“找来”一词显得太随意、不尊敬，1983 年版改为“请他来”。

关联词“一面……一面”和“一边……一边”没有多少区别。

“开门出来的果然就是那个养蜂的人”改为“开门的果然就是那个养蜂的人”，显得语言简洁，此外“你、你好”改为“您、您好”显得亲切。

三、《蜜蜂引路》的 21 世纪版

2001 年，国家在基础教育铺开了一场全面的课程改革，颁布了《全日制义务教育语文课程标准》，2004 年相应地人教社推出了义务教育课程标准实验教科书，这套

教科书的二年级下册 26 课《蜜蜂引路》，原文为：

1922 年，列宁住在莫斯科附近的一座小山上。当地有个养蜂的人，列宁常常派人去请他来谈天。

有一回，列宁想找那个人谈谈怎样养蜂。可是往常派去找他的人到莫斯科去了，别人都不知道他住在哪里，列宁就亲自去找。

列宁一边走一边看，发现路边的花丛里有许多蜜蜂。他仔细观察，只见那些蜜蜂采了蜜就飞进附近的一个园子里，园子旁边有一所小房子。列宁走到那所房子跟前，敲了敲门，开门的果然就是那个养蜂的人。

养蜂的人看见列宁，惊讶地说："您好，列宁同志，是谁把您领到这儿来的？"列宁笑着说："我有向导，是您的蜜蜂把我领到这儿来的。"

这一版本基本上保持了 1983 年版的课文内容，但也有几处增改：

第一，"一九二二年"改为"1922 年"，这是顺应国际化的要求，年份一般要用阿拉伯数字。

第二，"当地有一个养蜂的人，列宁常常请他来谈天"改为：

当地有个养蜂的人，列宁常常派人去请他来谈天。

"有一个"表明当地养蜂的人不多，"有个"表明多，要请的只是其中一个；"派人去请"比"请"更具体、更诚心，笼统的"请"的方式可以是捎口信、寄信件，但没有"派人去请"那么庄重。

第三，"别人都不知道他住在哪里。列宁知道离得不太远，就亲自去找"改为：

别人都不知道他住在哪里，列宁就亲自去找。

删掉了"知道离得不太远"。这一删不太好，因为列宁日理万机，工作繁忙，促使他亲自去找的原因有两个：一是往常派去找的人到莫斯科去了，别人都不知道他住在哪里；二是他知道离得不太远，所以才决定亲自去找。如果删掉这个原因，对凸现列宁的高大形象不太好。

第四，"只见那些蜜蜂采了蜜，飞进附近的一个园子里"改为"只见那些蜜蜂采了蜜就飞进附近的一个园子里"，逗号改为"就"，强调了"采蜜"与"飞进"这两个动作的连贯性。

第三节　修补增删，孰优孰劣——课文《骆驼和羊》的演变分析

《骆驼和羊》是一篇富有哲理的童话故事，它揭示的是"尺有所短，寸有所长"

的道理，即每个人、每种物都有长处和短处。由于生活或发挥作用的环境和地方不同，长处可能变成短处，短处也可能变成长处，长处和短处是相对的。骆驼和羊都不明白这个道理，所以才会发生一场持续的争论。

这个故事在新中国成立以前就已经出现在小学国语教材中，如商务印书馆 1925 年后推出的《新学制国语教科书》第 5 册 19 课《骆驼和猪》，情节和《骆驼和羊》基本一致：

骆驼身体很高，猪身体很矮，大家都自以为好。骆驼说："世界上最好的就是高，你看我多么高呀！"猪说："世界上最好的就是矮，你看我多么矮呀！"两个争论不休。

骆驼说："我可以做一件事情，证明矮的好。"

骆驼走到四面围着矮墙的花园边，把头抬起来吃园里的树叶，猪吃不着。骆驼说："现在可以证明高比矮好了。"

猪走到四面围着高墙，单开一扇矮门的花园边，把身体由矮门钻进去吃树叶。骆驼钻不进。猪说："这可以证明矮比高好了。"

牛先生说："你们不要争了。用得着高的时候高好，用得着矮的时候矮好。"

新中国成立以后，这个故事出现在人教社出版的初级小学语文课本中，不过"猪"改成了"羊"，也有把课文题目写成"不要只觉得自己好"。下面选取人教社出版 1953 年、1979 年、1983 年、1995 年、2004 年的五种版本的课文《骆驼和羊》，对其多次修订作一个简要分析。其中 1979 年版对 1953 年版的改动比较大，此后的改动就比较小。

一、两种版本的《骆驼和羊》原文

1953 年初级小学第 6 册

骆驼很高，羊很矮。骆驼说："身体要长得高才好。你看我多么高哇！"羊说："不，矮的才好。"

骆驼说："我可以做一件事情，证明高的好。"羊说："我也可以做一件事情，证明矮的好。"

它们俩走到一个花园旁边。四面围着矮墙，骆驼把头抬起来，吃园里的树叶。羊吃不着。骆驼说："这可以证明高比矮好吧？"

又走了几步，羊找到一个矮门，很快地就钻进园里去吃草，骆驼进不去。羊说：

"这可以证明矮比高好吧?"

老牛听见了，说："高和矮都有好处，也都有缺点。只觉得自己好，不知道自己的缺点，是不对的。"

1979年全日制十年制第4册

骆驼很高，羊很矮。骆驼说："长得高多好啊。"羊说："不对，长得矮才好呢。"骆驼说："我可以做一件事情，证明高比矮好。羊说："我也可以做一件事情，证明矮比高好。"

他们俩一边争论一边走，到了一个花园旁边。（他们走到一个园子旁边。）花园四面有围墙，里面种了很多树，茂盛的枝叶伸出墙外来。骆驼一抬头就吃到了树叶。羊抬起前腿，扒在墙上，脖子伸得老长，还是吃不着。骆驼说："你看，这可以证明了吧，高比矮好。"羊摇了摇头，不肯认输。

他们俩一边争论一边走，看见围墙上有个又窄又矮的门。羊大模大样地走进花园去吃草。骆驼跪下前腿，低下头，往门里钻，怎么也钻不进去。羊说："你看，这可以证明了吧，矮比高好。"骆驼摇了摇头，也不肯认输。

他们俩找老牛评理，老牛说："只看到自己的长处，看不到自己的短处，是不对的。只看到人家的短处，看不到人家的长处，也是不对的。"

二、两种版本的改动分析

（一）文章思路结构的改动

1979年版把1953年版的第一、二自然段合并为一个自然段，让文章结构更紧凑。全文围绕着争论、证明、评理的思路展开，保持4个自然段，其主旨分别为：骆驼和羊引发争端、骆驼证明高比矮好、羊证明矮比高好、找老牛评理。

（二）每个自然段的修订

1. 第一自然段，1953年版"身体要长得高才好。你看我多么高哇!"改为1979年版"长得高多好啊"。

前者是骆驼露骨、直率地自我吹捧，骆驼提出"身体要长得高才好"的观点是出于他自身高的原因，而且他这个"高"是相对羊而言，也就是说骆驼所说所做的真实目的不是要获得对于"长得高才好"的结论认可，而是要体现他对于羊的强势，胜过羊，就如同一个秃顶的人就说秃顶才漂亮，拥有黄皮肤就说黄皮肤才聪明一样，这种表达一方面有助于深化课文中看问题片面的主题，另一方面也体现了小孩子直率、争强好胜的性格特征。

骆驼和羊认识问题的思路大致分三个阶段：我比你长得高（矮），所以长得高（矮）才好，总之我比你好或强。骆驼和羊就是小孩子争强好胜的影子，两者的争端缘于争强好胜，由争强好胜再发展为看问题片面。按照这种认识思路，如果骆驼面对的是长颈鹿，他就会说“身体要长得矮才好。你看我多么矮哇！”羊面对小猫，就会说“长得高才好”。

而后者修订为“长得高多好啊”，就没有透显出这种认识思路，只是轻描淡写、不经意的一句慨叹而已，看到的不是争强好胜的小孩子形象，反而是老谋深算、工于心计的成人性格。如果把 1953 版改为“你看我多么高哇，身体要长得高才好！”或者改为“世界上最好的就是高，你看我多么高呀！”就能凸现小孩子的好胜心。从这一点看，民国新学制时期比较关注教材的儿童化。

2. 第二自然段合并为 1979 年版的第一自然段后，字句也作了小改动：①“证明高的好”改为“证明高比矮好”，②“证明矮的好”改为“证明矮比高好”。1953 年版用“高的好”，是为了与第一自然段的句子“身体要长得高才好”相照应，1979 年没有了这一句，因此，“高比矮好”的这种改动，是前面“长得高多好啊”的观点延伸，具体点明了“高”之所以“好”是相对于矮而说的，而不是相对于大或相对于小，相对于强或相对于弱，相对于白或相对于黑来说的。因此，用“高的好”与用“高比矮好”，无所谓好坏。

3. 第三自然段的四处改动值得注意：

第一处是“它们俩走到一个花园旁边”改为“他们俩一边争论一边走，到了一个花园旁边”。“他们”是人格化的代词，“走到”这个词区分为两个动作“走”和“到”，“走”给予了具体描述，但“到”没有，如果改为“不知不觉到了一个花园旁边”，形容争论的专心，或改为“脸红耳赤地到了一个花园旁边”，形容争论的激烈，可能都会好一点。

第二处，“四面围着矮墙，骆驼把头抬起来，吃园里的树叶”，骆驼是主要描述对象，矮墙到底多矮，是相对骆驼身高来说的，对羊来说则是高墙。“把头抬起来”、“吃”刻画了骆驼的轻松、得意形态。1979 年修改为“花园四面有围墙，里面种了很多树，茂盛的枝叶伸出墙外来。骆驼一抬头就吃到了树叶”。修改后变成两个描述对象：树和骆驼，同时树的茂盛枝叶伸出墙外来也仿佛成了骆驼能吃到树叶的前提

条件，这样不但淡化了对骆驼优势所给他带来的轻松、得意形象的刻画，而且会节外生枝地引发茂盛枝叶如果延伸到地上，羊也可以吃到的无端联想。

第三处，“羊吃不着”改为“羊抬起前腿，扒在墙上，脖子伸得老长，还是吃不着”，改动后通过三个动作“抬、扒、伸”，把羊吃不着的无奈形象具体化，有效地突出了骆驼高好的观点。

第四处，增加“羊摇了摇头，不肯认输”，这是羊对骆驼所说所做的反应，体现了羊的偏执。

4. 第四自然段有五处改得好：

①“又走了几步”改为“ 他们俩一边争论一边走”，表明了争论的无休止和两者的互不相让。

②羊“很快地就钻进园里去吃草”改为“羊大模大样地走进花园去吃草”。

“大模大样地”比起“很快地”更能体现羊找到了证明矮好的事情时的得意和神气。

③“矮门”改为“又窄又矮的门”，更有力地彰显了羊的优势。

④“骆驼进不去”只是一个笼统的叙述，而改为“骆驼跪下前腿，低下头，往门里钻，怎么也钻不进去”，则展现了“进”的具体动作，生动刻画了骆驼在这种情景中的劣势，其效果与前面描述羊吃不到树叶时的狼狈动作“抬、扒、伸”形成鲜明对比。

⑤增加了“骆驼摇了摇头，也不肯认输”，对应前面的“羊摇了摇头”，体现骆驼跟羊一样偏执。

5. 第五自然段的改动必须深入到教育价值观去探讨，教育培养什么样的人。

骆驼和羊争论那么激烈，彼此互不认输，那么结局会是如何呢？是不欢而散，各自按照自己的观点和方式生活呢，还是非要争出个输赢结果呢？1979 年版改为骆驼和羊主动找老牛评理，就是后者思维，它有两个前提：

第一个前提，认为凡事都有个对错、好坏之分，所以一定要弄出个你输我赢、你低我高的结果来，这是典型的斗争和竞争思维，强调爱憎分明的态度，你死我活的场面，突出东风压倒西风或西方压倒东风的结局。

第二个前提，认为社会上自有主持公道的权威或机构，老牛就是这个公道者的化身，是值得信赖的道德说教者。基于这两个前提，骆驼和羊才会认同去找老牛评理，不然，骆驼说要去找狐狸，羊说要去找乌鸦，又会各执一端，继续无休止的争论。应该说，这种改动符合大多数中国人的审美追求，也就是任何事情都要主动去获得一个圆满的结局，同时这种改动也突出了小学语文教学的重要任务：形成正确的思想观点，老牛给了骆驼和羊正确的思想观点。因此，1979 年版这种主动找老牛评理的改动，一直保留到现在。

相反，1953 年版老牛的话“高和矮都有好处，也都有缺点。只觉得自己好，不知道自己的缺点，是不对的”，是纯粹作为旁观者的议论。这种议论从教育施加的影响力度来说，是乏力的，因为它一方面容易让人觉得老牛多管闲事，无端卷入了人家的争吵之中，另一方面也给了骆驼和羊充分自主选择的自由。他们既可以置之不理，鄙视老牛，继续争吵，也可以若有所悟，停止争论，问个究竟。而如果他们主动去找老牛评理的话，就没有其他选择，只有聆听的份。因此，如果是培养个性张扬，尊重和包容多元文化的人，那么应该保留 1953 年版。

（三）老牛的话的改动

下面是不同年份版本中老牛说的话：

高和矮都有好处，也都有缺点。只觉得自己好，不知道自己的缺点，是不对的。(1953)

只看到自己的长处，看不到自己的短处，是不对的。只看到人家的短处，看不到人家的长处，也是不对的。(1979)

只看到自己的长处，看不到自己的短处，是不对的。(1983)

你们俩都只看到自己的长处，看不到自己的短处。这是不对的。(1995)

你们俩都只看到自己的长处，看不到自己的短处。这是不对的。(2004)

可以看出，除了 1995 年与 2004 年保持一致外，其他四次各不相同。1953 年，“高和矮都有好处，也都有缺点”是思想观念的认识，是理论依据，由这一依据推导出“只觉得自己好，不知道自己的缺点”的处世行为方式和态度是不对的，富有说服力。1979 年，没有了推导的逻辑过程，只留下了处世行为方式和态度，同时从“自己”、“人家”两个角度对其作了正反对比的说理，以增加说服力。按这一思路，其实还可以衍生出另一种表达：

只看到自己的长处，看不到人家的长处，是不对的。只看到人家的短处，看不到自己的短处，也是不对的。

这个表达与 1979 年的表达虽然不同，但意思差不多。1983 年版可能觉得 1979 年版罗嗦，浪费笔墨，于是干脆把从“人家”角度的对比删掉，只留下“只看到自己的长处，看不到自己的短处，是不对的”。这种改动使说理的充分程度有所减弱。

1995 年版在 1983 版基础上增加了“你们都”，使说教味变得更浓，老牛俨然是高高在上的道德裁判者，“你们都”带有领导者和长辈对下级或下辈的批评指责口气，语调重，似乎与素质教育倡导的学生自主学习、合作学习的教育理念不太合拍。试比较：

你们都没有发言，这是不好的——没有发言，是不好的

你们都不好好读书，这是不好的——不好好读书，是不好的

你们都只顾玩游戏，这是不好的——只顾玩游戏，是不好的

最后，字词方面也有个别改动，但意义区别并不明显，如 1979 年“骆驼很高，羊很矮”，1983 年改为“骆驼长得很高，羊长得很矮”，1995 年改为“骆驼长得高，羊长得矮”。

不过，花园改为“园子”可能别有意义。

1953 年、1979 年的都用“花园”，如“到了一个花园旁边。花园四面有围墙”，到 1983 年以后都改为“园子”，“他们走到一个园子旁边，园子四面有围墙”。

这种改动可能有爱护花木、保护环境的考虑。20 世纪 80 年代初，语文教育界就特别重视引导环境保护了，整个 80 年代，作为教育指挥棒的高考试题就曾经出现两次有关环保的作文题，分别是 1981 年的“读《毁树容易种树难》有感”和 1985 年“给《光明日报》编辑部的信”。或许“花园”改为“园子”的意义就在此。

第四节　改写、略写和缩写——《十六年前的回忆》的删改处理

《十六年前的回忆》是李星华为纪念她父亲李大钊而写的一篇回忆文章。李大钊是马克思主义在中国的最早传播者，是中国共产党的创始人和早期领导者。这篇文章写于 1943 年 4 月 26 日，距离李大钊烈士遇难的 1927 年 4 月 28 日已经整整十六年。

文章由父亲的遇难日引出对父亲的一连串回忆：被捕前、被捕时、受关押提审、遇难后，揭示了李大钊同志忠于革命事业的精神和临危不惧、正气凛然的品质。该文在 1956 年就已经出现在人教社改编出版的《高级小学语文课本》第四册，当时的课文比较长，内容比较完整，姑且称之为完整版。1980 年全日制十年制学校小学课本第八册继续选用这篇课文，因为是从六年级第二学期用的教材中提前到四年级第二学期用，所以对课文内容作了大量的改写、略写和缩写，字符数从 1956 年版的 3612 字删减到 1901 字。

这种删改版，在此后人教社的1984年版、1998年版教材中沿用，现在的人教版义务教育课程标准小学语文实验教科书仍把它选编为六年级下册的第三组的课文，并提出“通过本组课文的学习，缅怀革命先辈，继承光荣传统；还要把握主要内容，体会作者表达的真情实感，了解课文的叙述顺序”的要求，可是，删改版对“作者表达的真情实感”的处理是有所不妥的。下面从改写、略写和缩写三方面对这篇课文作一个比较分析，以利于教师更深入把握课文的主要内容，促进教学。

一、改写

改写是指根据课文主题、学生接受水平以及语言的简明规范要求，对字词、句式和段落进行改换和合并。改写体现了教科书编辑者的语言表达水平和对课文的认识理解。下面列举两种版本的9处改写，并对改写进行分析。

完整版：

[1] 一九二七年四月二十八日是我永远不忘的一天。

[2] 父亲永远是慈祥的。

[3] 后来从母亲嘴里知道，过几天张作霖要派人来检查。果然，没出两天工夫，父亲那里的一位工友阎振一早上街买东西，直到夜晚还不见回来。第二天，父亲他们才知道阎振被关在警察厅里了。我们心里都很不安，为这位工友着急。

[4] 可怕的一天终于来了。

[5] 九日的早晨，母亲带了妹妹到兵营那边的儿童娱乐场上散步。天气好，她们兴致勃勃地走了，连早饭也没吃。里间屋里，父亲在黑色的桌子旁边写字，我坐在外间的长木椅上看报。

[6] “不要放走一个!”粗暴的吼声在窗外响起来了。

[7] 在这许多军警中间我发现了前几天被捕的那位工友阎振，被绳子给牢牢地拴着胳膊，有个肥胖的便衣侦探拉着，从两边披散着的长发间露出一张苍白的脸来。显然他受过苦刑了。他们把他带来，当然是叫他认人的。

那个粗大身材、满脸横肉、长着一双阴险眼睛的便衣侦探指着父亲向阎振问：“你认识他吗？”

阎振只简单地摇一摇头，表示不认识。

[8] “哼！你不认识？我可认识他呢。”侦探狡猾地笑着，又郑重地吩咐他的左右：

“看好，别让他得空自杀，先把手枪夺过来!”

[9] 残暴的匪徒们把父亲绑起来，拖走了。我也被他们带走了。

在高大的砖墙围起来的警察厅的院子里，我看见母亲和妹妹也都被带来了。还看见谭祖尧的未婚妻李婉玉和他的妹妹柔玉。我们一起被关在女拘留所里。

[10] 父亲瞅了瞅我们，没有对我们说一句话。脸上的表情非常安定、沉着。他的心似乎并没有放在我们身上，而是被另外一种伟大的力量笼罩着。显然这个力量就是他平日对我们讲的他对于革命事业的信心。

删改版：

[1] 一九二七年四月二十八日，我永远忘不了那一天。

突出了不能忘却的具体日期，为顺应语言文字规范化的要求，1998 年版以后，年份都改写成了 1927 年 4 月 28 日。

[2] 父亲是很慈祥的。

“永远”变成了“很”，前者侧重时间角度说，与后面的“从来”、“向来”呼应，后者侧重我对父亲的慈祥程度的感受说，呼应的是我的调皮行为——“总爱向父亲问许多幼稚可笑的问题”。

[3] 后来听母亲说，军阀张作霖要派人来检查。为了避免党组织被破坏，父亲只好把一些书籍和文件烧掉。才过了两天，果然出事了。工友阎振山一早上街买东西，直到夜里还不见回来。第二天，父亲才知道他被抓到警察厅里去了。

三处改动值得注意。

第一，“后来从母亲嘴里知道”暗含我为了探究父亲烧文件和含糊回答我的反常行为背后原因而时时留意、分析、整合母亲的日常谈话内容，改为“后来听母亲说”，则好像是母亲直接告诉了我事实真相：张作霖要派人来检查，为了避免党组织被破坏，父亲只好把一些书籍和文件烧掉。如此就没有了好奇、疑惑的“我”的形象，或者说作为儿童的“我”被成人化了，被拔到了革命同志的高度。

第二，“没出两天工夫”指在两天内，事件发展变化快，改为“才过了两天”，时间被延长了，事件来得快、来得突然的担心意思被弱化了，可能是考虑到“工夫”一词小孩子比较费解，才作此改动，后面增加了“出事”一词大概也是出于这一考虑，因为阎振上街后一直没回来本身就是出事了，再用“出事”一词来点明就显得多余。

第三，“父亲他们才知道”改为“父亲才知道”，前者强调了集体组织的全体成员，后者只突出了父亲。

第四，“阎振”改成了“阎振山”，不知是作者记错了人名，还是改编者有意为了识字的需要而增加一个“山”字，后来1984年版的六年制小学语文课本又改为“阎振三”，变换记忆历史的文章人名不是一件严肃的事情，因为它毕竟不同于小说和抒情散文。阎振尽管是一个小人物的人名，但也应该严肃对待，不能随意更改。

[4] 可怕的一天果然来了。

“终于”改为“果然”，成人化意味比较浓。“终于”有侥幸心理，指祈求或期望担心的事件不会发生，但最终还是发生了，这符合儿童天真幼稚的想法；“果然”指基于对形势发展而作的必然判断，强调的是这么一种认识判断，即担心的事件一定会发生，是意料中而非意料之外。

[5] 4月6日的早晨，妹妹换上了新夹衣，母亲带她到儿童娱乐场去散步了。父亲在里间屋里写字，我坐在外间的长木椅上看报。

“九日的早晨”改为“4月6日的早晨”，是为了规范化，1927年的清明节那天是4月6日，而不是九日。这个文段中有三件事——母亲带妹妹散步、父亲工作、我看报，这三件事情中父亲工作是重点，要突出其忘我工作。1956年版的“天气好”“兴致勃勃”“连早饭也没有吃”有这种映衬作用。1980年的“妹妹换上了新夹衣”与突出父亲忘我工作的形象没有多大作用，反而让读者感觉到“母亲带妹妹去散步”的直接原因就是“妹妹穿上新夹衣后要出去玩”的淘气，而不是“屋子外天气好、空气好、环境好”之类的外部诱因。这样就削弱了对父亲勤劳忙碌形象的描绘。

[6]“不要放走一个!”窗外一声粗暴的吼声。

“粗暴的吼声在窗外响起来了”描述的是除“不要放走一个”的吼声外，还有一连串嘈杂的吼声，写出了宪兵、侦探和警察的无组织、无纪律的慌乱以及秩序失控场面，改为“窗外一声粗暴的吼声”后，则仿佛变成了一只有组织的队伍在悄悄逼近房屋，随着带队者一声“不要放走一个”的命令，这支秩序井然的队伍就开始有组织的分散展开搜捕工作了。有点美化敌人。

[7] 在军警中间，我发现了前几天被捕的工友阎振山。他的胳膊上拴着绳子，被一个肥胖的便衣侦探拉着。

那个满脸横肉的便衣侦探指着父亲问阎振山：“你认识他吗?”

阎振山摇了摇头。他那披散的长头发中间露出一张苍白的脸，显然是受过苦刑了。

改写后文段变得简洁，意思明了。表现在：第一，把“在这许多军警中间”改为“在军警中间”，并加一个逗号与主句隔开；第二，整合我第一眼发现的内容：发

现了被捕的工友阎振山、发现了阎振山被绳子栓着胳膊、发现了一个便衣侦探拉着阎振山、发现了阎振山长发间露出一张苍白的脸，整合后把复杂单句变为复句，同时把第一眼发现的内容“露出一张苍白的脸”放在接下来看到的“阎振山摇了摇头”的后面；第三，把分别从身材、脸蛋、眼睛三个角度描写便衣侦探丑恶形象的修饰词删去两个，只留下“满脸横肉”的修饰词。

［8］“哼！你不认识？我可认识他。”侦探冷笑着，又吩咐他手下的那一伙，“看好，别让他自杀，先把手枪夺过来！”

“冷笑”比“狡猾”更能体现侦探的残酷，“郑重”和“得空”表现了侦探虑事周密，因此应该删去。此外，“他的左右”是中性词，“他手下的那一伙”则带有蔑视。

［9］残暴的匪徒们把父亲绑起来，拖走了。我也被他们带走了。在高大的砖墙围起来的警察厅的院子里，我看见母亲和妹妹也都被带来了。我们被关在女拘留所里。

1956 年版是两个自然段，改写后把它们合并为一个自然段，同时删除了“谭祖尧”那一句。两段合并，从事件认识的逻辑阶段上来看不太合适，因为“在高大的砖墙围起来的警察厅的院子里”开始写的是被捕后受到监押提审的事件回忆，而此前描写的则是被捕过程的回忆。但是，从事件发展的连续性上看，两段合并在一起则显得紧凑。因为从被捕到被关押是接连事件，而从被关押到被提审则隔了十几天。

［10］父亲瞅了瞅我们，没对我们说一句话。他脸上的表情非常安定，非常沉着。他的心被一种伟大的力量占据着。这个力量就是他平日对我们讲的——他对于革命事业的信心。

父亲对我们只瞅不说的表现，并非无情、冷漠，而是有一种为了革命事业的力量支配着，因此显得安定、沉着，而不是惊恐和慌张。

“他的心似乎并没有放在我们身上，而是被另外一种伟大的力量笼罩着”是“我”作为小孩子的猜想，改为肯定口气“他的心被一种伟大的力量占据着”，同时改“笼罩”为“占据”，虽然强调了这种献身是由内心深处发出的自觉追求，有力凸现了李大钊献身革命事业的高大形象，但文中的“我”同样被成人化了，仿佛是游离于事件外的评论员，而不是事件的亲历者和感受者。

二、略写

教科书选编者为了让句子简明、段落清晰而删去一些认为与主题关系不紧密的修饰词句和段落，这种选编方法就是略写。略写后文章中的一些细节和细腻情感描写被省略了。为让教师感受到完整版的细微传情之妙和当时事件发生的真实场景。下面列举10处略写内容进行对比分析。

完整版：

［1］局势越来越严重，父亲的工作也越来越紧张。他并不因为情形恶化就发愁，灰心。他工作完了，还讲些惹人发笑的话。父亲对艰苦的革命事业永远是乐观的。

［2］短短的一段新闻还没看完，就听到“拍，拍，…”几声尖锐的快枪响，接着就听见庚子赔款委员会那边发出一阵纷乱的喊叫，接着又听见有许多人从那堵矮小的围墙上跳到我们的院子里来。

［3］“什么，爹？”我瞪着两只受惊的眼睛向父亲问。

［4］“没有什么，不要怕。星儿，跟我到外面去看看吧。”他不慌不忙的从抽屉里取出那枝闪亮的小手枪，就向院里走。我们刚走出房门，看见许多赤手空拳的青年象一群受惊的小鸟似的东奔西撞，找不到适当的去处。我紧随父亲身后，走出这座充满恐怖的院子，找到一间僻静的小屋，暂时安静下来。

［5］我的心剧烈地跳动起来。我没有吭气，只用恐怖的眼光瞅了瞅父亲。

［6］“爹！”我忍不住喊出声来。母亲也哭得瘫在地上。妹妹也跟着哭起来了。

“不许乱喊！”法官拿起惊堂木重重地在桌上拍了一下。

“不许乱喊！”他的手下也应声斥责着。

［7］“不要多嘴！”法官怒气冲冲的，又将他面前那块木板狠狠地拍了几下。

“不要多嘴！”他的左右也狐假虎威地重复着。

［8］父亲说完了这段话，不再说了，又望了望我们。

［9］第二天，舅老爷到街上去买报，我们在家里不安地等待着他把父亲的消息带回来。这位老人是从街上哭着回来的，他的手里无力地握着一份报。我看到报上用头号字登着“李大钊等昨已执行绞刑”，我立刻感到眼前蒙了一团云雾，晕倒在床上了。我醒过来的时候，母亲房里乱成一团。母亲伤心过度，晕过去三次，每次都是刚刚叫醒又晕过去了。

［10］我又哭了，从地上捡起那几张零乱的报纸摆在眼前，横住心，咬紧牙齿，勉强略略看了一遍。

上面清楚地登着父亲他们二十几个人在昨天上午被绞死了，还登着阎振就刑前的一句话：“难道我们就这样死掉吗？”

我把报纸扔在床上，低声向母亲说：

“妈，昨天是四月二十八。”

母亲微微点了一下头。

过了几天，我们才重新把父亲装殓过，将灵柩暂停在宣武门外浙江寺。母亲带着我和两个弟弟两个妹妹回到乡下去住，哥哥也离开了北京。我们的家庭就这样分散了。

删改版：

[1] 局势越来越严重，父亲的工作也越来越紧张。

[2] 短短的一段新闻还没看完，就听见“啪，啪……”几声尖锐的枪声，接着是一阵纷乱的喊叫。

[3]“什么，爹?”我瞪着眼睛问父亲。

[4]“没有什么，不要怕。星儿，跟我到外面看看去。”父亲不慌不忙地从抽屉里取出一支闪亮的小手枪，就向外走。我紧跟在他身后，走出院子，暂时躲在一间僻静的小屋里。

[5] 我的心剧烈地跳动起来。用恐怖的眼光瞅了瞅父亲。

[6]“爹!”我忍不住喊出声来。母亲哭了。妹妹也跟着哭起来了。

“不许乱喊!”法官拿起惊堂木重重地在桌上拍了一下。

[7]“不要多嘴!”法官怒气冲冲的，又拿起他面前那块木板狠狠地拍了几下。

[8] 父亲说完了这段话，又望了望我们

[9] 第二天，舅老爷到街上去买报。他是从街上哭着回来的，手里无力地握着一份报。我看到报上用头号字登着“李大钊等昨已执行绞刑”，立刻感到眼前蒙了一团云雾，昏倒在床上了。母亲伤心过度，昏过去三次，每次都是刚刚叫醒又昏过去了。

[10] 我又哭了，从地上捡起那张报纸，咬紧牙，又勉强看了一遍。我低声对母亲说：“妈，昨天是4月28。”母亲微微点了一下头。

[1][3][5]句把“我”受惊的感受、表现、紧张形态以及父亲乐观面对恶劣局势的表现省略了。

[2]句用“一阵纷乱的喊叫”模糊了整个场面，省略了“庚子赔款委员会”这个地点和许多人的跳墙行为描写。特别是慌乱的跳墙行为描写，对革命者正面形象的刻画不利。

[4]句省略了“看见许多赤手空拳的青年象一群受惊的小鸟似地东奔西撞，找不到适当的去处”以及修饰词“这座充满恐怖的”，这些词句与革命者的大无畏气概

不太吻合。不过，这正是作为小孩子的“我”所看到的真实场景。

［6］［7］把法官手下那种狗仗人势、谄上欺下的行为删去了。选编者可能认为这些描写与塑造父亲的伟大形象关联不大。

［8］句“不再说了”被认为多余，也删减了。

［9］句把“母亲房里乱成一团”删除了，大概考虑到“乱成一团”与呼天抢地哭喊相联系，不利于母亲的坚强形象塑造。

［10］句删去了“那几张零乱的”修饰词，也是基于这种考虑。［10］句同时还删除了我所看到的报纸上的具体内容，包括阎振的就义留言，只留下我的坚定回答“妈，昨天是四月二十八”，并以“母亲微微点了一下头”作为结尾。删去了“母亲带着我和两个弟弟两个妹妹回到乡下去住，哥哥也离开了北京。我们的家庭就这样分散了”这种凄凉结局。这种处理能给人播撒力量和光明。

母亲要求孩子记住父亲被害的日子，不外乎两个目的：一是为了纪念，二是为了复仇。复仇，就是沿着父亲的路走下去，这条路需要力量和信念。从母亲醒过来的第一件事就是问“昨天是几号”，到“母亲微微点了一下头”，整个过程的描写已从过去的悲伤转到了对未来的展望。因此，这个处理，从普遍意义上的教育价值来说，是很好的。

三、缩写

缩写是指选编者为了让文章的篇幅减少，在不改变原意的基础上进行浓缩精简。下面对比6处缩写的地方，前者为完整版，后者为删改版。

［1］父亲是九日被捕的，那天正是清明节。一早起来，天气非常温和。我和妹妹愉快地换上了新的夹衣。父亲看到了，立刻说：“快到外面玩去吧，真是春天了。”这几天父亲很忙，很少象今天这样得空和我们讲话。他每天夜里回来得很晚，早晨不知道几时又离开了房间。

［1］那年春天，父亲每天夜里回来得很晚。每天早晨，不知道他什么时候又出去了。

清明时节，天气温和，草木泛绿，父亲也从昼夜的忙碌中感受到了这种变化，并抽空给予我们细致的关心，希望我们快乐成长。缩写后有关春天的谈话没有了，浓缩为“那年春天”，作为故事发生的时间交代。

［2］几天以来，常有父亲的朋友们偷空来劝他离开北京。父亲对他们的劝告不

很在意。母亲当然为父亲担心，时时向父亲劝告。但是，这也毫无效果。父亲很坚决地讲给母亲听："不是常对你说吗？我是不能轻易离开北京的。假如我走了，北京的工作留给谁领导？……你要知道现在是什么时候，这里的工作是怎样重要。……哪能离开呢？"一直说得母亲闭口无言。我虽然也在发愁，但总脱不掉孩子气，自己玩到高兴的时候，会把什么事情都丢向脑后的，绝不象母亲那样整天浸在愁苦里。我们就这样不安地过着日子。

［2］他的朋友劝他离开北京，母亲也几次劝他。父亲坚决地对母亲说："不是常对你说吗？我是不能轻易离开北京的。你要知道现在是什么时候，这里的工作多么重要。我哪能离开呢？"母亲只好不再说什么了。

父亲朋友偷空劝他离开北京的危险氛围渲染、母亲担心的劝告和表现以及我的孩子气全都被浓缩成为平淡的语气，以突出父亲对工作执着负责的对话。

［3］十几天过去了，我们始终没看见父亲，也无从打听他的消息。我和母亲每天都沉浸在疑惑里。有一天，上午十一点钟左右，我们正在吃中饭，手里的窝窝头还没啃完，听见警察喊母亲、我和妹妹的名字，说是提审。

［3］十几天过去了，我们始终没看见父亲。有一天，我们正在吃中饭，手里的窝窝头还没啃完，听见警察喊我们母女的名字，说是提审。

我们在监狱的心理和行为表现，包括"无从打听消息""每天沉浸在疑惑里"的痛苦和焦虑，都被浓缩在"始终没看见父亲"的这一结果描述中。"母亲、我和妹妹的名字"也被缩写为"我们母女的名字"。

［4］法官命令把我们押下去。就这样，同父亲见了一面，就匆匆分别了。想不到这竟是最后的一次见面。

父亲以后的情形一点也没有法子知道。母亲和我每天仍旧沉没在疑惑、焦急和挂念里。

不久，另一个女政治犯，也是父亲的一个学生，被捕到警察厅来了。女禁子不在身边的时候，我们就向她打听一些外面的消息。她说起父亲被捕以后，全北京城，全中国，甚至全世界，是怎样地轰动。她说报上还登着父亲的照片，是一张很神气的照片，眼睛闪着慈祥的光，象片是印在报头上的。她讲得很起劲，她完全忘了是深夜了，而且忘了是关在没有自由的拘留所里了。她谈话的声音不由得高起来。她又说到报上每天的舆论很多是站在父亲方面的；甚至于最反动的报纸也不得不赞扬父亲的人格和学问。有的劝告当局不要把这样一个人轻易地处治，有的主张立刻释放，有的主张关一二年再放，还有的这样主张，把他终身监禁，叫他在监狱里专心写作。

她讲完了这许多情形过后，马上失望地加上一句："我觉得报上不论怎样替李先生说话，恐怕不会有一点效果，他的案情多严重啊!"母亲和我一阵兴奋，又是一阵不安。

[4] 法官命令把我们押下去。就这样，同父亲见了一面，就匆匆分别了。想不到这竟是最后的一次见面。

母亲的焦虑和女政治犯侧面对李大钊的描述都被删去了。

[5] 二十八日黄昏，警察第二次喊母亲、我和妹妹的名字，这次是叫我们收拾行李出拘留所了。在忙乱中，我帮着母亲，用颤斗的手整理好我们的几件破衣服。一个警官一直把我们押运到大门口。我焦急着想知道父亲的情形怎样，低声地问一下警官。

"警官先生，有件事向你打听一下，你知道我父亲……怎样了?"我的声音不自主地有些发抖，两眼挤满了泪。

"唉！回去吧。回去以后什么都会知道的。"他用一种哀伤的口吻说。

……我们走出那座漆黑的大铁门。回到住处，天已经全黑了，站在这座寂静冷落的门前，感到说不出的生疏。我的舅老爷——父亲的舅父打开了大门，一见到是我们，意外高兴地向院里高声喊着："她妈回来了。"帮助母亲照看孩子的雨子妈简直乐得闭不上嘴。"这是老天的保佑!"她只说了这么一句。母亲看见留在家里的三个孩子，当然免不了一阵伤心。

[5] 二十八日黄昏，警察叫我们收拾行李出拘留所。

我们回到家，天已经全黑了。

中间与警察的对话，我的感受全浓缩删去了。

[6] 我们这一群孩子象丢了父母的一窝小燕，团团围绕在母亲的床前。

"妈，妈，…我们在这里。"我们是用那样可怜的声调在母亲的耳边喊着。

"记住，昨天是你爹被害的日子。昨天是几号呢?"母亲醒过来，低声地问我。

[6] 过了好半天，母亲醒过来了，她低声问我："昨天是几号？记住，昨天是你爹被害的日子。"

我们的可怜和悲伤，被浓缩到母亲的坚强和仇恨中去了。这样有利于突出母亲的刚强形象。

参考文献

一、著作类

[1] 何晓夏，史静寰：《教会学校与中国教育现代化》，广东教育出版社 1996 年版。

[2] 课程教材研究所：《20 世纪中国中小学课程标准 · 教学大纲汇编：课程（教学）计划卷》，人民教育出版社 1999 年版。

[3] 朱有瓛：《中国近代学制史料》第三辑上册，华东师大出版 1990 年版，第 7 页。

[4] 沈善洪：《蔡元培文选》，浙江教育出版社 1993 年版。

[5] 商务印书馆编译所：《英汉对照伊索寓言详解》，商务印书馆 1918 年版。

[6] 课程教材研究所：《20 世纪中国中小学课程标准 · 教学大纲汇编：课程（教学）计划卷》，人民教育出版社 1999 年版。

[7] 何东昌：《中华人民共和国重要教育文献（1949—1975）》，海南出版社 1998 年版。

[8] 叶圣陶：《叶圣陶教育文集（第 3 卷）》，人民教育出版社 1994 年版。

[9] 顾黄初：《中国现代语文教育百年事典》，上海教育出版社 2001 年 12 月版。

[10] 王祝辰：《小学语文教学法研究》，吉林人民出版社 1957 年 11 月版。

[11] 蔡元培：《国文之将来》，《新教育》第 2 卷第 2 期。

[12] 舒新城：《中国近代教育史资料》上册，人民教育出版社 1961 年版。

[13] 朱有瓛：《中国近代学制史料》第一集下册，华东师范大学出版社 1983 年版。

[14] 俞子夷：《小学校初年级读法教科书急应改革的问题》，《新教育》第 4 卷第 3 期。

[15] 张静庐编：《中国近代出版史料补编》，中华书局 1957 年版。

[16] 张志公：《张志公自选集》上册，北京大学出版社 1998 版。

[17] 李杏保，顾黄初：《中国现代语文教育史》，四川教育出版社 2000 版。

[18]《商务印书馆九十年》，商务印书馆 1986 版。

[19] 吴研因：《清末以来教科书概观》，《中华教育界》第 23 卷第 11 期。

[20] 陈金淦：《胡适研究资料文集》，北京十月文艺出版社 1989 年版。

［21］马建忠：《马氏文通》，商务印书馆 1983 年版。
［22］孙中山：《孙中山选集》上卷，人民出版社 1956 年版。
［23］郑国民：《从文言文教学到白话文教学：我国近现代语文教育的变革历程》，北京师范大学出版社，2000 年版。
［24］中国社会科学院近代史研究所中华民国史研究室：《胡适往来书信集》（中），中华书局 1979 年版。
［25］吴研因：《旧小学语文的回顾与批判》，手稿复印件，现存吴研因纪念馆。
［26］刘增人《叶圣陶传》，江苏文艺出版社 1995 版。
［27］李庆刚：《“大跃进”时期“教育革命”研究》，中共中央党校出版社 2006 年版。
［28］课程教材研究所：《课程教材改革之路》，人民教育出版社 2000 年版。
［28］《毛泽东选集》第 7 卷，人民出版社 1999 年版。
［29］中央教育科学研究所：《中华人民共和国教育大事记 1949—1982》，教育科学出版社 1983 年版。
［30］蒋仲仁：《思维·语言·语文教学》，人民教育出版社 1988 年版。
［31］程晋宽：《“教育革命”的历史考察：1966—1976》，福建教育出版社 2001 年版。
［32］黄武雄：《童年与解放》，首都师范大学出版社 2011 年版。
［33］吴研因：《小学国语国文教学法》，中华书局 1921 年版。
［34］马文·哈里斯：《文化人类学》，李培茱等译，东方出版社 1988 年版，第 6 页。
［35］中国社会科学院近代史研究所：《五四运动文选》，读书·生活·新知三联书店 1979 年版。
［36］赵祥麟，王承绪：《杜威教育名篇》，教育科学出版社 2006 年版。
［37］郭绍虞：《中国古代文论选（一卷本）》，上海古籍出版社 1991 年版。
［38］陈金淦：《胡适研究资料文集》，十月文艺出版社 1989 年版。
［39］张隆华，曾仲珊：《中国古代语文教育史》，四川教育出版社 2000 年版。
［40］华中师范学院教育科学研究所：《陶行知全集（第二卷）》，湖南教育出版社 1983 年版。
［41］李伯棠：《小学语文教材简史》，山东教育出版社 1985 年版。
［42］傅铿：《文化：人类的镜子——西方文化理论导引》，上海人民出版社 1990 年版。

［43］张岱年，方克立：《中国文化概论》，北京师范大学出版社 1994 年版。
［44］梁漱溟：《东西方文化及其哲学》，商务印书馆 2006 年版。
［45］舒新城：《近代中国教育思想史》，中华书局 1929 年版。
［46］（法）卢梭：《爱弥儿》，李平沤，译，商务印书馆 1978 年版。
［47］江平：《小学语文课程与教学》，高等教育出版社 2004 年版。
［48］冯天瑜，何晓明，周积明：《中华文化史》，上海人民出版社 1990 年版。
［49］［英］安迪·格林：《教育、全球化与民族国家》，朱旭东、徐卫红等译，教育科学出版社 2004 年版。
［50］刘景华：《城市转型与英国的勃兴》，中国纺织出版社 1994 年版。
［51］李培林、李强等：《. 中国社会分层》，社会科学文献出版社 2004 年版。
［52］（美）马文·哈里斯：《文化人类学》，东方出版社 1988 年版。
［53］朱有瓛：《中国近代学制史料》第二辑下册，华东师大出版 1990 年版。
［54］吴永军：《课程社会学》，南京师范大学出版社 1999 年版。
［55］韦森：《文化与制序》，上海人民出版社 2003 年版。
［56］马文·哈里斯：《文化·人·自然——普通人类学导引》，顾建光、高云霞译，浙江人民出版社 1992 年版。
［57］郑金洲：《教育文化学》，人民教育出版社 2000 年版。
［58］郑新蓉：《性别与教育》，教育科学出版社 2005 年版。
［59］（美）弗兰兹·博厄斯：《人类学与现代生活》，华夏出版社 1999 年版。
［60］史静寰：《走进教材与教学的性别世界》，教育科学出版社 2004 年版。
［61］覃光广，冯利，成朴：《文化学词典》，中央民族学院出版社 1988 年版。
［62］张文勋，施惟达，张胜冰，黄泽：《民族文化学》，中国社会科学出版社 1998 年版。
［63］《民国丛书》第一编，上海书店影印本。
［64］冯友兰：《中国哲学史》（上册），华东师范大学出版社 2006 年版。
［65］丹皮尔：《科学史》，商务印书馆 1975 年版。
［66］石欧，刘丽群：《课程改革中的若干问题》，广东教育出版社 2004 年版。
［67］陈学恂：《中国近代教育文选》，人民教育出版社 1983 年版。
［68］傅建明：《内地香港小学语文教科书价值取向比较研究》，广东教育出版社 2009 年版。
［68］吴洪成：《中国小学教育史》，山西教育出版社 2006 年版。

二、教材类

[1]《最新国文教科书》（初等小学用）第 1 - 10 册，商务印书馆 1905—1906 年出版。
[2]《共和国教科书新国文》(初等小学用)，商务印书馆 1912—1913 年出版。
[3]《共和国教科书新国文》(高等小学用)，商务印书馆 1912—1913 年出版。
[4]《订正女子国文教科书》(初等小学用)，商务印书馆 1912—1913 年出版。
[5]《新制中华国文教科书》(初等小学用)，中华书局 1913—1915 年出版。
[6]《新制中华国文教科书》(高等小学用)，中华书局 1913—1915 年出版。
[7]《新制中华国文教科书》(国民学校用)，中华书局 1920 年出版。
[8]《中华女子国文教科书》(高等小学用)，中华书局 1914—1915 年出版。
[9]《新编中华国文教科书》(高等小学用)，中华书局 1915—1916 年出版。
[10]《中华高等小学国文教科书》，中华书局 1915—1916 年出版。
[11]《新体国语教科书》(初等小学用)，商务印书馆 1919 年出版。
[12]《新法国语教科书》(高等小学用)，商务印书馆 1919—1921 年出版。
[13]《新法国文教科书》(高等小学用)，商务印书馆 1921—1922 年出版。
[14]《新式国文教科书》(国民学校用)，中华书局 1916 年出版。
[15]《新教育教科书国语读本》(国民学校用)，中华书局 1921 年出版。
[16]《新教育教科书国文读本》(高等小学用)，中华书局 1921 年出版。
[17]《新学制小学教科书初级国文读本》，世界书局 1924—1925 年出版。
[18]《新学制国语教科书》(小学校初级用)，商务印书馆 1923—1932 年出版。
[19]《新小学教科书国语读本》(新学制适用，初级) 中华书局 1924—1925 年出版。
[20]《新中华国语读本》(小学校初级用)，中华书局 1927—1928 年出版。
[21]《新中华国语读本》(高级小学用)，中华书局 1927—1929 年出版。
[22]《基本教科书国语》(初小用)，商务印书馆 1931 年。
[23]《开明国语读本》(国语课程标准小学初级用)，开明书局 1932 年出版。
[24]《大众国语读本》(新课程标准小学初级用)，大众书局 1934—35 出版。
[25]《复兴国语教科书》(初小用)，商务印书馆 1933—1935 出版。
[26]《复兴国语课本》(新课程标准小学初级适用)，商务印书馆 1934—1935 出版。
[27]《复兴国语课本》(新课程标准小学高级适用)，商务印书馆 1935 出版。

[28]《新生活教科书国语》(新课程标准小学初级适用)，国立编译馆 1933 年出版。
[29]《初级小学国语常识课本》，国定中小学教科书七家联合供应处 1936 年发行。
[30]《新编初小国语读本》(修正课程标准适用)，中华书局 1937 年出版。
[31]《商务国语教科书》(上下册)，上海科学技术文献出版社 2005 年影印出版。
[32]《世界书局国语读本》(上下册)，上海科学技术文献出版社 2005 年影印出版。
[33]《开明国语课本》(上下册)，上海科学技术文献出版社 2005 年影印出版。
[34]《初级小学国语课本》，新华书店 1949 年出版。
[35]《新编高级小学课本》，人民教育出版社 1950 出版。
[36]《初级小学国语课本》，中央人民政府出版总署编审局修订，人民教育出版社 1950 年出版。
[37]《初级小学国语课本》，山东人民出版 1951 年出版。
[38]《高级小学国语课本》，人民教育出版社 1951 年校订出版。
[39]《初级小学课本语文》，人民教育出版社 1952—1956 年改编出版。
[40]《部队小学国语课本》，中央人民政府人民革命军事委员会总政治部 1952—1953 年编印。
[41]《初级小学语文课本》，人民教育出版社 1953—1956 年改编出版。
[42]《高级小学语文课本》，人民教育出版社 1954—1956 年改编出版。
[43]《小学语文课本》，中国人民解放军总政治部 1955 年出版。
[44]《初级小学课本语文》，人民教育出版社 1956—1966 年编辑出版。
[45]《河南省小学课本毛泽东思想课》，河南省新华书店 1969 年发行。
[46]《浙江省金华地区七年制学校试用课本语文》，浙江人民出版社 1969 年出版。
[47]《上海市小学课本语文》，新华书店上海发行所 1969 年发行。
[48]《宁夏回族小学试用课本语文》，宁夏人民出版社 1969 年出版。
[49]《河南省小学课本政治语文》，河南人民出版社 1970 年出版。
[50]《北京市小学课本语文》，北京人民出版社 1973—1975 年出版。
[51]《云南省小学课本语文》，云南人民出版社 1972—1976—年出版。
[52]《福建省小学课本语文》，福建人民出版社 1974—年出版。
[53]《河南省小学课本语文》，河南人民出版社 1972 年出版。
[54]《四川省小学课本语文》，四川人民出版社 1975 年出版。
[55]《全日制十年制小学课本语文》(试用本)，人民教育出版社 1979—1982 年

出版。
[56]《六年制小学课本语文》（试用本），人民教育出版社 1984—1988 年出版。
[57]《全日制六年制小学课本语文》（试行本），上海、浙江、北京、天津四省市小学语文教材联合编写组编，上海教育出版社 1984 年出版。
[58]《五年制小学课本语文》，人民教育出版社 1987 年出版。
[59]《九年义务教育六年制小学教科书语文》，人民教育出版社 1995 年出版。
[60]《九年义务教育六年制小学教科书语文》，北京出版社 2001 年出版。
[61]《九年义务教育六年制小学教科书语文》，人民教育出版社 2002 年出版。
[62]《义务教育课程标准实验教科书语文》，语文出版社 2007 年出版。
[63]《义务教育课程标准实验教科书语文》，江苏教育出版社 2008 年出版。
[64]《义务教育课程标准实验教科书语文》，人民教育出版社 2008 年出版。
[65]《义务教育课程标准实验教科书语文》，北京师范大学出版社 2009 年出版。

后　记

1986年，我从中等师范学校毕业起，就与小学教育结下了不解之缘。后来虽经工作变动，脱离了中小学教学一线，但我与中小学语文教学的情结依然存在。十多年的中小学语文教学经历给了我很多思考，其中思考最多的不是教学方法，而是"语文究竟要教些什么""学生究竟要学些什么"之类的问题。我本人对这些问题一直比较纠结，曾就此请教过许多富有经验的教师，得到的答复大致有：一、丰富学生的人生阅历和体验，教学生学会说话、处事与交际，懂得做人的道理；二、依据考试大纲选择教学内容，考什么就教什么；三、依据教学参考书选择内容，参考书上有什么就教什么；四、教师喜欢什么就教什么，喜欢某一篇文章，可引经据典尽情发挥，对某一内容感兴趣或某一观点有同感，可天南海北纵论古今；五、投学生所好，学生喜欢什么就教什么，喜欢笑话，就多讲一些笑话，喜欢听故事，就把作者简介变成人物传记进行教学。可是这些答案并没有给我清晰的认识，也没有让我的纠结得以释怀，相反让我更加困惑和模糊。这促使我不得不转向思考语文教育、语文课程、语文教材与语文教学之间的关系，希望从中寻找答案，获得启迪。

1904年，语文独立设科。此前的语文教育，三本蒙学课本或《古文观止》、《唐诗三百首》，三年教完也好，两年教完也好，甚至半年内全部教完，也没有人说不好，全在教师的自我把握与掌控之中，一般不会刻意去追求效率。语文独立设科以后，学习的科目多了，各科的教学时间有了限制，为追求教学的高效率，就必须首先精选语文学科内容并揭示其学习方法。当初马建忠撰写《马氏文通》，正是希望揭示华文经籍隐寓的"规矩"，让"童蒙入塾能循是而学文"，以此来提高效率。这实际上分解了古代汉语文教育的综合性和整体性，结果也不是很理想，因为这些"规矩"分解了古代汉语文教育的综合性和整体性。

我国古代汉语文教育以综合教育为主，融识字教育、读写教育、思想教育、知识教育、文学教育于一体，其综合性、模糊性和实践性给了我很大的启迪。古人云"书读百遍，其义自见"，又云"旧书不厌百回读，熟读深思子自知"，这种慢效的学习状态，与语文课程涵养精神世界的识字和文化教养是相吻合的，与语文教育的特点也是相适应的。可是，现代学制下分科分年级的学校语文课程却一直把这种"神而明之，未可言传"慢效状态当成是应该淘汰的方式，而把追求捷径、模式、程式、序列、规律和知识点等清晰的、可以言说的做法当成是衡量学校语文教学活动优良与否的重要指标。我的困惑也许正是源于这种迫切提高语文学习效率心态下对捷径的追求。其实，语文课程丰富的人文内涵对学生精神世界的广泛而深刻影响必须依赖于慢效状态，学生语文能力的提高也必须结合语文的综合性、整体性和实践性特点来展开。基于这种种认识，我开始把目光投向了对具体教材的研究，并以“传承与融通：百年小学语文教材的文化功能研究”为题申报教育部人文社科课题，获得批准（课题编号：09YJA880054）。本书就是该课题的研究成果之一。

教材是进行语文教学的重要依据，也是提高语文教学质量的重要物质基础。教材的编写本身隐含着方法的指导，它既提供知识，也指导反应，如何才能有效地引导多读、引导熟读深思？这是教材编制者和教师必须思考的问题。语文教材的选编和组织很大程度上反映了教材编制者的社会价值取向和教育理论修养，从不同维度、不同层面去揭示教材所本有的，但又不易为人们所重视或察觉的意蕴，恰恰有助于加深教师对语文教材的认识和理解，引导教师和学生多读和深思。同时，语文教育的综合性和整体性也需要教材编制者进行系统全面的思考，以扩展教师们的视野。

本书是团队合作的结果，自课题立项以来，先由我拟定研究思路，组织课题组成员共同探讨，确定9个专题，然后分专题收集材料进行分析和撰写报告。研究报告完成后，各专题报告独立成章。各章初稿的撰写人分别为：第一章，中国小学教育与小学课程，张登山副教授；第二章，小学语文课程的探索与建设，李悦辉副教授；第四章，小学语文教材的发展演变（下），刘锡娥副教授；第七章，小学语文教材的文化类型分析，石朝辉博士；第八章，小学语文教材的科学教育，张恩德博士；其余4章均由我撰写。每一章从初稿到定稿，我都进行了多次修改、充实和调整，有的改动较大，充实内容也比较多；有的改动不多，但充实的内容比较多，调整也大。总之，每一章都融入了我对语文教材的认识和思考。此外，杨丽媛老师为第六章的撰写提供了许多统计资料，石朝辉博士在进行文化类型分析时也作了详细的资料整理和分析，花费不少心血。衷心感谢他（她）们为本书付出的辛勤劳动，鉴于人数较多，恕不在著作者中一一署名。最后，感谢世界图书出版广东有限公司的陈名港、韩海霞二位编辑，感谢他（她）们为本书的出版和审校等工作所做的细致而周到的工作，使本书得以如期顺利面世。